世 界 史 丛 书

齐世荣 丛书主编

彼得一世改革

吴 贺 著

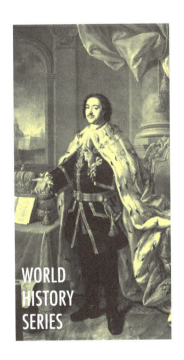

WORLD
HISTORY
SERIES

北京师范大学出版集团
BEIJING NORMAL UNIVERSITY PUBLISHING GROUP
北京师范大学出版社

总　序

　　"世界史丛书"选取世界古代到世界现代历史进程中所发生的重大的标志性事件，集世界历史中的重大专题于一体，地域上包括欧、美、亚、非几个大洲，反映了人类从远古到当代、从分散走向整体的发展历程。

　　20世纪初，笔者曾经策划"精粹世界史"20卷，由中国青年出版社出版。"精粹世界史"所涉及专题较少，而我本人也产生了扩大选题范围的想法，正好与编辑的设计不谋而合，由此便有了本丛书的策划。本套"世界史丛书"，计划出版38卷，这38卷之间既互有联系，又可独立成篇。丛书注重普及性，以普及世界历史知识为目的，学术性与通俗性兼顾，内容要求有学术深度，写法则力求深入浅出、通俗易懂。书末附简短的大事年表、主要参考书目，以方便读者查阅或供进一步研究探讨之用。

　　经济全球化要求人们必须更多地了解世界，而学习世界历史就是认识世界、拓展国际视野、增强国际意识的一个重要途径。学习世界史可以汲取世界性的经验，使国家和社会建设少走弯路。本套丛书力求在此方面能有所贡献。

　　盛世修史，近年来我国世界史学科建设取得了迅速发展。首先，相关材料积累日渐丰富，不但各图书馆引进了大量的材料，学者个人的资料也十分丰富，网络电子资源更是宏大；其次，中外学术交流十分频繁，包括观点的冲击和材料的交流，使得相关研究更为深入、更为透彻，研究领域更为广泛；再次，世界史研究队伍迅速成长，人才储备丰厚，为将来的世界史研究打下了坚实的基础。广大史学工作者吸收新理论、利用新材料、采用新方法、研究新问题，取得了丰硕的研究成果。本丛书动员了全国世界历史研究方向的精干力量，作者为学术有成的中青年骨干。这么大规模的历史创作策划可以说是少有的，十分感谢各位作者的大力支持以及出版部门的辛勤运作。本书的付梓，希望能够产生良好的学术影响和社会效益。

世界历史学科已经划入一级学科，世界史研究和世界史学科建设正向着更高更好的方向发展，前景光明。可以说本套丛书就是奉给这一盛事的献礼！

齐世荣
2014 年 6 月

目　录

前　言

俄国历史上仅有三位君主被称作大帝，彼得一世是其中最著名的一位。彼得一世通过一系列的改革在真正意义上开启了俄罗斯历史发展的全新时代，波澜壮阔的西化改革，彻底改变了俄罗斯的发展面貌，使一个贫穷落后的边远国家一跃成为欧洲军事强国。一场改革，是能够改写一个国家的历史进程，乃至影响世界历史发展的。彼得一世改革堪称当中经典。彼得一世改革给俄罗斯带来了成功，也带来了困惑，对俄罗斯历史发展而言，其影响之大、意义之深远，甚至可以说，不了解彼得一世改革就无法真正了解俄罗斯国家及其历史。

当时，进入 18 世纪的西欧已经跨越了自己的大航海时代，远洋贸易已经繁忙地进行了两个世纪，两大强国荷兰和英国都已经爆发了资产阶级革命，在全球范围内的殖民活动正进行得如火如荼。而俄国北有瑞典，南有奥斯曼土耳其，唯一一个海港阿尔汉格尔斯克每年却有长达 9 个月的冰冻期，俄国走向大洋的野心被牢牢遏制，可以说，俄罗斯长期以来更多的是以一个内陆国家的身份和方式在发展着。

在彼得大帝改革以前，俄国尚被称为莫斯科大公国。作为一个农业国，俄国是一个非常重视传统的国家，在 16、17 世纪，保守古制不被破坏仍旧是政权主体和民众的一致想法。君主本人也不得不将权威置于古制之下，无权擅自立法。在彼得一世改革以前，对旧习俗的变革往往是以缓慢而难以察觉的形式进行，而且新生事物往往打着传统习俗的旗号出现在世人面前，而所谓的传统习俗也并非实情，而是特意杜撰出来的。例如，正是假借传统，在 16 世纪中叶确立了新的专制统治形式，出现了缙绅会议。在彼得一世改革之前，俄国一直是以这样一种非常缓慢而保守的方式在发展着。

在强敌环伺的情况下，正如俄国著名诗人普希金所说，俄国正处于灾难的边缘。有一个明显的例子可以说明这个事实，1670 年，也就是彼得一世出生前两年，欧洲著名学者莱布尼茨曾计划创建"欧洲联盟"，以保证永久和平。按照莱布尼茨的构思，每个当时的欧洲强国都可以得到自己用以扩张的殖民地：英国和丹麦的地盘是北美，法国的是非洲和埃及，西班牙的是南美，荷兰的是东方的印度，而瑞典的地盘就是俄罗斯。可想而知，那时的俄国在欧洲强国看来，跟非洲、亚洲和美洲的地位没有什么区别，都有被殖民者奴役的危险。

幸运的是，俄国终于诞生了一位高瞻远瞩、魄力非凡的沙皇。年轻的彼得一世刚刚掌权就敢于打破现状，上台后第一件事就是毫不犹豫地向强国奥斯曼土耳其动手。此后似乎注定了俄罗斯将成为不平凡的大国，彼得大帝及时的改革打消了欧洲殖民"掠食者"们觊觎俄罗斯的念头，不仅解决了国家的生存问题，还令俄国开始融入欧洲，成为欧洲强国中的一员。应当说，这场改革能够成功并非彼得一世一人之功，它经历了长久的铺垫与酝酿，但如果没有彼得一世过人的胆识与魄力、坚韧不拔的意志和智慧，也难以取得如此之大的成就。

彼得一世一生创造了很多对俄罗斯历史发展具有深远意义的第一。他是俄国历史上第一个亲自赴西方"求师问道"并甘当"学徒"的沙皇；第一个事必躬亲，以身作则，真正凭军功逐级升迁并领取相应薪水的沙皇；第一个树立国家威信的沙皇；第一个大力推行世俗教育，并试图建立全国性、普及性教育体系的沙皇。他在位时，俄国出版了第一张印刷的报纸，采用了新的字母，设立了第一个博物馆、第一个公共图书馆、第一批公众剧院和公园，等等。正是从彼得一世的统治开始，俄国进入了自己的帝国时代，俄国的现代化进程拉开了序幕。

彼得一世改革，无疑是我们深入了解俄国历史和帝国起源的一把钥匙。

吴 贺
2017 年 11 月

第一章　改革的序幕：强国之梦的源起

彼得一世通过改革造就了俄罗斯历史上第一个帝国，但是，俄罗斯的强国之梦并非始自彼得大帝。国家富强是彼得一世之前历代俄罗斯君主，乃至俄罗斯民族的共同梦想。正是他们开疆扩土，励精图治，为彼得大帝开展宏图伟业奠定了坚实的基础。那么，我们很有必要了解一下俄罗斯在彼得大帝改革之前是什么样子，而改革又是如何在这片土地上发生的。

第一节　历史回顾：彼得大帝改革之前的俄罗斯

俄罗斯历史上的第一个国家是基辅公国，又称基辅罗斯，这是广为人知的一段历史。而在当今俄罗斯新出的一些普及性历史书中，似乎已经开始对这段历史有意无意地进行回避，这大概是为了避免在讲述自己国家的历史起源时可能会讲到别的国家去的尴尬。然而，基辅罗斯的历史，一直以来都关系着俄罗斯历史的文明起源。历代莫斯科公国的王公都以身为基辅罗斯的继承者为荣，并为竞争这一继承者的资格而不懈努力。他们经历了浴血的奋斗，最终成就了莫斯科的崛起及沙俄帝国的建立，因而我们有必要简要回顾一下这段历史。

说到基辅罗斯的起源，就不得不提及俄罗斯人的起源，而二者的起源，至今都是争论不休的谜。有人认为俄罗斯人起源于北欧的大森林之中，有人认为他们起源于欧洲南部的多瑙河，还有人认为他们来自今天俄罗斯的西伯利亚一带。著名的"诺曼起源说"就源自据称是成书于12世纪的，俄国最古老的历史著作《往年纪事》。这部堪称俄国古代历史上最重要的典籍，曾记载着一段富有传奇色彩的"对瓦兰人的邀请"的故事。当时，俄罗斯人的各个部落彼此争斗不休，于是他们邀请了瓦兰人（或译为瓦良格人、维京人，当时也被称作"罗斯"人）来统治他们：

> 他们到海外瓦良格人、罗斯人那里去了。这是因为瓦良格人自称是罗斯人的缘故，正如有的人称瑞典人，有的人称诺曼人、盎格鲁人，有的人称哥特人一样，这些人也称作罗斯人。他们就是这样命名的。然后楚德人、斯拉夫人、克里维奇人和维希人对罗斯人说："我们那里的土地辽阔，物产丰盈，却漫无秩序。请到我们那里去称王，去治理我们吧！"
>
> 于是罗斯人从自己的氏族里推举出三兄弟，率领他们所有人来到斯拉夫人这里。长兄留里克坐镇诺夫哥罗德，二弟西涅乌斯坐镇白湖，三弟特鲁渥坐镇伊兹博尔斯克。正是由于这些瓦良格人的缘故，才出现了"罗斯国家"这个名称……

按照这个说法，来自北欧的斯堪的纳维亚人，即"罗斯人"，不仅给这里的人提供了王公，而且还提供了族名。从目前的证据来看，这种说法的附会性和可信性都存在，到目前为止还没有取得一致的结论。然而，无论是"邀请"还是武力攻占，俄罗斯人事实上都接受了异族精英的统治，二者相互同化形成了一支强有力的种群——罗斯民族。

现今的俄罗斯人、乌克兰人和白俄罗斯人同属东斯拉夫人，他们有着共同的起源，即古罗斯人。他们选择了水草茂盛的伏尔加河流域定居，并称伏尔加河为"母亲河"。伏尔加河流域所在的俄罗斯平原亦称东欧平原，它北起北冰洋沿岸，南抵黑海和里海，西起中欧平原，东达乌拉尔山脉。俄罗斯平原纵横数千公里，总面积达400余万平方千米。俄罗斯平原受北大西洋暖流的影响较大，气候湿润，冬暖夏凉，因此这里并没有像西伯利亚那样的酷寒。俄罗斯平原降水充沛，河流纵横，湖泊点缀其中。俄罗斯平原有一半以上的面积遍布森林，另一半则是森林和草原的混合地带。因此，在欧亚主义者眼中，正是这种森林与草原并存且斗争的独特地理面貌，造就了俄罗斯民族——他们并不是单纯的农民，还是伐木工、放牧人、不同自然经济区域的行商者。他们高大强壮，坚忍顽强，崇尚勇武。

在地理上缺乏天然屏障是影响着俄罗斯的最重要的地理特征之一，东部唯一的屏障乌拉尔山脉偏偏山势不高，要命的是中段低平，反而成为欧亚两洲的通道。这令俄罗斯民族在历史发展的早期阶段，异常频繁地受到其他民族的袭扰，难以获得喘息。这应该也是俄罗斯同西欧国家相比，"晚熟"的原因之一。他们不得不付出更多的努力去巩固和壮大自己的部族和领地。基辅罗斯就是在这样的情况下最终建立起来的。

一、基辅罗斯

基辅公国经常被称作基辅罗斯，兴起于 9 世纪末，到 11 世纪初达到鼎盛，12 世纪后期走向衰落，1240 年被蒙古完全摧毁。基辅公国的兴起伴随着不断的征战，他们一边忙于吞并周围的东斯拉夫部落，逐步扩大自身的地盘，一边还要应付来自草原民族的威胁。据《往年纪事》记载，一支来自东方的，相当原始且凶猛的，操突厥语的游牧民族，在 10 世纪下半叶开始持续不断地袭击基辅公国。在这个过程中，俄罗斯各个部族逐渐走向联合，虽然最初他们并没有明确承认基辅的最高权威，但他们拥有了挑战拜占庭帝国的实力。在伊戈尔统治时期(913—945)，基辅的权威在东斯拉夫部落的土地上得到扩展，但是这种权威并不稳固，之后每一位新公爵都要为此被迫重复前任的努力。这也意味着，野心会迫使他们不断地与临近的拜占庭帝国或其他地区发生冲突以树立威信。伊戈尔不仅曾由水陆两路大举进攻拜占庭，他更是以发起一场成功的远征而名垂青史。《伊戈尔远征记》这部在俄罗斯家喻户晓的英雄史诗是基辅时期最伟大的代表作之一。随后的女大公，伊戈尔的妻子奥尔加则残酷地镇压了德列夫利安人的起义，纵火焚烧了他们的主要城市，并将城中的居民或变成奴隶或课以重税。她和伊戈尔的儿子斯维亚托斯拉夫大公继位后，征服了东斯拉夫人的最后一个部落。至此，东斯拉夫的各个部落基本都纳入了基辅罗斯的版图之内。

然而，为生存而忙于征战的基辅罗斯最终走向文明，还是因为接受了拜占庭的基督教。据说罗马帝国东迁到拜占庭建立帝国后，也为频频受到罗斯人的侵扰而头痛，而这一切在罗斯人造访拜占庭，见识到了拜占庭的富饶与文明之后发生了改变。在此有两种说法：一种说法是拜占庭因不堪罗斯人的侵扰，主动请他们来参观拜占庭，见识拜占庭的高度文明；另一种说法是基辅大公为选择信仰曾派人去考察各大宗教，而被派出的考察者为拜占庭帝国巨大而华美的宫殿与教堂、庄严肃穆的基督教仪式和高度发达的拜占庭基督教文明所折服，最终选择了拜占庭的基督教。总之，在弗拉基米尔统治时期，基辅与拜占庭帝国乃至西欧的关系，发生了实质上的转变。

弗拉基米尔在俄国历史上是一位强有力的统治者。他对外将加里奇并入罗斯版图，对内平定了部族叛乱，而他最辉煌的是依靠对拜占庭的军事援助和以加入基督教为条件成功迎娶了第一位拜占庭公主，即拜占庭皇帝巴西尔二世的妹妹安娜，由此便有了俄罗斯历史上的标志性事件——"罗斯受洗"。988年，弗拉基米尔大公宣布基督教为国教，率众到第聂伯河受洗，皈依基督。自此原本信奉多神教的罗斯人开始自上而下接受基督教。

同一信仰及弗拉基米尔卓有建树的统治开辟了基辅王公与欧洲王室联姻的时代，其中尤以雅罗斯拉夫大公统治时期最为突出，这加强了基辅罗斯与西方国家的联系。我们应当注意到，基辅罗斯皈依基督教与当时的历史潮流是一致的，大约在同一时期，波罗的海地区及波兰、匈牙利、丹麦、挪威的异教徒都皈依了基督教，基督教在整个欧洲迅速传播。从此高度发达的拜占庭文化开始传入文化相对落后的俄罗斯，并渗透进俄罗斯的文化肌体之中。

需要注意的是，罗斯人选择的是基督教世界的东翼，即来自拜占庭的东正教，这成为巩固和发展俄罗斯民族特性和国家认同的一块至关重要的基石。虽然罗马和拜占庭所代表的东西方教会之间的区别在当时还没有后来所具有的那种意义，东西方教会走向分裂也发生在此后的 1054 年，但罗斯人对拜占庭的忠诚决定了这个国家之后的很大一部分历史。它令俄罗斯不得不一直处于孤立于欧洲其他地区及其拉丁文明的地位上。

"杜马"作为贵族委员会在基辅公国时期就已经存在，并和大公办公厅一起作为基辅公国的主要政治机构，大公在司法和行政方面居于关键地位。与被誉为智者的雅罗斯拉夫大公联系在一起的习惯法《罗斯法典》表明，基辅社会已达到相当高的发展水平，特别是在贸易和金融领域。贵族杜马作为基辅大公忠诚的顾问和合作者，还不具有限制王权的明确的法律地位，但却与议会的前身元老院之间有很多相似之处。如果大公没有与贵族杜马商议就擅作主张，他们会拒绝遵命。另外，基辅公国也形成了具有民主成分的一些政治形式，如"维彻"或市政会议，它类似于西方的各个蛮族王国中自由人的集会。它们通常在集市上举行，就诸如战争与和平、紧急立法等重大问题作出决定，采取一致同意的方式进行决策。

雅罗斯拉夫大公死后（1054 年），基辅罗斯便在激烈的王位争夺战和各种内乱起义中缓不过气来。虽然在 1113—1125 年弗拉基米尔·莫诺马赫大公的统治下基辅曾获得复兴，但是在他统治期间也是一直不停地在打仗。当基辅衰落时，西南和其他几个地区日显重要。统一加利西亚和沃里尼亚的著名的公爵罗曼（大概于 1197—1205 年在位）声名远播，拜占庭寻求与之结盟，罗马教皇英诺森三世则要给他一顶王冠，但他都拒绝了。这表明，罗斯人的统治者很早就有了独立意识。

二、蒙古入侵

日益衰落的基辅罗斯很快便陷入了空前的危机之中，蒙古军队来了。梁赞、基辅等地进行了顽强而激烈的抵抗，但却都最终不敌，结果是全城被屠。蒙古征服了整个罗斯，创造了在俄罗斯战争史上保持至今的，唯一的一次入侵者在冬季取得胜利的战例，然后他们将战线推进到了匈牙利平原，甚至到了亚德里亚海。一些学者指出，正是由于蒙古的入侵，才导致了俄罗斯进入了封建割据的状态，并令罗斯人发生了一个重大改变：在语言和种族上分化为三个今天我们所熟知的东斯拉夫民族，即俄罗斯、乌克兰和白俄罗斯。

但另一些学者指出，这些人口集团间的某些差异由来已久，一个关键因素是，在基辅罗斯衰落后，立陶宛和波兰对罗斯西南和西部地区的"趁乱打劫"。它们在该地区的统治对乌克兰和白俄罗斯民族性的形成起到了重要的影响。其他地区的几个公国名义上臣服于蒙古，其实内部一直征战不休，尤其是特维尔和莫斯科之间争夺罗斯大公即蒙古统治代理人的竞争，延续了几乎两个世纪。处在罗斯西北的诺夫哥罗德，很长一段时间以来一直有着抗击欧洲侵略者的历史使命。因在涅瓦河击败瑞典人并打退利沃尼亚骑士团而在俄国历史上被誉为民族英雄，且至今在俄罗斯名人榜上名列前茅的诺夫哥罗德王公亚历山大·涅夫斯基，在蒙古人到达之前，倒是毫不犹豫地与罗斯的其他地区一起臣服于蒙古大汗。这令诺夫哥罗德有幸躲过了蒙古骑兵的铁蹄，亚历山大·涅夫斯基也获得了罗斯大公称号，成为蒙古统治罗斯的代理人。从这个事例可以看出，这个为战斗而生的民族其实并不是一味好战，关键时刻能屈能伸，而且人们充分认可了这位大公的作为，他的英名非但没有受损，反而享誉至今。但是，有着自身独特的政治文化传承的诺夫哥罗德最终还是被后来崛起的莫斯科公国吞并。

蒙古对罗斯的统治从13—15世纪大约持续了240年，在此期间统治的有效性则时大时小，但有效控制的时间依然长达一个半世纪，即从1240—1380年，而罗斯正式脱离蒙古的统治还要再延后一个世纪。长期以来，蒙古对俄罗斯历史的作用要么被彻底忽视，要么仅被关注其破坏性或消极性的影响。直到20世纪，在流亡在外的俄罗斯知识分子中间兴起的欧亚学派才对这个问题有了彻底地再认识。现今已发展成为俄罗斯主流思潮的欧亚主义思想学说，对蒙古的影响，总的来说做了比较积极的和富有创造性的解读，但对其中的夸大性主张要谨慎对待。蒙古的统治令一些蒙古词汇进入罗斯语言，促进了罗斯的军事力量的提高与战术的进步；蒙古人的财政措施、对罗斯进行的人口普查及其修建的道路为罗斯的中央集权化奠定了一定基础。同时，其统治广大领土的治理观念，想必在这几百年中对俄罗斯未来发展出一个强大而统一的专制政权也起到了潜移默化的影响。然而蒙古的统治对俄罗斯历史的破坏性和总体上的消极性也是事实，屠杀令罗斯多座城市沦为空城，蒙古人的横征暴敛也令罗斯人背上了沉重的包袱。尤其是蒙古的占领切断了罗斯与拜占庭的联系，也部分切断了它与西方的联系，使得罗斯陷入相对孤立的境地。发达且精细的基辅式生活方式、道德和文化水准也迅速衰落。这一时期，法律规定了新的酷刑，许多王公连字都不识。

　　同样，相对于基辅，年轻的莫斯科在1237年也被蒙古夷为平地，但由于后来几位王公的励精图治，莫斯科逐渐脱颖而出。尤其是伊凡·卡里达(伊凡一世，"卡里达"意为"钱袋子")登上大公宝座后，充分发扬莫斯科公爵们富有远见、长于理财和行政管理的传统，小心翼翼地与金帐汗国交往，不仅保住了他的大公之位，还获得了从其他罗斯王公那里代为征收给大汗的贡赋的特权。这一特权为莫斯科最后能够脱颖而出提供了非常重要的物质基础。莫斯科正是凭借其充盈的"钱袋子"，购买了更多的土地，拥有了更多的劳动力(从蒙古人手中赎回罗斯囚犯)，莫斯科公国的领土面积和人口都获得了飞速增长。与此同时，伊凡·卡里达还劝服罗斯教会的首领、都主教定居在莫斯科，使得莫斯科成为继基辅之后的罗斯宗教中心。由此，莫斯科逐渐成为俄罗斯历史发展舞台上的主角。

三、公国崛起

　　1341年，伊凡·卡里达去世，他的儿子谢苗已经自称"全罗斯"大公。据说，到14世纪60年代，莫斯科已经发展成为一座人口万余的欧洲大都市。到季米特里大公继位后，蒙古人的不败神话被首次打破。这就是1380年爆发的史诗般的库利科沃战役。战斗进行得异常惨烈，季米特里本人被打得失去知觉，战斗结束后在死人堆中被发现。但以马迈为首的蒙古人最终溃败，与蒙古人结盟的立陶宛人最终也不战而退。季米特里一跃成为领导所有罗斯人反抗蒙古压迫的领袖，被尊称为"顿斯科伊"（俄语意为"顿河王"）。虽然仅仅两年后蒙古人又卷土重来，利用诡计荡平了莫斯科，季米特里不得不又承认了蒙古人宗主国的地位，但是作为交换，蒙古大汗也承认了季米特里罗斯大公的地位。季米特里在自己统治的最后几年里则致力于领地的恢复与重建，并加强自身在王公中尤其是对特维尔和梁赞公爵的权威。

伴随着金帐汗国的衰落并走向分裂，莫斯科公国也开始走向了独立，尽管阿合马大汗曾三次兴兵讨伐，仍无法阻止这一进程。但是，由金帐汗国分裂出来的克里木汗国、喀山汗国和阿斯特拉罕汗国都在威胁着莫斯科公国的边境安全。尤其是克里木汗国在 1475 年承认了奥斯曼土耳其帝国的宗主权，这令俄国驶出黑海的梦想被两个劲敌牢牢钳制。

伊凡二世和随后的瓦西里三世的统治，被视作俄罗斯封建割据时期的结束及新的莫斯科大公国时期的开始，他们二人将莫斯科公国的崛起斗争推向了高潮。这一崛起的过程也是同立陶宛-罗斯国家竞争基辅遗产合法继承权的过程。成为基辅罗斯国家的继承者，就能合法地成为所有罗斯人及其土地的统治者。

伊凡三世是俄罗斯历史上被称为大帝的三位沙皇之一，是俄罗斯史上的第一位大帝，被称作"伊凡大帝"，同时他也是俄国史上第一位正式使用"沙皇"这一最高头衔的俄国君主（"沙皇"源自罗马的拉丁语"恺撒"，拜占庭的皇帝称号也来自同一词汇）。他统治时期的重要事件之一，就是迎娶了拜占庭公主索菲娅。与其说是这段"浪漫的跨国婚姻"启发了这位俄国君主的帝国梦，不如说是拜占庭的陷落激起了罗斯人建立帝国的野心。

在 1472 年迎娶拜占庭末代公主索菲娅之后，伊凡三世将拜占庭的双头鹰标志加到了自己家族的圣乔治标志上，并依照拜占庭模式设计出一套复杂的宫廷礼仪。伊凡三世开始使用沙皇和专制君主的头衔，并自诩为基辅全部遗产的合法继承者。在许多文件中，伊凡三世被称为"全罗斯的沙皇"。这些新称呼在当时激起了立陶宛和波兰的强烈不满，他们自然明白这是伊凡三世想要对他们的领土要求合理化。

事实上，伊凡大帝已经在领土兼并方面取得了巨大成果。除了像前辈那样通过购买扩大领土之外，更漂亮的手笔是吞并诺夫哥罗德和特维尔这两个老"冤家"。在 1471 年莫斯科对诺夫哥罗德的关键一战中，诺夫哥罗德由于统治集团的虚弱，军队表现很差，诺夫哥罗德大主教的军团干脆拒绝与莫斯科大公作战。之前莫斯科大公将莫斯科定位为罗斯宗教中心的举措最终发挥了兵不血刃的功效。此时莫斯科的东正教教会已经摆脱了对拜占庭教会的行政依赖，获得独立。虽然在 1439 年的佛罗伦萨基督教公会上，拜占庭的主教们为了获得西方支持以抗击土耳其，不得不承认了罗马教皇的至上地位，但罗斯的主教们并未买账。1441 年召开的莫斯科主教会议谴责了东西教会的合并，宣布担任罗斯都主教的希腊人伊西多尔为叛教者。1448 年，瓦西里二世召集莫斯科主教会议，未经君士坦丁堡允许自行选出了"基辅和全罗斯的都主教"。而 1453 年拜占庭陷落后，莫斯科作为罗斯宗教中心的地位更加凸显出来。

伊凡三世显然没有被这段美妙的姻缘冲昏头脑，他虽然接受了罗马教皇做媒，迎娶了拜占庭的末代公主，但却拒绝了教皇有关和罗马结盟、夺回君士坦丁堡的建议。教皇允诺他在夺回拜占庭后做那里的基督教皇帝的期许并没能诱惑住他。当神圣罗马帝国皇帝想要送给他一个王冠时，他回答："我们恳求上帝让我们的子孙就像现在这样永远做自己的主人，这样的任命是我们从来没有奢望过的，因而我们现在也不渴求它。"大概正是由此，伊凡三世被誉为第一位代表全民族的罗斯君主。

1480 年，伊凡三世和索菲娅决定正式宣布莫斯科大公国独立，不再效忠金帐汗国。虽然俄罗斯人在蒙古人发起的"讨伐"战中没占到什么上风，但是由于阿合马汗的援军迟迟不来，他最终放弃了进攻。俄罗斯最终在金帐汗国的内讧瓦解中获得了独立。而瓦西里三世的统治在很多方面是对其父亲统治的继承与完善。他兼并了剩余的公国，还向喀山汗国施加压力，不断推进自己的边界。

到了伊凡四世统治时期，俄国出现了第一位被加冕的沙皇，专制统治也被向前推进了一大步，乃至不少学者认为伊凡四世的统治是俄国历史上专制独裁的经典范例。伊凡四世自称专制君主，他强调沙皇在国内的完全的权力，强调他是拥有充分主权，不受制于任何势力的君主。然而，不是他的头衔或思想，而是伊凡的实际行动为他的那些想要拥有独裁权力的后继统治者们开辟了道路，树立了典范。

就伊凡四世本身的人生来说，他的暴戾残忍与其说是个人性格，不如说是他人生中的种种悲剧使然。母亲的突然死亡，波雅尔的专权与侮辱，都对年幼的小沙皇造成了极大的伤害，虐待动物就是伊凡四世性格扭曲的明证。而接下来莫斯科大火所引发的暴乱，自己所钟爱的第一任妻子的横死，应该是最终令伊凡四世心理崩溃的导火索。

但是伊凡四世之所以被称为"伊凡雷帝"，不仅仅是因为他的性格暴躁，更重要的原因应当是他行事果决的作风。要知道形容他的"雷电"一词在俄语中并没有什么贬义。伊凡四世为了收回属于自己的权力，13岁便对权臣舒伊斯基下手，手段干净利落。这似乎也注定了伊凡四世会将莫斯科国家君主与大贵族之间的权力拉锯战，在某种程度上做个彻底的了断。

其实伊凡四世在爱妻尚在的所谓"善政期"，做了很多富有创见的、温和的尝试，以处理君主和波雅尔之间的关系。例如，他利用开明贤能的幕僚组建了"重臣拉达"①，在1549年召开了第一届缙绅会议，1551年则召开了重要的宗教会议"百章会议"。会议的决议尽最大力量规范了教会与国家、社会的关系，调整了教会内部的事务。其中最重要的决定是令教会丧失了未经沙皇许可即可获得更多土地的权力。虽然这一决定未能得到有效的监督和实施，但对教会在组织方面的统一又向前迈进了一大步。伊凡四世还向这个宗教会议提交了新法典，新制度旨在通过以公众参与当地事务的办法来消除中央委派官员的腐败和专断。另外，伊凡四世实行了军事改革，组建了一批常设的半正规

① "拉达"在乌克兰、白俄罗斯、立陶宛、波兰、俄罗斯等地是委员会和代表会议的意思。

军，即射击军。处于伊凡四世统治时期的16世纪中叶，世袭领地和以服役为条件的封地之间的差别已经基本消失，如果不向沙皇服役，基本上没有其他可能获得土地的途径。

在这段时期，对外关系方面也取得了一些成果。俄国征服了喀山汗国，攻占了重要港口阿斯特拉罕。俄国与英国之间的关系也取得了进展，1555年英国人获得了在俄罗斯国内经商的重大特权，不仅不必缴税，还可以实现自我管理。同时，第一个出使英国的俄国使团也带回了一些制药和矿业专家。

然而，由于大贵族曾对伊凡四世的继位人选提出异议，特别是伊凡四世的爱妻于1560年突然去世，令沙皇最终与大贵族决裂。沙皇坚信爱妻是被毒死的，他转而以残酷的方式与大贵族进行斗争。最终沙皇以退为进的"突袭"策略获得了成功，他以退位为要挟，通过了众所周知的"特辖制"，即将莫斯科公国的部分领土划为特辖区，由沙皇全权治理。另外则是获得了处罚作恶者和叛国者的全权，包括必要时处决他们并没收其财产的权力。

特辖区的出现令莫斯科公国出现了两套相互独立的管理体系，特辖区还出现了相应的特辖军，而原来在这些地区拥有世袭领地和传统势力的大贵族则被迁出。沙皇甚至还为俄国册立了一个名义上的新统治者。特辖制实际上就是为了削弱大贵族的势力而设立的，它在事实上开启了伊凡四世恐怖统治的时代，成为一场场屠杀的开端：沙皇对大贵族展开了血腥的大清洗，很多城市遭受了毁灭性的破坏，富饶的诺夫哥罗德甚至在1570年被夷为平地。外国的入侵也令俄国的境况雪上加霜。克里木汗国可汗亲率大军攻打莫斯科，虽然没能最终攻下莫斯科，但却摧毁了大片城区，还掳走了10万名俘虏，夺取了大量战利品，接下来莫斯科又遭受了饥荒和瘟疫。1572年，特辖制被废除，但这种恐怖的分割状态至少持续到了1575年。

沙皇终究以血洗大贵族和"背叛者"宣告了自己的胜利。但悲剧并没有结束，1581年，伊凡四世在一次盛怒中不仅令儿媳流产，还失误打死了自己的儿子伊凡太子。伊凡四世最终死于1584年，根据苏联时期的尸检报告显示，他是死于中毒。

从 1558 年开始一直到 1583 年，俄罗斯与立陶宛、波兰、瑞典等国进行了长达 25 年的利沃尼亚战争，虽然在第一阶段取得了一些成果，但在俄国实行特辖制后，国力衰退，终究没能将这些战果巩固下来，反而遭到了惨败。但值得一提的，是伊凡四世统治末期叶尔马克对西伯利亚的征服。1582 年，斯特罗加诺家族发动了针对西伯利亚汗国的远征，远征军由哥萨克叶尔马克率领，攻占了汗国的大本营。虽然由于援军未到，叶尔马克最终阵亡，俄国后来仍耗费了数次努力才得以占领这片土地，但这次占领成为俄国控制西西伯利亚的一个有效开端。

在接下来的费奥多尔统治时期，比较重要的事件是 1589 年在俄罗斯设立了牧首。这是东正教世界的最高神职，俄罗斯教会的级别和地位都得到了提高。虽然教会地位的提高令俄罗斯出现了两位领袖，对世俗政权造成了一定程度的威胁，但幸运的是，教会组织的强化在俄罗斯紧接而至的"动荡时代"发挥了正面意义的重大作用。

总之，莫斯科的崛起是世界历史中的重大事件。历史学家们已经从几个方面解释了莫斯科崛起的原因。地理因素说和经济因素说都强调了莫斯科所处的有利位置，不仅水陆交通便捷，而且处于有利的中央位置，不易被外敌首先攻击。而最为关键的应当是莫斯科统治者的励精图治。在莫斯科的分封制中，长子具有绝对优势，莫斯科王公的地位越来越重要，既是组织者也是所有者，还是统治者；其他公国王公的职能却走向单一化，权力日渐萎缩。统治者全身心的经营也令莫斯科与蒙古人维持了良好的关系，于是莫斯科王公不仅能够稳坐大公之位，还取得了代收贡赋的优差，借此获得了大量土地和人口。当然，莫斯科统治者对教会的重视，极力使得莫斯科成为东正教之都，也令教会成为莫斯科大公"统一俄罗斯"这一政治抱负的有力支持者。最终，莫斯科公国不仅具备了政治和经济上的优势，还具备了在那个时代极能鼓舞人心的教会的支持。

四、动荡时代

1598 年，费奥多尔去世后，由于王室绝嗣且没有继承法，留里克王朝没有了继承人，于是在俄国出现了一段动荡不安、纷争不止的历史（1598—1613）。在 13 个半月的时间里，俄国经历了 4 位沙皇：鲍里斯·戈都诺夫、费奥多尔·戈都诺夫、伪季米特里一世和瓦西里·舒伊斯基。紧接着舒伊斯基的政权也陷入了危机，受到了驻扎在图希诺的所谓伪季米特里二世的挑战。两位统治者在陷入绝境时先后引狼入室，借助了外国的力量。舒伊斯基靠割让领土借来了瑞典的军队，而图希诺的俄罗斯贵族则在伪沙皇被击败逃离后，邀请了波兰国王西吉斯孟德三世的儿子出任俄国沙皇，于是波兰以俄国与瑞典结成反波兰的同盟为借口，公然入侵俄国。事实上，波兰国王西吉斯孟德三世准备自立为俄国沙皇，而瑞典也趁火打劫向莫斯科宣战。这最后的亡国危机最终令俄国内部走向了团结，教会也在这个群龙无首的危急关头发挥了重要作用，在俄国人民的奋起反抗下，莫斯科最终从异教徒波兰人手中得到了解放。

而接下来是值得纪念的重大时刻。1613 年召开了一场以选举沙皇为目的的缙绅会议，组织者肯定了人民在这次反抗外族入侵的斗争中的重大作用，因此参加会议的选举者不仅有教士、波雅尔、贵族、市民，还有国有农民的 12 名代表。最后米哈伊尔·罗曼诺夫当选为沙皇，于是俄国就这样以选举的形式开创了自己新的王朝统治时代。

历史学家将这次击退外敌入侵的斗争描述为"国家的胜利"，全民参与和拯救政府的经历极大地增强了民族感情，以及统治者与被统治者两方面对公共利益与义务的认同感。1612 年 11 月 4 日（公历）[①]，至今是俄罗斯人民要纪念的重要节日"人民团结日"。俄国人民拯救了自己的信仰和国家。俄国东正教教会作为动乱时期最有效的组织，其特权和威信也获得了增强。

---

①　彼得大帝历法改革后的 1700 年到 1918 年 2 月 1 日期间，俄国使用的是旧历，即儒略历。儒略历是现今国际通用的公历的前身。16 世纪，大多西方国家采用它。1918 年 1 月 26 日，苏俄政府宣布停止使用旧式的儒略历，改行新式的格列高里历，即现行公历。在俄国 1918 年 1 月 31 日这天过后，马上就是 2 月 14 日。在 16 世纪，格列高里历比儒略历的日期早 9 天，17 世纪早 10 天，18 世纪早 11 天，19 世纪早 12 天，1900 年 3 月 1 日起早 13 天。本书所使用的时间（包括《大事年表》）若不特别注明，均为俄旧历，即儒略历的时间。

五、王朝新立

罗曼诺夫王朝建立后，彼得一世的父亲和祖父在统治期间所采取的措施在一定程度上为其改革奠定了基础，为解决一些问题作出了一些有益的尝试，但总体来说，新王朝处于一个百废待兴的阶段。

米哈伊尔沙皇最重要的贡献就是稳定了新王朝的生存环境，抵抗了外敌侵略，稳定了俄国的国际关系。其中最重要的成果就是在 1617 年和 1618 年分别与瑞典和波兰签订了和约。米哈伊尔很好地控制住了他统治期内"稳定"的"主旋律"，甚至当顿河哥萨克在 1637—1641 年独自占领了亚速要塞并将其献给沙皇之后，缙绅会议中的服役贵族主战以保卫亚速而工商市民代表反对作战的情况下，米哈伊尔权衡利弊最终仍选择了放弃，于是哥萨克也不得不撤离了亚速要塞。

放弃亚速最重要的原因就是沙皇在财政上遭遇了不小的困难。为此俄国政府不得不使出浑身解数来增加财政收入，不仅曾三次向特罗加诺夫家族借钱，在 1614 年还实行了严苛的特别税种——五税一。

1645 年米哈伊尔去世，他 16 岁的独子继任沙皇。阿列克谢沙皇在任内作出了一些成果，为他的儿子彼得大帝实行改革奠定了坚实的基础。著名历史学家克柳切夫斯基则称阿列克谢为"最仁慈的人，荣耀的俄罗斯灵魂"。

由于财政困境依旧存在，阿列克谢曾尝试采取降低铸币成色的措施，但却引发了通货膨胀和 1662 年的"铜币暴动"。阿列克谢统治时期最大的一次起义就是 1670—1671 年斯捷潘·拉辛领导的大起义。在镇压起义的同时，政府也认真采取措施试图改善行政管理和司法审判以平息民愤。其中最重要的成果就是由缙绅会议负责组织制定的 1649 年法典。该法典是 1550 年以来俄国法律的第一次系统化，远远进步于以前的法律，直到 1835 年才被取代。

1654—1667 年俄国和波兰对乌克兰的争夺也对后世影响甚大。1569 年以后，这个国家实际上处于波兰而非立陶宛的统治下，乌克兰在起义频发的情况下逐渐转向拥有共同信仰的莫斯科。1654 年 1 月，乌克兰举行了全国军民代表出席的拉达以商议乌克兰臣服波兰、土耳其还是俄国，会议最终决定归顺信仰东正教的俄国沙皇。这一事实显示，当时迫切要求合并的不是俄国政府而是乌克兰人民，虽然现在一些乌克兰历史学家的观点恰恰与此相反。

俄波争夺乌克兰的战争以 1667 年签订安德鲁索沃停战协定而宣告结束，乌克兰被划分为两个部分：第聂伯河左岸（即东乌克兰）归俄国，第聂伯河右岸（即西乌克兰）归波兰。第聂伯河右岸的基辅及其附近地区由俄军占领两年，但实际上被俄国永远占有。俄国收复了斯摩棱斯克、契尔尼哥夫、谢维尔斯克和斯塔罗杜勃等地区。为了捍卫这些收获，俄国还跟瑞典打了一场不分胜负的战争，并与土耳其陷入漫长的冲突。无论如何，罗斯人历史控制区域的收复不仅令俄国在统一大业上迈出了重要一步，而且也使俄国在欧洲战线上少了一个敌人，尽可能地避免了多线作战，甚至还多了一个盟友。

阿列克谢统治后半期最重要的事件就是尼康推行教会改革。这次改革造成了俄罗斯东正教教会影响久远的分裂，尼康将教会权威凌驾于君权之上的努力最终被沙皇挫败。这为世俗政权的稳固，特别是君主权力的提升奠定了重要基础。

随后继位的费奥多尔沙皇身体羸弱，资质平庸，在他短暂的统治期间（1676—1682）俄国废除了"门阀制"（设立于 1475 年）。虽然这一举措并没有否定担任公职是贵族的特权，但仍具有重要意义。它在一定程度上肯定了个人的才能而不是纯粹依照门第高低来委任官职，这就为日后彼得一世改革的实施进一步扫清了障碍。

第二节　天命回归：彼得一世亲政

彼得一世是阿列克谢沙皇的第三个儿子，他的生母是沙皇的第二任皇后。阿列克谢沙皇第一任妻子是出身于大贵族米洛斯拉夫斯基家族的玛丽娅·伊莉妮奇娜·米洛斯拉夫斯卡娅，玛丽娅自 15 岁嫁给沙皇直到病逝，几乎每年都在生育。而且令人奇怪的是，她生的女儿个个结实健壮，聪明伶俐，儿子却个个身体孱弱不堪。玛丽娅生的 5 个男孩中，只有 2 个活到成年，其余 3 个全部早夭。硕果仅存的 2 个男孩先天不足，长子费奥多尔是先天"败血症"，两条腿长期浮肿，无法行走，宫廷御医整天跟随左右，以备不测；次子是伊凡，先天弱视，近似于瞎子，智力水平也远远低于同龄儿童。就如同伊凡雷帝的妻子安娜塔利娅^①一样，过于频繁的生育严重损害了玛丽娅皇后的健康，她同样未满 30 岁——于 29 岁病逝。

没有健康的子嗣继承大统，对于帝国政权稳定来讲是一个重大威胁。于是，身体并不健康的沙皇在 42 岁那年迎娶了年轻漂亮的新皇后娜塔莉娅·基里洛夫娜·纳雷什金娜。新皇后出身于贵族纳雷什金家族，却在崇拜西方文化的沙皇重臣阿尔塔蒙·马特维耶夫家里教养长大。我们相信娜塔莉娅的西化思想对彼得一世有一定影响。

位于莫斯科克里姆林宫的圣母升天大教堂，是莫斯科公国乃至俄罗斯史上最重要的一座教堂，它始建于 15 世纪，大教堂广场北侧，是历代沙皇的加冕仪式举行地。1672 年 5 月 30 日，圣母升天大教堂洪亮的钟声打破了黎明时的寂静，各教堂和修道院的几百口大钟应声而响，彼此呼应。街道上宫廷传令官敲锣呐喊："沙皇大人添丁进口啦，我们有了一个新的皇子了。"老人们连忙跪在地上祈祷，愿上帝保佑新生的皇子贵体健康，长命百岁。一些老年妇女在听到皇子降生的喜讯后甚至流下了眼泪。身染重病、久病在床的老沙皇阿列克谢更是激动得老泪纵横，他终于盼到了一个健康的儿子降生。这个男孩就是未来的彼得大帝。老沙皇以圣徒"彼得"^②的名字给他取名，足见对他的宠爱。

但是很快，莫斯科暗地里在流传着这样的说法，彼得一世并非沙皇阿列克谢的亲生儿子，而是皇后与东正教大主教尼康私通所生。但是老沙皇并没有理会这些，他认为这些都是已故皇后玛丽娅身后的米洛斯拉夫斯基家族制造的谣言。

---

① 安娜塔利娅在 13 年内为伊凡四世产下 6 个孩子。
② 圣彼得为耶稣门徒之长，名字为耶稣所起，含义是"磐石"，意思是他将成为教会的基石。

在阿列克谢沙皇在世时，小彼得颇受宠爱，时常跟着父皇前呼后拥地坐着专为他打造的描金小马车出行。

一、童年惊变

正如我们所知，1676年费奥多尔继承了阿列克谢的皇位，他于1682年去世，没有留下继承人。由于当时没有成文的皇位继承法，两个波雅尔大贵族家族——米洛斯拉夫斯基家族和纳雷什金家族，开始了争夺皇位的斗争。早先在费奥多尔沙皇在位时，米洛斯拉夫斯基家族处于上风，娜塔莉娅皇后出身的纳雷什金家族及其亲信遭到排挤。而这次的皇位斗争在牧首的支持下，纳雷什金家族赢得了短暂的胜利。虽然彼得一世还有一个体弱多病的异母哥哥伊凡，但1682年4月，在牧首、波雅尔杜马多数成员及专门为此召开的贵族会议决议的支持下，彼得一世被拥立为新的沙皇。虽然是权贵斗争的结果，但多少在形式上延续了之前有选举色彩的做法，彼得也算是占了众望所归的先机。由于彼得一世年龄尚小，所以由母亲娜塔莉娅摄政，母系的亲友也占据了高位。

《伊凡·纳雷什金之死》(1682年射击兵政变，彼得一世的舅舅伊凡·纳雷什金被射击兵当着小彼得的面杀死)

　　然而，阿列克谢的女儿索菲娅公主并未就此善罢甘休。她是彼得一世的异母姐姐，意志坚强，且野心勃勃。就在彼得一世继位之后一个月，她领导米洛斯拉夫斯基家族及其支持者，鼓动莫斯科的射击军发动了叛乱。在阿列克谢时期，射击军就已经成为"皇家御林军"，享有很多特权，并且经常得到皇上的赏赐。但在费奥多尔执政时期，这些特权遭到了废除，而且军饷常被长官克扣。在费奥多尔沙皇去世的第4天，射击兵就来到皇宫请愿，娜塔莉娅皇后仓促间满足了他们惩治指挥官的要求，但是米洛斯拉夫斯基家族还是成功地把射击兵的不满情绪引到他们的政敌身上。他们蜂拥冲进皇宫，甚至在年幼的彼得一世面前制造了杀戮。

　　1682年5月政变的结果是，阿列克谢·米哈伊洛维奇沙皇第一任妻子的亲属米洛斯拉夫斯基家族篡夺了政权。在射击军的威胁下，波雅尔杜马推举索菲娅公主体弱多病的亲弟弟伊凡为第一沙皇，彼得一世被改为第二沙皇。但是领导新政府的却是索菲娅长公主和她的情人瓦西里·戈利岑公爵。

《伊凡和彼得的加冕(1682年5月26日)》

瓦西里·戈利岑公爵也算是位见识不凡的能臣。他会说几门外语，崇尚西式生活，胸怀大志，曾有意在俄国实行改革。他最成功的杰作就是在1686年同波兰签订了"永久和平"的条约，条约确认了俄罗斯几十年对外扩张的成果，包括对基辅的占领（作为波兰永久割让基辅的交换条件，俄国加入了反对土耳其的"神圣同盟"）。但是，外交才能与军事才能还是有本质区别的，瓦西里·戈利岑两次远征克里木的失败，最终给索菲娅的政权带来了灾难性的后果。

政变后，10岁的彼得一世被姐姐索菲娅公主排挤出克里姆林宫。相信出宫也是得益于彼得一世的母亲及其亲信的睿智，暂避锋芒才能保存力量，以待发展。彼得随母亲在莫斯科郊区的普列奥布拉任斯科耶、沃罗比耶沃和科洛缅斯科耶村度过了一段时光。小彼得也由此因祸得福，不必像伊凡雷帝儿时那样忍受恐惧和侮辱，在宫外度过了一个身为小王子常常难以享有的自由而快乐的童年。

而索菲娅长公主在1682年至1689年这段时期，一直在忙于巩固她的地位。由于担心射击军坐大，索菲娅借助贵族武装设计处死了射击兵衙门的领导者 И. А. 霍万斯基公爵，还解除了5月事件的另一位参加者，获胜集团的代表人物 И. М. 米洛斯拉夫斯基的职务。索菲娅还策划要除掉彼得一世和他的支持者纳雷什金家族。

二、胜利夺权

聚集在纳雷什金家族和年幼的彼得一世周围的人们预见到一场夺权斗争在所难免，于是他们精心策划，培植可以信赖的武装力量。正好小彼得酷爱军事游戏，他们也乐于借此做掩护，帮助彼得一世培植"少年游戏兵团"的发展。在给小彼得的"少年游戏兵团"运来游戏性的军事象征物的同时，也运来了真正的战斗武器。曾是彼得一世的亲密战友的鲍·伊·库拉金曾这样说："他就这样逐渐利用游戏兵团保护自己以防姐姐的伤害，并且变得强大起来。"在聚集于彼得一世周围的人物中，有以下家族的代表：多尔戈鲁基家族、斯特列什涅夫家族、特鲁别茨科伊家族等。后来他们之中有二十多人成了彼得一世的得力助手。

《年少时期的彼得一世》(17世纪的作品)

在皇太后集团的资助下，1686—1687年，"少年游戏兵团"已经显示出很有震慑性的力量，发展成几个团。据估计，他们的人数已发展到数千人。莫斯科郊外的普列奥布拉任斯科耶村变成了"少年游戏兵团"军队的主要基地。

而"少年游戏兵团"部队的增加，恰恰发生在瓦西里·戈利岑率领十万大军第一次远征克里木之时，这绝非巧合。在索菲娅搞清楚远征克里木已告失败后，她曾试图在1687年8月彻底排除彼得一世亲政的可能。按她的指示，射击兵衙门长官、她最亲密的助手费·沙克洛维特把30位射击兵首领叫到自己家里，建议他们集体上疏请求长公主加冕登基。这一计谋一来要试探一下射击兵的态度，二来则是策动他们再次发动政变。然而，不论是射击兵的统领，还是普通射击兵，都不支持这一建议，更不要说支持政变，因为他们觉得这件事对他们而言没什么好处，也讨不到什么便宜。有学者认为他们真正顾虑的就是那支在当时已做好准备，随时可以同敌人进行战斗的武装力量——"少年游戏兵团"。

索菲娅公主当然不会就此放弃。同时，从1688年初开始，彼得一世周围的人考虑到彼得已经成年，认为已是提出让彼得一世亲政并让他的亲信参政的时候了。1688年秋，两个集团之间的关系已呈剑拔弩张之势。索菲娅热切地渴望瓦西里·戈利岑第二次远征彼列科普能够获胜，以赢得更多人的支持。但是由于准备不足，已到达彼列科普的俄国军队又被迫撤了回来。1689年这次远征的失败似乎已经预示出索菲娅执掌朝政将会难以持久。

索菲娅意图像上次一样掩盖远征失败的实情，还想要为远征军的"获胜"举办盛大的庆祝活动。这种欲盖弥彰的做法最终引发了两个敌对集团的公开冲突。事实上，1689年7月初，在大教堂举行的祭祀活动中，彼得一世已经与姐姐"撕破了脸"：索菲娅公主同两位沙皇一起参加了大教堂举行的祭祀活动，并捧着十字架和圣画走在游行的队伍中。彼得怒不可遏，毫不顾忌地对索菲娅说，她是女人，应当退出游行的队伍，她这种行为是亵渎神灵，而索菲娅对此拒不理睬。于是彼得一世一怒之下，飞身上马，扬长而去。彼得这种冲动也是事出有因，在官方文件中，索菲娅的头衔已经成为"索菲娅·阿列克谢耶夫娜陛下和大公"这样的尊号，她已经想要逐步取代现任沙皇的地位，开始与他们共同签署文件。

1689年7月底，彼得一世反对犒赏远征军的态度令索菲娅公主决定再次鼓动射击兵叛变。然而射击兵中间早已有心向彼得者，他们再次按兵未动，而彼得一世也及时作出了让步，同意给予犒赏，只是拒绝接见远征军主帅瓦西里·戈利岑。

索菲娅公主的不得人心马上在其最后一搏中再次得到证明。同年8月7日，莫斯科接到一封匿名信，信中举报"少年游戏兵团"将在8月7日深夜从普列奥布拉任斯科耶出动，杀死伊凡沙皇、索菲娅长公主和他们的亲属。但是射击兵仍然按兵不动，有人则马上把消息透漏给了普列奥布拉任斯科耶村。

当这一消息在夜间传到彼得那里后，彼得一世惊慌地立刻跃身上马，连衣服都没穿好就向圣三一-圣谢尔盖耶夫修道院飞奔而去。这也许是彼得大帝这一生中最后一次胆怯到惊慌失措。有学者指出，其实纳雷什金集团的决策者们早已决定在这场公开的冲突中占领这个强大的堡垒。但也有学者指出，圣三一-圣谢尔盖耶夫修道院除了坚固的院墙外没有任何兵力守卫，彼得一世抛下妻子和母亲，置亲信与

《1689 年 8 月 8 日抵达圣三一-圣谢尔盖耶夫修道院的彼得》

（19 世纪俄国著名画家克·瓦·列别捷夫作品）

"少年游戏兵团"于不顾，只身跑到那里只是被童年阴影吓昏了头：他回想起了盛怒的射击军冲进皇宫，把他的舅舅挑下廷阶戳死的那恐怖的一幕。随后，"少年游戏兵团"即普列奥布拉任斯基团和谢苗诺夫斯基团到达修道院，同时，苏哈廖夫射击兵团也加入了他们的队伍。显然，这个射击兵团此时在普列奥布拉任斯科耶村出现，绝非偶然。最后摊牌的时刻已经到来。

出乎索菲娅的意料，大部分贵族立刻与在对外政策中威信扫地的索菲娅政府断绝关系。公开内讧僵持了一个月后，8月13日索菲娅派大贵族伊·博·特罗耶库罗夫去劝说彼得一世回莫斯科以缓和局势，结果一无所获。8月14日彼得一世便传谕下去，要求全体指挥官和普通士兵的代表于8月18日到达修道院，这令形势进一步明朗化。在这关键的几天里，牧首约希姆借口调解冲突来到彼得一世身边，许多波雅尔、贵族及帕特里克·戈登将军率领的一个新制兵团，还有5位射击兵团长、500多名军队长官，以及工商各界代表等都前来支持彼得一世。于是，很多其他的人也动摇了，尽管索菲娅一再呼吁他们支持自己，却也无力回天。

9月7日，索菲娅长公主最活跃、最有力的拥护者费·沙克洛维特落入彼得一世手中；9月12日，彼得一世下令将其处死。最终，索菲娅不得不向弟弟投降。这场僵持终于以彼得的最终胜利而宣告结束，整个过程未费一枪一弹。瓦西里·戈利岑和几位官员、波雅尔被流放到普斯托泽尔斯克，而索菲娅长公主则被幽禁于修道院。1689年8月，虽然伊凡五世仍是共治沙皇，但是彼得一世已经成为真正的统治者。然而，17岁的彼得一世还没表现出亲政的兴趣，于是大权再次落到他的母后娜塔莉娅及其亲信手中。

1689年9月7日，一道依旧由两位沙皇签署的诏令发布后，由皇太后集团的成员组成的新政府得以建立，为首的是彼得一世的舅舅勒·卡·纳雷什金，他主管外交衙门。管理贵族服役和军队的职官衙门交给了特·纳·斯特列什涅夫领导，伊·博·特罗耶库罗夫接管了射击兵衙门。税务衙门委派加·伊·戈洛夫金领导，莫斯科诉讼衙门由雅·弗·多尔戈鲁基领导，弗拉基米尔诉讼衙门和呈文接受衙门由姆·格·罗莫丹诺夫斯基负责。内务府衙门则交由彼得一世妻子的叔父帕·阿·洛普欣管理。这个由名门世袭大贵族组成的政府一直存在到国家首次推行重大改革的前夕，即1699年。相当大的一部分政府成员后来又成为彼得改革中的得力助手。

尽管在这次剑拔弩张的权力斗争中实现了罕见的权力的和平过渡，但并不意味着统治集团内部的权力争斗将会休止，更不意味着以后为此而流的血会减少。可以说，自彼得一世开始执政的那刻起，统治阶级内部的夺权斗争就从未停息过。而且这种对抗越来越多地与反对彼得一世的改革措施联系在一起。纳雷什金家族获胜后，对索菲娅长公主的阴谋的侦查工作仍在继续。1691年前，对公主的亲密合作者西利韦斯特·梅德韦杰夫案件进行了侦查；根据指控，御前大臣别佐勃拉佐夫因为同沙克洛维特有交往，被处死；1691年戈利岑的亲信、御前侍臣勒·帕·涅普柳耶夫被流放到科拉城堡；等等。

牧首约希姆于1690年去世后，阿德里安继任了这一职位。1689—1694年这段时间，俄罗斯人对宗教的笃信，对传统的拘泥，以及对外来事务的怀疑精神再次占了上风，政府甚至禁止以西方方式来训练军队。不过，这一切即将真正成为过去。1694年娜塔莉娅皇太后去世，22岁的彼得一世终于掌握了国家大权。

三、彼得亲政

正如我们之前所提到的，统治集团内部的权力斗争还远未结束。而从彼得一世亲政起，这些争斗也更多地与反对新措施、反对改革联系在一起，而坚决地打击这些人也成为顺利迈出改革步伐的必要前提。在彼得一世准备出国前夕，一场谋杀彼得一世的阴谋被揭露出来。这场阴谋在采取行动之前就被揭发，参加的人很有限，准备也很不充分，其中的领导者有一半过去都是索菲娅的心腹，这些人因被排挤出现任政府的核心圈而心怀不满，对彼得一世的革新举动也充满敌意。例如，彼得一世将其中一人的两个儿子派到国外去学习航海知识，就被他们认为是一种侮辱，贬低了他们的身份。对这一案件的侦查确定，这些密谋叛变者打算利用顿河哥萨克的部队来达到自己的目的，而他们之间除了对沙皇怀有不满外没有任何共同利益。于是彼得一世对这些人采取了坚决、果断的镇压措施。主犯都被处死，亲属则被逐出莫斯科，有点关系的人都遭到株连。同时沙皇委派亲信费·尤·罗莫丹诺夫斯基管理莫斯科，莫斯科的全部警卫任务则由近卫军团即谢苗诺夫斯基团和普列奥布拉任斯基团的人员接管。同时，射击军也被调出莫斯科，改编成为守卫要塞和边境的卫戍部队，后来逐渐成为经常处于战备状态的正规军团。

虽然彼得一世采取了一些有效的预防措施，但是在他出国期间，新的叛乱活动还是发生了。1698 年的这场以要求索菲娅长公主还朝执政为旗号的叛乱，与射击军被改编有着密切的关系。

1698 年初春，调往立陶宛边境的部队中有一大批射击兵（155 人）跑回莫斯科请愿，说他们"领不到军饷"。在谢苗诺夫斯基团士兵的阻止下，请愿者都被撵出了莫斯科，而军饷还是全都发给了他们。这些射击兵在莫斯科停留的短暂时间里，通过索菲娅的妹妹玛尔法·阿列克谢耶芙娜公主转交给索菲娅一份陈述他们所遭厄运的报告书。射击兵立即收到了索菲娅和玛尔法召他们回莫斯科的回信，信中还指示射击兵将索菲娅放出，且不要让彼得一世回到莫斯科，如果射击兵认为无法战胜新制兵团，可以煽动平民造反。射击兵带着这些信回到大卢基驻地。但他们马上接到一项诏令，命令将请愿者连同其眷属一起驱逐到乌克兰各城市，并指令射击军在西部边境城市（维亚济马、多罗戈布日等地）继续服役。这一诏令激起射击兵早已暗中酝酿的一场叛乱，他们不仅不肯交出他们的请愿者，还赶走了几位中校。直到军政长官罗莫丹诺夫斯基公爵以使用武力相威胁，他们才向指定的城市缓慢推进。

实际上，射击兵的首领们只是利用这一策略欺骗了军政长官，使其放松警惕。6 月 6 日，在快到西德维纳河时，请愿者在射击军内部宣读了长公主的信，煽动射击军兵变（2200 人参加），并向莫斯科进发。6 月 17 日，他们在沃斯克列先斯基修道院附近横渡伊斯特拉河时，遇上了大贵族阿·谢·舍因和帕特里克·戈登将军、科利佐夫-莫萨利斯基将军率领的四千人队伍，很快被击溃。

由于沙皇不在国内，代执政者在最初的审讯中被射击兵的谎言所欺骗，对于这场叛变的性质没有足够的认识。射击兵没有泄露长公主信中的秘密，只是抱怨多年来勤务繁重，离家遥远，受尽煎熬，并总被置于"最需要流血的地方"，等等。当时沙皇在维也纳接到关于这一事件的报告时，立即明白了事件的实质。他在给罗莫丹诺夫斯基的回信中写道："伊凡·米哈伊洛维奇的后裔正在成长，因此朕要求你们遇事要坚决。除此之外，任何东西都不可能扑灭此火。尽管朕十分希望把正在做的事情做完，但为此原因，朕将出乎你们意料地立即回国。"8月25日，彼得一世从国外回来，立即下令把6月17日抓获并又分别送到各县城和修道院的射击兵送回莫斯科。经过重新侦讯后确定了射击兵收到索菲娅的号召书的事实，他们打算"请长公主回来执掌政权，把大贵族、外国人和士兵（士兵在当时是一种模仿西方的新兵种）通通杀掉"。一旦成功，射击兵将策划成立听从他们意愿的新政府，甚至认为改朝换代也不是不可能的。射击兵叛乱是为了恢复他们的特权，他们认为新沙皇和大贵族没有保留他们的特权，因而心生怨怼。不过，莫斯科的老百姓并不支持射击兵。

《射击兵被行刑的早晨》（19世纪俄国著名画家瓦·伊·苏里科夫作品，1881年完成）

随着侦讯工作的进展，整个 10 月份处死了大部分参与兵变的射击兵。索菲娅长公主和她的妹妹玛尔法被迫出家为修女，索菲娅被软禁在新圣母修道院，受到严密看守，禁止与外界联系。射击兵部队部分被解散，这在已开始进行军事改革的情况下势在必行，莫斯科的射击兵甚至被禁止再次参军当兵。就在那时，彼得一世扯断了与反对改革的皇后家族——洛普欣家族之间最后联系的纽带。他与皇后之间的关

《在新圣母修道院的女皇索菲娅》（19 世纪俄国著名画家
伊·叶·列宾名作，完成于 1879 年，注意：窗外被
吊死的射击兵清晰可见）

系早已破裂，母亲替他撮合的这段婚姻最终被证明是个悲剧，叶夫多基娅皇后于 1698 年 9 月 23 日被流放到苏兹达里的一个修道院。沙皇不仅消除了一切与索菲娅和瓦西里·戈利岑政府有关的东西，而且同皇后和她的那些持反对派立场的亲戚们彻底决裂，这就为改革的推行提供了可能性和有利的条件。

四、强人个性

彼得一世给同时代人的印象是无比强壮、高大英俊、精力充沛、心智超群。可以说，彼得一世几乎具有为俄罗斯人所崇拜的那种力量型人物所拥有的全部条件，这成为彼得一世成就不平凡事业的基础。

彼得一世身高足有两米，健壮结实，他几乎没有休息的时候，承担着通常由数人才能完成的工作。不管在哪个方面，很少有人能够跟得上彼得一世的工作节奏。甚至彼得一世大步流星地前行时，部下不得不一路小跑跟着他。彼得一世具有无限的求知欲、惊人的学习能力和实践能力，他总是坚持亲力亲为、以身作则。他亲自学习造船，全面研习普通士兵和水手的军事技能，亲自在军中服役，学习每一种武器的使用方法。在有了这些经历和经验后，他才把自己提拔为一个军官，之后他按军功给自己升军衔。例如，波尔塔瓦战役胜利后，他把自己升为陆军上将，而俄瑞北方战争(即第二次北方战争，又称大北方战争)胜利后，他才把自己升为海军中将。这位皇帝还抽出时间学习了大约 20 种技艺。他几乎什么都能做，大到一艘船，小到一双鞋。为了给贵族子弟树立一个良好的榜样，同时也是为了掌握最新的消息，为国效劳，他甚至亲自到欧洲去学习，这使得彼得一世成为俄国历代沙皇中绝无仅有的"实干型"沙皇。这正是由于彼得一世自小在宫外长大，少了一些贵族子弟的浮夸作风，反而具备了实用主义作风。因而无论是识人还是做事，彼得一世都讲求实效。他重视有才能的人，重视专家的意见，但也坚持独立思考，这些都是改革家所必备的重要素质。

阅读彼得一世的信，你总能感受到他的那种雷厉风行的态度，在他的各类指令中少不了"不得延迟""火速""立即"等字眼。有时真的很难判断，究竟是任务刻不容缓，还是沙皇就是一副急性子。事实上彼得一世善于对形势迅速作出判断，他往往能够抓住要害，立即作出决定，如果身边没有合适的人选，他会亲自动手将这个决定付诸实施，这种魄力对于改革家而言也是至关重要的。

《佩戴蓝绶带圣安德烈·佩尔沃兹万内勋章和星章的彼得一世像》

（法国画家让-马克·纳蒂埃作品，1717 年完成）

最可贵的是，彼得一世具有非常强大的意志，这也是他能在俄国推行如此深刻变革的最重要的原因之一。我们从彼得一世的战史中能很容易地发现他拥有一种超乎寻常的品质，即他总能从最糟糕的、常人无法承受的失败中迅速恢复过来，将每个障碍视为成功的请帖，仿佛任何可怕的东西都无法摧毁他坚定的求胜意志，软弱和疲倦更像是从未出现在彼得一世的"词典"中一样。彼得一世有句名言："一帆风顺常使许多人身遭不幸。"这或许恰恰就是彼得一世斗志昂扬的根源。面对强于自身的对手，面对自身军队的种种缺陷，他洞悉一切却从未畏惧过战斗，这种大无畏的拼搏精神绝非等闲人物能够拥有。

在没有人支持他的时候，他的家人、宫廷和波雅尔杜马一边倒的反对改革的时候，他开始大胆启用那些虽然有才能但却出身不高的人。他不仅破格提拔他们，还尽力将这套做法形成了制度，这就令更多有才能的人，愿意围绕在彼得的身边，去帮助他推进改革。

第三节　以西方为师：从外侨村到西欧

虽说彼得一世从 8 岁起就开始从宫廷指派的老师那里接受教育，但是彼得一世的这几位老师都不是什么饱学之士，根本激发不起彼得一世的学习兴趣。而彼得一世在某些方面的教育空白据说直到死都没能得到弥补：彼得一世在书写文法方面总会犯一些连普通的文牍人员都不会犯的错误。但是，彼得一世在宫外成长的这段岁月却学到了在皇宫内无法学到的大量知识，接触到了许多有关西方先进国家的信息和新鲜事物，影响了这位帝王的一生。

一、宫外岁月

彼得一世在宫外这段时间的资料不多，1683 年瑞典大使馆的一位秘书曾描写过他与两位小沙皇会面的场景："哥哥把帽子拉到眉眼前，垂眼望地，旁若无人，几乎纹丝不动地待着。弟弟却扫视着众人，他容光焕发，面目俊美，当臣属刚开口向他启奏时，他身上便迸发出一种生气勃勃的热情。"据说彼得一世在 11 岁时，从身量和发育来看倒像一个 16 岁的少年。

虽说彼得一世在儿时接受的教育没能取得什么成果，据说他连 17 世纪诸王子通常要学的课程都没能完成。但是，在成年时期，无论在史地方面，还是在炮兵学、筑城学和造船学方面，彼得一世都具备了极为丰富的知识，这说明彼得一世禀赋过人，毫不缺乏求知欲和好学精神。而真正激发他对这些知识产生浓厚兴趣的，应该说是他在克里姆林宫外成长的这段岁月。

彼得一世在宫外这个无拘无束的广阔天地，首先从游戏中接受了军事启蒙教育。他和同龄的伙伴们大做军事游戏，组建了"少年游戏兵团"：普列奥布拉任斯科耶团和谢苗诺沃团（都是以村子名字命名）。他们不仅建有兵营兵舍，还有专门存放大炮和武器的仓库。彼得一世到处搜罗人才，把他们的兵团搞得像模像样，不仅拥有真正的武器，甚至还接受了当时最先进的军事训练。1687—1694 年的演习，特别是 1694 年的科茹霍沃演习具有重要意义，这次战役演习遵循了现代作战艺术的所有原则，使用了真刀真枪，双方投入兵力都达到了 1.5 万人左右。这令游戏兵团逐渐成长为一支真正富有战斗力的队伍。

彼得一世还跟外侨村来往甚密，在那里学到了在宫里接触不到的先进知识和信息。彼得一世的父皇阿列克谢在位的时期，这里专供从国外招聘的军人居住：当时沙皇从国外招聘了大批军官来组建以外国建制为标准的军团。外侨村中很多都是拥有一技之长的人，这让彼得

《弗兰茨·廷麦尔曼向彼得一世讲解在伊兹马伊洛夫村仓库中发现的一艘小船的构造》
（19 世纪俄国著名画家格里高利·梅索耶多夫作品）

一世网罗到了不少有用人才，比如彼得一世在外侨村结识并成为他的良师益友的外籍工匠西蒙·佐梅尔。在与他们的接触中，彼得一世迷上了造船和航海。为了学会使用托人从法国买来的星盘仪，彼得一世在外侨村找到了荷兰人弗兰茨·廷麦尔曼，跟他了解到了不少相关知识，后来他在外侨村也找到了懂得航海和造船的人。即使皇太后为他的前途着想给他找了一位出身高贵的漂亮皇后，并希望以此让他"回归正途"，可他还是沉浸在自己的圈子里，比起高贵的皇后，他更喜欢自己在外侨村结识的情人。

彼得一世正是在这里，拥有了一批自己可以信任和依靠的亲信，这些人被称为"彼得帮"，这些人的出身各不相同，日后都成为彼得一世政府中的军政要员。帮中的苏格兰人帕特里克·戈登及日内瓦人弗兰茨·列福尔特就来自外侨村。彼得帮中成员还有费·马·阿普拉克辛、雅·达·缅什科夫、费·尤·罗莫丹诺夫斯基等。在这个团体中，彼得一世禁止其他人称他为沙皇，帮中成员间都用军中官职，如炮手、上尉等来互相称呼。其中罗莫丹诺夫斯基在帮中具有特殊地位，他被称为"腓特烈大帅""恺撒大公"，帮中包括彼得在内都将自己看作"恺撒大公"的臣民。

从他们那里彼得一世经常能听到宫里听不到的真话。例如，传说列福尔特就曾经问彼得一世："陛下，俄国土地肥沃，物产丰富，为何却贫穷落后呢?"这问的彼得一世一时语塞，无以对答。"恕我直言，"列福尔特说，"你们俄罗斯每个人自扫门前雪，谁也没有国家的概念。有人一心想发大财，有人热衷于功名，大多数人只想把肚子填饱。像这样不开化的民族，恐怕在非洲才有。俄国没有工业，没有像样的军队，更谈不上军舰，有的只是剥老百姓的皮。"彼得一世听到这里开始很生气，直到看到列福尔特从官方文件堆里搜集出的某个村庄农民集体呈交沙皇的一份诉状，里面写道，"圣明的皇上：小民现在无一片面包，无一头牲畜，皆处于饥饿状态……民等以野草、树皮充饥，四肢浮肿……伏祈圣谕免交年贡"。

彼得一世于是感慨道："俄罗斯是个可怕的国家。如不来个大手术，就没有出路!"列福尔特则说："陛下，动大手术可急不得，需要从长计议。你最好多去几个地方看看，多听听百姓的呼声。"

在这群人中间，彼得一世了解到了更多的俄国真实情况及其他国家的信息，可以说，彼得一世改革俄国的决心就是在这里一天天增长的，他渴望干一番大事业，渴望真正的人才，同时也很想要亲自到其他国家亲眼去看一看。

有意思的是，彼得一世别出心裁组织了一个"醉僧会堂"的游戏，这种游戏成为他聚拢人才的一种独特方式。在那里，不论出身、性别、年龄和宗教信仰，只要能饮酒，不因循守旧，哪怕是曾为索菲娅效过力的人也被欢迎加入游戏，大有"煮酒论英雄"的豪气。事实上这就是彼得一世自小在宫外成长的特别之处：在招揽人才方面向来是任人唯贤，从不拘泥于门第出身。比如曾为索菲娅服务过的俄国著名外交家费·阿·戈洛文和彼·安·托尔斯泰，后来都成为彼得一世的得力干将。据说官至元老院元老和副总理大臣的彼·帕·沙菲罗夫就是彼得一世在莫斯科一家商场里偶然发现的。当时他看到还是小伙计的沙菲罗夫矮小肥胖、样子逗人，就上前跟他攀谈，结果发现他知识面很广，懂6国语言，是使节政厅一个翻译的儿子，于是马上将他推荐给了戈洛夫金当外交秘书。此外还有自学成才的机械工程师，耶稣会教徒加尔梅克人米哈伊尔·谢尔杜科夫，是彼得一世在一次巡视外省的途中发现的，后来他成功地完成了彼得一世所委派的开凿运河的任务。另外，图拉城兵器匠、著名的乌拉尔工业建设家尼基塔·德米多夫也是被他慧眼发掘出来的。正是因为这段"被散养"的生活经历，让彼得一世有着非凡的识人眼光，同时对一切陈规陋习深恶痛绝。

虽然彼得一世没能在贵族子弟中间长大，这导致他在推行改革中，鲜有大贵族出身的战友站在他的身边，即使是他的母系和皇后的亲族也没人能跟他并肩作战，但是他却从这里找到了真正有才能，可以以一当十为其卖命的朋友。而且更为重要的，这段经历真正激发了他渴求新知识，外出看世界的强烈愿望。

二、匿名旅欧

众所周知，彼得一世在远征亚速之后于1697—1698年向西欧派出了大使团，他自己也化名彼得·米哈伊洛夫①随团来到西欧。这种出访在俄国皇室历史上是前所未有的。这一次原本主要为外交目的的访问，却引发了俄国历史上非常重要的一次大改革。

实际上，彼得一世的亲自出访，多少具有一些偶然性。彼得一世派出大使团主要是为了在西欧寻找共同对抗奥斯曼土耳其的盟友，以冲破阻碍，得到梦寐以求的出海口。同时，为了达到这个目的，俄国还迫切需要组建海军所需的优秀的人才，光靠聘请是不能满足需要的，因此彼得一世还决定派一些贵族子弟去西欧学习。在彼得一世之前，俄国的沙皇就曾派学生出国学习，而彼得一世在旅欧之前也是继续采取这个办法获取人才，但是却总是遭到守旧势力的反对，他们非常恐慌，害怕自己的孩子出去受苦，更怕年轻人到西欧"学坏"，改变信仰。他们向沙皇抗议道："祖祖辈辈都这样过，没有那些（知识）一样可以活！"沙皇对此作出激烈反驳，并且决定："我亲自和孩子们一起去，我亲自做给他们看，什么该学而什么不该学！"这也可以解释为何在大使团准备出发前发现了弑君叛乱的阴谋后，彼得一世仍坚持亲自出行，他必须要给贵族子弟们树立一个榜样，做到言出必行、不畏艰险、不辞辛苦，把该学的东西学到手，以事实堵住大贵族们的嘴。然而事实上当时并不是一个出访的好时机，因为他亲政未久，根基未稳，后来出访期间又发生了叛乱就证明了这一点。但是，也许正是他的这个貌似是临时起意而作出的决定揭开了俄国历史的新篇章。

在彼得一世的这次欧洲之旅的行程中最值得关注的有两个国家，一个是荷兰，另一个是英国。当时的荷兰是欧洲最富裕的国家，以工商业的发达闻名于世，在17世纪以"海上马车夫"享誉世界。17世纪西欧各国拥有的2万艘商船中，荷兰就占了1.6万艘。另一个国家英国也是新兴的海上强国，在战胜西班牙无敌舰队之后，更是锋芒毕露。

如果说彼得一世的匿名出访多少具有一点偶然性，那么彼得一世在英国的收获则更是出乎意料。事实上，大使团游说的主要目标是德意志

---

① 彼得一世原名全称为彼得·阿列克谢耶维奇·罗曼诺夫。

化名为"彼得·米哈伊洛夫"的彼得一世第一次旅欧时使用的护照证件（1697 年）

邦国及荷兰，可能还有其他国家，但至少不是英国。没有迹象显示彼得一世对英国有外交兴趣，至少英国不是彼得一世或使团计划中继荷兰之后便要拜访的国家。我们从多数描述彼得一世在欧洲行程的各类传记、著述中可以知道，彼得一世甩开大使团自己单独行动的时间主要都花在学习造船术上。在整个出访期间，化名彼得·米哈伊洛夫的彼得一世在荷兰停留时间最长，甚至 5 次前往能够建造大到军舰、小到平底货船的赞丹，在那里他非常认真地引领俄国留学生们学习造船技术。

《1698 年与荷兰造船专家交谈的彼得一世》(19 世纪俄国著名画家
卡·瓦·列别捷夫作品)

　　沙皇来学习造船这种新鲜事在赞丹不胫而走,据说沙皇还遭到了人
群的围观。1697 年 11 月 16 日,彼得一世在阿姆斯特丹造船厂工作时参
与制造的三桅巡洋舰"彼得保罗号"在众多大使的见证下成功下水。这是
这片海域上第一艘悬挂俄国旗帜的舰艇,它将开往阿尔汉格尔斯克。态
度非常认真的彼得一世在学习造船时提出了很多问题,而这些问题都大
大超过了他所求教的师傅们的知识水平,他因此感到十分不满。但当他
听闻,荷兰所缺少的造船理论知识,在英国很完备并且在短期内可以学
到时,他立即再次甩开大使团,与 16 名志愿学员迅速赶去了英国。

　　沙皇于 1698 年 1 月 8 日从荷兰向英国进发,11 日抵达伦敦,沙皇
在伦敦停留了 4 个月左右。相对肩负外交使命的大使团,彼得一世在
英国停留的时间要更长,他的主要任务是在英国见识新事物,并聘请
愿意到俄国为沙皇服务的精通理论知识的专家。

一些学者指出，彼得一世的科学兴趣在一定程度上是在他的英国之旅后被引发的。虽然在荷兰时彼得一世对科学已经产生了热情，但是彼得一世开始真正关心科学还是在英国。

《1698 年彼得一世在英国的德特福德》(19 世纪爱尔兰画家丹尼尔·玛克里斯作品)

早在 13 世纪，英国的牛津大学就成为当时欧洲科学的中心，西方的近现代科学就在那里萌芽。而在英国的 4 个月当中，彼得一世不仅去参观了造船厂及伦敦的各个企业，还造访了英国皇家学会、牛津大学，并数次前往格林尼治天文台和当时伊萨克·牛顿主管的造币厂。沙皇是否与大学者牛顿会过面是国内外学者们热衷讨论的问题之一，但到目前为止还没有发现这两位伟大人物会面的直接证据。这是因为彼得一世在这次欧洲之行中坚持隐姓埋名，对于他的具体行程与活动没有任何官方的记录留存下来。唯一勉强算是正式记录的，便是大使团的"日志"。然而这部日志主要记录的是大使团的日程，并没有完整记录沙皇的全部活动。但是很多历史学家们乐观地猜测，这场会面完全有可能发生，因为大使团的"日志"记录"沙皇"曾 4 次参观造币厂。

同时，正是在频繁造访造币厂期间，大使团"日志"记录了 1698 年

4月5日和6日，沙皇"在晚间会见了数学家"。有学者认为这位数学家很可能指的就是接受沙皇聘请，在俄国工作终生未再返回故乡的英国数学家、航海学家法夸尔森教授。因为事实上，彼得一世这次欧洲之旅也只聘请到这一位数学家。据"日志"记载，使团专程去数学家那里拜访，这充分说明了这位数学家对于使团或者说沙皇的重要性。会见的结果是，这位牛顿学说的支持者，英国著名的古老学府马修学院的教授法夸尔森被重金聘请到俄国办校任教，法夸尔森将得到资金用以支付在俄国生活期间的所有开支，并且每培养出一个航海学的学生将另外得到50英镑或等值卢布的报酬。之后，彼得一世还专门从英国给法夸尔森挑选了两名英国助手，一起前赴俄国工作。另外，彼得一世还从英国聘请到专家约翰·佩里去开凿伏尔加河和顿河之间的运河。

值得一提的是，据说沙皇还观摩了英国议会开会的场景。不过传言沙皇为了表示他对这种破坏君主权威的制度形式的蔑视，断然拒绝到会议厅里面去，还特意跑到了议会大厦的房顶上隔着天窗去"参观"。有人对此评论说，看见了世间最稀罕的事，国王坐在王位上，而皇帝（沙皇）却站在屋顶上。不过，沙皇认为臣民能够开诚布公地对君主讲真话是令人欣赏的，这一点值得向英国学习。另外，据说彼得一世对英国的皇家数学学校产生了浓厚兴趣，因为当时英国皇家海军的数学人才基本上都出自这所专业学校。彼得一世正是急于在俄国建立类似的学校才将法夸尔森教授重金聘请到俄国，法夸尔森的两位英国助手也正是毕业于这所数学学校。后来的事实证明，这是彼得一世所创办的众多实科学校中最成功的一所。另外，彼得一世还结交了一些宗教界的代表人物。与其说彼得一世是对神学问题感兴趣，不如说他是对英国教俗政权之间的关系问题感兴趣，据说彼得一世此时就开始酝酿宗教改革的计划了。

也许彼得一世对英国商人也情有独钟，出访伦敦时，沙皇把烟草的专卖权也售予了英国商人。沙皇和志愿者于1698年4月25日离开英国，2天后再次到达阿姆斯特丹。5月14日大使团离开阿姆斯特丹，前往奥地利。6月4日沙皇出发去维也纳。7月到达波兰。8月4日返回莫斯科。8月25日顺利抵达。在此过程中，彼得一世还为未来的黑海舰队购置了各种船上设备，购买了大批武器：5000 支燧发枪（火枪）、3200 把枪刺，还有大军刀、滑膛枪和手枪。

《彼得一世》（英国画家戈弗雷·内勒的作品，该肖像画为彼得一世送给英国国王威廉三世的礼物，完成于 1698 年 1—4 月间，即"大使团"和彼得一世出访英国期间）

　　和沙皇一起学习造船术的学员中,有两名后来作为彼得一世最亲密的战友而为大家所熟悉,他们是缅希科夫和戈洛夫金。亚历山大·丹尼洛维奇·缅希科夫据传出身于平民家庭,是彼得帮的重要成员,他负责管理沙皇的财务,出席各种招待会,陪同沙皇参观名胜古迹。而加夫里尔·伊凡诺维奇·戈洛夫金是他母后的内亲,比彼得一世大12岁,一直深得彼得一世的信任。他们陪同沙皇一起努力学习着木工活。祖籍苏格兰的雅·维·布留斯也是跟随沙皇一起旅欧的亲信里学有所成的人之一,日后他也成了沙皇得力助手中的一员。布留斯不仅帮助沙皇在欧洲活动,学习科学知识,还被沙皇交托了很多重要任务,比如采购图书与教学工具等。

　　然而,留学生中也有一些不思上进的俄国贵族青年,只学会摆弄几下罗盘仪就想回国,彼得一世打消了他们这种试图逃避的念头,并将那些背后窃窃私语,非议沙皇作为的人带上镣铐,想要斩首示众。沙皇的意志在俄国是谁也不能违抗的,但当时是在外国。阿姆斯特丹的市长们提醒沙皇,在荷兰,未经法院判决,不得对任何人处以死刑。这次彼得一世倒是对破坏他权威的荷兰市长们屈服了,他收回成命,这些学员被从轻发落。

　　彼得一世在亲身体会到西欧国家较之俄国的进步性之后,想要迫切改造俄国的心情可想而知。但是如何尽快使俄国摆脱落后局面,尤其是军队建设上的落后局面,是彼得一世最关心的问题。而彼得一世当时最先想到的办法就是尽量雇佣更多的外国专家、军官、水手等各种专业人员到俄国来服务,这成为彼得一世这次欧洲之旅的特殊任务。在这些专业人士当中,肩负培育俄国自己的专业人才的专家学者应当引起我们更多的注意,因为只有这样的专家才会对俄国产生比较大的影响。

　　有记录显示,雇佣军事、航海专家的工作从 1697 年 10 月开始,一直持续了整整一年。1698 年 6 月 3 日,就有四艘专用于运送彼得一世聘用人员的船抵达阿尔汉格尔斯克,操着不同语言的各类专业人士达 672 人,其中有 26 名校官,35 名中尉,33 名领航员和副领航员,51 名医生,81 名低级军官和 345 名水手。此外,沙皇还曾安排威廉三世送给他的快艇协助运送赴俄人员，这批人员在沙皇眼中应当是比较重要的。有学者指出，俄国在这次旅欧过程中聘用人数达到 800 人，包括军官、工程师、医生和技术人员等，其中大部分聘自荷兰，从英国的收获也不小，共聘用了 42 人赴俄，此外还有来自德国、威尼斯和希腊的各类受聘人员。由于沙皇政府在征聘时说明斯拉夫人优先，因此据称这些招聘赴俄工作的水手、工匠中多数原本为斯拉夫人。

除了科学技术、军事人才，彼得一世还利用这次机会从欧洲招揽了其他行业的人才。还在彼得一世出国之前，乌拉尔就发现了高品位的铁矿石。主管西伯利亚政务的维尼乌斯曾奏请沙皇招聘一些精于建造炼铁炉、铸造大炮、冶炼矿石的专家。彼得一世便答应在荷兰物色一些"老师傅"。从后来沙皇回国后所开办的矿业学校来看，彼得一世的确也找到了满意的人选。

事实上，对于大使团出访的真正目的，人们是存在分歧的，一般认为大使团的主要目的就是为了巩固并扩大反土同盟。而有些学者指出，沙皇早先与维也纳签署了对抗土耳其的三年有效的协议。与世仇波兰签署类似协议是不可能的，与其他国家更不可能，当时的英国和荷兰正为争夺西班牙王位继承权而争斗，对反土耳其的联盟根本不感兴趣。因此有学者认为，外交无论如何不是大使团的主要任务，大使团真正的目的就是亲见欧洲政治生活，以便模仿欧洲国家建立政治尤其是军事秩序，再就是彼得一世身先士卒激励属下留学，培养学习外语等风气。还有学者认为，彼得一世及大使团出使欧洲的目的就是学习海事。然而无论大使团最初的主要目的为何，它在客观效果上，确实为彼得一世未来在俄国实行改革奠定了基础，令改革的决心和计划在彼得一世心中生了根、发了芽，从而拉开了俄国改革的序幕。

三、改革前夜

蒙古的统治割裂了俄国与西欧的联系。14、15 世纪，当俄国努力驱除蒙古人的影响的时候，在地中海的沿岸及尼德兰、英国、德国和法国某些城市已经开始出现了资本主义生产关系的萌芽。据说1338年的时候，佛罗伦萨已经拥有200多座呢绒工场，年产呢绒7万～8万匹，从业工人达到3万多人，占全市人口的1/3。全城有20家大商店，专购外国粗毛呢进行深加工。15世纪末，随着新航路的开辟，大西洋沿岸开始繁忙起来，促使布鲁日、安特卫普、阿姆斯特丹、伦敦等城市蓬勃兴起，成为新的国际贸易中心。

于是在紧接着的16世纪，西欧就宣告了资本主义时代的到来，资本主义生产关系获得迅猛发展，资本主义性质的手工工场已成为西欧这些国家社会生产的一种普遍现象。英国则是这方面的佼佼者，不少工场的雇佣工人有几百名甚至上千名。克斯维克城各炼铜手工工场共有4000名手工业工人，而在谢福克有5000名手工业者和工人为80名呢绒商工作。采矿业在采矿的进排水中采用了空气泵，全国的采煤量在1551—1651年一个世纪的时间里增加了13倍，达到300万吨。铁的开采量大约增加了2倍，铅、铜、锡、盐的开采量大约增加了5～7倍。炼铁业改良了鼓风箱，17世纪初炼铁高炉增加到800座，铁产量达到200万吨。造船业、陶瓷业及金属制品生产都取得了重大成就。英国还在国内广泛建立了羊毛加工业。于是到17世纪中期，英国率先爆发了资产阶级革命，通过1689年颁布的《权利法案》确立了君主立宪制度，成为世界上第一个确立资本主义制度的国家。

荷兰手工工场的发展亦十分突出。特别在造船业方面，仅赞丹近郊就有60多家造船手工工场，阿姆斯特丹也有几十家造船手工工场。

尽管莫斯科公国在社会发展方面也取得了一定的成就，但不得不承认的事实是，它在很多方面都落后于西方，特别是在军事、医药、采矿之类的实际工艺方面差距最为明显。17世纪的俄国在工业方面仍以手工业为主，没有完整的手工业体系，没有形成专职的手工业劳动大军，许多在职军人也参加手工业生产。全国的手工业手工工场仅有20余家。农业以农奴为劳动力，特别是在南部和东南部，而北部因为没有敌人，不需要贵族的服务，基本上还不存在农奴制。俄国的耕作方式普遍落后，工具简单，产量低下。据不完全统计，中央地区黑麦产量只有种子的2～3倍，而西伯利亚则好一些，是8～10倍。商业方面则是商品奇缺，大量商品依赖外国进口，如生铁、枪支、弹药、呢绒、丝绸、纸张、肥皂，乃至绦带等许多工业品、军需品和日用品都需要从西欧国家进口。俄国的出口商品主要是农业原料，如亚麻、大麻、松香、柏油和木材等。俄国商人不仅在国外，就是在本国国内的贸易中也缺乏竞争力，必须靠国家行政手段来扶植。

在军事方面，到17世纪，俄国基本上没有海军，也没有正规陆军。在莫斯科的半正规射击军也只有2万名。士兵可以携带家属，战时打仗，平时从事手工业和商业。此外，新制团的士兵有9万人，哥萨克骑兵7万人，外国雇佣兵2.5万人。军队装备很差，使用长枪，质量低劣。军队有一定数量的火炮，由于不能完全自己生产，时常依赖进口，因此火炮口径大小不一，长短重量混杂，很难供应炮弹。同时由于生产落后，沙皇政府甚至不能保证最低限度的武器、弹药和军服等军需物资的供给。这令俄军在对外战争中屡遭重创。

在文化教育方面，俄国居民文化程度非常低，几乎全部都是文盲或半文盲。在彼得一世改革之前，全国仅有两所教会办的学校：莫斯科的斯拉夫-希腊-拉丁语学院和基辅学院（斯拉夫-基辅-莫什梁斯卡娅学院）。社会上流通的书籍几乎都是手抄本，且大多是宣扬宗教的作品。由于教育水平落后，人才极度缺乏，俄国许多政府部门的官员和部队的军官，以及各工业部门的技术人员都不得不到国外去聘请。文化教育的落后严重制约着国家经济和各项事业的发展。

俄国的对外贸易虽然取得了一定进展，与英国人和荷兰人建立了新的贸易关系，但俄国人没有自己的商船队，也缺乏自己的海港，基本上还在以内陆国的身份发展着，在贸易往来中处于十分被动的地位。这种情形越来越制约着俄国的发展。在西方国家看来，俄国更像是一个亚洲国家，它对欧洲的政治、经济生活很难说有什么重要影响。

然而，俄国在独立统一的大业完成后，正处于百废待兴、蓬勃向上、积极进取的阶段，这就注定它不会在落后中消沉下去，沦为西欧强国的殖民对象。在政治方面，莫斯科公国在与立陶宛-罗斯公国的竞争中已经证明了自身体制的强大。君主专制在莫斯科得到了发展，统治者的地位越来越得到强化，而立陶宛统治者的地位却越来越弱。由于受到力量强大的波雅尔和高度自治的城市利益的限制，立陶宛大公变成了通过选举产生，受宪法约束的君主，而且还得把越来越多的权力和特权逐渐下放给他们的臣民：立陶宛大公执政要得到贵族委员会的批准，后来大公的政策需要得到议会里所有贵族的同意才能生效。而当立陶宛大公的权力降至新低的同时，伊凡雷帝的独裁统治已经达到了前所未有的高度。当莫斯科逐渐建立起一个强大的中央政权，大公竭力控制国家生活并总体上获得成功的时候，立陶宛大公越来越依赖或使自己顺从于地方官员和地主阶级的意志。而后来双方摊牌后的事实证明，莫斯科的体制更有力量。

因此，尽管莫斯科公国跟其他那些保守封闭的农业国家一样有着妄自尊大的自负情绪，特别是凭借拜占庭的传承而带有一种高于西方基督教世界的深刻优越感的东正教会，仍秉持强烈排外的态度，但俄国政府还是对西方及西方能够提供给它的新事物表现出越来越浓厚的兴趣。俄国逐渐开始从"异教徒"那里学习新的东西。在伊凡三世时期，俄国出现了第一次移民高潮，许多外国人迁居俄国，16世纪末，在沙皇军队中的外国人有2500人之多。到17世纪70年代，有人估计在莫斯科公国的外国人有18000人之多，他们对俄国国民经济的发展起到了不同程度的促进作用，这些人在俄国充当了企业家、工场主、军事专家、医生等专家角色。17世纪30年代起，俄国还出现了模仿西欧制度用新兵种建立起来的"新制团"，武装力量开始走向半正规化。另外，俄国人也开始受到西方人生活方式的影响，人们开始阅读、编写世俗故事，建造巴洛克式建筑，绘肖像画，吃色拉和芦笋，培植玫瑰花。尽管吸烟被俄国东正教教会禁止，但是人们已经开始模仿西方人抽卷烟、吸鼻烟，大胆的人还剪短了头发和胡子，西方的服饰也开始流传，1664年甚至还出现了模仿西方模式的邮政服务。

虽然彼得一世的父皇死后，一些"头脑不清的人"将前辈们铺垫的这些新事物破坏得七七八八，但改革大势已经形成了。这时的俄国也不乏有识之士，他们对本国落后的现实进行了大胆地揭露和批判，比如被称作俄国第一个自由思想家的伊万·赫沃罗斯季宁公爵等人，他们的言论为彼得一世的改革做了很好的铺垫。而不久之前乌克兰和白俄罗斯部分领土的并入，也为彼得一世推行改革增添了新的支持者和稳固后盾，这些地区深受亲欧的立陶宛和波兰影响，是西化改革的天然拥护者。总之，虽然彼得一世并没有为改革做什么准备和计划，但实际上为彼得一世施展拳脚的舞台已经搭好。

第二章 改革的动力与考验：战争与外交

俄国需要的是水域。

——彼得一世

俄国著名的历史学家米留科夫和追随他的学者们曾向我们揭示了彼得一世在军事上的考虑是如何一再影响到财政措施，而财政措施又是如何转而催生了旨在刺激工商业的各项法令的。他们还进一步证明，军事考虑同样刺激了行政系统的变革和兴办教育的努力。因为如果没有行政职能的改进，发展经济的法令将是一纸空文；而如果没有教育的发展，一个现代化的行政系统就不可能有效运作。因此可以说，战争和军事方面的需求是推动彼得一世进行改革的一架引擎，而且改革的成果也被要求直接接受战争的洗礼与考验。军事目标的最终达成也会有力地说明改革的成效。

长期以来，俄国在军事和外交方面所面临的最主要的任务就是消除外敌威胁，恢复并巩固俄罗斯人的领土。由于西方强国惯常以海港为据点向内陆扩展来蚕食敌方领土，所以夺取海湾，将俄国的国土拓展到海洋，不仅意味着罗斯人历史控制区域的恢复，国土的扩大，而且意味着俄国的边界获得了天然屏障，外敌侵扰减少，同时还能够让俄国有机会参与获利丰厚的海上贸易。因此，夺取出海口，一直是莫斯科公国几代君主梦寐以求的目标。可是达成这样的目标并不容易。当时的俄国在两个方向上分别面临着两大对手：一个是奥斯曼土耳其，它把控着黑海沿岸及俄国主要河流的入海口；另一个是瑞典，它占领着罗斯人进出波罗的海的东岸。简单地说，黑海和波罗的海的出海口，就是俄国生存发展的必争之地。

然而，这两个对手都是成名已久的强国。瑞典从三十年战争（1618—1648）起就成为北欧和中欧国际关系的主宰者，是波罗的海的霸主，奥斯曼土耳其更是灭掉了东正教母国——拜占庭帝国的地中海强国。这样看来，初出茅庐的俄国所树立的目标无异于"虎口夺食"，任务艰巨。由此，在外交上争取到更多的盟国和支持者就显得十分必要了。北方战争时期，俄国的外交成为一个不见硝烟的重要战场，对俄国取得最后的胜利发挥了不小的作用。

争夺出海口的斗争首先在亚速海展开，随着俄国战略的转向，旷日持久的、奠定俄国国际地位的大战——北方战争拉开了帷幕。北方战争的最终胜利令俄国夺得了梦寐以求的波罗的海的出海口，这是俄国在军事和外交上的重大胜利。不久，俄国军事和外交斗争的中心移到里海，并取得了重要成果，最终令里海西岸和南岸地区归属俄国。与此同时，在经过一番交手之后，俄国还尝试着与东方国家——中国打起了交道。

第一节 挥师南下：亚速之争

17世纪，俄国同西欧的海上交往只能通过白海上的阿尔汉格尔斯克来实现。在里海，俄国控制了通往亚洲的门户——阿斯特拉罕；在东方，俄国的触角已经伸向太平洋。然而所有这一切还不足以同当时世界上的主要商路建立联系。阿尔汉格尔斯克和阿斯特拉罕虽然具有重要的通商意义，但它们远离国家的经济和政治中心，还不是十分方便的通往世界商路的出海口，而白海又有半年以上的封冻期。

在古代，斯拉夫人可以沿第聂伯河顺流而下，穿越黑海，到达君士坦丁堡和小亚细亚半岛沿岸。但是，15世纪土耳其人的到来改变了这一切：他们占领了君士坦丁堡和巴尔干半岛，封锁了黑海，还控制了顿河河口并在那里营建了强大的土耳其亚速要塞，第聂伯河河口和克里木沿岸也落入土耳其人之手，克里木汗成为土耳其苏丹的忠顺附庸。克里木鞑靼人几乎每年侵袭俄罗斯南部和乌克兰土地，把成千上万人驱赶到东方当奴隶，致使大片黑土草原荒芜，无法利用。早在16、17世纪，俄国就已经有了挥师南下的计划，不仅要从鞑靼人手中夺取南进的通道，获得大片未开垦的草原，还要从土耳其人那里争得黑海的出海口。索菲娅公主执政时期，已经加入神圣同盟的俄国两次远征克里木的失败让其在欧洲丢尽了脸，从姐姐手中夺回政权的彼得一世决心一雪前耻，而俄国军队和战术战略的新面貌也将从这里重新书写。

一、一征亚速

沙皇身上的压力是显而易见的。在攻打亚速之前，俄国曾想同克里木汗缔结条约，以避免两线作战，但这一计划未能达成。这样一来，俄国依然同土耳其和克里木处于战争状态，但敌人并没有开展积极的军事行动。同俄国结盟的波兰和奥皇叫嚣要诉诸武力，却又背着俄国同土耳其进行谈判，但是俄国南疆的形势又不容俄国走向退缩。鞑靼人不断袭扰乌克兰，驻华沙和维也纳的俄国代表不断报告，波兰-立陶宛王国和奥皇背着俄国牺牲俄国利益同土耳其媾和的现实危险性，波奥的这种做法会使土耳其和克里木汗国可以毫无顾忌地趁火打劫，放手进攻乌克兰。对此俄国的想法是，必须赶在土耳其可能发动的侵略之前，给土耳其以打击，巩固实际上濒于崩溃的反土联盟。这便是彼得一世出兵亚速的大背景。

长期以来，土耳其人和鞑靼人依靠武力控制着第聂伯河和顿河的入海口。第聂伯河右岸的土耳其要塞卡济凯尔缅、左岸的阿尔斯兰-奥尔杰克，以及在这些要塞之间的岛上的塔万（即索科林堡），封锁了从第聂伯入黑海的出口。在离入海口16俄里[①]的顿河南向支流的左岸，则是土耳其的亚速要塞。这是一座设有三道防线的坚固城堡。距亚速3俄里以外的顿河两岸，土耳其人各造有一座石头炮楼（瞭望台），两座炮楼之间拴着三道铁链，他们还在顿河的北向支流苗尔特维

---

① 俄制长度单位，1俄里约等于1.0668千米。

顿涅茨河上营造了一座石头城堡——柳季克堡，这样，顺顿河到亚速的水路全被封锁，而要塞里的土耳其守军则保持着海上交通线的畅通。

索菲娅长公主摄政时期远征克里木的经验证明，大批人马穿过草原是很困难的，不仅后勤难以保障，而且非常容易被克里木鞑靼人偷袭。彼得一世曾在 1693 年和 1694 年两次视察白海，考察了俄国的造船情况，对俄国的相关航行经验进行了大致了解，于是彼得一世大胆更改了作战路线，选择经过顿河哥萨克地区，顺水路抵达亚速。

1695 年初，俄军兵分两路，一路由普列奥布拉任斯基和谢苗诺夫斯基团、列福尔特和布特尔斯基士兵团，以及莫斯科射击兵、城防士兵构成，共 3.1 万人，向顿河进军。另一路是鲍·帕·舍列梅捷夫统率下的 1.2 万人马，向第聂伯河下游地区挺进，一方面进行佯攻，另一方面阻止克里木人增援亚速。

彼得一世远征亚速的参加者、陆军元帅、海军上将、第一位圣安德烈·佩尔沃兹

万内勋章获得者费·阿·戈洛文雕刻画

尽管有了较为充分的准备，但没有舰队是俄国军队的致命伤。正因为没有舰队，俄军无法切断亚速同海上的联系，致使土军从海上源源不断地得到援军和给养。缺少一长制的统一指挥也是这次进攻的一大败笔，这令攻城部队缺乏相互支援。再就是火炮太少，部队的士兵，特别是射击兵缺乏训练，骑兵数量太少，无法同草原上频频骚扰俄军的鞑靼人进行对抗。更何况亚速城堡的土耳其守军已得到增援，将兵力从 3000 人增至 7000 人，因此尽管俄军作战非常英勇，这次远征亚速还是失败了。除了 3000 人固守炮楼外，其余俄军撤离营地。部队北上撤回途中仍不断遭到鞑靼人的袭击，饮水奇缺，直到 11 月底俄军才回到莫斯科。

这次远征的失败并没有令彼得一世气馁，反而促使他总结经验教训，以更大精力去准备下一次的征服。

二、二征亚速

1695 年年底，彼得一世回到莫斯科后便立即进行军事改革，第二次远征亚速的准备工作开始了。彼得一世认真总结了第一次远征失败的教训，不仅极力确保一长制的统一指挥，委任领主阿·谢·舍因任总司令，还花费了大量心血去组建海军。然而海军却是无法在一朝一夕之间建成的，俄国不仅缺乏人才，就连艘像样的军舰也没有。没有军舰，就无法实现封锁亚速的海上通道并保证围城部队粮秣弹药供应的作战计划。因此，彼得一世亲自领导舰队的建设，不仅向贵族征集船只，还在亚乌扎河上营建了海军造船厂来建造军舰。为了补充军队人员，彼得一世革新了征兵制度，甚至连志愿参军的农奴也不排斥。彼得一世在新的作战计划中明确规定，海陆军协同作战，极力避免第一次远征时的失误。

在彼得一世的努力下，由 7.5 万人组成的远征大军迅速集结起来，其中包括由莫斯科军人、御前大臣、宫廷侍臣、贵族和平民组成的 37 支骑兵连，30 个士兵队列团，13 个射击兵团，6 支乌克兰哥萨克军团和 1 支顿河哥萨克军团，500 支射击骑兵队和 1 支亚伊克哥萨克骑兵队。步兵团和射击兵团分为 3 支部队，分别由帕特里克·戈登、阿·米·戈洛文和卡·阿·里盖曼三人率领。此外，俄军还第一次配置了海上部队。海上部队由两艘大桨帆战船、13 艘大桡战船和 4 艘纵火船组成，另外还有大约 40 艘哥萨克人的小艇参战。从军队构成上看，俄军骑兵数量大大增加，海上部队也实现了从无到有的变化，指挥划分也比较明确。在部队完成集结后，1696 年 5 月 3 日，远征亚速的大桡战船首先起锚出征。

《俄罗斯的新事业》(1696 年 4 月 3 日沃罗涅日造船厂大桡战船下水)

　　舰队的建立从一开始就扭转了战局。土耳其人遭受了突然袭击，而他们一年前损坏的军舰还未来得及修补。满载援兵的土耳其舰只一进入顿河河口就遭到哥萨克的袭击，他们驱走了土耳其人的螺旋桨船，焚烧了货船。这是俄军第一次取得海上胜利，不过这次胜利不是由正规编制的军舰而是由乘小艇的哥萨克取得的。为了庆祝这一胜利，5 月 27 日，彼得一世亲自率领所有舰队出海，鸣放礼炮。接着，俄国舰队封锁了被围困的亚速土军的出海口，切断了土军舰队的援助，围城顺利展开。

　　5 月和 6 月初，俄军所有部队都向切尔卡斯克和亚速城下集结。6 月 10 日，克里木鞑靼人又对兵营发动了进攻，他们不仅被击退，而且被俄国骑兵队跟踪追击了很远，一直追到卡加尔尼克河。

　　与此同时，俄军加紧修建工事，其火炮给亚速的防御工事造成了重大破坏。陷于孤立的城堡守军已无法指望援军。7月17日，要塞外围的部分围墙已落入攻城的俄军手中，守城土军宣布投降。1696年7月18日，俄军占领亚速。7月19日，土耳其守军撤离该城，土耳其军官将自己的旗帜交给俄军统领阿·谢·舍因。7月21日，柳季克堡垒的土军投降，俄军缴获火炮136门。俄军终于取得了远征亚速的胜利。

《占领亚速要塞》

夺取亚速是俄国军事和外交上的重大胜利，随着亚速舰队的建成，俄国作为内陆国家的历史也正式宣告结束了。彼得大帝人生中赢得的第一场真正的战争可以说就是通过海战的胜利取得的，这其中所蕴含的意义恐怕彼得一世自己也未必真正知晓。这实际上表明了俄国要在强国林立的欧洲崛起，就必须拥有这样的决心与实力：挑战欧洲强国，打赢一场海战。而夺取亚速时陆海军第一次协同作战的经验，在随后的北方战争中的一系列战役里发挥了重要作用。

半个世纪以前的1642年，哥萨克就曾占领过亚速，但由于当时的俄国政府财力、军力不足，无力守住它，不得不拒绝接管。这次则不同，俄国不仅主动进攻，而且将会竭尽全力守住战果。攻克亚速后，彼得一世立即在部队长官的陪同下出海寻找适合建造军港和造船厂的地点。因为要想从亚速出海是十分困难的，顿河支流水浅，船只只有在水涨风顺的情况下才能到达顿河河口。最终，彼得一世选定了位于亚速西北的塔甘罗格海角，这里水域开阔，海水很深，适宜建立造船厂。这里建成造船厂后，到1699年已经建造了14艘战舰。

1696年9月30日，凯旋的部队回到莫斯科，以分列式行进，穿越了全城。而彼得一世十分清楚，这场争夺战还远未结束。想要自由进出黑海，攻占亚速仅仅是一个开始。俄军必须为进一步的战争做准备。因此沙皇立即开始了新的军事改革——组建亚速舰队，计划该舰队至少拥有船只40艘。于是庞大的造船计划出台了，这就需要大量的资金，实行新的纳税和服役制度。

紧接着，为了巩固边防，沙皇还作出了移民亚速的决定。亚速要塞的守备部队则计划由6000名莫斯科射击兵和下游各城市的步兵组成。政府还从乌克兰各城市抽调了2万人到塔甘罗格修建城市和港湾。彼得一世的担心不是多余的，1697年6月，亚速城遭到2.7万由克里木鞑靼人和诺盖人组成的部队的进攻，阿·谢·舍因统率守卫亚速的俄军奋起作战，击退了他们的反扑；在海上，乘小艇的哥萨克也同土耳其的大桅战船再次交上了火。这一系列事件表明，土耳其并不甘心在亚速遭受失败。

亚速的战斗让沙皇意识到在俄国进行彻底的军事改革的必要性。战斗的结果显示出，俄国的当务之急就是建立正规军，因为两次远征显示出了正规军高度的战斗素养，与旧式军队形成了巨大反差。于是沙皇在夺取亚速之后不久，就开始大力调整军事体制。

同时，俄国也意识到，仅仅夺得顿河的出海口是不够的，必须打通从亚速海到黑海的出口，占领刻赤海峡，才能解决俄国黑海的出海口问题。这就需要将与土耳其的斗争坚持下去。俄国已经向盟友证明了实力，接下来要做的就是必须巩固和扩大反土联盟。在西欧，英国、荷兰和奥地利联合反法的战争即将结束,俄国外交当局认为,时机已经到来,他们不仅希望吸引即将脱身的奥地利参加反土行动,还期望能拉入更多的盟友。

事实上早在第一次远征亚速之后,克·纳·涅菲莫诺夫特使就曾奉命出使维也纳,试图同奥地利签订新的反土盟约。但奥地利政府拖延谈判,坚持要所有盟国都参加才订立新约。当时驻维也纳的威尼斯公使鲁德济尼也参加了会谈。经过了漫长的 10 次会议,也就是直到俄军在亚速得胜之后,俄国、奥地利和威尼斯才于 1697 年 1 月 29 日(公历 2 月 8 日)缔结了联合反对"共同敌人土耳其和鞑靼"并同这些敌人在陆地和海上进行战争的进攻性盟约。盟约包括在军事上相互支援和"共同协商"行动等条款,盟约有效期为 3 年。然而,这份费尽周折签订的条约却未能发挥什么实际作用。它的作用,恐怕只是为俄国"大使团"出访欧洲提供了一个前提。

俄国需要清楚地了解国际形势以进一步巩固和扩大反土联盟,同时也需要学习西方强国的军事技术,引进人才,从而在根本上提升俄军的战斗力,完成夺取出海口的最终目标。为此俄国不仅积极备战,还展开了大规模的外交活动,向欧洲派出了一支庞大的使团。

三、使团外交

出使西欧的"大使团"成员众多,包括 110 多名贵族、各种官员和公务员及其仆从,甚至还有沙皇所宠爱的侏儒,由于彼得一世是匿名出访,因此大使团的首领在名义上不是沙皇。大使团的首领有三位,分别是首席大使弗兰茨·列福尔特、第二大使费·阿·戈洛文和第三大使普·波·沃兹尼岑,他们三位性格不同,但都是出色的外交家。随团还有 35 名出国学习的学生。1697 年 3 月 2 日,大使团的先遣队从莫斯科出发,彼得一世同使团其他人员于一周后即 3 月 9 日启程。

大使团出师不利,在抵达里加后,受到了瑞典当局的冷遇。他们表面殷勤好客,而当使团想要参观要塞工事时,却被哨兵以开枪威胁相阻止,这一无礼举动令彼得一世耿耿于怀,乃至后来彼得大帝对瑞典宣战时他还提起过这件事。接着大使团从里加前往库尔兰，在米塔瓦使团受到了极其隆重而盛大的接待。在哥尼斯堡停留期间，彼得一世考察了炮兵部队，并同勃兰登堡选帝侯腓特烈三世就加强友好和发展贸易关系问题进行了谈判。这一轮谈判的结果是，双方于 1697 年 6 月签订了俄勃条约。条约在确认了两国间的传统友谊的基础上，建立了两国的自由贸易关系。条约中没有按照腓特烈三世的期望，明文写入联合防御，并保证勃兰登堡占有普鲁士的条款，而是就此事达成了口头协议，因为彼得一世认为当时的形势不适宜在条约中加入倾向性明显的条款，还是应以反土为重，以免多树强敌。

大使团从勃兰登堡到达荷兰，因波兰进行国王选举，彼得一世决定在皮劳稍作停留，因为他认为这次选举对俄国的外交计划具有重大意义。在争夺波兰-立陶宛王国王位的候选人中，法国支持波旁家族王子康季，而俄国外交当局则拥护萨克森选帝侯腓特烈·奥古斯特。俄国政府认为，法国所支持的候选人一旦当选会对俄国不利，因为凡尔赛宫有可能令康季在波兰实行亲土耳其的政策。然而局势明朗尚需时日，于是大使团在密切关注波兰的同时，继续前往荷兰。

在大使团到达荷兰以前，海牙附近的里斯维克召开了起草结束反法战争条约的国际会议。这一会议给俄国大使团提供了绝佳的推销反土计划的机会，于是俄国大使团改道前往海牙，并在国际会议草拟条约的时期内频频同西欧各国著名外交官会晤，不仅为俄国扩大了知名度，而且搜集到了不少重要信息。

由于当时法国在外交上支持土耳其，反对反土同盟，还在华沙支持康季王子争夺波兰王位。因此大使团没有通告法国他们抵达海牙的消息，以表示对法国立场的抗议。大使团成员在这里采取分头行动，部分使团人员前往阿姆斯特丹，而彼得一世则先前往赞丹，随后才到达阿姆斯特丹。1697 年 9 月 1 日，彼得一世在荷兰乌特勒支会晤反法同盟的核心人物荷兰总督兼英王威廉三世，他们在波兰问题上达成了一致：彼得一世答应威廉三世，直接出兵援助波兰的新国王奥古斯特二世。

在海牙，俄国大使团的使节在同波兰国王奥古斯特二世的大使博泽进行接触时，这位大使已经迫不及待，他坚决要求已经驻扎在立陶宛边界的6万俄国军队立即进入波兰支援奥古斯特二世。而俄国为了慎重起见，一面要求波兰递交一份以国王、参政院大臣和全波兰-立陶宛王国的名义请俄军进行军事援助的文书，以免俄军入波被看作违反俄国政府和波兰签订的永久和约的举动；一面由沙皇诏令军队统领罗莫丹诺夫斯基，命他在得到奥古斯特二世出兵援助的请求后即率俄军进入立陶宛地区。这一切显示出俄国的外交手腕已经日渐成熟。事实上波兰跟奥斯曼土耳其一样，也是俄国一个老对手，特别是在乌克兰问题上与俄国有着长期的利益纠葛，俄国巴不得趁着新王继位、波兰政局不稳介入波兰事务以谋私利，因此，即便没有对抗法国的立场，俄国也会"分心""照顾"波兰的。

俄国同海上强国荷兰的谈判则进展得很不顺利。大使团同意对荷兰经俄国和波斯的过境贸易实行优惠政策，但是荷兰政府坚决拒绝在反土战争中向俄国提供军舰和弹药方面的援助，理由是荷兰在长期的反法战争中元气大伤，军舰和商船损失严重，海船装备已无库存。但真正的原因是荷兰不愿在同法国缔结盟约之后再去作出反对法国盟友土耳其的举动，另外，荷兰人也担心在反土行动中他们在地中海的贸易受到影响。于是，俄国同荷兰的谈判最终失败了，在这方面敌视俄国的法国外交官起了作用。法国还正竭力争取瑞典去支持争夺波兰王位的法国候选人，对此俄国也是了如指掌。为了反土计划的顺利执行，俄国政府必须保住西北两翼的稳定，因此，大使团十分关注俄瑞关系及斯德哥尔摩同各国外交官的接触。这也为俄国后来转而先期解决波罗的海问题提供了便利。为了揭穿法国人的阴谋，俄国大使团团长弗兰茨·列福尔特还专门给瑞典首相奥克先什特恩写信以阐明俄国的立场。

尽管俄国在1697年11月再次打退了土军的进攻，声援了俄国的外交活动，但大使团在荷兰的失败仍旧无法挽回。大使团的本意是谋求"海上马车夫"——荷兰的经济或物资援助，那么无论是用荷兰的技术俄国自己造船，还是使用荷兰人的军舰同土耳其人进行海战都会增加胜算，但这一目的未能达到。大使们只能自掏腰包购买荷兰先进的海军装备，并招聘海军人员。

1698 年 1 月 7 日，彼得一世前往英国，继续深入研究造船。由于即将再次发生反法斗争，英国政府也似乎有意寻求同俄国的接近。然而，即便是沙皇将烟草专卖权给了英国商人，英国人的立场仍不明朗。就像很多学者所指出的，当时的俄国对欧洲而言是无足轻重的。因此，没有哪个国家会真心支持它的什么反土计划。旅居英国数月之后，彼得一世除了如愿以偿获得了大量的有关航海的理论知识和信息，聘请到了真正的航海专家之外，在外交上几乎一无所获。

在结束英国的行程后，俄国使团得知，奥地利打算同土耳其单独媾和，反土联盟有崩溃的危险。出现这种情况的原因是，为争夺西班牙王位的继承权，整个欧洲又将爆发一场同法国的战争，奥国皇帝急于腾出手来参加这场战争。俄国决定采取一切措施抵制单方面的奥土条约。这时奥古斯特二世在维也纳对俄国人的支持便显得十分重要了，因此大使团决定离开荷兰立刻启程赶往维也纳。令俄国苦恼的是，荷兰也参与了土奥之间的斡旋，形势变得对俄国愈加不利。

1698 年 6 月 16 日，俄国大使团到达维也纳。由于奥方早已下决心结束与土耳其的战争状态，俄国大使团未能说服奥地利拒绝同土耳其人进行和谈。反土同盟已经前景黯淡。

由于大使团还在荷兰期间就曾向奥古斯特二世的大使提出请求，让他派一名代表前来维也纳同俄国使节一道同奥地利政府谈判，抵制奥土和约，为此，卡尔洛维奇少将受奥古斯特二世的密令前来维也纳。少将向俄国使团明言，波兰国王并不信任奥地利宫廷。在维也纳，大使团同卡尔洛维奇进行了深入交谈，这场交谈意义重大，不仅直接促进了俄国外交当局与奥古斯特二世的接近，而且使俄国对外政策的目标发生了重大转向，即从黑海移到波罗的海。

1698 年 7 月 15 日，当大使团准备离开维也纳前往海上贸易重镇威尼斯的时候，接到了莫斯科发生射击兵叛乱的消息。于是彼得一世取消了威尼斯之行，立即返回莫斯科。大使团负责人列福尔特和戈洛文同沙皇一道回国，而沃兹尼岑则留在维也纳参加同土耳其举行的会议，观察形势动向。

7 月 19 日，大使团离开维也纳后，日夜兼程奔赴莫斯科。在克拉科夫，沙皇接到了射击兵的叛乱已被平定的消息。但如同我们之前提到的，彼得一世仍继续赶路回朝，只是放慢了速度。7 月 31 日，彼得一世到达西乌克兰的拉瓦-鲁斯卡。在这里，沙皇会晤了正在率领萨克森军队取道利沃夫前往波兰边界抗击鞑靼人的奥古斯特二世。正是这次会谈，酝酿出了一个新的军事同盟，拉开了后来的北方战争的序幕。1699 年 11 月 11 日，彼得一世在同奥古斯特二世缔结的北方同盟条约中就曾提到这次拉瓦会谈。该条约前言中写道："在同英明的……奥古斯特二世单独会谈时，双方决定共同作战，与多行不义的瑞典王国决一胜负。"

于是，彼得一世和大使团在欧洲历时一年半的活动在外交上取得了重大成果：俄国发现反土联盟前途堪忧，更为重要的是，俄国外交官带回了解决出海口问题的新方案。

事实上，由于国际形势的变化，旧有的方案已经没有了出路。沃兹尼岑在等待参加盟国同土耳其的会议时得知，奥地利通过秘密谈判已准备同土耳其签订和约，波兰国王奥古斯特二世只为波兰获得卡缅涅茨而奔波，威尼斯在同土耳其签订和约的问题上听命于奥地利，不能指望它与俄国采取共同行动，更何况还有偏袒土方的英国和荷兰的斡旋。不过，俄国及时找到了一个更妙的替代目标，那就是波罗的海"公敌"——瑞典。但是俄国政府十分清楚，它不可能同时在两条战线上与两大强国为敌，所以倒不如"随大流"在维也纳与土耳其缔结和约。为了向新的反瑞盟友表示诚意，俄国甚至一反之前的态度，急匆匆地在其他反土盟国之前最先与土耳其签订了一个停战协定。这就是 1699年 1 月 14 日俄土在卡尔洛维茨签订的停战协定。协议规定停战有效期为两年，双方承诺在此期限内互不侵犯。盟国本打算把俄国抛在一边，在满足自己的要求后让俄国单独面对同土耳其的战争，但这个图谋落了空。俄国选择了退出战争，并暂时守住了战果：俄国虽然没有得到刻赤海峡，但仍实际控制着顿河河口的亚速和第聂伯沿岸。

在俄土签约后两天，其他反土盟国各自同土耳其签订了条约。波兰签订了永久和约，依照和约获得了波多利亚和卡缅涅茨城。奥地利缔结了为期25年的停战协定，依照协定，在所有盟国之中它得到的好处最多：获得了特兰西瓦尼亚、匈牙利，以及位于多瑙河、德拉瓦河和萨瓦河之间的斯拉沃尼亚部分地区。威尼斯共和国依照同土耳其缔结的初步条约获得了摩里亚半岛，而科林西斯湾北岸仍属土耳其所有。在转归威尼斯管辖的达尔马戚亚境内，土耳其保留了一块领土以便与沿海的拉古扎来往，结果使威尼斯的达尔马戚亚分成了彼此没有联系的两部分。此外，这次会议还决定把伊奥尼亚群岛中的莱夫卡达岛和阿尔希佩拉格群岛中的埃金岛划归威尼斯。

俄土两年的停战协议显然无法让彼得一世满意。俄国很清楚自己的实力，波罗的海一旦开战，短短两年绝不可能解决问题。为了将卡尔洛维茨的停战协定变为永久性和约，以彻底稳定俄国南方的形势，俄国派出了以叶·伊·乌克拉英采夫为首的使团专门乘坐战舰出使君士坦丁堡。与俄国想要签订永久和约的意愿相反，前去斡旋的英国和荷兰则想要令土耳其捆住俄国手脚以阻止俄国同瑞典发生冲突。他们的目的显然达到了，俄土谈判被拖延了9个月，而北方战争的号角却已然吹响。俄国再不加入战争，反瑞同盟将很快分崩离析。为了取得在北方的行动自由，俄国不得不调整预期计划，多少作出一些让步。1700年7月3日，俄土双方缔结了为期30年的和约，俄国得到了亚速，放弃了第聂伯河河口的领土，取消了每年交给克里木的款项，解决了交换俘虏的问题，并且使俄国像法国、英国和荷兰等国一样获得了向土耳其派出常驻使团的权力。只是由于土耳其仍旧占领着封锁亚速海的刻赤海峡，俄国通往黑海海域的出口仍未打通。然而，国际形势的改变已不利于俄国在南方继续与土耳其纠缠，黑海的目标必须暂时搁置，以等待时机。争夺波罗的海出海口已经成为俄国的首要任务。

但是，这也是一场更为危险的赌博。相对俄国而言，瑞典的实力不仅更为强大，而且它也早就对俄国的领土虎视眈眈。瑞典不仅希望控制波兰和俄国的贸易交通线，而且梦想将远东的交通线与波罗的海连接起来。而俄国一旦争夺到波罗的海的出海口，瑞典在波罗的海的地位必然就会走向衰落。这些都意味着战争一旦触发，两个国家的命运将会发生重大转变。

第二节　征战欧洲：从纳尔瓦到波尔塔瓦

　　北方战争的发生不能说是蓄谋已久，不只是俄国，它的几个反瑞盟友也都没有对这场战争有过什么准备。1697年波兰国王去世后，俄国帮助萨克森选帝侯奥古斯特登上波兰王位。于是，俄波这两个宿敌之间的关系也随即改变，1698年8月3日，彼得一世在回国途中同奥古斯特二世订立了联合反瑞的秘密协定。有学者指出，这一影响整个欧洲历史的计划实际上是源自瑞典一个被夺去封地的利沃尼亚贵族巴特库尔，他逃到萨克森，力劝奥古斯特与丹麦、俄国结盟，以瓜分瑞典帝国。新的波兰国王想要将瑞典侵占的利夫兰归还波兰，丹麦则是瑞典在海上的宿敌，俄国则想要收复它在波罗的海沿岸的伊若拉地区和卡累利阿，于是瑞典成了众矢之的。1699年，俄国分别与丹麦和萨克森秘密签订了协议，一个反瑞典的秘密同盟就这样建立起来了。1700年初，俄国的盟友，萨克森和丹麦相继与勃兰登堡(未来的普鲁士)缔结了秘密条约。于是，勃兰登堡也被拉入了反瑞同盟。然而他们的计划却进行得并不太顺利，他们想要捏的"软柿子"——一个刚继承瑞典王位不久、根基不稳的十七八岁的孩子，历史证明，是一代名将。

　　北方战争以丹麦出兵反对瑞典盟国荷尔斯泰因揭开战幕，理由是荷尔斯泰因在禁地建立要塞破坏了双方的协定。而奥古斯特二世则根据萨克森与丹麦签订的防御同盟条约，在波兰、俄国没有参加的情况下不宣而战，于1700年2月包围了里加。北方战争就这样打响了。事实上，丹麦错误地估计了瑞典的国内形势，认为瑞典贵族会马上起来造反，但实际上叛乱并没有发生。北方战争的开始，不光是英国和荷兰，就连法国也不赞成，因为准备争夺西班牙王位继承权的双方都指望得到瑞典的支援。

起初丹麦在军事上处于有利地位，但在英国的影响下，柏林采取了观望态度，同时，俄国尚陷在俄土谈判中未能抽身，而瑞典却得到了英、荷的武力援助，北方盟国的形势急转直下。在英、荷、瑞的联合进攻下，丹麦国王腓特烈四世被迫于 1700 年 8 月在特拉温达尔与瑞典签订了和约。瑞典人获得了在波罗的海行动的自由，排除了战争蔓延到本土的担忧，因为丹麦已经不可能再支援北方盟国。当北方盟国出师不利、军事受挫之后，勃兰登堡选帝侯腓特烈三世与其公开反目，拒绝承认曾加入过他们的同盟。而这时，北方战争的一大主角还没登场，在得到俄土三十年停战和约尘埃落定的消息后，俄国再也坐不住了，彼得一世在 1700 年 8 月向瑞典宣战，立即进军纳尔瓦。

一、夺取海湾

纳尔瓦坐落在纳罗瓦河左岸，在当时被认为是固若金汤的要塞。俄军攻城部队共 3.4 万人，其中 1 万是非正规军，正规军中只有 3 个训练有素的战斗团，即普列奥布拉任斯基团、谢苗诺夫斯基团和原先的列福尔特团。俄军在 1700 年 9 月围城 2 个月，毫无成效，最后在查理十二世出人意料的袭击，以及俄军外籍专家和军官叛变的不利形势下，俄军一败涂地。

这次失败非常沉痛，因为瑞军投入的军队只有俄军的 1/4 左右，俄军损失了近 6000 人，炮兵连同 135 门大炮全部损失，高级军官几乎牺牲殆尽。俄军完全没有想到，粮草不济，路上又遭到哥萨克坚壁清野的瑞军能够顶住恶劣天气发动突然袭击。而俄国军队里那些未经训练、抽壮丁拉来的新兵根本无法抵挡住训练有素的瑞军。事实上查理曾十分担心俄军会袭击他们的后方，却没想到俄军都匆匆跑去横渡纳罗瓦河逃跑。瑞军甚至连夜给俄军修好了一座新桥来帮助俄军逃跑。尽管俄方指出，俄军在纳尔瓦惨重的损失主要是瑞典国王自食其言，违反了投降谈判的协议，再次发动进攻所致，但18岁的瑞典国王战胜俄国的消息还是令俄国在整个欧洲颜面尽失。据说当时欧洲出现了一种羞辱俄国这次失败的纪念章，上面刻着彼得一世扔掉了剑，歪戴着帽子，用手帕擦着眼泪逃离纳尔瓦的形象，旁边写着"一败涂地，伤心哭泣"。恩格斯对此曾评论说："纳尔瓦会战是一个正在兴起的民族的第一次严重的失败，这个民族善于甚至把失败变成胜利的武器。"事实的确如此。俄国人动员全国一切力量，励精图治，建立正规军，修建工厂，制造武器，征兵并且实行新的税捐，千方百计利用敌人在军事和外交上的每个失误，为的只有一个目标，迎接一场真正的胜利。

由于查理十二世拒绝了奥古斯特二世提出的所有和平倡议，这令俄国与萨克森这个仅剩的盟友之间的关系更加稳固了。双方于1701年2月，在库尔兰的比尔日缔结了新的联合反瑞的条约，但在各种因素的影响下，这个条约在很长时间里都没有得到波兰参政院大臣们的确认。

1701年，酝酿已久的争夺西班牙王位的战争正式打响，西欧海上强国停止了对北方战争的直接干预，但是丹麦和普鲁士也很快卷入了反法战争。因此，1701年1月签订的有关丹麦援助俄国的俄丹条约实际上失去了实现的条件。接下来欧洲的两场大战很快交织在了一起，法国力求把奥古斯特二世拉到自己一边，在他的帮助下先后把波兰-立陶宛和俄国拉入到反对奥皇的战争。但是法国企图在奥地利后方联合土耳其和瑞典的企图完全落空。奥古斯特二世甚至还以部分军队为奥皇服役换得了萨克森免遭瑞典入侵的保证。法国还希望同俄国签订通商条约。而英国国王威廉三世则一直在试图终止北方战争并诱使查理十二世加入"伟大同盟"，当他得知这一计划难以实现后，便退而求其次，致力于让查理十二世与奥古斯特二世单独媾和，而这将置俄国于险地。此时俄国的外交也发挥了一定作用，英王单独媾和的奸计起初未能得逞。

在反瑞同盟前途堪忧之际，1701年12月29日，俄军采取以多胜少的战术终于取得了第一次重大胜利，舍列梅捷夫在离杰尔普特（塔尔图）不远的埃雷斯特费尔小镇一举战胜施利彭巴赫将军所辖的部队，瑞军人员几乎损失一半，丢弃大炮 6 门。为此莫斯科举行了盛况空前的庆祝活动。接下来，1702 年 7 月 17 日，舍列梅捷夫在胡默尔斯戈夫附近取得了对瑞典人的第二次重大胜利。受到胜利的鼓舞，俄国加紧打造战船，从 1702 年起又在奥洛涅茨和夏西河畔建造了新的海军造船厂。

俄国统帅部通过分析，决定抓住战机，迅速夺取诺特堡要塞和尼延尚茨要塞，夺取战争的主动权。1702 年 9 月末，彼得一世亲自领兵 3 万围攻诺特堡。10 月 12 日，俄军拿下了这块战略要地，为控制涅瓦河整个战略航线奠定了坚实基础。随后，1703 年 2 月，俄国在洛杰伊诺耶波列破土修建造船厂，制造巡航舰类型的巨型军舰，以便将来在海上行动。1703 年 4 月末，俄国依靠重火力轰炸拿下了涅瓦河的尼延尚茨要塞，并于 5 月初缴获了瑞典 2 艘舰艇。这样，俄国终于将自己的国土推进到了波罗的海的海湾。俄国的主要目的似乎已经就此达成，但实际上，残酷的战争才刚刚开始。

《纳尔瓦战役》（19 世纪德籍俄国圣彼得堡艺术学院院士亚·叶·科策布作品）

由于尼延尚茨要塞的地理位置不佳，彼得一世决定在离海近一点的地方另筑新要塞，保卫战果。1703 年 5 月 16 日，彼得保罗要塞动工修建，圣彼得堡由此诞生。几乎从圣彼得堡诞生之日起，彼得一世就把它看作新的都城。这个决定足够向世人表明，彼得一世决心让俄国人不惜一切代价去捍卫这片海湾。同时它也预示着，彼得一世绝不会就此罢手：因为任何一个国家绝不会把都城建在自己国家的边界上。因此，接下来还会有一系列硬仗要打。

好消息是，1703 年俄国在外交方面也取得了成果，与立陶宛签订了同盟条约，反瑞阵营的力量增加了。

接下来似乎顺利了许多：在陆续占领一些要塞之后，1704 年俄军几乎同时包围了纳尔瓦和杰尔普特。俄军在彼得一世的率领下集中兵力首先攻破了杰尔普特要塞，随后纳尔瓦和伊凡哥罗德也被俄军先后攻克。最终，到 1704 年年底，除里加、雷瓦尔、佩尔瑙等几个大城市外，利夫兰和爱斯特兰的大部分领土统统控制在俄国人手中。

诺特堡、纳尔瓦和杰尔普特的攻克，说明了俄军作战能力和俄国国家军事实力的迅速提升。在这一阶段的作战过程中，俄军开始形成自己独特的进攻方式和战略战术，为后期作战提供了成功的经验。据说，俄军在这一作战时期所使用的马拉炮，直到半个世纪之后才在西欧国家出现。

但是，波兰方面的情况却不容乐观，即使瑞典人已经把战场推进到了波兰本土，侵占了华沙，波兰的参政院大臣们在英、荷等国的影响下仍不愿意对瑞典正式宣战。随着瑞典的不断侵入，瑞典扶持的大波兰同盟（华沙同盟）迅速发展，他们支持反奥古斯特二世的势力，并于 1704 年 1 月宣布废黜波兰国王奥古斯特二世，并强行使瑞典挑选的斯坦尼斯拉夫·列申斯基成为波兰国王。1705 年，查理十二世又迫使他扶植的波兰国王斯坦尼斯拉夫·列申斯基与瑞典缔结了损害波兰利益的条约，规定波兰的波兰根港应予拆毁，波兰的对外贸易要受到限制，等等。这样一来，就连反奥古斯特二世的波兰贵族的利益也受到了损害。

在这种形势下，俄国大力支持波兰，为波兰送去了物质援助，终于将波兰拉入了自己的阵营。1704 年 8 月 19 日，俄波正式签署了一致反瑞的条约——纳尔瓦同盟条约。条约规定，立约双方承担对瑞作战的义务，不单独缔结和约。纳尔瓦同盟条约的签订为俄军赢得波尔塔瓦战役的胜利提供了重要保证。

到 1705 年秋，俄军在波兰和乌克兰军队的协助下，于 1705 年秋成功地肃清了波兰-立陶宛王国大部分领土上的瑞典人，完全解放了立陶宛和库尔兰，部分解放了小波兰和乌克兰。但是，北方盟国未能实现俄军从东面，波兰-萨克森军从西面夹击敌人的战略意图。而且很快俄波在领土问题上也产生了分歧，特别是在乌克兰的问题上的分歧最为严重，波兰显然不再愿意承认之前双方签订的永久和约。

1705 年临秋之际，俄国之前动工兴建的海军造船厂和一批要塞差不多都已竣工，俄国已经为长期斗争做好准备。到 1706 年初，北方进入严寒季节，按常规来讲战事将趋于缓和，更何况北方盟国还在格罗德诺周边地区部署了重兵。然而查理十二世却率兵突然来袭，先采取攻势，后采取了围困策略，俄军运输线全被切断，粮秣严重不足，被围的俄军岌岌可危。此外，瑞军还以 1.2 万的兵力全歼了萨克森前来救援的 3 万部队。被困住的是俄国的主力部队，一旦被歼灭，俄国就再没有与瑞典抗衡的实力，只能任人宰割了。很多证据显示，这是瑞典人精心为俄国人设置的陷阱。出人意料的是，俄军在 5 月份得以全身而退，躲过了这场灭顶之灾。据说瑞军受到了正值春汛的涅曼河的阻拦，未能成功堵截住俄军，于是俄军最终毫发无伤地转移到了基辅，这就是历史上传奇般的格罗德诺大撤退。俄军通过使用各种策略，熬过了这场可怕的劫难。后来发生的事实则充分说明了保存住实力对于俄国取得最后胜利有着怎样的意义，这几乎是俄国能够逆转形势的全部资本，而对于瑞典来说，无论之前的战略战术施展得多么流畅漂亮，放跑俄军主力都是一个彻彻底底的重大失误。

俄军撤出波兰-立陶宛领土后，瑞典人便占领了这里，到处烧杀抢掠。瑞典人明白，如果不打入奥古斯特二世的老巢，逼他交出波兰王位，他们与波兰人签订的和约就是一纸空文。1706 年 9 月，瑞军穿过西里西亚进入萨克森，在莱比锡附近的阿尔特兰施泰特村查理十二世强令萨克森全权代表秘密签署了丧权辱国的和约条款。根据这一条款，奥古斯特二世被迫放弃波兰王位，中断其同俄国的联盟关系；他还必须交出驻扎在萨克森的俄国援军；将波兰的克拉科夫、特科钦及其他要塞连同其他所有军事装备交给瑞典人。至此，奥古斯特二世不仅退出了战争，而且还将自己的萨克森领地拱手交给了查理十二世。

奥古斯特二世的倒下令俄国所面临的形势一下子恶化了。失去盟国的俄国政府，本想见好就收，期望借助法国或英国的调停将查理十二世拉到谈判桌上，但此刻却没那么容易了。英法各有自己的算计，而且也不希望看到另一个有能力在欧洲事务上说话的国家出现，用英国驻俄大使维特沃尔特的话来说，他们不愿"向沙皇打开参与欧洲事务和通商的大门"。也就是说，英法根本不认为俄国具有这个分量和资格。而随后的事实也证明，调停也无济于事。傲慢的瑞典提出的条件太过苛刻：归还圣彼得堡还要赔偿军费。彼得一世斩钉截铁地宣称，宁可再打 10 年也绝不放弃圣彼得堡。彼得一世不可能在俄军实力尚存的情况下让自己前功尽弃。

俄国审时度势，费尽心思，在大力宣传反土计划无果之后，迅速地将战略目标转移到波罗的海方向的瑞典，成立了有丹麦、萨克森参加的北方同盟，主导了北方战争的进程。虽然在实际对抗的过程中，立场坚定的只有俄国，但也取得了不小的成果：俄国政府在艰苦的战争条件下成功地进行了军事改革，建立了军事工业，并在此基础上坚定不移地在波罗的海沿岸地区逐步向前推进，夺取了整个涅瓦河沿岸地区，建立了圣彼得堡，占领了包括纳尔瓦、杰尔普特在内的爱沙尼亚和拉脱维亚的大片领土；俄国在外交方面则成功地拉拢了波兰和立陶宛入盟，维持了俄土条约的有效，让入侵俄国的瑞典人既得不到波兰的援助，也得不到土耳其或克里木的援助；另外，俄国外交官还积极地恢复同丹麦、萨克森的联盟关系。这些努力和成果虽然在北方盟国一个个倒下的不利现实面前显得有些黯淡，但却一点一滴地促使胜利的天平向有利于俄国的方向倾斜。

谈判桌上不欢而散的结果让俄国接下来的任务变得十分明确了，那就是拼一切力量，与瑞典斗争到底，唯有如此才能守住俄国的利益。俄国政府清楚，失去主权的波兰-立陶宛也有着同样的诉求，于是在外交战线上，巩固俄波的联盟关系就成了当时俄国外交最主要的任务。通过俄国的努力，1707 年 3 月 19(30)日，双方代表签订了两项协定。其中一项重申了 1704 年缔结的纳尔瓦条约，另一项则规定波兰-立陶宛王国有义务向驻扎在波兰-立陶宛境内的俄军提供给养。此时，俄国需要一场决定性的胜利来巩固它的战果。

二、扭转战局

1707 年秋，查理十二世在英国的怂恿下挥师东进，意图征服俄国，并把它肢解成许多独立的公国，同时要把普斯科夫、诺夫哥罗德及俄国的整个北方地区划归瑞典所有，而把乌克兰、斯摩棱斯克地区等地划归窃取波兰王位的瑞典傀儡斯坦尼斯拉夫·列申斯基管辖。查理十二世认为他能速战速决、轻而易举地击败失去盟友的俄国人。英国则巴不得瑞典忙于同俄国作战，从而无暇援助法国。

瑞典国王显然过高估计了自己的力量，低估了正在崛起的俄国的实力。大概正是轻敌的原因，查理十二世在进入俄国境内之前又犯下第二个重大错误，在波兰再次放跑了俄军主力，又一次丧失了将俄军一举消灭的机会。一些历史学家认为，如果查理十二世在 1708 年坚持进攻莫斯科，原本可以赢得战争。相反，他却突然调转矛头，攻入乌克兰。事实上瑞军改变进攻方向也是迫不得已，他们在多布罗耶村和拉耶夫卡村附近都吃了不小的亏，据说查理十二世还险遭生擒，加上俄军巧妙地组织了迫使瑞军向南转移的平行追击，因此瑞军不得不转向乌克兰。更重要的是，由于瑞典军队的自负，惯于忽视后勤，他们往往把获取给养的希望寄托在被占领区的物资上。而为查理十二世补充粮草的援军也总是追不上他灵活机动的移动步伐。彼得一世在了解情况后，不仅更专心地以主力堵截查理十二世的援军，而且在与查理十二世交手的过程中总是迫使对方丢弃粮草。加之俄军的焦土政策，粮秣奇缺的查理十二世不得不掉头向南，攻入盛产粮食的乌克兰。另外，查理十二世还把赌注压在乌克兰叛徒马泽帕身上，而且想要就近得到克里木鞑靼人和土耳其人的援助。但是，正所谓祸不单行，在他进入乌克兰急需马泽帕援助的时候，马泽帕却采取了观望态度。他更为失算的是，乌克兰人民仍选择忠于彼得一世。

据说彼得一世在 1706 年就已经决意在本国境内而不是在波兰跟查理十二世决战，以免退无可退。俄军已经学会如何与瑞军周旋，并采取了有针对性的措施，制定了拖垮敌人有生力量、各个击破的战略。配套措施就是，在 1708 年春天到来之前，从普斯科夫到乌克兰一线长达 200 余里的边区坚壁清野，目的就是令瑞军得不到任何给养。而且俄军也不打算遵循 18 世纪在西方风行一时的所谓警戒线战略，这种战略的基本原则是：在战场上平均配置兵力和武器，同时掩护自己的运输线和多少有点重要意义的作战方向。俄军统帅部决意根据自身以往的战斗经验，将主力部队控制在自己手中，集中优势兵力打击敌人。同时俄国的地方部队、白俄罗斯和立陶宛的游击队也加入到反抗侵略者的斗争中。

于是俄国正规军取得了更大的机动性，虽然瑞军在 1708 年 6 月攻占了明斯克，但 10 月 9 日沙皇亲自率领一支军队在列斯纳亚村成功地阻击并消灭了近 1.5 万人的瑞典增援部队，并缴获了大批查理十二世所急需的弹药、粮秣，以及辎重车辆（近 3000 辆大车）和 17 门大炮。这场战役的胜利意义非比寻常，它被称为"波尔塔瓦战役之母"。在战斗中，俄军迫使瑞军在其所不习惯的、森林沼泽纵横交错的地区应战，而且组建了轻机动军团——由骑马步兵和携带马拉大炮的骑兵组成的"快速突击队"。这场战役成为俄军实施各个击破战术的光辉范例。

在 1708 年 10 月 28 日，乌克兰"盖特曼"马泽帕公开叛变后，只把四五千人骗到了瑞军营垒，而且其中许多人很快就离开了他。查理十二世本打算攻占马泽帕的驻地巴图林，那里储存有大量粮食、弹药和近 70 门大炮。但是，缅希科夫指挥的快速突击队赶在瑞军之前于 11 月 2 日强攻占领了巴图林，将城里的物资全部运走。当瑞典国王 11 月 11 日到达巴图林时，看到的只是一片焦土。

与此同时，彼得一世政府也在乌克兰加紧展开揭露马泽帕叛变活动的宣传。这样一来，乌克兰人民也加入到反抗侵略者的行列：瑞典人所占地区的农民自行坚壁清野，逃离农村，躲进森林。他们还同游击队会合，进攻瑞典的粮秣运输队，夺取大车，消灭敌人的零星部队。

于是，查理十二世率领的军队在乌克兰度过了一个寒冷而凄凉的冬天。1709 年 4 月初，瑞典人开始围攻波尔塔瓦。查理十二世想通过拿下波尔塔瓦，打通进攻哈尔科夫和别尔哥罗德、进而进攻莫斯科的道路，他还将波尔塔瓦视作同克里木鞑靼人及波兰保持联系的适宜的据点。波尔塔瓦要塞并不大，瑞典虽然投入了大量兵力，但它在 5 月和 6 月初的多次猛烈进攻均被守军击退，这为俄军主力部队前来解围赢得了时间。而此时，瑞军已经无望得到外援。俄国政府通过同土耳其政府的外交谈判，成功地阻止了土耳其及其附庸国倒向瑞方。同时，查理十二世未能将自己的傀儡斯坦尼斯拉夫·列申斯基的部队调来，克拉索夫将军指挥的军队也是如此。因为由哥尔茨中将统率的俄国独立军已经开赴波兰，成功地牵制住了他们的兵力。1709 年 5 月，俄国政府还及时粉碎了哥萨克扎波罗热营地的阴谋叛变，他们为瑞典人准备的船只被焚毁。当然，也有学者指出，查理十二世因被流弹击中，腿部受伤，没有亲自指挥军队，这也是瑞军进攻"半途而废"的主要原因。

在乌克兰的瑞军已经是人困马乏，物资奇缺，还时常遭到俄国正规军、游击队的不断打击，而此时的俄军却愈战愈勇。在这种形势下，双方迎来了决定性的时刻。

1709 年 6 月 20 日，俄军主力在距离波尔塔瓦 8 千米的谢苗诺夫卡村附近驻扎，乌克兰哥萨克军团也赶赴这里与俄军主力会合。这样一来，瑞军就陷入了它所包围的波尔塔瓦和俄军主力的前后夹击之中。瑞军多次进攻都被击退，且伤亡惨重。俄军对老对手的战术已经有所了解，在准备波尔塔瓦决战时，根据地形选择了先主动防御而后进攻的战术，在战场上构筑了大量工事，修建了独立的封闭式工事系统，这在军事技术史上还是首次，这也是野战战术中建立前沿阵地的崭新思想。在实战中，这些工事体系让瑞军付出了巨大代价才得以突破。彼得一世在作战过程中还采用了新的阵型。

值得一提的是，彼得一世十分重视宣传和鼓动人心。交战前夕他曾向部队发表了简短的演说，力求最大限度地激起士兵的爱国主义情感："将士们！决定祖国命运的时刻到来了。你们不要以为当兵打仗是为了彼得，打仗是为了托付给彼得的这个国家，为了自己的家族，为了自己的祖国……你们也不要被似乎不可战胜的敌人的威名所动摇，这种谎言已经不止一次地被你们打败他们的事实所戳穿。在战斗中你们一定要想到为真理而战……至于彼得，你们要记住，只要俄国能富强起来，你们能生活得好，他自己的生命是在所不惜的。"

1709 年 6 月 27 日凌晨，战斗打响。起初瑞军赢得了一些胜利，但是未能持久，很快俄军就转入全线反攻。最终，瑞军在莱文豪普特将军的带领下投降，俄军生俘 16947 人，掳获大炮 28 门。为了堵截查理十二世和马泽帕的部队，彼得一世命令哥尔茨中将率镇守沃伦的部队切断查理十二世通往波兰边界的去路，以防他同波兰的克拉索夫将军率领的军团会合。虽然俄军追上了查理十二世的部队，但查理十二世和马泽帕还是成功逃脱，进入到了土耳其境内。

波尔塔瓦之战是俄国历史乃至世界历史上的重大战役之一。它作为整个北方战争的转折点，决定性地确定了战争的最终结局。俄军把当时第一流的瑞军打得头破血流，取得了辉煌的胜利。瑞典在陆地上的军事力量被彻底摧毁，元气大伤。俄国民间甚至广泛流传着这样一个谚语："像瑞典人在波尔塔瓦那样完蛋了！"

《波尔塔瓦战役的胜利》（19世纪德籍俄国圣彼得堡艺术学院
院士亚·叶·科策布作品）

　　波尔塔瓦之战显示了俄国军队的力量，检验了俄国实施军事改革
的初步成果，是俄国军事史上贯彻新军事技术原则的光辉范例。俄军
善于利用己方的优势，选择了恰当的战略时机与敌军决战，而在此之
前则注意保存实力，显示出了高水平的战斗技巧。对此，彼得一世曾
说道："寻求决战是件危险的事，一小时之内会把一切毁个精光，因此
与其不顾一切地冒险，不如未遭损失地退却。"

　　由此，彼得大帝开始令俄国形成自己的军事和战斗思想。在战争
过程中，彼得一世利用战场的深度和广度，广泛实施了机动战略，而
他对战场上机动的作用和意义所持的观点，与当时欧洲其他国家军队
中认为机动起着独立作用的观点截然不同，具有很大的创新性。俄军
不把战场机动看成是最终的目的和唯一的作战方法，而将其视作使自
己部队占据比敌人更为有利的地形的一种手段，以此限制敌人的行动
自由，迫使敌人在不利的条件下决战，使得自己更易于消灭敌军有生
力量。

　　俄军正规骑兵在战场机动中起了重要作用，骑兵的大兵团和配备给它的马拉炮队在军事史上首次完成了独立的战略任务。为了迅速深入敌后，俄军组织了"快速突击队"，这也是一项颇有价值的创举。另一项重要的战斗思想，就是集中一切可以集中的兵力打击敌人，在战斗过程中积极运用新的战术，做到因地制宜。比如波尔塔瓦战役中所使用的，独立的封闭式四面防御的多面堡。

　　此外，开展游击战争，吸引地方人民参加反对瑞典侵略者的斗争的做法也值得特别重视。与共同的敌人做斗争的过程巩固、锤炼了俄罗斯人民同乌克兰、白俄罗斯、立陶宛、卡累利阿以及其他各民族人民之间的友谊，有助于国家统一性的巩固与发展。

为纪念 1709 年 7 月 8 日波尔塔瓦胜利 300 周年俄罗斯银行所发行的纪念币

　　这场胜利对俄军来讲至关重要，刚刚建立的俄国正规军经受住了战场的残酷考验，成长为一支拥有坚强战斗力的军队。正如一些学者所指出的，这场胜利从根本上改变了东欧政治力量的对比，使俄国的实力获得了承认，令俄国"无可争辩地成为这个地区最强大的国家"。同时，一批有才干的统帅，俄国军事学派的骨干，如亚·丹·缅希科夫、鲍·帕·舍列梅捷夫和米·米·戈利岑等人同彼得一世一起成长了起来。波尔塔瓦之战标志着北方战争一个阶段的结束，这一阶段瑞典的陆上军事力量被摧垮，同它的海上力量一较高低成为彼得一世所面临的下一阶段的任务。

第三节　一战成名：尼什塔特和约的签订

随着波尔塔瓦的胜利，查理十二世不可战胜的神话破灭，一个年轻的国家已经开始显现出它的如日中天之象，对此恩格斯曾写道，瑞典的"实力和威望正是由于查理十二作了入侵俄国的尝试而丧失的；查理十二以此断送了瑞典，并清楚地向大家表明了俄国是不可攻克的"。波尔塔瓦之役对俄国同西欧强国的外交关系产生了重要影响，俄国的国际地位发生了根本变化，俄国在西欧的国际威望和作用大大提高。阿列克谢皇太子同莎尔洛塔·沃尔芬比特尔公主（德国皇帝的妻妹）很快联姻，汉诺威选帝侯（未来的英国国王乔治一世）表示愿意同俄国接近。在这一战之后，彼得一世已经对俄国在波罗的海沿岸地区地位的稳固充满信心。

查理十二世在战败后有意谈判，但拒绝了俄国提出的媾和条件，于是彼得一世决定恢复北方同盟，并建立强大的波罗的海舰队，决意用新的军事胜利去达成目标。

一、复兴同盟

由于瑞典扶植的傀儡国王斯坦尼斯拉夫·列申斯基被俄军从波兰赶走，奥古斯特二世恢复了波兰王位。为表示感谢，奥古斯特二世专程来到托伦会见彼得一世。1709 年 10 月 9(20)日，双方在托伦签署了反对瑞典及其傀儡斯坦尼斯拉夫·列申斯基的俄波攻守同盟条约。立约双方有义务共同反对瑞典，不单方面缔约，并尽一切努力促使丹麦和普鲁士加入反瑞同盟。在托伦，双方还签订了一项秘密协定，其中规定利夫兰仍是萨克森选帝侯奥古斯特二世的世袭领地。而爱斯特兰连同雷瓦尔将划入俄国版图。在此之前依照同奥古斯特二世签订的条约，俄国只应得到因格里亚。

在丹麦方面，尽管受到英、荷的阻挠，俄丹还是在 1709 年 10 月 11(22)日恢复了盟约，而且是不要求任何资助的盟约。因为在波尔塔瓦战役之前，俄国为了恢复同盟关系曾向丹麦许下了大批资助，而丹麦却一直犹豫不决；而俄军在波尔塔瓦获胜后，俄方坚持不给予丹麦任何资助且最终达成了目标。根据盟约，丹麦答应从挪威方面进攻瑞典，并在斯科尼亚登陆，俄国则从芬兰方面和在波兰采取行动。

波尔塔瓦的胜利不仅保证了有俄国、波兰、萨克森和丹麦参加的北方同盟的恢复，而且为该同盟进一步扩大创造了条件。1709 年 10 月 21 日俄国同普鲁士在马林韦尔德缔结了防御同盟条约。根据条约，普鲁士有义务采取有助于北方同盟的行动并禁止瑞军穿越普鲁士领土。条约规定，争夺西班牙王位继承权的战争一旦结束，普鲁士将进一步密切同俄、波、丹的关系。同普鲁士签订的条约中含有一项秘密条款，即普鲁士国王承担了不许瑞军穿越国境的责任，作为交换，俄国答应将埃尔宾及其周围领土让给普鲁士国王，这就需要清除该城的瑞典守军。这样一来，普鲁士不仅同意了俄军在波美拉尼亚开展活动，而且它自己也有意这样做。1710 年 7 月 3 日俄国还与汉诺威签署了一项为期 12 年的同盟条约。依照条约，俄国政府承担当驻扎在瑞典日耳曼诸州的瑞军不对俄国及其盟友采取敌对行动的情况下亦不破坏帝国和平的义务，而汉诺威选帝侯则承担保证俄国的盟友——丹麦和奥古斯特二世在德国诸州的安全的义务。这项协定同时成为同汉诺威选帝侯（不久成为英国国王）光明前程中的重要的一步。于是，俄国领导的北方同盟中除了以前的成员丹麦、萨克森和波兰之外，又争取到了新成员普鲁士和汉诺威的加入。

瑞典人在波尔塔瓦惨败的消息，对土耳其也产生了巨大影响。君士坦丁堡对俄国大使彼·安·托尔斯泰态度发生了明显转变。苏丹亲自接见托尔斯泰并对他保证说，如果俄国不破坏和平，苏丹也绝不破坏。土耳其政府不想同俄国打仗，因而拒绝了查理十二世关于同瑞典缔约反对俄国的建议。

法国政府也开始寻求同俄国接近的途径。法国在同伟大同盟的战争中把俄国推为仲裁，这就提升了俄国的地位，增强了俄国的势力。俄国的逐渐强大并在波罗的海沿岸崭露头角令英国十分不安，它急于同法国媾和，以便腾出手来制衡俄国，防止俄国在北欧称霸。

1710 年的 6 月到 9 月末，俄军在波罗的海沿岸取得了一系列胜利，从瑞军手中相继夺取了数个重要要塞——维堡、里加、凯克斯霍尔姆、佩尔诺夫和雷瓦尔，而维堡和里加的攻克意义尤为重大。彼得一世将维堡称作"圣彼得堡的牢固靠枕"，并称"攻占这个城市，圣彼得堡将永世平安"，这一评价是恰如其分的。

俄国武装力量乘胜前进，到 1710 年秋，爱斯特兰、利夫兰和卡累利阿的瑞军均被肃清。同时，俄国对库尔兰的影响也在扩大，最明显的例子就是库尔兰公爵腓特烈-威廉同彼得一世的侄女安娜·伊凡诺夫娜联姻成婚。

二、再稳南疆

彼得一世面临的下一个目标是歼灭欧洲大陆上波美拉尼亚的瑞典陆军。但是英、荷这些海上强国坚决反对将战火烧到德意志，为此英、奥、荷等国还在 1710 年签订了旨在维护神圣罗马帝国中立的公约，不久还补充签订了建立中立军团确保帝国的中立的条款。这样不仅消除了反法同盟对神圣罗马帝国的军事威胁，而且使北方同盟无法进入该地区作战，瑞典能够继续占领该地区。有意思的是，尽管北方同盟，包括俄国都迫于压力勉强承认了这一公约，但这一公约却遭到了查理十二世的拒绝，理由是这项公约是在他缺席的情况下签订的。此外，英国还竭力瓦解北方同盟，迫使丹麦和瑞典单独缔约，但这种企图在 1711 年之前一直都没有成功，因为北方同盟在压倒瑞典方面的目标是一致的。

土耳其政府在波尔塔瓦交战前夕一直保持中立。君士坦丁堡本以为，在俄瑞开战之际，土耳其只需等待战局发生有利于它的变化，便可从俄国人手中收回根据 1700 年君士坦丁堡条约被俄国占领的领土——亚速、塔甘罗格及其他城市。但是瑞军的败北完全出乎他们的预料，于是感到不安的土耳其政府开始加强战备。

因为养伤，困在土耳其的查理十二世也没有闲着，他和那些惧怕俄国强大并希望俄土交战以捆住俄国手脚的西欧国家的代表，起劲儿唆使土耳其同俄国打仗，查理十二世还提出缔结瑞土反俄盟约。但1709年11月，俄国驻君士坦丁堡大使彼·安·托尔斯泰曾成功地恢复了同土耳其的和平条约，并依照条约，准备把查理送至波兰国境，再由俄国部队护送他通过波兰领土。由于马泽帕此时已经死去，关于引渡他的问题也就不了了之，至于跟随他的哥萨克，土耳其政府保证将他们驱逐出境。但查理十二世并未就此放弃，他利用土耳其国内的复仇情绪以及法英外交官的支持积极活动，将签署这一条约的维齐尔阿利-帕沙赶下台，还把俄国大使投入监狱，结果和平条约不仅没有得到执行，而且1710年11月土耳其便向俄国宣战。

在西欧强国看来，他们根本不希望看到俄国的强大，给北欧均势和国际形势平添变数。他们基于自身的利益，都希望俄土开战。而俄国则面临与瑞土两大强国两线作战的困难局面，因此俄国一方面与西欧强国联系希望他们能居中调停，与瑞土媾和，另一方面受到之前胜利鼓舞的俄军统帅打算采取攻势而非守势来应对来自土耳其方面的挑战。而且之前伟大同盟所主张签订的、最初看来对瑞典有利的中立和约，在俄土开战后的形势下却变得对俄国有利，让俄国及其盟国避免了两线作战。所以，当查理想起应该组建一个更大范围的反俄同盟时，却发现在哪里都得不到更积极的响应。

由于俄土战争，巴尔干地区各斯拉夫民族的解放运动得到了迅速发展，其中土耳其境内塞尔维亚人的起义在对抗土耳其方面发挥了重要作用。他们揭竿而起，与土耳其人展开了积极斗争，到1711年夏，起义者队伍的人数已近3万。虽然俄军猛烈的炮火攻击令惯于使用冷兵器的土耳其人损失很大，但是由于俄军一系列战术失误及情报错误，部队长期严重缺乏给养，加上外籍军官的背叛，彼得一世率领的俄军主力在普鲁特附近遭到了土耳其大军的包围。在这种极端被动的条件下，彼得一世建议土耳其大维齐尔停止军事行动，缔结和约。

沙皇迟迟得不到土方的回应，正打算突围之际，却意外收到了对方答应和谈的消息。1711年7月12日，俄国外交衙门副长官沙菲罗夫与土方缔结了和约，条件如下：亚速及其周围地区归还土耳其，拆除俄国在南方营造的塔甘罗格和其他要塞，俄国承认苏丹对扎波罗热人的庇护，俄国人需承担不干涉波兰内政的义务。此外，条约还规定了有利于查理十二世的条款，允许他自由返回瑞典。这对于处在危难之中的俄军来说，条件并不算苛刻。

事实上，土耳其在重兵围困俄军主力的绝佳时机"心软"是事出有因的。据说勒奈将军于 7 月 7 日攻占了布拉伊洛夫要塞，只是他的报告中途被截，没能通知到沙皇，落到土耳其大维齐尔手中。彼得一世在缔约之后才得悉这一足以扭转整个战略形势的胜利消息。另外还流传一种说法，就是俄军重金贿赂了土军主帅。无论如何，俄军不仅保住了主力，也保住了自己在北方战争所占据的有利形势。

这次普鲁特远征令彼得一世进一步认识到外国军官在俄军中任职的害处："在世人面前吹得神乎其神，而真正事到临头，都是草包一群。"于是远征刚一结束，他立即将其中的大多数人辞退，免去将军 14 人、上校 14 人、中校 22 人、大尉 156 人。

普鲁特远征虽告失败，但是俄国却与土耳其缔结了 1711 年普鲁特和约。这就令彼得一世能够抽出身来，集中全力解决对俄国来讲最重要的历史任务——在波罗的海沿岸站稳脚跟。难怪查理十二世得知普鲁特条约之后，火冒三丈，怒不可遏；海上强国英国和荷兰，对这些条款也感到非常不满。于是查理十二世极力唆使苏丹与俄国重新开战。而土耳其事实上已经达到了自己的目的，况且在交战中也切身感受到俄军实力的增强，因此不再愿意被西欧强国当枪使。但英国不愿就此罢休，不惜冒着开罪于荷兰等盟国的危险着手与法国单独媾和，好匀出精力插手北方战争。在英国的鼓动下，1712 年 11 月，土耳其装腔作势重新向俄军宣战，要求俄军撤出波美拉尼亚，但是一直没有进行武力进攻。然而，当苏丹看到俄国政府的态度异常坚定后，干脆放弃了号称动武的恫吓。1713 年，俄土还签订了阿德里安堡和约，其条款与 1711 年普鲁特和约的内容大致相符。这再次说明了普鲁特和约的签订对于俄国的重要意义。

三、决战汉古特

由于瑞典和英国等强国在中立和约上的矛盾，中立和约渐渐变得有名无实，中立部队也无从建立。海上强国在没有得知俄土缔结普鲁特和约的情况下，不再反对北方同盟把战争推向波美拉尼亚的军事行动。1711 年 8 月 14 日，在海牙就此问题还通过了正式的协议。因为在英、荷等国家看来，北方盟国之中真正的威胁只有俄国。而俄军应正忙于对付土耳其，无暇抽身至此。丹麦和萨克森政府则为了使海上强国不再反对波美拉尼亚的军事行动，被迫同意以不召回为伟大同盟服役的军队作为交换。海牙协议之后，俄军在波美拉尼亚开展活动已不存在任何障碍。

在得知俄土缔结普鲁特和约之后，英国便急于从争夺西班牙王位继承权的战争中摆脱出来，甚至不惜与法国单独缔结和约，于是俄国及其盟友决定尽快结束同瑞典的战争。俄国试图说服盟国统一行动，但收效甚微，因为各盟国只关心自身的利益。因此，1712 年北方盟军之间的合作效果非常不理想。于是俄国决定在 1713 年采取独立行动，调集主力进攻芬兰，经芬兰给予瑞典决定性打击。而事实上，俄国对芬兰的军事行动于 1712 年便已开始筹备。

此时的瑞军还一直抱着在短时间内得到外部援助的心态。瑞典如此乐观不仅是因为它与英、荷之间有同盟关系，还因为法国也实行了背离俄国利益的政策，1712 年 9 月，法国与瑞典也订立了条约。然而，英国虽然坚决要求俄国从波美拉尼亚撤军，甚至召回了驻俄大使，但就是没有付诸武力。英国之所以没有履行 1712 年所作出的派出分舰队援助瑞典的许诺，是因为被英法单独媾和惹恼的荷兰宣布，一旦英国有所行动，它将派出分舰队援助俄国。看来英荷之间的矛盾被俄国有效利用了。而后英国还唆使荷兰派出分舰队对抗俄国，也遭到了拒绝。所以，英国一直也没能下决心单枪匹马武力援助瑞典。

1713 年 4 月底，俄国大桡战船队载着 1 万余名登陆兵驶离圣彼得堡。俄军的首要目标是瑞典舰队在芬兰湾的最后一个基地赫尔辛福斯。

7月，在俄军陆海军向此地集结时，瑞军不战而逃。而在此前的5月，瑞军总司令斯腾博克已在俄军的攻势下宣布投降。随后俄军又取得了佩尔金河战役、拉波洛战役的胜利。于是，瑞典陆军的军事实力已经被彻底摧毁。但是瑞典海军的主力尚存，他们停泊在汉古特，阻碍着俄军攻占奥布。实际上，俄国要想在波罗的海立足，也非要来一场真正意义上的海上对决不可。因此，俄国这场与海上强国瑞典的海战，意义重大。它在某种程度上决定着俄国是否有足够的资格成为波罗的海的一员。

1714年7月，俄瑞汉古特海上决战爆发。瑞军中了俄军的计策，分散了兵力，最终俄军在彼得一世的亲自指挥下，赢得了彻底胜利。汉古特海战是俄军战史上正确而全面地利用一切条件打败优势敌人的一个经典范例。俄海军所使用的大桡战船构造简单，不受风力支配，它既适合对岸上之敌作战，也适合在岩岛群水域作战。俄国在波罗的海首先大规模使用了这种新式战船，结果在对瑞斗争中取得了很大优势。俄国统帅部巧妙地把俄国大桡战船队组成三个分队进行突破，结果包围和全歼了埃伦施尔德的舰队。瑞典人被勇猛的俄军吓得胆战心惊，整个海战过程乱成一团。于是，1712—1714年的战役以俄军占领芬兰和汉古特，并粉碎瑞典舰队而宣告结束。

年轻的俄国海军在这次海战中打败了海上强国瑞典的舰队，这令俄国的海军开始威名远扬。俄国人用这场漂亮的胜利证明，俄军完全有能力守住波罗的海的出海口。为表彰这次胜利，所有参战人员被授予勋章（军官授金质奖章，士兵授银质奖章），彼得一世本人也因指挥汉古特海战的功劳，获得了海军中将的军衔。彼得一世作为海军统帅，显示出了卓越的领导才能。同时，以阿普拉克辛海军大将和米·米·戈利岑中将为代表的一批有才干的军事将领也涌现出来。俄国海军英勇取胜，令汉古特海战作为俄国海军史上的光辉一页而载入史册。

四、锁定胜局

随着俄国领导的反瑞同盟逐步扩大并取得一系列军事胜利，瑞典的处境越来越不妙。更何况,与俄国缔结过盟约的汉诺威选帝侯在1714年成为英国国王(乔治一世),俄国利用瑞典由于大搞海盗行为、封禁波罗的海贸易、哄抬铁价而与英、荷等国家所产生的矛盾(查理十二世指使的海盗连英、荷的商船也不放过,当然这些商船多数的确是在与俄国占领的港口进行贸易)不仅在1715年10月与英国缔结了盟约,还令英、荷保护波罗的海自由贸易的舰队变相成为北方同盟的支持者。俄、丹、英、荷四国的联合舰队有一段时间甚至是由彼得一世本人统帅的。84艘军舰(其中21艘飘扬着俄国战旗)组成的联合舰队本来足以令瑞典屈服,但除了俄国之外,没有任何一国是真心愿意与瑞典积极作战的。虽然"指挥外国舰队与本国舰队协同动作,这样的荣誉在世界上未曾还有别的人享受过",彼得一世也曾经一度对得到其他三国的信任感到满足,但这种"信任"显然只是表面化的。各国分舰队的指挥官在互致敬意时放了许多礼炮,但在面对敌人时却不发一炮,甚至连俄国的盟友丹麦也经常采取消极怠工的态度。于是沙皇终于明白,最后的胜利只能依靠自己国家的军队去争取。

与此同时,为了应付战争的巨大开支,查理十二世也开启了一场在土耳其期间就已开始酝酿的国内改革,主要内容是改革瑞典的中央和地方行政机构,但实际目的却是为了聚敛财富。当然彼得一世在俄国进行的改革也不乏这些内容。对这两场改革的评价其实在很大程度上取决于战争的胜负。

1716年4月俄国和梅克伦堡缔结了条约,依照条约,俄国船舰获得了利用梅克伦堡港口的权利,俄国部队还可以通过梅克伦堡领土并在那里建立仓库。这一条约的签订对俄国而言意义重大,这令梅克伦堡成为俄军的基地。1716年秋,大量俄军集结于哥本哈根地区,准备从这里会同丹麦部队在四国(俄、英、荷、丹)联合舰队的掩护下攻入瑞典南部。在巨大的威胁下,瑞典的外交攻势发挥了作用。总之,彼得最终深信瑞典的防御足以使他们的进攻付出惨重的代价,于是他宣布将进攻计划推迟一年。这让丹麦国王腓特烈大为恼火,因为他在来年春天再也无法继续命令丹麦商人来搞后勤。尽管乔治一世极力协调,但是彼得一世推迟作战的决定仍造成了丹麦和俄国之间的不信任。同时由于彼得一世要求将从丹麦撤回的军队驻扎在德意志，这又引发了俄国与汉诺威之间的猜疑。

事实上俄国与英国之间也缺乏信任。俄国人认为，由于担心俄国日后在波罗的海称霸，打破北欧所谓的平衡均势，因此英国不会放弃分裂、孤立俄国，与俄国结盟不过是乔治一世想要得到瑞典占有的不来梅公国和韦尔登公国的权宜之计。瑞典在外交方面则充分利用了北方盟国之间的这些分歧。瑞典一方面与乔治一世秘密谈判，同时还与俄国进行半公开的和谈，目的无非是使北方同盟的实际行动趋于瘫痪。瑞典人的目的达到了。于是，无论是英国、丹麦还是汉诺威，都不想再同俄国签订下一步反瑞行动的任何协议了。而俄国人则认为，北方同盟的名存实亡则完全是由于英国外交当局从中作梗所致。于是，瑞典出色的外交能力使自己躲过了一次危险的围攻，而俄国的外交却一度陷入了空前困境。

对俄国来讲，唯一的好消息是政治利益促使不久前在西班牙王位继承战争中失败的法国想同俄国建立友好关系，即使它曾在 1715 年初与瑞典签订了有效期为 3 年的同盟条约，承担向瑞典提供 60 万达列尔（德国旧货币，1 达列尔相当于 3 马克银币）资助的义务，直到战争结束。因为现在的法国希望得到俄国的支持，反对它的宿敌奥地利，1716 年 9 月，法国首先同俄国的盟友普鲁士缔结了密约，这就为俄法缔约奠定了基础。1717 年 8 月 15 日，俄、法、普三国在阿姆斯特丹最终缔结了条约。该条约实际上是相互保障所获领地的防御盟约。另外，各方还约定派全权代表缔结通商条约。条约的一个秘密条文规定，让法国充当签订北方和约的调停人。而法国也承诺，同瑞典缔结的条约期满后（1718 年 4 月）不再延长，不再向瑞典提供金钱资助和军事援助。阿姆斯特丹条约使瑞典失去了唯一一个每年向它提供大量资助的盟国。

让形势变得更为复杂的是，英、荷、奥、法在 1718 年 8 月建立了反对西班牙的联盟。由此俄国不得不担心法国的立场。更出乎所有人意料的是，1718 年 11 月 30 日，查理十二世在挪威包围一个城堡时被一颗流弹打死，俄瑞在奥兰的和谈从此破裂。

俄瑞单独和谈令英国、丹麦、汉诺威都十分紧张。特别是英国，由于担心俄、瑞与西班牙达成联合反英的协议（彼得一世曾作出过这种暗示），1719 年 1 月 5 日，乔治一世、奥古斯特二世和奥地利皇帝在维也纳签订了反俄条约。但问题是，俄国不可能轻易做出让步，而缔约各方却谁也不愿意跟打垮了强大瑞典的俄国开战，这就令条约的有效性大打折扣。

彼得一世得知维也纳条约后，发表声明，表示坚决抗议。同时，俄国加紧采取措施，以令俄瑞能够缔结和约。为了逼迫瑞典就范，俄军曾大举攻入瑞典领土，一路消灭了各城市的守军，并摧毁了广大地区的工业企业，直到逼近瑞典首都才停下来。俄国通知瑞方，进入瑞典不是为了扩大领土，而是为了"通过军事行动赢得所希望的和平"。但是，1719 年俄国未能压服瑞典同意媾和。英国外交当局答应帮瑞典收回被俄国占领的所有土地，这种许诺起了作用。1719 年 8 月 29 日，瑞典同英国签订了初步条约，条约缔结后，英国成了瑞典的正式盟友。英国政府一贯奉行的敌视俄国的政策终于以条约形式公之于众。同英国缔约之后，瑞典政府认为现在没有必要再同俄国谈判了，于是俄瑞奥兰和谈会议再次不欢而散。

1719 年夏，英国诺里斯海军上将的分舰队开进了波罗的海。分舰队司令的任务是以突然袭击的方式消灭俄国舰队。俄国统帅部看穿了英国的阴谋，保持着高度的警惕，因而敌人的这一计划没有成功。另外，英国外交官在 1720—1721 年一直四处活动，他们力图说服一系列国家，如奥地利、波兰、土耳其、丹麦、普鲁士、荷兰、法国等，参加反俄战争。英国政府还在 1720 年断绝了同俄国的外交关系，把俄国公使逐出伦敦，给俄国施压。但是，英国炮制的建立广泛反俄同盟的计划最终完全破产了，因为俄国外交当局对这些敌对计划了如指掌，并且为了同敌人做斗争，巧妙地利用了英国政府想煽动起来反俄的那些国家之间存在的矛盾。就连英国本身，也并非铁板一块，俄国利用了英国商界想同俄国保持和平关系的愿望，令英国国内主张同俄国讲和的人也越来越多。

1720 年，俄军又在英国舰队的眼皮底下打了几场胜仗。英国舰队虽然在波罗的海游弋，但俄军仍在瑞典顺利登陆，破坏了乌默奥市和许多村庄，消灭了瑞典的守卫部队，夺取并毁坏了许多储备物资。

这次的试探似乎令俄军摸清了英军的底线。1720 年 7 月 27 日，俄国舰队在格伦加姆附近打败了瑞典舰队，战果辉煌：虏获巡航舰 4 艘、大炮 104 门、俘虏 407 人。俄国海军用事实证明，在波罗的海的英国舰队既不能阻止俄军登陆作战，也阻止不了瑞典舰队的灭亡。而实际上由于国内的财政危机，英国在 1721 年 3 月便建议瑞典与俄国缔结和约，在这种情况下瑞典只得再次开启与俄国的和谈。在法国驻瑞典特使康普列顿的协助下，新的和谈会议决定在尼什塔特召开。1721 年 4 月底，尼什塔特会议开幕。但为了避免夜长梦多，俄国并未停止军事行动。

5000 名俄军重新在瑞典登陆，然后深入腹地约 300 千米，摧毁了 13 座工厂，其中包括一座兵工厂，虏获了 40 艘瑞典小船和大量军用物资。与此同时，强大的波罗的海舰队主力也准备采取军事行动。1721 年春，英国将诺里斯指挥的分舰队开进波罗的海。由于俄国统帅部采取了预防措施，英国舰队在 1721 年毫无建树，既没有消灭俄国舰队，也没有给舰队造成任何损失。不仅如此，俄国舰艇还是在英国舰队在波罗的海巡航的情况下，又一次成功地运送陆战队到瑞典登陆的，这一次瑞典人终于明白，英国人是靠不住的。

1721 年 8 月 30 日（9 月 10 日），俄瑞签订了尼什塔特和约。旷日持久的战争最终以俄国的完全胜利而宣告结束。

根据尼什塔特和约：从今往后俄瑞双方有责任建立"牢不可破的永久和平"，共同承担"永久友好的义务"，停止一切军事行动，无条件交换战俘并实行大赦（追随马泽帕的哥萨克人除外）。瑞典把利夫兰、爱斯特兰、英格曼兰、卡累利阿一部分连同维堡及其周围地区，还有里加、迪纳明德、佩尔诺夫、雷瓦尔、杰尔普特、纳尔瓦、凯克斯霍尔姆等城市，厄塞尔、达格、曼恩等岛屿，以及从库尔兰边界到维堡之间的所有其他土地割让给俄国，并且"完全地，无条件地，永远地"归俄国所有。涉及上述土地的所有档案和文献都应移交给俄国。芬兰则归还给瑞典。俄国承担向瑞典缴纳 200 万银币的义务。瑞典有权每年在里加、雷瓦尔和阿伦斯堡采购价值 5 万卢布的粮食并免税运出。同时商定，如因某一重要原因（如粮食歉收等）俄国禁止对"所有国家"出口粮食的话，瑞典可不遵守该条款。俄国承担不干涉瑞典内政的义务。利夫兰、爱斯特兰以及厄塞尔岛的居民可以保留他们从前拥有的权利和特权。凡归属俄国的所有地区实行信仰自由。条约还规定，凡归属俄国的地区内的地主利益一律受到保护。例如，把瑞典政府在北方战争前夕夺去的土地归还他们。俄瑞之间的自由贸易也得到恢复，原属双方商人的商店一律归还。波兰作为俄国盟友参加了条约的制订。条约规定，瑞波应在俄国的调停下缔结和约。

尼什塔特和约结束了旷日持久的、艰苦的战争，它的意义极为深远。和约以法律的形式，最终确认了俄国在波罗的海沿岸所取得的战果，从此俄国打开了"通向欧洲的窗户"，获得了对俄国的正常发展来说必不可少的波罗的海出海口。这在世界史上具有重大意义。自此，俄国人民的独立生存问题得到了彻底解决，俄国国防得到了巩固，俄国获得了独立自主的发展权。

尼什塔特和约宣告俄国代替瑞典，获得了强国的地位。法国外交官康普列顿写道："尼什塔特条约使彼得一世成为波罗的海两座最好港口的主宰者。他拥有无数军舰，他每天都在增加着自己的大桡战船。他使他的所有邻国望而生畏……只要他的军舰一开动，他的陆军稍有调动，不论是瑞典、丹麦、普鲁士，还是波兰王国都不敢让他们的军队离开原地一步，也不敢像以往那样对它采取敌对行动。"俄国在国际上的地位迅速上升，西欧各国纷纷在俄国建立自己的外交常设机构。为了彰显彼得的功勋，俄国参政院请求彼得一世接受皇帝尊号。自此，俄国真正成为雄霸一方的帝国。

难能可贵的是，俄国在外交方面也做好了充分的善后工作。尼什塔特和约签订后，俄国外交的重点就是想办法将瑞典从敌人变为自己的盟友。尽管大北方战争以残酷出名，交战方都代价惨重，俄国还是成功利用了瑞典国内主张同俄国结盟的集团的力量，最终在 1724 年 2 月 22 日缔结了俄瑞盟约。盟约规定，一旦缔约一方遭到欧洲某一信奉基督教的国家的进攻，双方将互相帮助。条约的签订说明瑞典将摆脱敌视俄国的舆论影响，不会再轻易受英国外交当局反俄政策的蛊惑，俄国不仅能巩固战果，还多了一个盟友。应当说，这项条约的缔结是俄国外交的重大胜利。

第四节　拓展殖民：中亚、东方战略

在彼得一世统治时期，俄国军事行动和对外政策的基本目标是夺取出海口。于是，俄国为争夺波罗的海同瑞典交战，为争夺亚速海和黑海沿岸地区则对土耳其用武。而如果说俄国在里海地区的争夺，也是为了争夺出海口，就有些牵强，里海毕竟是内陆湖。但这些军事行动的根本目标还是一样的，都是受到当时盛行于西方的重商主义思想的影响，以夺取财富，令国家财富增加为最终目的。出海口可以极大地推动贸易的发展，而里海和东北亚本身则是各类资源丰富的地区，更何况这些领土的夺取还符合俄国国土防御的核心利益。同时，我们应当能看到，同在波罗的海的争霸战相比，俄国在这些地区的争夺有着更为强烈的殖民色彩，因为这些地区周边的大国，虽然昔日风光无限，却都已走向衰落，在军事方面还都处于冷兵器时代。如果说争夺里海还有稳定边疆的考虑，那么俄国在东北亚地区的蚕食，虽然并非政府行为，但已经是赤裸裸的殖民掠夺行径，当其进犯清朝边疆时，遭到了清王朝的坚决抗击，于是俄国在东北亚殖民的脚步不得不停歇了。

一、里海之争

出于疆土防御的考量，俄国不得不将占领里海沿岸地区和确立对邻近土地的保护权视为它在东南方向的首要任务。俄国东南部是草原和沙漠交替的开阔地带，很少有山峦起伏，几乎无任何天然屏障可供防守，非常容易遭到袭扰。而俄国东南部的邻居主要是依附于波斯或土耳其的游牧民族。对于这些人来说，打家劫舍就是他们发财致富的重要手段，于是俄国城市经常遭到袭击。这些游牧民族武装焚烧村庄，毁坏庄稼，抢夺牲畜，屠杀无辜居民，或将他们变为奴隶。于是俄国的南方边境连年处于战乱状态。游牧民族武装虽然对南方人民的生命和财产安全造成了重大损失，但并不足以对俄国的领土完整造成严重威胁。但是，如果是同俄国有共同边界的沙赫波斯和土耳其入侵，形势就会截然不同。在这种情况下，迅速结束边境战争，加强东南地区的国防成为当务之急。

更何况，里海沿岸有着丰富的物产资源。我们可以想象，当彼得一世跟瑞典大战打得国库亏空时，当听到锡尔河和阿姆河一带有金砂矿床时该多么兴奋，而且那里还有铜矿，高加索山区有铅和银的矿藏，阿塞拜疆更有石油产地。里海沿岸地区很早就是通商要地，高加索、波斯和中亚对国外市场提供大量的生丝、棉花、羊毛、染料、水果、酒和香料，以及贵重饰物、丝织品和棉织品等。里海西岸和南岸优良的港湾也不少，如阿普歇伦海峡、巴库湾、恩泽利湾和阿斯特拉巴德湾。其中阿普歇伦海峡和巴库湾海水很深，拥有良好的锚地和可靠的地标，不缺淡水，还可长年避风。更令彼得一世心动的是，他从旅行家那里得知，中亚沙漠和群山的另一端是富饶的印度。这一切都令彼得一世不知疲倦地投入到对里海沿岸地区的争夺中。

18世纪初，俄国已经占领了从捷列克河到亚伊克河的里海北岸。里海东部沿岸被土库曼游牧人占领，他们分别隶属于卡尔梅克汗、希瓦汗和波斯沙赫。而阿姆河沿岸土地则被乌兹别克的封建主占有，他们联合成立了两个势力很大的汗国，即希瓦汗国和布哈拉汗国。西岸和南岸依然在波斯手中。同时欧洲的殖民主义强国已先行一步，控制了里海沿岸各国的商品贸易。波斯贸易的绝大部分被巴塔维亚公司的荷兰人、孟买公司的英国人和果阿公司的葡萄牙人所垄断。

俄国争夺里海沿岸的意图其实很明确，就是要取代欧洲殖民者，让自己成为欧洲同中亚之间贸易联系的中转站。1715 年，以阿·彼·沃伦斯基为首的外交使团奉命出使波斯，于是在 1717 年缔结了俄波贸易条约，并在波斯设立了俄国领事馆。俄国还派专人去调查俄国同印度建立直接贸易或通过波斯与印度进行间接贸易的可能性。另一方面，在俄国政府的努力下，俄国的水路交通得到了很大的改善。俄国的沃洛茨克运河、伊尔门湖河水系和伏尔加河就形成了接连不断的水路，俄国的两大海港圣彼得堡和阿斯特拉罕已经贯通。一旦俄国占领了里海沿岸，那么波罗的海和里海就能够连接起来，俄国巩固边防的政治目标和拓展贸易的经济目标就能够同时实现。

于是俄国在里海东部积极行动起来，主要计划是派出"考察队"探查当地实情，期望利用中亚各国封建势力内讧和可汗政权不稳的局势，采取扶植代理人的方式染指中亚。因为几年前希瓦汗国曾经向彼得一世求援，希望他帮忙镇压国内不听话的部落，并以臣服俄国作为回报。但是由于彼得一世在欧洲的战事正酣，无暇东顾，当时并未给予答复。而今彼得一世意图对其邀约作出迟到的承诺，以俄国的永久保护和世袭汗位作为希瓦汗国归附俄国的条件。而如果可汗反悔，俄国则将使用重炮将希瓦汗国夷为平地。"考察队"由拥有穆斯林背景的阿·别科维奇·切尔卡斯基公爵率领。

在彼得一世时期，俄国向境外，特别是中亚和东方地区派出了许多这样以科学考察为名的殖民先遣队，他们在获得大量关于当地水文地理、物产矿藏、地质风貌及风土民情等信息的同时，或为俄国进一步的殖民占领活动做准备，或直接进行武力占领。而切尔卡斯基的"考察队"更是异常显眼，调配了大批的陆军和海军部队，包括 3 个步兵团，2 个哥萨克团，1 个龙骑兵队，1 个鞑靼兵队和 70 艘各种类型的海船，人员总数达 5000 人，分明就是一支远征军。切尔卡斯基的任务其实就是占领里海东岸原阿姆河口附近的港湾（在克拉斯诺沃茨克湾附近），在那里营建一座能容纳 1000 人的要塞，以此迫使希瓦汗臣服俄国，并促使布哈拉汗同俄国建立友好关系。另外，切尔卡斯基还肩负探查中亚一带的金矿、彻底查明通往印度的水路等一系列任务。1716年9月，俄国开始了行动，但"考察队"被希瓦汗的军队用计策分割击破，最后他们不得不放弃了在里海东岸刚刚建立的要塞。

这次失败让俄国不得不改变策略。武力"考察"的计划被暂时搁置，俄国转而计划采取较为温和的武力侦察和外交手段。俄国向布哈拉汗派遣了使者，希望布哈拉汗与俄国缔结一个军事防御盟约。这个目的虽然在彼得一世在位期间没能达成，但是俄国却也获得了不少有关当地资源和政治形势的一手资料。

于是俄国逐渐了解了中亚资源富庶却常年内战的实情。波斯政权在没落，里海沿岸本地大封建主和波斯沙赫之间有着不可调和的矛盾，这种压迫不仅是经济上的，还是宗教上的。在沙赫统治的波斯，信奉什叶派伊斯兰教的波斯封建主占据了统治地位。可是在波斯统治的领地上，民族和宗教信仰情况比较复杂。在高加索住有达吉斯坦人，他们是逊尼派教徒；在外高加索住有阿塞拜疆人，他们既有什叶派教徒也有逊尼派教徒。此外还有亚美尼亚人和信奉基督教的格鲁吉亚人，以及在坎大哈和赫拉特的阿富汗逊尼派教徒。虽然当时俄国非常想利用他们之间的争执"趁火打劫"，却放心不下同样有此野心的土耳其。

俄国政府早在1714年就了解到，土耳其竭力想要在卡巴尔达和北达吉斯坦确立统治。事实上土耳其的目标是波斯的全部高加索领地——东亚美尼亚、东格鲁吉亚、阿塞拜疆和达吉斯坦。而俄国从自身利益出发绝不允许土耳其在卡巴尔达和里海西岸立足。于是，对里海沿岸地区的争夺还是绕不开土耳其，再次演变成为俄土之间的争夺。

1720—1721年，库尔德斯坦、卢里斯坦和俾路支相继爆发了起义。此时起来反对沙赫的达吉斯坦的封建主主动表示愿意臣服于土耳其的统治。坎大哈的吉利扎伊人的首领米尔-马哈茂德见到波斯政权的极度虚弱，攻入波斯腹地。1722年，米尔-马哈茂德打败了沙赫的军队，占领了波斯京城伊斯法罕，并自称为沙赫，侯赛因被推翻。土耳其趁机拉拢马哈茂德，并以依附土耳其苏丹为条件，为新沙赫提供军援，以助其控制波斯。

双方的对峙被打破了，俄国认为土耳其的举动已经威胁到了自身的利益。于是俄国政府积极地与当地大封建主密切接触，最终得到亚美尼亚甘扎萨尔斯克的牧首耶萨伊和卡尔特利国王瓦赫坦六世的支持，愿意为沙皇效忠。卡巴尔达、达吉斯坦各公爵也表示愿意归顺俄国。俄国政府之所以特别关注格鲁吉亚和亚美尼亚是有原因的，因为从土耳其边境到里海沿岸最短的道路要经过这里。

1722 年夏，俄国海陆军开始在里海沿岸集结。由于俄国政府不得不分派重兵防范土耳其的侵袭，所以无法全力出动远征波斯。这一次仍旧是彼得大帝亲征，他统领的里海区舰队拥有 80 艘海船和许多小船，步兵和骑兵约 5 万人。1722 年 5 月 13 日，远征波斯的大军离开莫斯科，随行的还有政府和军队要员，如彼·安·托尔斯泰、费·马·阿普拉克辛等。

俄军的首要目标是占领杰尔宾特、巴库和舍马哈。俄军计划独立占领杰尔宾特和巴库，而舍马哈则在亚美尼亚和格鲁吉亚部队可能的援助下夺取。三路人马约定在舍马哈地区会合，之后联合远征埃里温和第比利斯。然而，占领杰尔宾特的俄军很快就陷入了困境。1722 年 8 月末到 9 月初，俄国的区舰队遭到覆灭，加之军中疾病的流行，于是俄军被迫放弃了远征。瓦赫坦六世和耶萨伊牧首在甘贾城下驻扎了两月之久才得知俄军败退的消息，他们只得率部各自返回自己的常驻地。

而土耳其则继续向高加索方面推进，攻占了格鲁吉亚西部和亚美尼亚西部，占据了有利的位置。与土耳其相比，俄国方面则有着里海和高加索山脉这些阻挡，在战略上不占优势。

俄国政府是绝不甘心将里海沿岸的控制权拱手让人的。俄国改变战术，不再派出大股陆军出征，转而依靠海军舰队灵活机动地进行小规模行动，在 1722—1723 年就相继攻占了吉良的行政中心列什特城，以及巴库和萨利亚内。其中俄军尤为重视夺取巴库，一旦占领巴库，俄国就能在里海沿岸站稳脚跟。

此外，为了阻止土耳其的脚步，俄国转变战略，积极争取与波斯结盟，并许诺为波斯反对阿富汗人提供军事援助。于是俄国和波斯在 1723 年 9 月 12 日签订了圣彼得堡条约。条约确定了俄军已经占领的波斯领土划归俄国所有："沙赫陛下将杰尔宾特和巴库两城及其周围整个地区、里海沿岸地区，以及吉良、马赞达兰和阿斯特拉巴德让予全俄皇帝陛下管辖。上述地区自今日起永远归全俄皇帝陛下所有，并划入陛下国家版图……"这样一来，里海西岸和南岸地区将全部归属俄国。

根据条约，俄国也将为波斯抗击阿富汗人提供援助，从而也间接地为土耳其实行侵略政策设置了障碍。圣彼得堡条约的签订令君士坦丁堡激愤异常。土耳其宣称，既然俄国将援助波斯"反对一切敌人"，那么自然也包括土耳其，俄国同土耳其帝国缔结的永久和约已被俄方撕毁。

然而，虽然沙赫政府没有批准这一出卖国土的圣彼得堡条约，但是它完全忽视了另一种危险。俄土关系虽然一度十分紧张，但在瓜分别人的领土方面，商量的余地总是有的，动真格的反而会令双方得不偿失。1724 年 6 月 12 日，俄国和土耳其在君士坦丁堡签订了条约。依照该条约，格鲁吉亚、埃里温州、大不里士州、卡兹温州及新成立的舍马哈汗国仍属土耳其管辖。但是，除条约规定的特殊情况外，土耳其无权派军进入舍马哈汗国，在舍马哈构筑工事。俄国根据 1723 年圣彼得堡条约获得的所有城市和州，即里海西岸及南岸地区仍归俄国所有。

于是两个入侵者就这样私自划定了土耳其和俄国在外高加索的地盘。双方还约定，如果波斯沙赫不同意给他们割让土地，就共同"平叛"，把他赶下台，扶植"更合适的波斯人登基"。

君士坦丁堡条约令俄国以较小的代价便得偿所愿。依照条约，土耳其承认里海沿岸诸州归属俄国，并放弃了征服波斯的打算。而俄国政府也不得不采取实质性的让步，承认外高加索几乎所有东部地区归属土耳其。然而，这一让步只是临时性的。虽然缔结了君士坦丁堡条约，但俄国一直没有放弃援助和保护格鲁吉亚和亚美尼亚的想法。

1724 年 3 月，在俄国使节的游说下，卡拉巴赫的亚美尼亚人同甘贾的阿塞拜疆人签订了军事互助及一起臣服于俄国沙皇的条约。

但是，不得不说俄国部队在里海沿岸所取得的胜利是不牢靠的。这种非法的殖民侵略必将遭到当地民族的奋起反抗。果然，到了 18 世纪 30 年代，俄国不得不将里海沿岸诸州归还波斯。

二、远东扩张

16—17 世纪，西西伯利亚和东西伯利亚大部分地区的归并，给俄国政府在亚洲的对外政策提出了新的课题。当俄国不断扩张的强劲势头到达远东黑龙江北部支流附近，与一个国土同样广阔却拥有更悠久历史的文明古国遭遇时，俄国殖民的脚步终于被遏止住了。俄国殖民者的强盗举动和蚕食领土的行为得到了清政府的强硬回击，终于促使双方签订了尼布楚条约(1689 年)，这是西方国家同中国缔结的第一个条约。该条约划定了两国东段边界，确定了"永敦睦谊"的原则。它虽然被视作一个平等条约，但事实上清政府对俄国作出了巨大的让步。就连俄国自己也认为，条约的签订是俄国的重大胜利。彼得一世对签订该条约的费·阿·戈洛文大加赞赏，并委以重任，在 1699 年把自己设立的最高荣誉勋章圣安德烈勋章亲自颁给了他。俄国不仅得到了远东大片的土地，得到了世界上最大的淡水湖贝加尔湖，还获得了定期向北京派出商队同中国通商的权利。这种直接贸易在很大程度上打压了从事中俄中间贸易的中亚商人，给俄国商人带来了巨大的利益。因为中国商品在俄国享有盛誉，特别是各种织物。此后，中俄间贸易往来不绝。

清政府之所以急于与俄国媾和，主要是顾虑厄鲁特蒙古的准噶尔部会与沙俄联合，形成边防大患。因此不惜以让步陷厄鲁特于孤立的境地。其实我们知道，俄国自己也是无暇东顾，俄国两大集团的宫廷内斗正处于关键阶段，更何况由于交通不便等障碍，俄国从来也没有把东方视作国家军事行动的战略重点，彼得一世后来也是将解决俄国在波罗的海的出海口问题作为了国家奋斗的目标。因此，当准噶尔布舒克塔汗在 1690—1691 年向俄国提出结盟的要求时，俄国做到了恪守尼布楚条约的条款。但俄国并没有彻底放弃对他们的暗中扶持。

俄国对东方的兴趣，主要源自于贸易，而这种兴趣也是受到英国的启发。17 世纪初，英国正积极谋求对华陆路贸易的可能性，为此多次向已经将西伯利亚纳入自己版图的俄国政府征求过境许可。俄国人不仅拒绝了英国人的要求，还决定自己掌握与中国贸易的主动权，借以提升在欧洲的地位。在这一背景下，俄国首先由地方政府于 1618 年派出了探路团队即彼特林使团。虽然彼特林使团一行并未能见到大明万历皇帝，但是却带回了一张中国地图及万历皇帝的国书。但是由于语言不通，直到 1675 年才由俄国另一抵京使节斯帕法里设法请人译出。尼布楚条约签订后，在 1692 年还有伊兹布兰特·义杰斯使团来华。这次义杰斯带回的关于中国市场潜力的详细报告，促使俄国政府下决心从 1698 年开始同遥远的东方大国进行国家贸易，并把私商纳入国家贸易的轨道，受国家的制约和管理。

俄国商人除了通过尼布楚经商之外，还通过准噶尔地区同中国市场进行大宗贸易。同中国贸易的规模越来越大，这使俄国政府和俄国商人获得巨额收入。从 1699—1717 年，共有 7 个大商队经伊尔库茨克来到北京。此外，大量商人还到乌尔加做生意。只 1706 年一年，曾当过 А. 菲拉季耶夫家管事的大商人 П. 胡佳科夫就向中国送去了价值 20 万卢布的官货。1719—1721 年，常去北京的近卫军大尉勒·伊兹马伊洛夫还经常为宫廷贵胄从北京采购中国手工艺品，包括中国油漆家具、瓷器、中国糊墙纸等。

在俄国政府看来，尼布楚条约虽然只规定西伯利亚归属俄国，但同时提供了把堪察加归并俄国的可能性，同时，条约的签订也不意味着俄国就彻底放弃了它在东南边疆的"积极"政策。17 世纪 90 年代清政府平定准噶尔叛乱后，俄国政府对流窜在外的准噶尔残部实行所谓坚定的"亲善"政策，多次支持准噶尔发动叛乱，这引起了清政府的强烈不满。这些被清军打散的蒙古残部多次试图迁徙到俄国境内，为此，中俄外交上的摩擦一直没有停止。于是，俄国政府再次倡议举行外交谈判。

1719 年，勒·伊兹马伊洛夫以特命全权大使身份出使中国，然而俄国的目的却只是争取在北京和中国的其他商业大城市设立俄国的常驻代表机构，并取得俄国商人在华自由贸易的许可。事实上，尽管清政府对俄国暗中支持准噶尔的一些作为颇为不满，但却已经给予了俄国许多特权。这里说的不仅是与中国通商的特权，实际上俄国已经最先在中国的北京拥有了自己的常驻代表机构。

1685—1686 年两次雅克萨战争后，清政府收纳了一部分俄国战俘、投诚的俄国士兵及其家属。这批人被自愿送至北京，受到康熙帝的优待，甚至还默许他们拥有了自己的礼拜堂。清政府尊重这些俄国人的宗教信仰，并允许他们拥有自己教堂的消息传到俄国，立即引起沙皇彼得一世的重视。当时的俄国正面临北方强邻瑞典的挑战，还要与奥斯曼土耳其周旋，国内又在实行大规模的改革，这一切都需要强大的财力支持。这"使他自然而然地重视外兴安岭以南，黑龙江流域广袤而富饶的土地，重视在这块土地上生活的居民，以及同大宗毛皮进口国——中国的贸易"。于是彼得一世多次想办法与北京的东正教徒取得联系，并竭力保住北京东正教堂这个窗口以寻找机会打开局面。例如，每次俄国商队来华，都有传教士随行以加强和北京东正教徒的联系。1702 年 3 月，俄国还以北京的传教士列昂节夫年迈为由公开要求更换北京的传教士，但没有得到清政府的许可。1715 年，俄国以允许清廷使团过境前往土尔扈特部为交换条件，促成俄国商队及第一届俄国东正教传教士团被派往北京。此后这个名为俄国驻北京传教士团的机构便一直存在[①]，一直到俄国在北京拥有了正式使馆，它的功能才开始被替代。而且早在 1708 年，康熙帝便亲自筹建了同文馆的前身——俄罗斯文馆来学习俄语。

但是，俄国对此并不满足。他们进一步要求清政府允许俄商在华自由贸易并在各地设立代表处，保守的清政府断然不会同意这种要求，只答应俄国使者罗·朗格在北京做短暂停留，同时还提出在俄国和中

---

① 1728 年恰克图条约签订后，俄国取得了定期向北京派遣传教士团的权利。

国外蒙之间划界的问题。因此，1725 年，斯·勒·弗拉季斯拉维奇-拉古津斯基又奉命以特使和全权大臣身份出使中国，以解决同中国政府的一切争端。谈判的中心议题是有关同蒙古确定边界的问题。1727—1728 年，拉古津斯基同中国特使的会谈最终解决了中俄之间的整个边界问题，订立了进一步发展贸易关系和外交关系的条款，这便是恰克图条约。根据恰克图条约的条款确立了中俄两国之间的"永久的和平"。今后的越境者必须归还给对方。俄国商队还得到了 3 年去北京一次的权利。条约确定了两个边境贸易地点：一处是在尼布楚附近的库克多博-祖鲁海图，一处即在恰克图。由于祖鲁海图地处偏远，不久，各条商路经过的最方便的恰克图就成为 18—19 世纪上半叶俄华贸易的中枢。

在彼得一世统治时期，俄国在远东的政策令其以极微小的代价获得了大量收益：不仅确认了既有的殖民成果，稳定了边境的形势，还创造了中俄贸易的良好前景。1689 年在尼布楚取得的成果最终通过 1728 年缔结的恰克图条约进一步巩固了下来，并确定了以后 100 多年中俄两国的相互关系。可以说俄国作为一个欧洲国家在当时保守的中国开创了若干个先例。特别是相对其他欧洲国家来讲，俄国后发先至，在清政府的都城站住了脚：东正教传教士团在北京的驻地成为俄国刺探中国，了解中国的重要窗口，这令俄国在与中国后来的外交中占尽了先机。

总而言之，彼得一世时代，俄国通过北方战争历史性地解决了俄国的出海口问题，并通过一系列军事行动确立了俄国在黑海、里海沿岸（中亚）和东北亚的存在，正是这些重大成就奠定了俄罗斯帝国崛起和成长的基础。特别是彼得一世率领俄国果断放弃与奥斯曼土耳其的周旋，转身积极征战欧洲，对俄国而言意义非常重大。这场"虎口夺食"展示了一个新兴国家的力量，自此俄国不仅成为欧洲的临海国家，而且还代替了瑞典，成为欧洲列强的一员。试想，如果不是彼得一世下定决心跻身欧洲列强，拼全国之力而战，令俄国的地位在一系列国际条约中得到确认，那么保守落后的俄国恐怕就前途堪虞了，它很有可能真像西方学者莱布尼茨所预言的那样沦为西欧列强所分享的"大餐"。然而，这是一场极其危险的赌博。俄国的斗争意志稍有懈怠，就会输掉战争，那么俄国将更快地陷入被瓜分的境地。而支持彼得一世战斗直到迎来胜利的，正是彼得一世在国内所展开的一系列大刀阔斧的改革。

第三章 军事改革：正规陆、海军的建立

战争是万物之神，它能造化出你想要的一切东西。

——彼得一世

战争与改革并行是彼得一世执政时期的重大特点。战争促进了改革，改革反过来又对彼得一世赢得最终胜利起到了关键作用。很多历史学家都指出，彼得一世改革的直接目的是为了赢得战争，因此改革多少具有一些随意性。但是，赢得对外战争也是对国家综合实力的全盘考验，为了取胜，年轻的俄国不得不拼尽全力，因此彼得一世的改革在提升国家军事实力的目标下最终得以全面铺开，涉及了俄国社会生活的各个方面。

而在这当中，军队的改革是首要的。军队改革的成败不仅关系着战争的结果，更影响着俄国未来发展的命运。因为我们已经知道，对俄国来讲，争夺出海口的目标绝不仅是一个经济或贸易问题，而是一个冲破周边强国封锁的问题，是一个关乎国家生命线的发展问题。而没有一支足以与西方强敌相抗衡的正规化的军队，特别是海军，是无法做到这一点的。因此，全面的军事改革势在必行。

第一节 百炼成钢：创建正规军

彼得一世在军事改革中最重要的贡献就是为俄国建立了正规军（陆军），并创建了海军。而要建立正规军，俄国政府必须要解决征兵制度、军队编制、统一组织和作战形式等问题。同时还需要改革军队的武器、弹药和粮食的供给制度，组织军队的常规战斗训练，并建立新

的管理体系。彼得一世时间紧迫，他是在战争过程中逐一完成上述任务的。北方战争的战场就是彼得一世军事改革成效最好的检验者。

一、设立征兵制

　　18世纪以前，贵族军团是俄国军队的主要力量。由于军役十分繁重，贵族少年自15岁起便要终身服役，不少贵族子弟逃跑，宁可去做仆从也不愿服兵役。到了伊凡三世时期，为了吸引中小贵族从军，沙皇便以授予领地作为报酬，促使世袭服役贵族（军功贵族）逐渐形成。1550年法典、1558年的法令及1642年的敕令再三强调了服役阶层的封闭性，明令禁止服役阶层人员外流。1649年法典进一步确定了这一精神，同时，也确定了服役贵族作为地主的特殊等级权利，剥夺了其他阶层人士拥有世袭领地的权利。自此开始，个人土地占有权（世袭领地和服役领地占有权）便成为服役阶级的等级特权，俄国服兵役人员的终身性和世袭性这两个原则也在这一时期被正式确立。

　　但是，由于射击兵和领主的骑兵团并非十分可靠的力量——领主骑兵越来越缺乏战斗力，射击兵本身则经常参加起义——俄国不得不在军队组织方面作出革新，俄国对外作战的军事失利更迫使俄国参照外国模式改善武装力量。

　　17世纪30年代，在俄国出现的半正规军"新制团"就是这样被建立起来的。随后不久，俄国开始试行强征"差丁"（临时补员）履行无偿义务来扩充兵源。这些"差丁"其实基本上都来自纳税阶层即平民，但是作为平民是没有权利成为服役等级的，因此他们当兵服役只是临时的。1649—1675年的法律曾明确规定，原来是平民的士兵退役后返回纳税阶层。到了彼得一世时期，无论是贵族兵团还是临时募兵，都已经不再能够满足沙皇的军事需要。1695—1696年的远征亚速，俄国军队在组织形式和训练素质上的落后又被进一步暴露出来，这说明俄国军队需要做更为彻底的革新。

　　为了满足战争的需求，彼得大帝决心扩充兵源，建立封闭式的职业正规军。1705年2月，彼得一世颁布敕令，将临时补员征兵改为定期普遍性的征兵制，即新兵征集制。由此，义务兵役制便在俄罗斯主体民族聚集区实行。同时，彼得一世将俄国兵役义务从服役等级向城乡纳税民甚至向从不履行任何义务的等级扩展。于是彼得一世时期的服役人员不仅有农民（农奴）、小市民（小手工业者和小商贩）和商人，还有家奴，甚至神职人员。彼得一世实际上将俄国的兵役制度普及到了俄国社会的所有下层阶级。贵族在彼得一世时期的兵役义务也被强化了，除身体状况不适合从军，在政府担任文职的贵族外，其余贵族成员一律须亲自终身服役。此时，服役等级的范围虽然急剧扩大，但是它的贵族化趋势并未停止，根据新的官秩表的规定，平民反而有了晋升为小贵族的机会。这对广大贫苦的下层民众来讲，具有不小的吸引力。彼得一世甚至给了农奴可不经地主同意就能入伍的自由。这些改革措施增强了下层民众参军服役的积极性，令急于建功立业的彼得一世获得了更为充足的兵源保障。或许就是由于以上这些原因，俄国的征兵制被一些学者认为是同时代实行征兵制的国家里"最为成功"的案例。

但事实上俄国征兵制的缺陷也很大。1699—1725 年，政府总共进行过 53 次征兵，其中 21 次主要是在全国纳税民中间进行的，另外 32 次为补充征兵。沉重而频繁的兵役负担压在农民和工商业区的居民身上，令他们不堪忍受，于是逃亡现象越来越多，特别是在 1705 年征兵人数增加之后。而政府则采取了最为残酷的方法对付逃亡，除了流放、苦役和死刑等惩治措施外，还采取了连环保的办法。除担保人之外，新兵的亲属也要对逃亡负责。在征集点，新兵还会被戴上镣铐或在手上刺上十字架。为此，1712 年彼得一世特别发布诏令，禁止捆绑新兵或给他们戴镣铐，指示"只能冒极大的风险押送他们，不能进行任何压迫"。然而 1719 年对此命令执行情况进行的检查表明，这些诏令基本上未能得到执行。由于给养匮乏，因饥寒交迫而死亡的新兵要比在战场上牺牲的多得多。新兵不仅被戴上镣铐，甚至被长时间关押在拥挤不堪的牢房里。为此陆军委员会也出台了《关于新兵军饷和给养的决定》，其中规定了征召新兵的原则和送交入伍的方法。措施的改进使逃兵的数量有所下降，但逃跑的数量依旧很大。

尽管新兵征集制在执行过程中产生了很多缺陷，但是仍应当给予肯定。它令俄国能够产生一支单一民族的，战斗力优于西欧雇佣军的强大军队。新兵征集制的主要缺点是不能给军队提供受过训练的士兵，由此彼得一世开始在各地方征兵点组建培训站，由因伤病退役的军官和士兵来负责培训新兵。从 1719 年起，各省约有 1/3 的新兵留在地方警备部队中受训，已经受训的警备部队士兵则被派往各地，组建或补充正规军。这一诏令同时强调，警备队需按优等兵、中等兵、劣等兵的一定比例给各团派送士兵，不得将优等兵或劣等兵只送一个团。

二、组建正规军

彼得一世实行改革之前，俄国军队的状况已经混乱不堪，其父皇为组建新制团而创建的一些机构已经全部被破坏，新建制的后备兵员也难觅踪影，他不得不从头做起。实际上彼得一世创建正规军的尝试就是从 1687 年创立"少年游戏兵团"或称"娃娃兵团"开始的。虽然彼得一世的"娃娃兵团""鱼龙混杂"，人员来自各个阶层，但他们经过了严格的军事训练，是俄国最富战斗力的队伍，是俄国王牌军——近卫军的前身和基础，也成为彼得一世日后组建正规军的样板。彼得一世组建的正规军是德意志模式的，有 27 个步兵团，其中 5 个团有 8 个连，22 个团有 12 个连。正规军中囊括了所有的兵种。团是这一时期最高战术单位。于是在 1699 年年底，2 个近卫军团、27 个步兵团和 2 个龙骑兵团的正规军组建工作基本完成。

到 1708 年，彼得一世下令将步兵团总数增至 52 个（其中 5 个为掷弹兵团），骑兵团增至 33 个。1709 年波尔塔瓦战役胜利后，军队又进行了裁减。在 1711 年的新编制中，步兵保留 42 个团，总数为 62454人：其中包括 2 个近卫军团、5 个掷弹兵团和 35 个步兵团。33 个龙骑兵团都被保留下来，编制人数为 43824 人。由于这一编制的制定经过了战斗环境的考验，因此一直到 1720 年未再发生变化。1720 年颁布了正规军官秩表，军队数量有所增加。新编制中步兵有 51 个团，其中

2个近卫军团、5个掷弹兵团和35个步兵团。此外还有9个地方兵团。骑兵依旧设33个龙骑兵团，其中有3个掷弹兵团和30个火枪兵团。此外，地方军还有4个团。1720年的编制还有1个炮兵团，但实际上它在1700年就已经存在了，只是直到1712年才有了固定编制。在1725年以前，正规军（步兵、骑兵和炮兵）人数总共达到了13万人。

需要特别指出的是，谢苗诺夫斯基近卫军、普列奥勃拉任斯基近卫军和1719年建立的骑兵近卫军作为贵族军团，具有特殊性。首先，这些近卫军全部由贵族组成，贵族进去是当士兵，出来就是军官。其次，近卫军军衔比普通陆军军衔高一级，这一特权地位在官秩表中被明确规定。最后，近卫军和平时期驻扎在首都，守在政府和沙皇身边，接受政府委派，执行战争前线和内政管理的一些重要任务。因此，近卫军成为沙皇专制制度的重要支柱，在国家事务中起到日益突出的作用。

总之，俄国在战争时期不仅完成了主要兵种——步兵、骑兵和炮兵的组建，而且还奠定了建设工程兵的基础。俄国军队在各方面都已经成为正规军：它已建立了在人员补充、组织和战术体制方面的统一体系，按兵种配备武器，着统一军装，穿统一规格的鞋袜，并且完全改为国家供养。

此外，维持国内秩序的警备部队数量也很大。警备部队中服役的主要是射击兵和士兵。1705—1708年爆发巴什基尔、阿斯特拉罕及顿河起义，警备部队数量有所增加，并按照新兵的兵种和编制进行了改编。然而起义被镇压下去后，警备部队的数量有增无减。在彼得一世统治时期，警备部队的数量和编制不断发生变化，总人数曾达到68000人，共有45个步兵团和3个独立营，4个龙骑兵团和1个骑兵连。另外，1711年还利用服过役的人员，如雇佣骑兵、龙骑兵和领地骑兵队组建了民兵团。最初规定只组建5个非正规骑兵团，后来在1723年增至6个，每团1000人，1723年还组建了非正规骠骑兵。此后，非正规军的哥萨克、乌克兰哥萨克和新编的民兵团组成了一支单独的部队，总人数达到了105000～107000人。

在北方战争过程中，俄国还形成了自己的一套先进的军事理论，总结了丰富的作战经验。与欧洲的将军们相比，彼得一世和俄国的将领们形成了较西欧更为积极、灵活的战略战术，俄国军队可以在任何条件下进行战斗，作战方法也没有固定模式。但俄国作战的特点还是比较突出的，那就是目的明确，作战积极，具有强烈的胜利欲望。在西方实行戍边以保卫所有中心城市的警戒线战略时期，俄国指挥部制定了集中兵力于决定性方向的在当时还是很新的战略构想，以及在作战区机动用兵的方法。同时，俄军当时的统帅善于运用总决战来获取最后的胜利。为了取胜，他们会集中一切优势兵力，并用积极的行动使得形势和力量对比发生有利于俄国军队的变化。在作战过程中，俄军统帅对于防御和进攻的作用、地位理解得都十分透彻，通常将防御视为创造反攻必要条件的一种手段。俄军的指挥部则善于在整个战争和战争的各个阶段选择正确的主攻方向，在频繁而强有力的攻击中力图速战速决，从而最终消灭敌军的主力。

积极的战略产生了同样积极的战术。在西欧的军队中头等重要的是射击，其次才是白刃突击。西方统帅之所以避免采用白刃突击，主要是害怕在这种情况下破坏战斗队形，雇佣军则可能逃散，结果是防守趋势占据了主导地位。彼得一世及其将领们并不认为线式战术原则是一成不变的。而俄军的火力能保障进行决定性的白刃突击，同时俄国军队会根据具体环境而改变队列，并以新的方式提出了如何利用地形的问题。西方用线式战斗队形作战要寻找平整地形，而俄军则摆脱了这种地形束缚。彼得一世提出了在沟壑纵横的地面上进行作战的优越性，并指出在有森林的地方作战有"极大的好处"，同时指出不要选在非常空旷的田野上作战。俄军统帅们还首次借助工事使地形更适合于作战需要。在波尔塔瓦战场上采用的工事体系已经广泛应用于实战中，这一作战方式后来得到欧洲各国军队的肯定。

另外，彼得一世的作战思想已经包含"知己知彼"的观念，他多次指示他的将领要正确使用每种兵器，善于利用重型武器的特点，同时要求将领了解敌方的作战部署和习惯。

这些作战经验被凝练、总结在政府颁布的相关军事条令之中，而其中最全面、最重要的法令文件就是由彼得一世亲自起草的有关陆军士兵训练和作战的《军事条令》。《军事条令》总结了北方战争15年的战斗经验和取得的成就，是这一时期俄国军事思想的结晶。彼得一世曾数次抱病更改草稿，前后做了200多次修改和补充，并最终于1716年公布。俄国的《军事条令》受到了德国的影响，共分为三册，第一册详细规定了军队的人员、组织和体制，叙述了军队高级军官的职责，还对野战勤务的原则做了规定。第二册《军法条例》则是一部有关军事纪律和军事刑法的法典，其中援引了军人誓言和军人条款，并附有说明。《军法条例》与西欧的各种条令有很大区别，虽然其中有很多条款规定对玩忽职守者处以最严厉的惩罚（死刑、长鞭刑等），但是《军法条例》把强制措施与教育手段结合了起来，强调了服军役作为"保卫国家利益"的行为的重要意义和作用。第三册内容为队列训练和战术训练的基本条款，对行军做了说明，规定了团级长官的权利和义务。

这些条例有一些共同的特点，那就是简单、实用，不仅详细说明了正规军的组建和作战原则，而且强调了军队组建的灵活性及作战的主动性，这种对灵活性的重视，在当时欧洲的军事思想中是比较少见的。例如当作战需要灵活机动时，要预备"后备军"和机动的轻骑兵，即"快速反应部队"；师、旅、军的编制则可以根据战斗任务和要求进行改变。

《军事条令》还对培养军队崇高的道德精神极为重视。"勇敢的心"与"良好的秩序"（纪律、军事艺术）和"齐备的武器"一起被视为保障胜利的法宝。条令强调了每个人在战斗中的作用，不论是高级将领还是普通士兵。这种训练制度和思想在当时是最先进的，对俄国的军事思想产生了深远影响。后来俄国著名将领彼得·鲁缅采夫和亚历山大·苏沃洛夫所发展的俄罗斯国民训练制度就是在这个基础上形成起来的。

三、开展军事教育

正规军的顺利组建和形成战斗力，在很大程度上取决于军官的素质和数量，因此彼得一世非常重视部队的教育。

而在改革初期，俄国精通军事的军官却严重不足：被解散的射击兵的指挥官不可靠，新制团中的军官，即使加上外国军官数量也太少。但新组建的27个步兵团和2个龙骑兵团总共需要1156名校官与尉官，以及2320名军士。这迫使彼得一世不得不起用从外籍移民区登记在册的300名外籍军官。不过1699年成立的新兵师的师长费·阿·戈洛文向彼得一世报告这些外籍军官的素质不行："他们不懂业务，不得不对他们先进行训练，但徒劳无益。"戈洛文打发走派给他的外籍军官后，向彼得一世请求从俄国贵族中征召军官，并保证把他们训练得比这些外国军官好。外国军官在纳尔瓦城郊的表现，更使彼得一世政府相信，必须迅速培养起本国的军官队伍。

为了应对急缺军官的局面，1700年5月底，彼得一世向各地发出诏令，命贵族来莫斯科参加检阅。结果约有2000名贵族被派任军官职务。这样一来，在新兵团中大部分军官被换成了俄国人。在《日志》中彼得一世曾指出："各师的所有军官……都是贵族中征召而来并经过训练的。这支军队之所以惊人的好，是因为军官和士兵都经过了两年的专门训练。"

同时，为了从本国的贵族中培养军官，彼得一世积极行动起来，筹建了各类军事院校和实科学校，并从国外高薪聘请专家来管理学校，进行授课，从基础做起发展俄国的军事教育，具体情况我们将在专门章节予以论述。总之，这批院校以初等实科学校为主，包括航海学校、算术学校、炮兵学校、工程兵学校和外科医生学校等，总数达到50所。这些院校带有鲜明的实用性，为俄国部队输送了不少急需的军官和专业人才。另外，俄国政府也通过派年轻的贵族和军官出国留学来获得人才。这些措施令俄国完全依靠本国军官训练和领导部队成为可能。1711年，各团外国人总数被限制在1/3。过了3年，俄国决定考核所有外国军官，凡不懂军事基础知识的一律免职。到1720年，俄国公布了一条关于禁止招聘外国人来俄国服役的命令："凡来自他国申请入沙皇陛下军队服役的军官，一律不予接受，将其遣返回原籍。"不久，

1721 年又下了一道命令，规定只能从俄国人中提升炮兵军官。一年后又补充规定："假如某些外国人想暂时为沙皇陛下服务，那么他们的官职应比俄罗斯人低。并且他们须立保证书，终身在此任职。"

此外，俄国也开始形成自己的军事教育思想。俄国的训练制度虽然受到德国的很大影响，但并不同于以往的以棍棒训练法为基础的普鲁士学派。它把培养高尚的道德品质——战斗中的勇敢无畏和互相救援精神作为教育的基础。《军事条令》中曾明确写道："所有首长和士兵皆有义务搭救自己的同伴，使他们不受敌人的伤害，应当爱护炮弹，还要像爱护自己的生命和荣誉一样，尽一切力量捍卫自己的旗帜。"总之，俄国人想方设法，希望自己的士兵能够经受住战争的残酷考验。

四、革新管理体制

军队的改组是与其管理体制的变更同时进行的。为了集中管理，撤销了外籍移民区衙门和雇佣骑兵衙门，军事由主管服役贵族的职官衙门和主管新建兵团的陆军衙门负责，部队的粮食、装备、武器的供应由军需总监衙门、炮兵衙门和粮秣衙门负责解决。雇佣兵事务由大理院负责，射击兵事务由地方事务衙门负责。1703 年，政府将陆军衙门和军需总监衙门的管理权合二为一，到 1706 年陆军衙门被改为陆军办公厅，从属于军需总衙门。军务管理开始走向集中化。

1711 年参政院建立后，军事管理体制也进行了相应的革新。参政院下设了职官部和军需总监部，炮兵事务则由炮兵办公厅主管。1717 年，陆军委员会成立，该委员会由亚·丹·缅希科夫领导，负责陆军、驻防军及全国的全部军务，1719 年又通过诏令确定了陆军委员会的体制。

陆军的战地管理工作由总司令的辅助机关野战总司令部负责。战地管理有两个原则，即总司令"一长制"和所有问题都在军事会议上讨论的原则，两者不互相冲突，因为军事会议是总司令领导下的机关。这样就集中了军队的指挥权。师和旅设有司令部，它们只是临时性军事大单位，军队最高战术单位仍旧是团。团长有自己的指挥部，指挥部由 3 个校官和 8 个尉官组成。

这一时期制定的军队管理方式非常灵活，十分符合时代的要求，因而几乎能在整个 18 世纪沿袭下来。虽然俄国在 17 世纪就已经出现了一些军队建设和管理的正规化因素，但直到彼得一世的军事改革时期才真正形成了一套完整的管理体系。

五、加强军队保障

要建立一支庞大的军队，必须保障它的武器装备、食品等物资的供应。这些问题需要在战争时期及时给予解决，因此出现了不少困难。为了取得战争的胜利，在备战时期，特别是在战争开始后，政府花了大量精力去建设工业企业，特别是有关军事的工业企业。战争期间，俄国在图拉和谢斯特罗列茨克建立了两座大型兵工厂，并在俄国中部及奥洛涅茨边疆区，南部及乌拉尔新建了许多制造大炮和生产弹药的工厂。由于北方战争期间对火药的大量需求，在奥赫塔和圣彼得堡一些大型官办工厂不断建立。于是从 1706—1708 年开始，这些工厂每年可以向俄国军队供给 3 万～4 万普特[①]的高质量火药。这些企业充分满足了军队对武器和弹药的需要。

这些工厂使得俄国军队的武器弹药实现了自给，过去由于购买外国弹药而产生的枪炮口径不统一的问题迎刃而解，俄国武器装备走向了标准化。这些枪炮的铸件均按照弗·科尔奇明的俄式结构进行生产。这样也为部队进行统一的战斗训练创造了物质前提。

当时俄国工厂为军队提供的武器有口径 7 俄分（17.78 毫米）的滑膛枪（燧发枪），这是当时欧洲最好用的枪，发射速度快，而且可以进行瞄准射击。1704 年，为了配合当兵的机动战术，步兵的枪都装上了刺刀，为了提高射速，1714 年还采用了铁制装药杆。这些举措增加了步兵远战、近战的作战能力。

步兵团通常配有一支炮兵队，装备有 2 门 3 俄磅[②]炮和 3 门轻臼

---

① 俄国重量单位，1 普特约等于 16.38 千克。
② 俄国重量单位，1 俄磅约等于 409.512 克。

炮，步兵团中的掷弹兵则装备有手榴弹，龙骑兵队的装备是改短的枪支（长手枪）和大军刀。每个龙骑兵团配有 1 个装备有榴弹的连，每支骑兵团配有一支装备 2 门榴弹炮和 4 门臼炮的骑炮兵队。这些装备令龙骑兵队既能以骑兵队形作战，也能以步兵队形作战。

正规军的编制中除了炮兵团外，还有野战炮兵队。炮兵队装备有各种火炮，包括臼炮和榴弹炮。一般炮弹射程可达 1200～3000 步远，散弹射程可达 200～400 步远。

北方战争时期俄军所采用的新型装备与俄军的组织和战术相得益彰，在许多年后也为西欧军队所采用。

在制造标准武器的同时，俄国的军队也开始采用统一的军服。早在 17 世纪，据说大约比西欧早四五十年，俄国军队已着军装，但并不统一。到了彼得一世时期俄国开始采用统一的制服，以颜色区分军种，步兵是绿色长衫和黑呢帽，而骑兵团是蓝色长衫和黑呢帽。为了满足军队需要，战争时期建立了不少军工后勤类型的企业，其中包括 8 个制呢厂，5 个薄呢厂，2 个麻布厂，还有 20 多个制造靴子、鞋、皮带和其他军需品的工业企业。

军队的粮食保障问题最为复杂。之前的税收无法保障完全靠国家供给的正规军的需求，俄国不得不为此改革税收制度。1710—1711 年的人口调查及 1715—1717 年的人口调查都是为了解决军队给养问题而展开的。但是这两次调查都采用了老办法——分省、按户调查，结果都没能让政府掌握准确的资料以分摊军费。于是政府决定采取全新的做法，按人头进行人口登记，开启了 1718—1724 年的第三次人口调查。于是供养军队的全部费用，分摊给了 540 万男性人口，地主农民每人每年缴纳 74 戈比①，国有农民及工商业者缴纳的数额要更大一些。

另外，俄国还采取了其他一些更具机动性的粮食供给制度。而当时西方盛行的五级制却束缚了部队的行动。

---

① 俄国辅助货币，1 卢布等于 100 戈比。

通过这些改革，俄国的正规军建立了起来，在同瑞典军队作战的战场上显示出很高的战斗素质，俄国军队的人员增补方法、训练方式，以及武器和装备的优越性，也都在包括波尔塔瓦战役的各个战斗中充分显示出来。与此同时，这支军队也成为彼得一世维护其专制统治以及反对人民运动的支柱。

第二节 称霸海洋：创建海军

> 为君者，仅仅拥有陆军，就是一个双臂残缺者，只有同时拥有海军，他才是双臂俱全的人。
>
> ——彼得一世

为了实现夺得出海口的目标，海上作战必不可少，然而这却是俄国最不熟悉的战场。无论是与陆军协同作战、水路后勤补给还是要塞的战术攻坚，海军都应当是决定战争胜负的关键角色。而俄国恰恰就是没有海军，更没有什么军舰。彼得一世第一次远征亚速失败也就败在这一点上。没有强大的海军，无论是对土耳其还是瑞典作战，都不可能取得最终的胜利，俄国也不可能在波罗的海沿岸站稳脚跟。因此，俄国这场划时代的军事改革定然要补上这一最薄弱的一环，建立海军。

虽然彼得一世建设海军几乎是白手起家，但是俄国海军建设能够如此迅速，还是仰仗之前打下的一些基础。17世纪时，俄国已经在白海拥有了数量不多的一批水兵，但他们只能在无法经常航行的白海活动。当时的俄国同波罗的海和黑海还是隔绝的。无论是通过白海到达欧洲腹地还是从俄国的经济中心到达白海的海港，路程都过于遥远，耗时太久，不仅成本高，还有冰冻期的限制，这大大阻碍了俄国与西方的联系。俄国的未来发展迫切要求建立一支西化的、能征善战的海军为俄国夺取欧洲中心区域的不冻港，并守住它。16世纪与利沃尼亚陷入持久战的伊凡四世以及17世纪的俄国历代沙皇都曾朝这个目标努力，为俄国争取波罗的海或黑海的出海口，但他们都未能解决这一问题。

17世纪为了同中亚建立贸易关系，彼得一世曾下令在科洛缅斯基县的捷吉洛沃村制造一批能够用于从阿斯特拉罕行驶至里海的运输船只，该村不久前曾造过一批河运船只。在荷兰技师和俄国本国技师的指导下，仅用两年时间，这里就造出1艘"雄鹰"号三桅舰船、1艘快艇、1艘小艇和数条舢板。用彼得一世的话说，"上述创举，就像从一粒种子萌发出了当今的海上事业"。

此后，彼得一世便决定建立佩列亚斯拉夫湖小舰队，开始了建立海军的尝试。到1692年，已经在佩列亚斯拉夫湖造船厂造成数艘船只。1693年起，白海也开始建造船舶，到1694年已经有1艘大船和1艘快艇下水，加上俄国还从荷兰买来1艘大船，因此就是在这一年，白海上建立起一支小的海军分舰队。17世纪末，亚速海舰队也开始建设，正是这支舰队参加了远征亚速。

第一次远征亚速失败更令彼得一世坚定了建立海军舰队的决心。彼得一世立即着手置办船只，他命令从各处找来能工巧匠并将他们分配到普列奥布拉任斯克耶、沃罗涅什、科兹洛夫和其他地方建立的造船厂中制造帆桨大船、纵火船和平底木船。到1696年春，他们造出了拥有36门炮的"圣徒彼得一世"号和"圣徒保罗"号各1艘、纵火船4艘、帆船23只、航海木船30只、平底木船1300只。参加建造舰船的有士兵也有工人，人员达到数万人之多。海军的编制用近卫军团的士兵（4251人）补足，由此组成了在元帅领导下的28个独立连和1个独立队。其中第4连由"彼得一世·阿列克谢耶夫"即彼得一世亲自指挥。1696年第一部海军条令《帆桨船诏令》开始着手编写。该诏令规定了远征教程和战斗规程，并对基本战术原理做了说明。彼得一世极其重视行军和战斗中的行动统一，他曾写道："严禁互相抛弃。""假如在战斗中谁扔下自己的同伴不管，不去原地找到他，即处以死刑，除非有正当理由，否则非如此做不可。"

年轻的俄国海军初登战场，在亚速城下就显示出了自己的战斗力，为沙皇两次远征亚速作出了重要贡献，在以后几年里，它为俄国在北方战争中的胜利发挥了重要的作用。

彼得一世纪念碑（俄国海军 300 周年纪念碑）

一、建立亚速舰队

由于夺取亚速后通向黑海的道路仍旧没有打开，俄国为了夺取出海口不得不同土耳其继续展开斗争。1696 年 10 月，彼得一世在写给大贵族杜马的信中说："……为此必须要有海军，或海上船队，由 40 艘或 40 艘以上的船只组成……"大贵族杜马于 1696 年 10 月 20 日作出决定："应该建造海船，至于数量，则根据神职人员和地主等拥有的农户数量而定，立即将农户数抄录上报……"这就是说，海军船只的数量要根据农户登记册所记录的农民缴纳的赋税量来确定。同时规定，建设海军舰队的期限为两年。

这一决定标志着俄国正规海军的诞生。所有神职人员和世俗地主，都毫无例外地全部被登记加入"团体"。最后成立了 17 个神职人员团体和 18 个贵族团体。随即彼得一世就将建造军舰的任务进行了摊派：拥有 8000～10000 农户的团体，必须建造一艘装备齐全的军舰。与此同时赋役也被加重，因为组建舰队不仅需要造船，而且还必须对新造军舰进行保养。拥有100户以下农户的贵族，被免予造船，但其每一农户必须缴纳半卢布税捐。此外，商人、工商业者和客商被摊派必须用"自己的资金"建造14艘船。最后政府还用从小地主那里征收的"五一税"建造了16艘大船和60艘双桅帆船。

尚不够强大的俄国就只能这样，倾举国之力发展海军，到1698年春季，已经造好大船52艘，配备了有经验的干部。由于造船质量不佳，俄国还通过旅欧大使团学习荷兰和英国的造船经验。彼得一世也匿名随大使团出访，给贵族子弟做示范，以身作则努力学习西方造船技术和知识，并在荷兰亲自造出了一艘船。奉命随大使团出国学习西方科学的志愿学员除了要学习造船知识之外，还必须学习使用航海图或地图及指南针，学习海域特征等知识。另外，大使团也从国外雇来大批水手、军官和技术专家到俄国供职。

海军建设的这一阶段的主要成果是建成了一支相当庞大的亚速舰队，与此同时，政府开始关注加强亚速的防御和在塔甘罗格建设港湾的工作。

二、建立波罗的海舰队

俄国海军建设的下一个阶段的任务是建设波罗的海舰队。建设工作始于北方战争初期，当时俄国军队已经控制了波罗的海的出海口。1702年御前大臣伊·塔季科夫被委派在夏西河上"火速"营造6艘三桅巡洋舰。1703年在斯维尔河岸的洛杰伊诺耶波列开始营建三桅巡洋舰、帆桨大船、双桅帆船和其他船只。1703年波罗的海舰队的第一艘舰船——装有28门炮的"御旗"号帆桨大船在此下水。到1704年夏，已建好三桅巡洋舰6艘、双桅侦察舰4艘、帆桨大船4艘、木帆桨船24艘、平底帆船1艘、邮船1艘。此外，卢加河岸营造了双桅帆船44艘，在沃尔霍夫河岸的谢利茨基集镇营造双桅侦察舰2艘、纵帆船10只、小帆船1只，在伊若拉河上也营造了一批船只。年轻的波罗的海舰队终于初具规模，舰队队员为征召来的新兵，俄国在此期间还建立了一支海军陆战队。1704 年 10 月，这支舰队进入涅瓦河，它面对的将是与瑞典海军在波罗的海海域的一场较量。

俄国为了建造波罗的海舰队不惜工本，1701—1709 年用于建造舰队的花费近 630 万卢布，这在当时是一笔巨额资金。这支舰队的出现使瑞典人惊恐不安，他们多次想要消灭这支舰队，但都遭到了失败。

圣彼得堡建了一座舰船修造厂用以造船，还修建了一座要塞。1704 年，圣彼得堡西面的科特林岛南部浅滩上建起了一座装有 14 门炮的五角炮台，以及一座拥有 60 门炮的炮垒。彼得一世视察过这里后说道："保住此碉堡，上帝保佑，假如发生什么事，即使战斗至最后一人也要保住它。"

到 1710 年初，波罗的海舰队已拥有的舰只共计战列舰 12 艘、三桅巡洋舰 8 艘、帆桨大船 8 艘、纵火船 6 艘、双桅帆船 20 艘、炮舰 2 艘，以及大量小船。此外，3 艘装备有 45 门炮的军舰也已建造完成。尽管这支舰队的帆桨船队刚刚组建，尚缺乏独立执行任务的经验，但仍在随后的维堡攻坚战中发挥了应有的作用。当时俄国陆军沿冰面靠近维堡，并包围了要塞。1710 年 4 月，运载着重炮兵和补充兵力的船队驶近维堡。俄国的海军和陆军的协同作战，加速了要塞的陷落。1710 年 6 月 13 日，维堡城防部队投降。于是波罗的海舰队获得了一个很便利的港湾。同年，年轻的波罗的海舰队在爱斯特兰和利夫兰也建立了战功，7 月夺取了里加，9 月占领雷瓦尔，随后这些地方都成为波罗的海舰队的新基地。

波罗的海舰队的进一步建设，因 1711 年与土耳其开战而稍作停顿，在远征普鲁特时又重新开始。1711 年，在参政院的第一次会议上，通过了扩建波罗的海舰队的决定，计划在圣彼得堡建造配备有 60 门炮的炮舰 10 艘、装有 50 门炮的炮舰 10 艘、装有 26 门炮的三桅巡洋舰 6 艘、装有 12 门炮或 14 门炮的双桅侦察舰 6 艘。此外，在阿尔汉格尔斯克为波罗的海舰队再营造 3 艘配有 52 门炮的炮舰。由于营造这些舰船尚需不少时日，于是俄国政府决定从国外购买一批舰船。1711—1712 年，俄国从国外共购进 8 艘舰船。这些船分别被编入雷瓦尔和圣彼得堡的基地。

但是，俄国政府于1713年从外国购进的船只的质量和性能完全不能令彼得一世感到满意："它们确实比我们的船差得多……因为它们比我们的舰船要小得多，尽管炮一样多，却不像我们的那样好，那样灵巧；尤其是法国和英国造的船，扬帆行驶时很笨拙……"于是负责采购这批船只的费·萨尔蒂科夫向沙皇提议在荷兰再造一批新船，彼得一世同意了他的建议，但要求必须用俄国的图纸建造，并强调："如果不按照寄给你们的这些图纸建造，那就只能造船体。"这说明俄国在大船的建造上已经具有相当水平。

俄国是欧洲为数不多的在木材和海军给养方面能够自给自足的国家之一。虽然大船舰队是争取波罗的海控制权的关键力量，但是舰只数量才是当时海战制胜的决定性因素。英国海军上将肖维尔曾写道："经验告诉我，当水手的战斗经验和素养相等时，除非出现奇迹，决定胜利的是数量。"于是，彼得在这一时期非常重视对舰队数量的扩大。在彼得的明确要求下，适用于岩岛群作战的舰队也建立起来。彼得一世计划，到1713年俄国的双桅帆船和帆桨快艇总数须达到200艘。这个计划虽然没能完全达成，但到了1714年，俄国海军已经拥有战列舰17艘、三桅巡洋舰4艘、双桅侦察舰5艘，岩岛群舰队的小帆桨船和双桅帆船的数量也达到了186艘。这就为俄国进一步确立其海上地位创造了条件。

三、俄国海军崛起

1714年7月27日，年轻的俄国海军在汉古特战役中大获全胜，这标志着俄国确立国家海上地位的任务得以出色完成。在这次战役中，官兵都表现得勇猛非凡，这次海战的胜利对俄国具有极其重要的意义。更加自信的俄国指挥部于是提出了将战争推进到瑞典本土的任务，为此，俄国进一步加强了海上力量。1718年，波罗的海舰队除了帆桨船队外，还拥有战列舰23艘、三桅巡洋舰5艘、双桅侦察舰3艘及炮舰2艘。当时英国公使杰费里斯向伦敦报告，俄国海军是一股巨大的力量，俄国舰船绝不亚于西欧所建造的船舶。

汉古特海战得胜后，俄国海军开始在公海上活跃起来，期间同瑞典海军的几次遭遇战，均以全胜告终。纳·阿·谢尼亚文的分舰队甚至在厄塞尔岛附近大败瑞典海军，同时还缴获了敌方战列舰、巡洋舰和双桅帆船各 1 艘，彼得一世将其视为"俄国海军的良好开端"。

由于有了海军，1719 年俄国部队得以在瑞典海岸登陆。俄军本打算在瑞典本土扩大军事行动范围，但由于英国的敌对立场，不得不放弃这一计划转而采取守势。1720 年 5 月，英国、瑞典联合舰队打算在雷瓦尔登陆，但却没有轻举妄动进攻俄国堡垒。

很快，1720 年 7 月 27 日，俄国海军在格伦加姆歼灭了瑞典分舰队，此后俄国海军终于在波罗的海站稳了脚跟。这次战斗中，俄军俘获瑞典巡洋战船 4 艘。而这场战斗之所以对俄国海军来讲具有特别重要的意义，是因为这次胜利是在英国人的眼皮底下取得的，在英国人、瑞典人用舰队防守的地盘上取得的。在这一时期，俄国舰队的数量已经超过瑞典舰队一倍，但俄国仍然不断地打造着新的舰船。1721 年，圣彼得堡又有 3 艘大舰船下水，这时波罗的海的舰队所拥有的船只数量已达到：战列舰 29 艘、巡航战舰 6 艘、大桡战船 208 艘，另外还有一些其他船只。到 1723—1724 年，又有 4 艘战列舰下水。

到 1724 年，俄国的波罗的海舰队已经成为波罗的海沿岸最强大的舰队，它拥有配备 50～96 门炮的战列舰 32 艘、巡航战舰 16 艘、侦察通讯舰 8 艘、大桡战船 85 艘、螺旋桨小船 300 余只。

为了继承战斗传统，海军每年都要进行一次庆祝汉古特战役胜利和尼什塔特条约签订的演习活动，在演习中舰队全体人员进一步提高了战斗技巧。特别是 1723 年的演习，规模空前，有 24 艘战列舰和 5 艘巡航战舰参加。当时，彼得一世少年时代在莫斯科郊外的亚乌扎河上曾乘坐过的一艘小艇被视为"俄国海军之父"，得到了俄国海军的隆重礼遇：整个波罗的海舰队在喀琅施塔得集合，1500 门礼炮齐鸣来迎接这艘小艇。而为这艘小艇划桨的是彼得一世、缅希科夫及其他海军将领。俄国海军对自身历史和荣誉的珍视进一步提升了俄国海军的整体士气和形象。当时的法国公使康普列顿向巴黎报告说："尼什塔特和约令彼得一世成为波罗的海两个最好港口的主宰者。他拥有庞大的海军，而且每天都在增加大桡战船的数量，这令他的所有邻居都惊恐万分。"

四、创建里海舰队

18 世纪 20 年代，俄国又创建了里海舰队。因为俄国还有着向中亚渗透的计划。1714 年，沙皇政府开始创建海军区舰队，同年底，已经造好纵帆船 2 艘、大型河船 1 艘和平底木船 27 艘。然而，要实现远征希瓦汗国，这点兵力尚显不足。于是，1716 年在阿斯特拉罕又造出 4 艘双桅侦察舰、3 艘双桅帆船、10 艘大纵帆船、18 只小纵帆船和 39 只大型河船。但是，别科维奇远征中亚遭到了惨败，里海区舰队的发展也随之遭遇到了重大挫折。

后来沙皇政府提出了远征波斯的计划，于是建立里海区舰队的任务被旧事重提。这次先是创建了一支拥有 260 条大木船的里海考察队。1722 年，245 艘俄国船离开诺夫哥罗德，驶往里海。与此同时，有 45 艘里海区舰队的小船从阿斯特拉罕出发与它们汇合。区舰队离开阿斯特拉罕之后，驶往阿格拉罕海湾，然后驶向驻有工事的杰尔宾特。彼得一世对区舰队的这次出航非常满意，他曾这样说道："我们能做到这样，要感谢上帝，这次出航非常令人满意，因为我们已在里海打下牢固的基础。"1723 年，里海舰队再次出击，这次远征的结果是占领了里海的整个西岸和南岸。

五、革新配备与管理

在创建海军时，人员配备是最复杂的问题。由于俄国最初无法训练出自己的军官和水兵，只好采用直接从国外雇佣有经验的海员的做法。1698 年，大约有 600 多名从国外雇佣来的军官、领航员、水手抵达阿尔汉格尔斯克。同时，彼得一世也派出了一大批贵族青年到荷兰、英国等国家去学习有关航海的知识和业务。

　　另外，俄国政府也从征召的新兵中抽取人员补充海军。1696年，亚速舰队就得到了一批近卫军团的士兵和军士作为人员增补。1700年，为了补充在沃罗涅什造新船的人员，从新兵中选用了1104名年轻人，1702—1703年也采取了同样做法，此后则采取了招募海员的办法。

　　第一次专门招募海军是在1705年，从莫斯科等城市共征召到了1000人。此后又进行了数次招募活动，1706年、1710年、1713年和1715年都进行了海军人员的招募行动。其中，1713年和1715年分别招募到了1000人和1200人。由于海军的人手仍不时出现紧缺的状况，在1712年又从新兵中抽调了1500人，另外还从贵族子弟中征召了600名"未成年子弟"补入海军。尽管如此，仍然无法满足海军人员的实际需求。因为俄国人对大海还比较陌生，参加海军的热情远没有像参加陆军那样高。在1715年的招募后，海军人员的缺额仍在$20\%\sim25\%$。于是1718年又进行了几次新的招募工作，才最终补足了海军人员的缺额。

　　培养军官的工作则难度更大。吸收国外人员来俄国海军服役的尝试最终也被证明行不通，受雇的外国人中有许多根本不懂航海业务，最后只好把他们打发回国。彼得一世曾多次对受雇的外来服役人员进行考试，只将那些合格的人员留下。为了解决燃眉之急，俄国把一批年轻贵族派往西班牙、意大利、法国、英国和荷兰学习，此外，还积极采取措施，力求在俄国建立自己的军官培训体系。1698年，俄国在亚速创立了一所航海专科学校，此后，又在莫斯科开办了著名的莫斯科数学与航海学校，负责这所学校的是彼得一世花费重金专门从英国聘请来的数学家、航海家法夸尔森教授。彼得一世还命令领导海军建设事务衙门的阿普拉克辛要密切关注这所学校："您自己也能看出，这有多么大的好处，不仅海上事业需要这所学校，而且炮兵和工程师们也需要它。"在此基础上，1715年在圣彼得堡开办了一所专门培养军事人才的高等学府——海军学院。1716年，政府开始采用通过海军少尉候补生培养军官的办法。

　　为了让海军走向正规化，俄国制定了若干条令。例如，1706年制定了《军舰军法条例》，1710年制定了《对俄国海军的训令与军法条例》等。1718年，彼得一世下令："撰写两本书：第一本，讲组建舰队时如何按等级配备人员、炮兵和装备……第二本，讲如何保养舰船，在港湾和造船厂应有的高级和低级职员及其职责，仓库的管理等。"完成这一计划花费了4年时间。这就是俄国第一部《海军条令》，第一部分《关于良好管理海上舰队的海军条令》于1720年编写完成并颁布，第二部分《舰船修造厂规程》则于1722年颁发。而关于海军的作用，该条令的第一部分曾明确写道："只有既拥有陆军又拥有海军的君主，才能用两只手打人。"条令对海军的编制、舰船的等级，以及海军官兵之间的相互关系做了具体规定，并对他们的权利与义务做了描述，条令特别规定了舰长的权利。另外，条令中还列有军事法规，它们与1716年颁布的《军事条令》相一致。条令的第二部分，则规定了舰船修造厂各级人员的职责范围和军舰保养的规范。

　　《关于良好管理海上舰队的海军条令》和《舰船修造厂规程》是俄国军事理论思想的杰出成就。俄国海军条令的基本思想可以归结为一点：海军全体官兵从水兵到将官都要做到"全心全意""竭诚"地保卫祖国。条令贯穿着坚定、有秩序、有纪律的精神。它明确规定，军舰的旗帜就是全舰人员荣誉的象征，"所有俄国军舰即使有覆灭的危险，也不得在任何人面前降下舰旗、长旒和第二层帆"。条令总结了波罗的海舰队的丰富斗争经验，创造了为一系列光辉胜利所证实了的光荣的战斗传统。对此，一些俄国学者骄傲地写道，俄国的海军条令毫无疑问地要优于当时外国所制定的类似条令。

　　俄国对海军的管理在最初并无明确的组织机构，它由老的机关进行管理或委托给个别执行者负责。1698年，俄国开始尝试建立管理海军的独立机构，当时海军事务被委托给了领导弗拉基米尔诉讼衙门的阿·彼·普罗塔西耶夫兼管。因此，普罗塔西耶夫被提升为海军主管，并被指示："海军主管应恪尽职守，监督和强制所属部门尽责，并及时询问并进行检查，以防出现任何懒惰行为及由此而产生的意外。"1700

年，海军建设事务衙门设立，由费·马·阿普拉克辛领导。彼得一世虽然建立了专门机构，但还是不太放心，于是委派了几个心腹去直接领导海军。例如，直接委派缅希科夫管理新建立的尚未被海军建设事务管理衙门接管的波罗的海舰队。

1712 年，圣彼得堡设立了"海军特别办公厅"，负责管理所有海军人员。1715 年设立了主管海军部门全部收支的海军军需总监部，造船厂的事务则由海军办事处负责管理。

海军管理机构的最终形成，是在建立委员会制度的 1718 年。这一年成立了专门负责海军事务的海军委员会，委员会的主席正是海军部门的老主管海军元帅费·马·阿普拉克辛。这一海军中央机关的建立，结束了海军领导工作混乱的局面，海军的这种管理制度一直沿用到 19 世纪中叶。

应当说，彼得一世统治时期是俄国海上军事力量蓬勃发展的鼎盛时期。俄国海军是在与当时的海上强国土耳其、瑞典作战的过程中发展起来的。俄国海军是彼得一世革新事业最有力的后盾和支持者。在北方战争时期，海军就从海上保卫着正在建设中的新都圣彼得堡。由于在汉古特和格伦加姆两次击败瑞典海军，俄国海军确立了波罗的海霸主的地位。同时，海军的战斗经验也被总结进海军条令，并持续发挥功用，成为激励俄国海军不断奋进的光辉传统，并奠定了俄国海军军事科学发展的基础。

俄国海军建设取得的另一项突出成就，就是培养出了以彼得一世为首的一批杰出的军事将领，除沙皇本人外，他们是：费·马·阿普拉克辛、米·米·戈利岑、纳·阿·谢尼亚文、尼·佐托夫。正是他们共同创立了俄国海军学派。此后，这一学派的光荣传统为格·阿·斯皮利多夫、费·费·乌沙科夫、德·尼·谢尼亚文等人所继承。

实力强大的陆军和海军的建立，确立了俄国在波罗的海沿岸的统治，极大地提升了俄国的国际声望和国际地位。自此，俄国成为一个海上强国。

同时，随着新的军事机构的建立，陆军和海军成为专制国家不可分割的组成部分，成为巩固彼得一世专制统治的得力工具。军队中也像民政机关一样，建立起了一套专业化的官僚制度和集中管理国家武装力量的机关，军队有了统一的领导、统一的编制、统一的武器规格和统一的着装。但军队也保留了一些旧有传统，比如军官基本上都由俄国贵族担任，普通士兵则从农民当中征召等。总体来说，建设正规陆海军是大势所趋，体现了国家和社会的进步，是非常具有进步意义的革新。但俄国为了应战，倾全国之力以图快速发展军事力量，走的是比较极端化的路子，这令俄国的全社会都背上了沉重的负担。因而可以说，俄国在军事上的迅速崛起，是俄国上下各个阶层，特别是广大普通民众付出了极大代价换来的。

第三节　为国服役：国家的奴仆

无论什么头衔都要为国家真正地使出最后一份力气。

——彼得一世

彼得一世知道，想要令国家战胜西方强国，仅仅靠扩军备战是不够的。他必须将全国上下的力量凝聚起来，在全国树立一种为国家服务、不怕牺牲的信念，才能有效动员全国的力量，坚定必胜的信心。在引进西方"共同幸福"这一国家价值观的同时，他也在一系列法令中对这一价值观进行了阐释，其实质就是建立一种国家至上的理念，动员国家各个等级忘我地为"共同幸福"——国家利益服务，为国家奉献自己的一切，做国家的"奴仆"。

而彼得一世自己也是这样做的，他以身作则，切切实实地将为国家服务作为自己终生奋斗的目标。他明确指出他之所以奋不顾身地率领军队与强国长年拼斗，争夺出海口，就是为了国家的利益，而且认为自己那些为国家作出重要成果的行为，才算是"为国服务"。1711年，彼得一世还专门就宣誓仪式发布最高法令，规定除了按惯例对君主效忠外，还要对"国家"宣誓效忠。这还不够，彼得一世甚至将"国家"的重要性提升到了超越专制君主的地步。最明显的例子是，彼得一世不同意把"沙皇陛下的利益"作为军队效忠的对象，而代之以"国家利益"。这就奠定了俄国军队国家属性的基调，对后世产生了非常重要的影响。彼得一世将"为国家服务"作为自己的终生使命，同时也要求每个臣民都要承担各自应尽的责任和义务，谁都不能例外。

一、强化贵族义务

臣民对国家的责任和义务首先就是服兵役，贵族更是义不容辞。因为为国服役本就是贵族的一项古老义务和荣耀，一直以来，担任军队的各级指挥官都是贵族的专属特权。由此，彼得大帝对贵族提出了严苛的要求，以令他们成为真正的国家精英。他规定每个贵族必须学习，并且必须服役，而学习则是为了更好地为国家服务。为了推动他们学习，彼得一世甚至规定，贵族必须学习一些算术和几何知识，若有逃避，不许结婚。贵族从 16 岁开始，便要为国家服役，一直到死。彼得一世甚至规定，无论在军事部门还是在民事部门服役，所有新人必须从底层做起，并且只能根据功绩晋升。彼得一世还对作为士兵的贵族服役期限进行严格限制，禁止他们直接升任军官，可以想象得到，出身平民百姓甚至奴仆的士兵想要提升官衔更是难上加难，更何况贵族才能升任高级军官是俄国的传统。

然而，彼得一世让贵族从普通士兵做起，绝不意味着当时的军队已成为社会各个等级混杂在一起的大"熔炉"，俄国贵族和平民的界限并没有被打破。彼得一世曾在 1716 年的《军事条令》中明文规定："贵族除在近卫军中服役之外，不得通过其他途径升任军官。"这条命令的实际效果就是将贵族和平民服役的军团做了区分，大量贵族涌入近卫军，彼得一世不得不对近卫军进行扩充，到彼得一世在位后期，近卫军已多达三个团。这些军团由清一色的贵族组成，实际上成了培养贵族军官的专门场所。货真价实的贵族与平民混杂在一起做普通兵的事情在军队里并没有真正发生。只有贫穷的小贵族才有可能与来自其他阶层的新兵混杂在一起，这些团队的服役条件与近卫军相比要艰苦得多，但贫穷的小贵族与平民的生活差距本来就不大。

为了督促贵族学习并为国家服务，沙皇经常亲自测试年满 14 岁的，甚至只有 10 岁的贵族男孩，亲自安排他们去该去的学校或应从事的职业。沙皇不仅检阅贵族子弟，有时他甚至通过检阅全体贵族的办法来督促贵族恪尽职守，完成学业。最大规模的检阅进行过两次，分别在 1721 年和 1722 年，当时沙皇要求所有贵族，无论在职还是退职的，都要到圣彼得堡或莫斯科报到。对于退职贵族，则检查过去令其退职的根据。与此同时，贵族在这种集体大检阅之中，也开始意识到自身的阶级利益，促进了贵族等级的团结，这对维护国家统治也发挥了积极作用。

彼得一世还颁布法令严惩逃避供职的人，并重赏告密者，不论告密者的官衔有多低，即使是旷职者本人的奴仆也有权告密。旷职者面临着被没收世袭领地、被捕入狱的惩罚，而告密者则有可能得到旷职者的全部财产和领地作为奖赏。不仅如此，贵族因在职务上犯有过失而被没收土地也屡见不鲜。没收的土地用来补充国家掌握的土地总额，以赏赐那些建有各种功绩的贵族。1722 年，政府又颁布法令，不仅要对旷职的贵族施以物质惩罚，还要加之以有辱贵族名誉的"辱刑"，甚至将他们的名字公布并钉在绞刑架上。同年，参政院设置了铨叙官的职位，专门管理和监督贵族。这一官职的职责还包括，要注意每家名门大户之中担任文职的人数不得超过其人口的 1/3，以保障贵族参军的人数不致匮乏。

然而，尽管发布了这些严令，贵族仍然有可能逃避供职而不受处罚。贵族达尼洛夫就曾在自己的札记中老实地谈到，他那得到一大笔遗产的女婿，找到了团秘书这个"恩人"，团秘书经常给他女婿整年整年的假期，而他女婿则为"恩人"馈赠一些"农村小礼品"，比如"12 名农奴及其妻子儿女"。贵族舞弊行为的尖锐揭露者，著名经济学家、企业家伊·吉·波索什科夫在其《贫富论》中也举出了一些例子。他在诺夫哥罗德所见到的那些逃避军务的贵族，有的是"佯作癫狂"，有的是靠送礼，有的是派贫穷的贵族做自己的替身，有的则是得到了强有力的"当权者"的"庇护"，安然躲在自己的乡村里。

当然，强化贵族服役义务的最终目的仍是巩固贵族阶级的统治，尽管有所付出，但仍是为了自身集团的整体利益。而实行人头税这一项令贵族获益很大的立法，扩大了贵族对领地农民的权力，可以算作是彼得一世时代因强化贵族服役而对贵族的一种补偿。在彼得大帝统治时期，尽管会出现一些例外的情形，但拥有附带居民的土地及对土地的占有权，已经成为贵族所独享的一种特权。

同时，彼得一世也积极为贵族成为合格的国家官僚创造各种必要的条件。除了建立各种专科学校，筹建高等学府之外，彼得一世还责成各部门，包括文职部门组织专业化培训。例如，1720 年下达给各委员会的总规程中规定，各委员会要培训年轻贵族适应各种业务，令其在今后能够按程度提升到高级官衔。

二、打造官僚贵族

彼得一世在律法方面出台的涉及贵族的最重要的法令就是"一子继承法"和"官秩表"。正是这两方面政策迫使俄国的贵族不得不在国家机关任职，从而在俄国开始出现官僚贵族。

在宣布这些政策之前，彼得一世详细调查了英、法及威尼斯有关继承权的法律，最终借鉴英国的长子继承法，在 1714 年 3 月 23 日颁布了一子继承制的诏令，强制贵族把所有不动产即所有土地只交给一个儿子，在没有儿子的情况下，只交给一个女儿。官方给出的理由有三条：首先是保护农民的纳税能力，不致因土地分割而加重负担；其次是防止贵族因分散财产而导致门第衰落甚至破产；最后是迫使那些得不到财产的子女必须靠任职、学习或经商来挣饭吃，不能再游手好闲，逃避任职。

这条诏令的根本目的是保障贵族阶级的利益，维护其社会精英的地位。它迫使其他无法获得遗产的贵族子女努力向学，靠为国效力而生活。后来，彼得一世又颁布法令规定这些无法获得遗产的贵族子弟必须任满 7 年军职或 10 年文职，经商或从事其他行业 15 年后，才有资格购置田庄和店铺，以妻子名义购买也不行，甚至禁止他们得到不动产的嫁妆，逼着他们自食其力。应当说，彼得一世实行的一子继承制比长子继承制更加灵活，领主可以通过遗嘱选择最适合的人选，同时尽量杜绝了贵族子弟吃闲饭的可能。这一制度在实际施行中引发了很多的矛盾，彼得一世不得不多次对该法令加以解释和修改，但在实际中却仍难以施行。彼得一世去世后，尽管这种继承限制对贵族的长远发展有利，但最终还是被取消掉了。这也在某种程度上显示出俄国贵族的短视和腐朽性，说明他们难当进一步推动改革、引领社会前进的大任。

1682 年，门第制的取消和正规军的建立，都是对旧的官制和"门第"原则的沉重打击。最初，彼得一世通过比较缓和的方式来淘汰一些旧的官职，停止给一些官职发放薪俸。随着军队和官僚机构的建立，旧的官制体系已经不能满足新形势的需要。为了适应新的需求，彼得一世积极干预贵族官制的改造，不理会世袭名门阶层的不满和反抗，力图将是否称职的原则放到第一位，对出身名门则采取轻视态度。在对"怎样选拔名门贵族参加近卫军"这个问题作出批示时，彼得一世就写道："选拔名门贵族要视其是否称职。"1722 年 1 月 24 日，彼得一世颁布了对贵族利益影响至深的重要法律"官秩表"，它以立法的形式确立了承担职务才能获得晋升的原则，推动俄国贵族走向官僚化、精英化。

在官秩表中，俄国第一次把文职和军职区分开来。行政部门、军事部门和司法部门所有官职被划分为 14 个等级，官衔名称多借自国外。最低等级是第 14 级，即文职的第 14 等文官和军职的准尉或骑兵少尉；最高是 1 级，属于最高级别的有海陆军元帅、大元帅等军衔及1 等文官。彼得一世明确规定，官衔的取得，要从最低级起，沿着职务阶梯逐步上升。更重要的是，任职不凭门第，彼得一世曾声明："除非为朕和祖国效劳，否则朕不全授予任何人官阶，单凭贵族的身份不能得到官阶。"而不管什么身份，凡是供职至 8 级者都可以成为世袭贵族；14 级至 9 级官员，授予非世袭贵族称号。这就将贵族身份与担任公职紧紧联系在了一起。彼得一世还对那些给国家作出重大贡献的官员赐予贵族称号，包括"公爵"在内。后来的沙皇们都继承了这种做法。

官秩表的颁布，极大地肯定了个人的努力，只要为国家服役，就可能获得贵族地位，这就等于向所有服役者打开了晋升之路，彻底推翻了门阀制度。而且，该法令也使得贵族阶层占据国家军职、文职等一切职务的做法合法化。此后，官秩表经过数次修改，一直沿用到1917年，成为俄罗斯帝国官僚制度的基础。事实上，彼得一世制定这项法令的本意是，规定只有通过功绩，为国家服务才能晋升，才能成为贵族，乃至世袭贵族，进而整肃俄国贵族内部纨绔懒散的风气，只是这项规定在后来没有得到很好地执行，逐渐流于形式。

无论是一子继承法还是官秩表，实际上都对俄国的中小贵族更为有利。俄国的中小贵族数量众多，在俄国的地主中占据绝大多数，达到96.7%以上，他们是俄国专制制度的支柱。一子继承法虽然是限定一子继承，其实际效果却是确认了世袭领地和普通个人领地的融合，不论是世袭、因功获得还是购买的领地，在这一时期都正式被统一改称为"不动产"，在继承的方法上这些领地也都被统一了起来。官秩表也为更富有进取心的中小贵族打开了晋升的渠道，进一步巩固了俄国专制制度的基础，为改革的实行提供了保障。同时，这一制度也为非贵族服役人员提供了上升途径，扩充了贵族队伍。据统计，18世纪上半叶、18世纪下半叶和19世纪上半叶，从其他等级流入贵族等级的人口分别占贵族增加人口的30%、40%和50%。

一子继承法和官秩表是加强贵族阶级专政，保证贵族在陆军、海军及在君主专制制度的官僚机构中的统治地位的最重要措施。

彼得一世通过这些措施，强制贵族终身为国家效力，令贵族走向官僚化。从此，官僚贵族在俄国开始形成。贵族不仅占据了军中所有军官的职位（近卫军除外，近卫军中的士兵也是贵族），而且还占据了中央和地方行政管理部门的所有领导职务，他们还把被提拔上来的非贵族军官和官僚吸收到自己的队伍中来。为了能够称职地为国家服务，贵族开始接受教育，整个阶层的文化素养提高了，也相应提升了国家官僚机构的效能。

三、扩大服役等级

在彼得一世统治时期，服役等级急剧扩大。正如我们所知，18世纪之前，俄国军队的主要力量还是由贵族组成的军团。即使平民被纳入了军队，一般情况下，一旦战事结束，原来是平民的士兵退役后仍要返回原来的纳税阶层，而那时的农奴甚至没有资格当兵。而正如我们前面所提到的，为了扩充兵源，彼得一世将兵役义务从服役等级向城乡纳税民甚至向从不履行任何义务的等级扩展。由此，彼得一世首次将兵役制度明确普及到了社会各个阶层，此后的俄国服役人员不仅有农民（农奴）、小市民（小手工业者和小商贩）、商人，还有神职人员，于是俄国的兵役制度已经普及到了俄国社会的所有下层阶级。而且，这个被扩大了的服役等级，在彼得一世时期也保留了其世袭性和终身性的特性。

于是，这种终身且世袭的兵役制度极大地影响了下层民众的生活。最初规定只征召单身汉，但在1708年政策发生了改变，允许招募已婚者，而且随着被征召者年龄条件的改变，已婚者占的比例越来越大：起初征兵年龄为15～20岁，后来将上限拓展到30～40岁，而在普鲁特远征时期，其年龄上限甚至已经扩展到了50岁。同时，无论农民、小市民还是农奴，无论是婚前还是婚后应征入伍，也不论他是在服役还是在休假或是已经退伍，他们的妻子都被列入"士兵妻子"这个特殊群体。大多数情况下，妻子进入服役阶层都是在婚后丈夫被征召入伍的时候，此时新兵便和妻子一起脱离了过去的纳税阶层，归属军事部门管理。也就是说，即使他们在征召入伍前是农奴，地主也必须"解放"他们，这一点最初大大鼓舞了农奴踊跃参军。

此时显现的特殊社会现象是，在士兵阶层这种社会身份上认定的性别差别已经消失。为了最大限度地避免士兵阶层人员流失，士兵阶层身份不仅按照男方划定，同样也包括女方。这就是说，哪怕士兵妻子改嫁，士兵妻子的新家庭仍被登记为士兵阶层，士兵的女儿、孙女也归属于士兵阶层，她们的男性后代无论是婚生，还是私生，都无法逃脱被征兵的命运。

　　士兵妻子在丈夫入伍后便面临抉择，她们可以选择跟随丈夫去军队驻地生活，也可以选择以"被解放"的身份留在原来的居住地。而当时之所以允许妻子跟随丈夫在驻地生活，是因为在俄国，婚姻被认为是神圣的，军队、教堂和民事部门都不会禁止妻子跟随丈夫。理论上，士兵及其妻子可以免税又可以拿到政府的津贴和补助，如果还可以共同生活，那么看起来这应当是大多数新婚夫妻服役家庭最好的选择。但很多士兵妻子仍选择留在农村接受家族的照顾，这一结果耐人寻味。

　　这是因为，跟随丈夫的生活对于传统的俄罗斯农村妇女来讲完全不值得憧憬。首先，离乡背井的士兵妻子必须要完全改变过去自己习惯的生活模式，还要学会自立，而且她们能够从部队得到的经济支援也日益减少，最后甚至被取消。自彼得一世建立常备军开始，士兵的薪金就没有什么变化，很长时间以来都是每年 2 卢布 70 戈比，或者 22.5 戈比一个月（1 天 0.75 戈比）。1704 年的军粮配给法令中，将配给区分成两类：已婚士兵能得到每年 5 车特（约 580 千克）粮食，单身士兵则为 3 车特。但实际上政府经常拖延配给军粮，导致跟随士兵生活的妻儿陷入十分窘迫的境地。1707 年，由于国库粮食不足，很多士兵妻儿死于饥饿。此后很快，由于北方战争的艰难，迫使政府拒绝向士兵妻儿提供粮食补贴。因此，很多士兵妻子，特别是已经有子女的士兵妻子宁可忍受离别之苦，也会选择接受更有保障的大家庭和村社的照顾。然而，一旦征兵，士兵便终生离家，这对任何家庭来讲都是非常残酷的考验。由此带来的后果是，士兵妻子成为同村人闲言碎语的对象，她们不仅被彻底地边缘化，而且其形象在人们的眼中也变得十分糟糕：懒惰、放荡、可有可无，所有的孩子都是私生子。甚至当士兵妻子生的孩子都是婚生子时，反而令人怀疑和吃惊。

　　就如同我们前面所提到过的，非贵族出身的士兵想要获得晋升的机会是十分渺茫的，同时，在俄国最初享受福利和特权的只有在战争中伤残的、丧失劳动能力的士兵及其家庭，而且就连这些福利有时还无法得到保障。但是，终身世袭服役的残酷性却是现实存在的。随着时间的推移，下层民众越来越认清这一点。于是一些士兵为了避免子女被应召入伍，有时候会隐瞒妻子的孕情，有时说孩子已夭折或者流产，有时则会将婴儿留给自己的亲戚或者朋友。可以想象，这是怎样的人间悲剧，一次征兵不仅是夫妻离散，更是骨肉分离。

彼得大帝死后，服兵役逐渐演变成为下层民众的"专属"义务。贵族逐渐退出了服役等级，其他富有阶层（商人、教士等）往往通过赎买等手段免除自己的兵役，并日益合法化，最终都摆脱了兵役。到18世纪后半期，俄国的服役人员中，除去哥萨克，剩下的绝大多数都是农民和农奴，逐渐丧失封闭性且几乎没有什么特权的服役等级最终也失去了存在的理由。

总之，彼得一世通过他的改革，不仅强化了贵族的服役义务，更令广大劳动人民背上了沉重的兵役负担。而且，国家摊派给下层民众的负担不仅是兵役，除去日益加重的赋税，还有沉重的劳役。1701年，派去参加塔甘罗格港建设的劳工和工匠就有7569名。1704—1707年，每年派往亚速和特罗伊茨科耶的劳工有2.6万～3.7万人。农民还被动员来参加造船工程和波罗的海沿岸的城市及要塞建设。从1704年起，为了建设新都圣彼得堡，政府曾分3次抽调了4万人参与建设，更何况彼得一世时期还抽调了大批人力修建运河。繁重的劳动加上饮食和居住条件的恶劣，成千上万的劳工在建设过程中死去。我们可以想见，这种所谓"共同幸福"的号召之下的为国家服务，实际上就是令人民大众成为对国家顺从的、任劳任怨的奴仆。

第四章 财政经贸改革：无所不在的国家掌控

> 金钱是战争的命脉。
>
> ——彼得一世

　　战争的胜负归根结底取决于双方实力的对比，战略、战术这些都不是主要问题，以弱胜强只是特例，以强胜弱才是战争常态。而说到实力对比，很大程度上又是交战双方财力的对比，要赢得战争，一个决定性因素就是"钱"——不单数目巨大，而且需要在短时间筹集起来。

　　彼得一世在位的时候，除了打仗，考虑得最多的应该就是怎么搞到钱。不仅是建立正规陆海军及打仗需要钱，建设新的贵族官僚机关也需要钱，建设新都、兴办企业、开凿运河样样都需要钱。而想要搞到这些钱，就需要庞大的固定财政收入及控制更多的财源，这就需要彼得大帝掌握更大的专制权力，有了这种权力，就可以得心应手地调动国家的一切资源。于是彼得一世的一系列改革又可以归结到这个根源上来。

　　总之，彼得一世在经济方面改革的目标简单说来就是拓展财源，增加财政收入。为了应对长期战争，改革就不能停留在解决财政危机的短期策略上，必须要从根本上进行经济改革。为此不仅要进行税制改革，还要组织发展国内的生产，发展俄国的商品贸易。对这些问题的任何一个方面，彼得一世无不给予认真关注。但他还是将更多的精力放在了发展俄国自己的工业企业，特别是军事工业上，这是俄国在经济领域基础最为薄弱的环节，同时却也是当时欧洲最具进步意义的行业所在，这种努力为俄国的强国地位进一步打下了根基。

第一节 钱税改制：解决财政危机

俄国本身就并非十分富有的国家，战事的频繁很快令俄国陷入了财政危机，而要简单又迅速地解决这一困难，对世界上哪个政府来说都驾轻就熟：加强对劳动人民的压榨。需要当局动脑筋的只是采取什么样的具体形式和以什么名目。

当时，俄国旧的税收政策已经无法有效解决俄国当时所面对的难题，不能保证给国库按时提供急缺的资金。当时实行的是按户征税制，农民在贵族地主的帮助下，采用几户连成一户，共用一个大门的办法，竭力逃避纳税。税收制度的改革已经势在必行，否则政府将无法实现增收的目标；从另一层面讲，纳税形式和国家预算结构的变化，也是商品货币关系发展的必然结果。

事实上，早在 17 世纪，俄国国家财政方面已显现出某些变化，当时古老的"田赋制"，即土地征税制，已被按农户和商业户征税的按户征税制所代替。直接税增加了，税制被大大简化，五花八门的海关附加税被一种主要的"卢布"关税（即按国内商品流通价格的 5％ 纳税）所代替，射击兵税取代了过去的大部分直接税。应当说，这些变化在某种程度上展现了即将发生的变革的趋势，从好的方面讲，在战争开始后，人们对政府革新税制的行为并不太陌生。

财务行政方面，虽然现金和税款的收入仍分散在众多衙门中，但是已经实现了一定程度的集中化。到 17 世纪末，最大的几项收入已经集中在少数几个机关里。关税和售酒税由刑部负责经管，射击兵税有一段时间由射击兵衙门负责，驿站税由驿务衙门负责经管。但是，由于当时预算工作的特点是把几项单独的开支同专门为它们设立的几项单独税收挂钩，即所谓国家收入专门化，这就决定了当时的俄国衙门林立、机构分散的状态。此外还出现了一种趋势，即在某种程度上取消地方军政长官对几种重要税收的管辖权，并将重要税收转交给选举出来的人管理。这些在 17 世纪涌现的改革"苗头"，在彼得一世统治时期得以充分展现并以新的形式表现出来。

一、改革币制

在 17 世纪，俄国国家预算中的主要开支项目是军费，其次是宫廷管理开支。当时的行政经费、教育经费和其他拨款都微乎其微。1680年的预算总额共约 150 万卢布，加上结余，大约有 200 万卢布。有巨额货币结余作为储备，是那个时期国家预算的一个特点。

到了彼得一世统治时期，由于连绵不断的战争，城市的兴建，运河的开凿，舰队和工厂的建设，管理制度的改革，国家预算大幅度增加。早在北方战争初期，国家预算与 17 世纪末的国家预算相比，就已增长了一倍。

彼得大帝发现自己总是缺钱，这种情况有时甚至到了令人绝望的地步。为了筹措资金，沙皇冥思苦想，可谓绞尽脑汁，而对于沙皇究竟采取了哪些办法来应急，甚至衍生出一些诸如前任老沙皇遗留金库的传说。这些传说有不同的版本，是否可靠无法证实。实际上，彼得一世倒是确实采取了另一项更为简单的、通行古今的措施：利用国家铸币特权，开动造币机，让造币机日夜不停地转动，让成色不足的钱币充斥市场。

北方战争初期，政府运用铸币特权使收入猛增。1698 年便开启的货币改革正是从降低钱币含银量标准，改变钱币规格开始的。以 100 戈比计算的 1 卢布，在银子成色不变(纯度约为 84％)的情况下，从前(1682年)1 卢布约等价于 9.9 佐洛特尼克①银子，而货币改革后却只约等值于 6.7 佐洛特尼克银子。于是，这一改革的结果令 1 卢布的实际购买力还不到索菲娅长公主统治时期 1 卢布的 3/4，仅相当于那一时期的 70％，而却只相当于 15 世纪的 1/3 卢布。1698—1699 年，在重新铸币的同时，还发行了新规格银戈比(15 银戈比等值于 1 佐洛特尼克银子)，并出现了 10 戈比规格的银币。1701 年起又出现了 5 戈比银币

---

① 旧俄重量单位，1 佐洛特尼克约合 4.26 克。

（相当于 10 个铜币）、3 戈比银币、半卢布银币和 25 戈比的银币。1704 年俄国政府开始增铸卢布。这一币制体系与前一时期不同之处在于钱币具有新面值，包括大面值和小面值。小银币（1/2 戈比）和铜币（1/4 戈比）的冲制完全停止了。根据 1700 年 3 月 11 日诏令，旧银币和旧铜币被相同面值的新铜币所代替，俄国政府就靠新币替代旧币的做法增加了一大笔收入。

当时 1 普特铜的市场价格为 6～8 卢布，最初俄国政府是用 1 普特铜铸造出 12 卢布 80 戈比的铜币，不久变为 15 卢布 40 戈比铜币；到了 1704—1717 年，1 普特铜被冲制出了 20 卢布铜币。1699—1711 年期间铸造的钱币达 1970 万卢布，而且大部分是在前 6 年铸造的，这 6 年铸造了 1380 万卢布。于是俄国政府仅在 1701—1709 年靠制币所获利润就高达 440 万卢布。到 1711 年实行降低钱币含银量的造币新工艺后，钱币含银纯度从 84% 被其降低至 70%，因此新造的 120 卢布仅相当于 1711 年前铸造的 100 卢布。1711—1717 年新币推行的工作进行得很缓慢，因为人们不愿用旧币兑换新币，他们认为兑换时即使获补差额仍要亏损。政府虽在使用造币特权方面有利可图，但也担心在国内惹出麻烦，所以在作出降低银子成色的决定时，态度越来越谨慎。1718 年，政府终于下决心，正式确定了金币和银币的成色。1718 年 2 月 14 日颁发的诏令规定："1 卢布、半卢布、10 戈比用 70% 纯度的银制造，3 戈比和 1 戈比用 38% 纯度的铜制造，2 卢布用 75% 纯度的金制造……"从此，银币和金币开始同时在俄国流通，不过范围仍有限。但过去采用 38% 纯度的小银币，从 1718 年起已停止铸造，而代之以各种小额铜币。于是，钱币改革的结果是，国家制造了新面值的银币和铜币，钱币的成色、规格都被降低，小银币不复流通，俄国古老的货币制度被终结。这场币制改革后的 7 年里（1718—1724），俄国政府发行的银币达到了 490 万卢布。

可以想象，这些举措必然导致俄国钱币的贬值。虽然这些措施在最初确实曾使国库增加了相当多的收入，但政府在收入总额上其实是在不断下降的，有数据显示，国库从 1703—1708 年一直入不敷出。

1701—1709 年的各年收支情况见下表（以百万卢布为单位）。

1701—1709 年国库收支情况（以百万卢布为单位）

年份	1701	1702	1703	1704	1705	1706	1707	1708	1709
收入	2.86	3.15	2.73	2.49	2.64	2.52	2.41	2.02	2.76
支出	2.25	2.47	3.34	3.24	3.34	2.71	2.45	2.22	2.70

应当指出，在上述各年预算中军费开支占到很大比重，1702 年和 1703 年分别占 76.5％和 76.9％，在 1705 年竟达 95.9％，在最后几年也占到 80％～83％。由于之前有年复一年积累起来的大量结余储备，才令俄国摆脱了财政预算的困境。例如，1703 年年初，结余曾达 390 万卢布，然而这些储备在不断减少，到 1709 年结余已降至 96 万卢布，1710 年的预算表明，预计当年收入为 333 万卢布，而支出却是 383 万卢布。这一赤字用征收非常税的紧急措施才得以弥补。

据统计，在彼得一世时期，铸造银币总数为 3840 万卢布（纯度改为 70％），制造铜币总数为 430 万卢布。特别是在战争初期，货币的发行量最大。币制改革令俄国获得了财力支持，为打赢北方战争创造了必要条件。而货币贬值也给国民经济遗留下严重后果，物价急剧上涨。按照购买力计算，17 世纪俄国 1 卢布大约相当于 19 世纪末的 17 卢布，而在彼得一世时期 1 卢布便已贬至相当于 9 卢布，这极大地影响了民众的生活。

二、增加税种

为了开辟财源，政府当然也没有忘记自己的老行当——敛税。早在 1699 年 1 月 23 日，政府就颁发了关于发行阿·亚·库尔巴托夫设计的印花纸的诏令。该诏令指出，这一新办法的主要目的是"补充自己的，即皇帝陛下的金库"。它规定，财产契约及合同、借据、禀帖等都应用印花纸书写：50 卢布及 50 卢布以上的契约用价值 10 戈比、印有大鹰徽的印花纸，少于 50 卢布的契约应当用价值为 1 戈比的印花纸，其他禀帖和契文用半戈比的印花纸。1702 年印花税大为提高，"鹰徽"

印花纸的价格分别被定为 2 卢布、1 卢布 40 戈比、4 戈比和 2 戈比。于是仅印花税一项，国库每年就能增收 30 万卢布。而库尔巴托夫也成为所谓"聚敛官"的鼻祖，这些聚敛官的职责就是寻找并发明新的可征税的项目。虽然印花税并非是库尔巴托夫自己的发明，而是借鉴自国外，但是这种举一反三的事情做起来并不困难。于是，在彼得一世时期，名目众多、令人瞠目结舌的税收便成了其执政时期的一大奇景——胡须税、澡堂税、婚礼税、帽靴税、大车税、冰窟窿税、破冰税、饮马税、养蜂税、烟囱税、割草税、渔业税、渡口税、河运船舶税、俄罗斯服装税、马车夫套轭税等。为了征收这些赋税，俄国又设立了专门的管理处，如澡堂管理处、渔业管理处、磨坊管理处、客店管理处、蜂蜜管理处、马匹管理处、毛皮实物税管理处等。国家直接管理渔业，就对从事渔业者征收高额的代役租；对店铺、营业性澡堂要提高收税，家庭澡堂的税也不能免：大贵族和客商缴 3 卢布，一般贵族和商人缴 1 卢布，农民的澡堂征收 15 戈比。信仰其他教派要纳税，想要蓄留古俄罗斯式的大胡子，也要纳税：贵族要缴 60 卢布，一等商人缴纳 100 卢布，一般商贩缴 60 卢布，其他市民缴纳 30 卢布，农民也要付 2 个铜币（即 1 戈比）的税款。一切合法交易都必须有官方的印戳，这自然也成为国家收入的另一个来源。这些赋税五花八门，而且摊派往往并不合理，完全就是为了敛财，比如大车店户和租房户都要缴纳养蜂税、澡堂税和磨坊税。就连发明增加政府收入的各种方法在彼得一世时期也居然成了一个正经的职业，即"聚敛官"。

胡须税缴纳凭据

　　"聚敛官"们还被派到巴什基尔征收毛皮实物税等 72 种新赋税。据巴什基尔人后嗣提出的指控，说新税中居然还包含眼睛税：黑眼睛的每人缴 6 戈比，灰眼睛的每人缴 4 戈比。但是政府并不接受这样的指控，称之为谎言。以上苛捐杂税被人们称为办公厅税，因为它们由亚·丹·缅希科夫领导的伊若尔办公厅管理。即使在彼得一世统治末期，仍有40种办公厅税被列入1724年预算。当时的俄国著名经济学家伊·吉·波索什科夫也曾提到这些"聚敛官"们的活动，并指出了苛捐杂税名目繁多的乱象："当今有众多臆造家想增加税收，竟然臆造出土地税、人头税、车辀税、船舶（系船桩）税、栽种税、过桥税、养蜂税、澡堂税、毛皮税……以及征收赶大车的人的什一税，并称此征税为零星小税。"有数据表明，同1680年相比，政府收入在1702年已经翻了一番，到1724年已经增加了4.5倍。但波索什科夫认为："此零星的税款并不能增补国库，却只能在百姓中引发惊恐和骚乱。"

此外，国家还提高了国内贸易税，办法是设立新中间税，对商人同县里农民的交易及以转售为目的的买卖每笔收税5戈比。政府还实行了售酒税，即每卖1维德罗①或半维德罗收税1戈比，每卖1/4或1/8维德罗收税半戈比。新中间税和售酒税的收入在1706年为14.34万卢布，但是后来这项收入降至2.8万卢布。

从彼得一世统治时期农户和工商户的纳税登记册中也可以清楚地看出来，政府的间接税、直接税都有所增长。在这些税目当中，第一类是新增加的税种：龙骑兵税、船舶税、新兵税、大车税。第二类是数量被大大缩减的旧税种：射击兵税、驿站税、赎俘税。第三类则是按需要征收的"追加"税或附加税，如为圣彼得堡提供粮食和为官差大车提供饲料的实物税，被派往圣彼得堡的工匠和工人的薪饷税，还有马鞍税、皮带税，以及为弥补预算赤字的一次性征税等。

有数据显示，1710年阿尔汉格尔斯克县工商户平均缴纳上述税收8卢布55戈比，耕种国家土地的农民每户缴5卢布98戈比，耕种教会土地的农民每户缴7卢布15戈比。但是这些数字要比实际负担的税收数额小得多，事实上每户平均的纳税额要达到10～16卢布。由于赋税沉重，政府越来越难以收缴到足额税款，人民已经不堪重负，政府也

---

①　旧俄容量单位，1维德罗约等于12.3升。

不得不对自己的过分要求有所节制。到彼得一世统治后期，一些捐税开始被取消。

三、扩大专营

彼得一世在战争期间极力扩大国家对一系列商品在国内外市场的专营权。在激烈争夺波罗的海沿岸时期，许多商品被禁止自由销售，转归国家专营以增加政府收入。1705年1月开始，盐收归国营，此后国家以双倍价格出售：牌价24戈比，国库至少得到12戈比；而盐卖得更贵一些的地方，同样也是售价的一半归国库。盐的国家专卖总收入可达30万～66万卢布，其中纯利润约为22万卢布。当时的人指出，盐价昂贵导致其需求量锐减，加之企业主经营盐场无利可图而使盐场被荒废，造成市场上盐的紧缺。波索什科夫对此写道："当前农村对盐的需要很迫切，因为许多人吃饭都没有盐，显然，他们濒临死亡。在许多地方由于运输拖延，买1普特盐竟要1卢布以上，且不常有货。由于缺盐，百姓无辜死去。"

俄国人自古嗜酒，酒馆税是政府极大的一项收入来源。卖酒制度曾不止一次变更：1705年卖酒税改为包税制，但不是所有地方都如此，个别地区在酒商的协助下由国家出售酒类，这被称为"信任"收入税；1716年又增设私人酿酒蒸锅税，每维德罗征税半卢布。波索什科夫指出，贵族缴税后一年酿酒100～400维德罗，每一蒸锅却只缴1卢布的税，因此他认为这种税对国家而言无利可图。而这一举措，却令酿酒成为贵族的一种特权。

1698年，俄国把烟草贸易交给英国公司经营，由他们承担进口3000～5000桶美国烟草，每俄磅付关税4戈比。但是从1705年开始，烟草变为由国家专卖。1707年，焦油、白垩、鱼脂、海产动物脂和发酵油脂被列为国营商品，1709年又加上了猪鬃。被列入"违禁"品的还有树脂、碳酸钾、大黄、胶以及其他一些商品。就连当时人们的一些嗜好，如纸牌、骰子、象棋也成了国家专卖。于是在彼得一世的统治时期，国家的垄断范围不可避免地扩大了。虽然在战争末期大部分商品又准许私人经营，但也附加了更高的税额作为条件。同时为了把国家专营的这些商品销售到国外，在阿尔汉格尔斯克和阿姆斯特丹还设立了专门办事处。

同东方的贸易也为官方专营，这一领域的贸易对国库收入而言具有重大意义。彼得一世时期，俄国与东方的贸易得到了突破性的发展。俄国经常向中国派出商队，返回时能带回价值达 30 万～40 万卢布的中国货物。

1706 年，官营专卖商品盈利达到 21.7 万卢布，但是在后来，政府的这种对贸易有破坏性的专营收入不可避免地大为减少，如 1708 年只盈利 5.8 万卢布。于是在彼得一世统治末期，政府不得不取消了对大部分商品的国家专营。

四、启用人头税

利用造币特权获得的收入在 1718 年前就已经耗费殆尽。尽管"聚敛官"们用尽招数，间接税仍不能支付不断增加的开支。不过政府还支配着另一笔收入，那就是直接税。如果说追缴新的五花八门的间接税和使用制币特权的办法，是剥削生产者的某种隐蔽形式的话，那么扩大直接税的范围则是公开损害劳动者的利益。出新招的"聚敛官"和空头计划制订者还夸口说，用这类新招可获得"又一笔收入""人民一点负担也不会增加"。当然，这是不可能做到的。

在 18 世纪头 10 年屡兴战事的紧张时期，加上阿斯特拉罕和顿河流域爆发了人民起义，政府宁可征收各种非常税来满足战争需要，也不敢贸然增加直接税。

1710 年人口调查统计表明，纳税户数没有增加而是减少了。政府认为造成空额是地方政权隐瞒人口和纵容姑息的结果，故而仍按旧的调查统计数字收税。但旧的统计数字也不可靠，不得不重新进行调查。这次调查即所谓的省政委员会调查，始于 1715 年，它表明尽管有的地方人口在增加，但纳税户数还是在继续减少，而每户人口的增加并不能给国库带来好处。同时也有一些证据表明，由于疾病和战争，减少的人口数大体上与新出生人口数相当。根据米·弗·克洛奇科夫的统计，1710 年的俄国人口仍停留在 1678 年的水平上。也就是说，俄国人口并没有增加。

但是，政府铁了心坚决不再放弃直接税这块"肥肉"。既然以户为纳税单位，收不到更多的税，那么把所有居民全部包括到征税范围中来，肯定能收到更多的税。事实上早在 1714 年就有俄国监察官专门论述过消除纳税不均，按人头征税的好处。但从彼得一世的角度讲，他其实并不太关心人头税所具有的什么纳税平等的意义，他更关心的是军队的给养，国库不能在按户征税的事情上吃亏。于是政府着手改革整个征税制度，按人头收税，以人头税制代替按户征税制，彻底改变直接税的征收制。

事实上，早在 1710 年就已在亚速省实行按男女人头（10～60 岁）征税，而不是按户征税。实行按人头收税，即人头税的税制改革，马上吸引了那些好向政府打报告、呈递空头计划的人的注意力。结果，1718 年 11 月 26 日，政府颁布了关于调查所有男性纳税居民总数的诏令。彼得一世催促地方行政长官迅速完成人口登记工作，如有延误，就"用链条和铁镣铐"把他们锁在办公厅内，直到把事情办完为止。如有贵族地主隐瞒农民人数，则没收比所隐瞒的人数多一倍的农奴。诏令还威胁要对谎报情况的总管和村长处以死刑，绝不留情。正教院则宣称要剥夺隐瞒农民的神职人员的教职，处以无情的"肉刑"，还把他们遣送去服苦役。

然而，无论何种威胁都无济于事。资料呈报的过程异常拖沓，而且报上去的还是包括大量隐瞒人口的材料。到 1722 年，政府只得把"男性人口普查"的登记工作委托给一批军官去执行。新的人口普查员还未结束全部调查工作就已发现，截至 1724 年，全国已经隐瞒了几乎 200 万男性农奴。

1718—1724 年，为了征收人头税而进行的这次男性居民统计调查工作，习惯上被称作"第一次人口普查"，这项工作于 1724 年结束。男性人口普查进行得极其严格，原来不必纳税的农奴和流浪汉也被包括进去。凡列入纳税花名册的男性"人头"，便成为一个新征税单位，新税目都必须要现金支付。经统计，纳税总人数是 5472516 名男性农民（其中农奴约占 78％，国家农民约占 19％）和 183437 名男性工商业者，总共为 5655953 人（不包括乌克兰和其他几个地区）。

早在 1717 年，彼得一世就要求呈报军队和各兵种士兵薪俸的资料（步兵年薪为 28 卢布 40 戈比，龙骑兵为 40 卢布 17 戈比），而且做了统计，以便得知供养一个士兵需要多少个纳税人。统计的结果是 35.5 个男性人口负担 1 个步兵的薪俸，50.3 个男性人口负担 1 个龙骑兵的薪俸。军费按当时计算为 300 万卢布，于是这一数目也就是全部人头税的总和。人头税的税额是把军队给养金额总数除以农民人口总数（540 万人），得出的数额即是每一男丁的纳税数额：74 戈比。国有农民，连同附加代役租税，应缴纳 1 卢布 14 戈比，而工商业者的人头税为每人 1 卢布 20 戈比。彼得一世去世后，从 1725 年起人头税有所降低，各土地所有者管辖下的农民每一男丁交 70 戈比，国有农民交 1 卢布 10 戈比。人头税代替了从前各种形式的直接税。

然而，新的人头税纳税单位按道理应该是具有劳动能力的男丁，但人口统计时的粗疏混乱造成后来的计税单位实际上是所有的男性，不仅包括新出生的婴儿，也包括年迈体衰的老人，这就与居民的支付能力不适应，造成了新的问题。不止如此，第一次人口登记的"人头"还包括了不用纳税的私人庄园中的农奴和奴隶，接下来就连家仆和农村里所有不直接依靠土地生活的人们，包括流浪汉也统计在内了。按照新的税法，这些人都必须缴纳相同数额的人头税，由庄园主人直接负责保障税收的及时缴纳。许多学者指出，彼得一世新的整齐划一的缴税立法直接导致农民和家仆之间在法律上的差异消失，以及向地主缴纳租金的农民和无人身自由的农奴的地位走向趋同。一直以来，是否纳税是他们之间最重要的区别，而 1723 年的一纸命令彻底改变了家仆为非纳税等级的传统。但在实际操作中，由于沿用了旧的方法，实行新税收政策的结果是，几乎只在税收总数上产生了一些差别，因为政府只关心每个村的人丁总数及应缴纳税款的总数。这些税款由农村公社和地主按从前的办法，"按家产和副业"分摊给每个农户，也就是说，数额仍是各不相同的。政府不介入农户税收的分摊工作。1724年，阿·彼·沃伦斯基在给管家涅姆奇诺夫的指示中，命令管家和农民在他的各个村庄"按课税单位分摊，而不按人头收税"。农奴制经济的课税单位，与我们现今的理解有所不同，比如在沃伦斯基领地内是由两名 20 岁以上的男性劳动者和两名女性劳动者组成。

实行财政改革和人头税制后，俄国的财政状况发生了一些重要变化。1724 年，俄国国家直接税的收入直线上升，相比开战头一年翻了8 倍多，间接税也翻了接近一倍，手工业营业税、代役租和包税收入也大为增加。同时，国家预算的构成也发生了很大变化，直接税的比例增加了，间接税（关税和酒馆税）的比例则相应减少了，国家预算总额在 24 年里增长了几乎 2 倍。但如果将彼得一世执政末期货币贬值，物价上涨一倍的情况计算在内，这 24 年里预算的实际增长量则要砍掉一半，即是原来的一倍多。但是如果考虑到大北方战争已经结束的情况，这种预算大幅增长、赋税增加的情况显然是不符合国情的。

总体说来，彼得大帝统治时期所实施的财政改革可以分为两个阶段。第一阶段从 17 世纪末延续到 1718 年。这一阶段的特点就是增加五花八门的税目或提高税额，并利用铸币特权获利这些相对简单的方法增加财政收入；第二阶段从 1718 年下令实行人口普查开始，1724年普查工作结束后，以男性人口税即所谓的"人头税"来替代农户税。

在彼得一世的财政措施中，具有决定意义的是实行人头税制。这一税制不仅加剧了对劳动人民的剥削，而且还扩大了农奴制关系。作为计划制定者之一的阿·涅斯杰罗夫在 1714 年就曾向沙皇呈递报告论述人头税的诸多优点，特别是实行人头税后，逃亡者的数量应会大为减少，因为在这种情况下无论逃到哪里，逃亡者都不可能逃避纳税。奴隶要与农民一样地纳税，于是农奴在法律上与农民的地位区别不大了，这实际上降低了广大农民的地位。况且就绝对数额来讲，人头税比以往时期的税都要重。其中一方面原因在于，人头税没有按照 1718年 10 月 26 日诏令所说明的那样完全顶替过去的所有税收和赋役。磨坊、捕鱼、桥梁、澡堂等的"办公厅税"还在继续征收。

在进行税制改革时，由于彼得一世建立起了一套新的驻军方案，又大大加重了老百姓的负担。俄国政府规定，各军团应有"永久性"驻扎地，分别驻扎在各省的农村和城市；每个连队在有一定数量人口的地区，连与连之间相距不得超过 5 俄里；士兵分别住在各农民家中或农民建的房屋中，军马与农民的马一起放牧；等等。就连在征收人头税方面，军队在地方也能拥有某些警察职权和财政职权。

这些沉重、不断增长的赋税超过了老百姓的负担能力，因此出现了大量拖欠税款的现象。1724 年预算执行结果是短缺税款 26.7%，也就是说拖欠的税款超过了预算总额的 1/4。如果从预算中把人头税单独划分出来，那么这方面拖欠款的比例还会更大一些。按常理讲，随着北方战事的结束人们的税赋负担应该会减轻，而从亏欠税款的情况看，事实却恰恰相反，很显然，俄国人民已经不堪重负了。

税制改革后，国家支出的结构也发生了变化。早在 1701 年，国家预算中军费开支占最大比例，达到 78%；宫廷管理费依旧如在 17 世纪预算中那样，占第二位，尽管只有 4.4%。根据 1724 年预算，军费开支与开战头几年相比已经减少，占 62.8%。与此同时，工业建设经费，外交经费、行政经费增加，另外还增加了学校和医疗经费，尽管数额尚不大。从这些方面看，1724 年的预算就像是对彼得大帝的改革成果做了一个总结，它体现出了改革后国家职能的丰富。

五、改组财政管理

对财政措施而言，国家机构作用的强化是财政改革顺利实施的一个重要前提，而首要的就是财政机构自身的强化。彼得一世进行财政改革的前后两个阶段也都同时实行了与税制改革相应的财政机构改组，目的就是试图使征税集中化，以便对税款收入实行严格的监督和核算。1699 年市政厅的成立是彼得一世政府强化财政机构机能的第一项重要措施，这一部门的成立直接加强了政府在整顿税款收入方面的职能。市政厅不仅是工商业区居民的自治机关，而且也是国家的中央金库。

过去由 13 个衙门所经手的税收，包括刑部衙门和各地方衙门的税收，如诺夫哥罗德、喀山宫等衙门的税收，均交由这一新机关经管。这样一来，不再需要经过各衙门和地方军政长官，国家预算收入的大部分税款都由市政厅那些中央和地方选出的商人市政委员们来负责征收。于是，当年转交给市政厅的税收就有 130.2 万卢布。而按照集中的办法制定年度国家收支一览表的工作交给了 1699 年建立的近臣办公厅，这个近臣办公厅实际上就是大贵族杜马举行会议的机构。

然而这种集中化的财政管理并未能长久维持，随着莫斯科市政厅成为管理市政和相应财税方面的最高中央机构，贪腐现象日趋严重，地方上缴的税款大部分都被莫斯科的各个衙门消耗了，回流到地方的只剩下一小部分，这令地方再也无力响应中央的一些改革举措。这不仅迫使彼得一世在地方搞工业或工程建设时绕开莫斯科的衙门直接获取地方税款，而且引发了边疆的骚乱，如 1705 年阿斯特拉罕爆发的叛乱。为了安顿边疆，彼得决定放弃财政管理的集中化，将地方收入从中央管理转为地方当局支配，这就为彼得开启地方自治改革提供了缘由。于是，1708—1709 年彼得所实行的省制改革就不可避免地引起了财政管理的巨大变化。省的设立和省的新机关的建立，最终达到了将财政工作由中央即市政厅转归地方各省的目的。市政厅不再是中央财政机关，仅作为商人自治的机关而存在。税收区市政厅总督察官阿·亚·库尔巴托夫则接受另一任命，即担任阿尔汉格尔斯克省的副省长。市政厅的收入也被分给八个省。各军团也被分别派驻负责给养的各个省，由各省供养驻军。但是，这种过于西化或者说早熟的地方自治改革在国土广阔又普遍处于落后状态的俄国注定无法取得什么好的结果，很快彼得便领悟到巩固专制统治仍需要走中央化和集中化的路线。

在彼得一世建立委员会制度后，财政管理进一步规范化。1719年，俄国政府批准了两个财政委员会的章程，即税务委员会章程和度支委员会章程。税务委员会经管收入，即经管各种税收，包括直接税和间接税。度支委员会经管所有开支，制定"国家总编制"，即总预算的支出部分。除国家的总预算外，度支委员会还制定某些州，即地方州政改革后国家按行政区域划分的若干州的支出预算。另外还成立了专门的检查委员会来逐年查收各委员会的决算报表和账目。后来检查委员会的地位下降，成为附属于参政院的一个办事处。

但是，改革中的一些恣意妄为的乱象无处不在，这也成为彼得一世改革的一种个人风格。这便可以解释一些与财政集中化背道而驰的现象也在同时发生的原因了。有一些新的收入项目也交给了新成立的机关，这些新机关却不用向负责对所有衙门进行核算和监督的近臣办公厅报告，这就破坏了正在形成的财政集中化。这主要是因为在财政管理方面仍沿用老办法，专款专供。供养军队的开支靠征收人头税来抵偿，负责海军和近卫军给养的是酒税、关税和其他税收，外交经费则来源于各造币厂的利润。这样一来，某些收入项目就脱离了税务委员会的控制，如铸币和开矿特权属于矿务委员会，销售印花纸的收入则由工场手工业委员会收取。

在彼得一世的财政改革过程中，实行人头税、建立新财务机关和进行正规人口登记等各项改革措施的实施，标志着俄国财政制度发展到了新阶段。从国库来看，彼得一世政府的改革取得了成果，到1725年，新的征税制度令国家收入与前几年相比增加了50%，无论如何，改革的主要目的达到了。这些措施保障了俄国在军事上和外交上的胜利，保证了政府新措施的实行，军队的改革、海军的建设、工场手工业的创立，以及教育文化事业的发展得以相继在俄国铺展开来。但是，不能忽视的是，这样的财政改革能够实行是以国家前一段整个经济的发展为基础的。虽然人们曾预计，由于人头税的实施从形式上取消了实物杂税和劳役，国家赋税在理论上得以减少，因此农民的赋税压迫将会减轻，地主收入也会提高，但实际上实物杂税和劳役仍被保留了下来。加之彼得一世当政后期，各省屯驻军队，驻军也向地方收取人头税，这些都加重了农民的实际负担。更何况彼得一世执政期间的物价波动高于以往的时期，物价普遍上涨，民众深受其害。上层社会又将各种负担千方百计地向贫苦大众转移，这一切都使得这场财政改革成为对老百姓的一场掠夺。贫苦的民众疲于奔命，纷纷破产，与此同时，贵族和新兴资产阶级的收入却增加了。

现代学者已经指出，选择何种军事组织和战略对国家性质有着决定性影响。统治者建立军队，一般短期的策略是靠贷款，中期策略是攫取那些容易到手的财产，长期策略是征税。为了从根本上提升俄国军事实力，彼得一世毫不犹豫地采取了中期和长期策略来发展俄国的军队。这种策略也从某种程度上决定了俄国必然走向极权专制。总之，国家通过财政政策的改革，大大加强了专制国家的力量和控制能力。

第二节　商贸发展：国家主导

正如我们前面所提到的，欧洲之行让彼得大帝从其他帝王那里意识到了商贸对于国家的重要性。有学者指出："彼得大帝是从事对外贸易的第一个俄罗斯领导人和领导者。"之前俄国有身份的贵族都耻于从商，更不要说沙皇。而当彼得一世游历西方时看到西欧国家的一国之君居然亲自跟他谈论起生意，为本国商人开拓商路时简直目瞪口呆，可以说西欧国家的重商主义思想给予了年轻的彼得一世极为深刻的印象。正是这种自上而下观念的转变而非俄国商人自身的崛起，令俄国的发展走向了一条与西方不同的重商主义道路。

彼得一世改革之前，俄国与西方各国的对外贸易已有所发展，当时俄国对外通商的主要港口是阿尔汉格尔斯克。这个白海边上的港口是当时俄国所拥有的唯一一座海港，不仅冰冻期长（长达9个月），而且距离当时世界海洋贸易线和国家中心地带都比较远。尽管如此，在17世纪中叶，俄国对外贸易总额的75％都由这个港口完成。另外，普斯科夫、诺夫哥罗德等也是俄国同西方贸易的重要通道。海港的缺乏加之俄国商人的弱小，令外国商人占尽了优势。俄国政府能做的只是在同西欧先进国家进行贸易往来时竭力阻止出现一国商人垄断的情形发生，并设法让他们彼此之间展开竞争。那时俄国出口西欧的是皮革、粮食、粗麻布、碳酸钾、毛皮等，输入的商品是丝织品、呢绒、糖、酒、茶叶及奢侈品等。此时俄国与东方的希瓦、布哈拉和波斯也有往来，莫斯科市场上 1654 年就出现了中国茶叶。1689 年尼布楚条约签订后，俄国与中国建立了直接的贸易关系。

另外，俄国 1653 年制定的贸易规程和 1667 年制定的新贸易规程都曾规定了一些对俄国商人采取的保护性措施，比如对外国商品实行较高的税率，给工厂主许以特权和专利权等。然而，国家领导者真正重视发展贸易，特别是对外贸易，还是始自彼得大帝。对外贸易关系到国家经济的独立性，因此得到了彼得一世的特别重视。彼得一世时期，俄国政府坚决地将改善外贸条件作为自己的重要任务之一。

一、开拓贸易通道

在国外的俄国官员、商人在给彼得一世的一些报告中，谈到了一些有关发展外贸的举措，例如，争取波罗的海新海港，发展本国大工业，以公司形式建立新的贸易组织，实行保护关税政策等。一些有识之士还撰写了书籍，比较著名的是伊·吉·波索什科夫的《贫富论》。作为俄国新生的资产阶级的代表者，他在书中指出了贸易，特别是对外贸易的重要意义。他要求加强俄国商品的出口，缩减工业原料（亚麻）的出口，实现贸易的顺差。他认为俄国商人应当联合成立贸易公司，想方设法令俄国商人在与国外同行的交易中处于比较有利的地位，并且认为贸易应当在政府的监护和领导下进行。

而彼得一世之所以跟瑞典、土耳其大打出手，争夺出海口，也无外乎是为了在解决边防问题的同时，开拓国内外贸易通道，特别是这些问题只有国家政府才有力量解决。亚速的战役为俄国打开了通向黑海的道路，此后连通伏尔加河和顿河的运河工程开始展开。但俄国却未能从土耳其人那里争取到在黑海自由航行的权利。1698 年，俄国在同土耳其人召开的卡尔洛维茨会议上也提出了贸易问题，双方通过了海路和陆路自由贸易往来的条款：土耳其商人可以在边境和内地城市，在亚述、基辅和莫斯科通行无阻地进行贸易活动，同时俄国商人也能够自由到卡法、锡诺普、君士坦丁堡进行贸易活动。在以后与土耳其的谈判中，俄国代表们极力争取俄国商船在黑海的自由通行权，但遭到了土耳其人的坚决反对，土耳其铁了心，指出除非"土耳其国家覆灭或者乱了套"，外国船只才能在黑海自由航行。

彼得一世在北方战争中给自己定下的目标是占领波罗的海沿岸。1703 年 5 月，俄国建立圣彼得堡，波罗的海的海上贸易也迫不及待地开展起来。1703 年 11 月，第一艘荷兰船载着酒和盐驶入涅瓦河河口，为了刺激这里的贸易往来，船长被给予了 500 金币的奖赏，水手们每人则得到 300 枚外国银币。之后上沃洛乔克运河和后来的拉多加运河陆续开土动工，进一步推动了新港口的发展。而为了保住这一切，俄国又打了 20 年的仗。

圣彼得堡对俄国外贸来讲是条进入欧洲核心贸易圈的捷径，早晚能取代国内外商人熟门熟路的俄国旧港阿尔汉格尔斯克，但是彼得一世显然没有这样的耐心。为了加速这一进程，彼得一世付出了巨大努力，不仅在波罗的海积极进行各种军事和外交活动以保护圣彼得堡商路的畅通，还再次迫不及待地使用了强制性措施。1713 年，彼得一世下令，从莫斯科和许多其他省出口的油性软革和大麻纤维只准运往圣彼得堡。次年，这一规定扩及各省商人。1716 年他颁布命令，所有出口货物的 1/6 运往圣彼得堡，半数运往阿尔汉格尔斯克。1718 年，这一比例增加到 2/3，到 1719 年又做了回调，所有运往国外的货物 1/3 应当运往圣彼得堡。彼得一世还发扬了他一贯的风格，在初期的时候还采取了强迁阿尔汉格尔斯克的商人至新都的办法。然而，阿尔汉格尔斯克在俄国外贸中居首位已有一个半世纪，国内外商人都需要一个适应和调整的过程；同时，在瑞典当局的唆使下瑞典海盗的猖獗也遏制了波罗的海贸易的发展。当时与俄国正处于交战状态的瑞典海军不仅查扣波罗的海上的船只，国王查理十二世甚至还颁布了没收开往波罗的海各个港口所有船只的"私掠船条例"，为了不让俄国人在波罗的海做生意，瑞典不惜把自己的盟友也得罪了。尽管如此，到 18 世纪 20 年代，圣彼得堡便在贸易中取代了阿尔汉格尔斯克的地位，并逐渐将其远远抛在身后。

1717—1719 年，圣彼得堡港口的输出额为 26.86 万卢布，输入额为 21.8 万卢布，而阿尔汉格尔斯克港的相应数字则为输出额 234.4 万卢布，输入额 59.76 万卢布。可是到 1726 年年初，这个比例关系就起了根本变化：在这一年，阿尔汉格尔斯克的出口额为 28.5 万卢布，进口额为 3.6 万卢布；而通过圣彼得堡港口输出的货物为 240.3 万卢布，输入的货物为 155 万卢布。而与此同时，船只吞吐数量也能反映出圣彼得堡地位的变化：1714 年，圣彼得堡到港船只为 16 艘，1724 年为 180 艘；进入阿尔汉格尔斯克港口的外国船只，1701—1705 年平均为 126 艘，1721—1725 年平均仅 50 艘。圣彼得堡在贸易流通方面已经跃居全国首位，把阿尔汉格尔斯克远远抛在后面。尽管这一趋势已经不可逆转，1724 年彼得一世仍然下令提高通过阿尔汉格尔斯克的货物关税，比基本关税高出 25%。

1726 年，圣彼得堡、里加和阿尔汉格尔斯克的出口额合计为423.8 万卢布，进口额合计为 212.5 万卢布。可见，俄国的外贸是出超，实现了贸易顺差。值得我们注意的是，出超的取得，不仅仅是由于加强了原料的输出，而且在很大程度上是由于增加了成品的输出。在输出的货物中，除了亚麻、大麻纤维、油性软革、脂油、木材、毛皮等原料之外，还有新手工工场的制品——铁和帆布。俄国进口货物主要有饮料、糖、丝织品和毛织品、颜料、香料、玻璃、有色金属等，主要都是一些贵族用品，俄国工业所需的材料(染料)和军需品(呢子)还在其次，这主要是因为这些产品在俄国逐渐实现了自给。

在尼什塔特和约签订后，俄国又获得了 7 个港湾。于是除了圣彼得堡和阿尔汉格尔斯克外，里加、纳尔瓦和维堡这些港口城市也成为俄国大宗外贸交易的市场。许多商船来到里加，从这里向海外输出的有大麻纤维、亚麻、钾碱、树脂、粮食、桅杆等。在维堡出口的商品大多是木材、木板和树脂。从纳尔瓦卖到国外去的则是木材及由普斯科夫州运来的亚麻。

但必须提到的是，彼得一世政府为了保障原属俄国地区商人的利益，实行了一些特殊的政策。例如，禁止从波罗的海沿岸地区向内地各省输入某些货物，如丝织品和锦缎。这些东西只准在里加及波罗的海沿岸的城市出售。另外，俄国海军需要的木材不能随便输出，遇到荒年，则禁止粮食出口。可以说，为了实施这种保护政策，呵护圣彼得堡的成长，彼得一世不惜让利夫兰和爱斯特兰这些传统的贸易区处于被孤立的位置上。

无论如何，对圣彼得堡的建设和发展，以及对波罗的海沿岸港口的占领为俄国对外贸易的拓展创造了极为重要的条件，令俄国真正地实现了国家身份性质的转变，从内陆走向海洋，走向欧洲，这对俄国的未来贸易发展起到的作用是不可估量的。

二、改善水路交通

在彼得大帝时期，利用国家力量为贸易发展创造条件可谓不遗余力，这其中的另一项重大任务就是开凿运河，改善水路交通，其最终目标是打通国内的运输线，贯通波罗的海和黑海，以完成彼得一世将俄国打造成为东西贸易桥梁的心愿。俄国领土广阔，森林和沼泽密布，使得俄国拓展陆路交通的难度非比寻常，好在俄罗斯境内河流资源比较丰富，所以营建水路网便成为俄国政府改善交通、发展贸易的首选方案。

由于远征亚速，开凿伏尔加-顿河运河的工程最早开始动工，其具体计划是把顿河支流伊洛夫利亚河同伏尔加河支流卡梅申卡河连接起来，然而由于北方战争爆发，这一工程被迫停顿。沟通顿河上游和伏尔加河流域的工程也破土动工，这一工程是计划在伊万湖（顿河从这里流出）和沙季河（乌帕河支流，流入奥卡河）之间开凿运河。但由于远征普鲁特失败后把亚速归还给了土耳其人，这一刚刚开始的工程只好弃置。

在波罗的海沿岸并入俄国版图，以及圣彼得堡建立后，伏尔加河与波罗的海之间的连接与沟通被提上日程。因为圣彼得堡的港口与国家中部地区之间没有直通水路，这对圣彼得堡港口未来贸易额的增长构成了重大障碍，而且由于没有直通水路，这座新兴城市进一步发展所需的材料和居民食品的供应都发生了困难。只有建造运河才能大大降低商品流通和各种物资的运费，解决这些难题。为此，彼得一世在熟悉当地情况的农民的引导下，走遍了诺夫哥罗德和特维尔地区相毗连的荒蛮之地，考察河流湖泊。1703 年，连接圣彼得堡涅瓦河和伏尔加河之间的运河开始动工，到 1708 年左右完成。

然而这条水路的通航却遇到了一系列困难。特别是，由于没有水库，船只自由通行所必需的水位得不到保证。于是从 1720 年，为了保障运河的水位，在诺夫哥罗德商人的领导下，开展了引导河水建立水库的工程。但船只在航行时还会时常遭遇危险，尤其是在波涛汹涌的伊尔门湖和拉多加湖。因此在 1718 年，为了保障航运，开始修建沃尔霍夫河口通向涅瓦河源头的侧路渠，由于工程较大，1732 年才完成，至于伊尔门湖畔的一些侧路渠，直到 19 世纪才建成。

实际上，彼得一世还规划了其他一些运河的修建计划，这些计划基本上到 18、19 世纪，甚至到苏联时期才实现，比如连接顿河和伏尔加河的运河也是彼得大帝的计划项目之一，而直到苏联时期，这条运河才最后建成。

在改善国内外贸易通道的同时，彼得一世还积极建设俄罗斯在国家引导和支持下的商船队。比如政府规定，如果俄国商人用俄国船只向国外运货或从国外向俄国运货，只收 1/3 的税。

总之，为了改善俄国的交通运输线，彼得一世制订了过于浩大的计划：曾计划了 6 条运河的工程。虽然只有一条来得及在其统治时期完成，但由于这些工程对于俄国有实实在在的好处，在后来都陆续得以修建。只是时过境迁，俄国利用这些水路进而充当东西贸易桥梁的愿望却难以实现了。

三、发展对外贸易

在俄国的外贸关系中，英国和荷兰占有重要地位。尽管英国对俄国的忌惮之心越来越强，但是俄国还是通过其成功的外贸政策躲避了英国咄咄逼人的锋芒。早在 1698 年，英国就得到了向俄国出售烟草的专营权。但在俄国努力发展自己的烟草制品生产时，英国对俄国的戒心也日益加强，不久英国大使迫使在莫斯科烟草手工工场的英国工匠离开俄国，并毁掉了工场的设备，使其停工。这一事件使得俄英关系遭到破坏。随后俄国政府还是作出了让步，取消了从俄国输出树脂的一些限制，终止了政府输出亚麻和大麻纤维的专营权，降低了英国船只驶进阿尔汉格尔斯克的税率。俄国政府不止一次提出签订关于波罗的海海上贸易的协议，但英国对俄国插足波罗的海持敌对态度，特别是当俄国在与瑞典交战的过程中频频取得胜利，这令英国愈加不安。尽管奥兰会议破裂，以及英国与瑞典订立同盟后，俄英关系变得特别紧张，但俄国还是在1719年和1720年宣布允许英国人在俄国自由贸易，这些举动使英国政府在国内开展反对俄国的敌视运动时往往得不到积极响应。1721年，彼得一世发表声明，鼓励英国商人大胆来俄国经商。但英国政府的敌对立场并没有多少改变，英俄之间的贸易还是受到了影响。1719—1723年，由于英国断绝与俄国的外交关系并向波罗的海派出抱有敌意的海军舰队，英俄之间的贸易额急剧下降，而英国对俄国的各种原料产品有很大需求，所以俄国向英国的出口额仍能高出从英国的进口额数倍之多。

在与东方的贸易方面，俄国也不甘落后。虽然在黑海航行方面与土耳其的交涉没有取得实质性成果，但俄国加强了与波斯的贸易。1711年参政院还专门下达了相关的诏令，政府还竭力建立同准噶尔地区的贸易关系，对哈萨克草原也给予重视，因为这里是通往中亚和印度市场的途径。彼得一世在派遣别科维奇勘察队去希瓦时，也要求他们探明去印度的途径。

1715年，俄国同波斯缔结了通商条约，条约规定俄国商人取得了在波斯自由经商的权利，其中包括无限量购买丝绸的权利，俄国还在波斯建立了领事馆。当时同波斯和外高加索的贸易主要掌握在亚美尼亚商人手中。于是在1711年，俄国同他们达成一项专门协议，其中约定亚美尼亚商人必须将丝绸卖到俄国或通过俄国转运出口。为此他们也得到了丝绸专卖权和纳税上的一系列优惠。但是，政府吸引商人与东方诸国进行贸易的做法在国内并没有得到多少响应。况且俄国政府与亚美尼亚商人的协议也曾出现中断：1719 年，亚美尼亚商人就曾将丝绸卖给土耳其，1720 年俄国政府与亚美尼亚商人的协议又得到了恢复。

俄国同近东的交易均通过阿斯特拉罕。在这里做生意的不仅有俄国人，还有亚美尼亚人、印度人、波斯人等，他们一般在这里卖掉丝绸换取俄国的毛皮、油软革和亚麻布。不过，俄国商人在这里几乎没有任何优势。在同中国的贸易方面，俄国人与其他欧洲人相比倒是占据了先机，而同中国的贸易主要由国家经营，所以中俄贸易又非常容易受到中俄政府间关系的影响。比如，根据中俄双方缔结的条约，俄国商队每 2 年去中国一次，但是由于 1722 年中俄发生边界争议，清政府就拒绝俄国商队入境。中国对俄国乃至整个西方的商品需求度都不高，因此这种贸易往来总摆脱不了一头热的局面，加上路途遥远，都对俄国立志成为东西贸易桥梁的热情造成了不小的伤害。

四、实施重商主义

在争夺出海口的同时，政府出台了一系列重商主义政策来促进本国的贸易和生产发展，争取实现重商主义思想所推崇的贸易盈余。在此，俄国政府采取了恢复俄国商人同外国的直接联系，发展自己的商船队，依托国内手工工场的发展以成品输出代替原料输出，并实行保护关税的政策。

特别是 1724 年实行的税率政策，可谓追求贸易盈余的诸项措施中的典型。这个政策的实质就是对不同的货物课以不同税率来代替过去几乎所有货物都课以相同税率的做法，借以保护本国的工业企业。这个税率规定，大多数进口货品的课税为每卢布征收 37.5、25 或 12.5 戈比。然而，对外国商人课税时则收取外汇，即外国银币，这时俄国政府又规定，1 枚外国银币仅兑换 50 戈比，而 1 枚外国银币的市价却超过 1 卢布。由此，这种做法实际上把外国商人货品的税率大大提高了。

在把商品列入不同税档时，俄国政府采取了这样一条规则：如果该商品的国内商品生产量相当于进口量的 1/4，那么就以该商品价值的 1/4 作为税额，这种 25％ 的中等保护关税主要用于毛织品（呢子除外）、半丝织品、鞣制皮革和袜子等商品；如果国内生产量相当于进口量的 1/2，就以 1/2 的价格作为税额，比如荷兰亚麻布、天鹅绒、镀金银器、纸牌这些商品，就要收取相当于价格 50％ 的高保护关税；如果国内生产量超过进口量的 1/2，则以商品价值的 3/4 作为税额，这种税率实质上具有禁止进口的性质，它主要施行在铁、针、帆布、桌布，以及丝织品和锦缎、钾碱、矾、淀粉、烟斗这些在国内已有生产的商品。

对于从俄国出口的商品，则收取固定税，税率为商品价格的 3％，但也有例外。政府对工业原料出口就课以高税或完全禁止出口，目的就是刺激国内成品的加工生产。例如：鹿皮和驼鹿皮按价格 37.5％ 征收出口税，而对于鞣制好的这类皮革，只征收 5％ 的税；未鞣制的羊皮收税 37.5％，鞣制好的羊皮只收 3％，而皮靴则进一步降低至 1％；同样，亚麻纱收税 37％，亚麻布只收 1％。至于羊毛，则完全禁止出口，因为这是俄国的制呢工业所急需的原料。

俄国还极力阻止贵重金属流失，宣布"无论整碎银子"一律不许出境，并竭力与西班牙等富有的拥有大量贵金属的西方大国建立直接的贸易关系。1715 年被派到西班牙的佐托夫在向圣彼得堡的报告中指出，法国就是通过这种贸易，获得了大量金币而发了大财。于是彼得一世政府也进行了尝试，政府先向西班牙委派了俄国驻办公使和领事试图建立贸易关系，1724 年 8 月颁布了成立俄国商人公司的命令，并命令商务委员会"像母亲照看孩子那样"帮助公司成长。

俄国政府甚至还直接出面派官船满载着公家和商人的货物同西班牙和意大利进行交易。1717 年秋，2 艘三桅巡洋舰满载着公家的油性软革从阿尔汉格尔斯克驶向意大利最大的港口里窝那，另外从圣彼得堡也派出了满载着公家货物的"阿尔蒙特"号军舰，船上的货品包括蜡、油性软革、树脂和铁。1725 年又有 3 艘俄国官船满载着商人和公家的货物驶往西班牙，货物包括亚麻布、乌拉尔铁、大麻纤维等。在那里，他们受到了十分亲切的接待，卖完货物之后，俄国官船于当年装载着葡萄酒扬帆归来。然而政府直接出面进行跨国海上贸易只是少数现象，显然，政府从这些尝试中获得的利益并没有想象的那样高。

　　然而，我们说俄国的商贸由国家主导并不只是说俄国政府为本国贸易的发展创造了如何重要的、历史性的条件，采取了哪些重商主义政策，还有很重要的一点就是俄国最有利可图的对外贸易在很大程度上为国家所垄断，这本身也符合重商主义的原则。1713 年开始，俄国政府逐步地扩大了国家的专营权，将外贸牢牢掌控在了自己的手中，这给它带来巨大的收入。虽然一些商品的专营权在 1719 年之后被逐步取消，但仍然没有改变国家的垄断地位。

　　国家频频出手干预商贸的目的要说是为了保护贸易或为了掌控财源，都有些言过其实，实际上这与俄国商人力量过于弱小密切相关。当时的俄国商人就是在本国市场也敌不过外国商人，莫斯科的市场就是以荷兰商人为首的外商的天下，更不用说国外市场了。而坐拥雄厚财力的俄国贵族又偏偏不屑于做生意。为此，彼得一世政府不得不频频插手干预贸易，或者干脆用行政指令直接指导贸易活动。例如，当 1724 年国际市场上的铁价对俄国有利时，彼得一世便大笔一挥，下令将全部官铁卖到国外去，并在 1725 年给乌拉尔官办工厂的主管长官亨宁的指令中，责其在保障本国军需的同时，尽一切可能竭力扩大乌拉尔铁的海外输出。

　　总之，在彼得一世时期俄国的贸易政策致力于利用扩大出口，同时对进口进行一定限制的办法达到贸易上的顺差，并采用了保护性关税以保障俄国工业不受外国竞争的影响。另外，政府还采取了强制措施和监护体制领导商业与工业，积极吸引贵金属的同时限制贵金属的流出。这些经济活动都贯穿着重商主义原则。

五、发展国内贸易

　　对于俄国国内而言，由于彼得一世时期大生产和小生产的发展、区域间联系的加强、城市的发展、交通的改善，国内市场也得到了扩大。莫斯科成为全俄市场的中心，吸引着远近各地的货流，其中还包括经西伯利亚从中国运来棉织品、丝织品和茶叶等货物。莫斯科不仅是盐的集散中心，而且是粮食、皮革的重要交易市场，另外马卡里耶夫集市也成为俄国著名的贸易中心。有些俄国港口经特许，可向国外输出粮食，甚至教会也提供商品粮。由于粮食丰产并已用来酿酒，这就使得粮食比过去有了更大的工业意义。因此，在彼得一世时期，国内贸易的条件已经有所改善。

在战争期间，俄国政府扩大了对一系列商品在国内外市场的专营范围，在战争快要结束时，这些对自由买卖的限制又几乎全被取消。国家专营的商品只剩下碳酸钾和树脂，理由是为了保护森林，其余商品都准许民营，但要征收附加税（高于普通税）。但以上这些还不是俄国发展贸易最主要的问题，主要问题是俄国社会对从商的歧视和旧制度对从商人员的诸多限制和索取。例如，原来政府规定只有登记为工商户的才可以经商，由于这些工商户大多为平民，因此在当时的俄国，从商被认为是下等人才做的事，"不劳而获"才是真正的贵族，而这种陋俗正是彼得一世所深恶痛绝的。这也是为何彼得一世在一子继承法中会特别注明，分得遗产的贵族如果转而经商或从事其他重要事业，无论对其本人还是其家族，都"不算耻辱"。

彼得一世在位期间不断地宣传商业对国家的益处，为的就是努力改变国内社会对于商业和商人的固有偏见，因为在当时的很多俄国人和外国人眼中，俄国商人差不多都是骗子，不骗人就卖不出去东西。大贵族们更不把本国商人当回事，经常为了一些贿赂就帮着外国商人坑害本国商人。

更令工商业区居民不堪重负的是沉重的国家勤务和捐税。工商业公社要从自己的阶层中抽调人力在国家机构和城市机构中服务，并在各种集会中出勤，在收官款时担任统计员，在收官货时担任评价员，在国家仓库里出任检验员等。由于彼得一世统治时期捐税的增加、新机构的出现，以及新都的建设需要，工商业区居民的负担大大加重了。同时国家专卖的扩大，也给工商业区的居民带来了新的勤务。于是，工商业区居民不仅要承担当兵和为部队安排住宿的义务，还时常会被抽调去建设新都和要塞，为海军建造舰船也会摊派到他们头上。某些有修道院的工商业区，在缴纳国家税捐的同时，也要负担繁重的劳役，比如为修道院除草、休整耕地等。封建徭役严重阻碍了城市工商业的发展。于是，1706年国家首先免除了工商业者的封建徭役。同时，由于繁杂的勤务和官差（需要全部财产来担保）令商人不堪重负甚至破产，1714年政府曾颁发诏令免除商人在各办公厅和各省担任统计员的勤务。1722年4月13日，政府又颁布诏令，在全国范围内免除商人代收关税、酒款和盐款的勤务，由军官代替，虽然在实际执行中遭遇了军方的阻力，但至少工商业者的从业环境在改善。

在彼得一世的宣传鼓舞下，农民中富有的上层也开始积极经商，但是由于商人和地主的抵制，政府对农民登记为工商户的态度并不明确，几度出现摇摆。1699年和1700年，政府曾经让各城市经营店铺或经商的农民登记为工商户，然而凡是市政局认为不必登记为工商户的农民，政府命令他们不得在城市从事任何商业活动，只能靠地主生活。1711年政府态度转变，开始鼓励农民经商，规定没有登记为工商户的农民和其他人等获得在城市经商的权利，他们和工商业区居民一起缴纳"一切通常的赋税"。1714年又做了补充，规定在城市经商的农民可不必负担村中各种繁重的勤务。参政院还颁布命令，准许"各级人等……从事各种商业承包"。这些命令说明农民的商业活动在增加，政府也认为部分地放松对农民经商的束缚是有必要的，这样也有利于政府在军队建设、手工工场建设中的采购工作。被登记为工商户的农民与地主或世袭领主的关系，到1714年也有了明确规定，在莫斯科及其他城市经商的所有农民，都要向地主缴纳与其他农民等同的所有税金。

而到了彼得一世已去世的18世纪30年代，这些重商主义倾向的政策又有所倒退。在设立市政总局后，没有登记为工商户的人，被禁止在城市里开店铺。1723年，只准许接受营业额为500卢布（运送货物到圣彼得堡港口的农民例外，是300卢布）的农民为工商户。

据第一次人口普查统计，工商业区的男丁为169426人，占到总人口的3.1%。在俄国，并不是每一个城市都有工商业区，有工商业区的大约占到 70%，而工商业区男丁在 2000 人以上的只占 11% 左右，因此小工商业区在俄国占绝大多数。一些资料显示，在工商业人口组成中，手工业者和做粗活的工人占绝大多数，而商人只占 1/4 到 1/3。这一切说明，俄国的商业要取得实质性发展，仍有很长的路要走。

任何宝贵的收获都要付出代价，尽管彼得大帝的一些经济活动并不成功而且代价高昂，但就如同彼得一世不惜代价所取得的那些对俄罗斯历史影响深远的辉煌战果一样，总体而言，他实行的这些政策对俄国经济发展的影响是巨大并且是创造性的。在彼得大帝统治期间，在重商主义思想影响下，国家不遗余力地对贸易进行了监护和领导，在拓展贸易条件方面取得了辉煌的成果，同时也将对外贸易牢牢控制在国家手中，外贸额度翻了两番，给国家带来了巨额收入，国内贸易也有所发展。最终，专制国家掌控经济的力量得到了进一步的增强。

第三节　土地和农业政策：巩固专制

彼得一世时期的土地和农业政策，总体来说可以分为两个方面：一方面，扩大贵族在土地占有方面的特权，令 17 世纪便已开始的世袭领地与一般领地的同一化更为普遍，并凭借法律的形式——"一子继承法"进一步确定下来；另一方面，就是不遗余力地将农民固定在其附属的土地上。因此，彼得一世时期的土地和农业政策颇受诟病，难以像其他领域的改革那样让人印象深刻。因为这位君主未将主要精力放在发展农业生产上，如对农业生产技术和生产工具进行革新，而是仍旧在跟俄国农业中最古老的逃民问题做斗争。对统治者而言，失去耕作者，土地就会荒芜，更不要提什么发展生产，税赋也无从收缴，这才是头等大事；对地主而言，农奴本身就意味着土地和财产，而技术革新只会让农奴们无所事事，所以在俄国，几乎没有人真正关心农业生产。而为了将农民固定在土地上，彼得一世通过了一道又一道法令，这样做的后果就是令俄国各类农民的农奴化程度大大加深了，贵族地主的利益得到了维护，专制统治的经济基础也得以巩固。

一、巩固贵族特权

1714 年 3 月 23 日，俄国颁布了"一子继承法"，这一法令借鉴了英国的经验，主要目的是与贵族土地逐渐分散而导致的贵族破产做斗争，实际效果却是在法律上把一般领地和世袭领地的融合固定了下来。世袭的、因军功获得的和购买的世袭领地，与一般领地在诏令中被归为一类，统称为"不动产"，它们在继承办法上的规定也完全一样。重要的变化是，对不动产的支配权进行了限制：所有领地必须只交给一个儿子，在没有儿子的情况下，则只交给一个女儿，其他子女只能分给动产，然而这一限制性的继承条款由于执行起来难度太高，脱离俄国的社会现实，日益变得有名无实，最后于 1730 年被取消。

诏令中所宣布的禁止出卖或抵押不动地产这一条在实际中也没有得到实行，因为诏令允许不得已时出卖，只不过设定了上限，于是后来对这条政策又做了调整，干脆允许在贫困时出卖。事实上这条禁令根本不合时宜，同彼得一世时代之前就出现的土地所有权变动较为活跃的现象是非常矛盾的。

有学者认为，一子继承法的颁布反映出俄国的封建土地所有制形式进入了一个新阶段，即土地在一定程度上变为了商品，领地所有者被允许在一定条件下出卖领地及作为遗产传给旁人。更何况彼得一世在此过程中还将非世袭领地大量赏赐给臣民，准许他们作为私有财产。但这些举措并非我们想象的那样必然会推进俄国土地的私有化和资本化的进程，因为领地支配权仍受到限制。例如，亲属保留赎买权，族中最后一人不得让与财产，占有土地仍然是贵族的特权。俄国两种类型的封建土地占有——世袭领地和一般领地得益于这项法令，进一步走向同化，扩大了正处在上升过程中的中小贵族的权益，帮助彼得一世的改革获得了更为广泛的阶级基础。

另外，彼得一世政府还通过实行人头税这项立法，大大简化了社会结构，把贵族这一不纳税的特权阶层同纳税阶层（其中包括缴纳人头税的独院农民）严格区分开来。不仅是农民，连奴仆也被列入了"名册",这就扩大了地主对世袭领地居民的权力。关于归还逃亡者的诏令,以及法律所规定的地主要对人头税的缴纳负责的条文,产生了同样的后果。在彼得一世统治时期,尽管会出现一些例外的情形,但拥有附带居民的土地及对土地的占有权,基本上已经成为贵族所独享的一种特权。

但需要注意的一点是,18世纪初俄国贵族占地的典型特点之一是分散性,他们的土地往往并未集中在一处,因为他们的土地主要是靠零星购买或赏赐而逐渐增加的。这一特点也成为阻碍俄国资本主义因素发展的重要原因。

二、加强奴化农民

在俄国历史的大部分时间里,政府都在和劳动力短缺做斗争,随着俄国土地的越发广袤,这个问题就愈加突出,这也是后来的历届沙皇不敢轻易废除农奴制的原因之一。伴随着彼得一世改革的推进,以及频繁的战事所带来的各种压力,巨大的战争开支及征兵劳役毫无例外地给以农民为主体的底层民众带来了巨大的负担,一些学者认为,俄国人口很可能减少了。而有些学者则认为,彼得一世时期的人口普查反映出的农户数量减少,实际上更可能反映的是农民逃跑躲避苛捐杂税现象的加重。

在彼得一世时期,虽然国土与现今俄罗斯相比要小很多,但是劳动力短缺的问题已经很突出了。彼得一世为维持大量作战部队,经常从农村抽调兵丁以补充缺额;同时彼得一世兴建新都,开凿运河,也需要占用大量人力物力。更何况在彼得一世时期,几乎一直处在战争状态,军事部门对农产品的需求在不断增加,工业不断发展,对原料的需求也在不断增长,农村劳动力的缺口进一步加大。在当时的君主制度下,这一切对农民而言并不意味着他们身价的提升,相反,只有负担的加重。由于战争需要钱,政府以各种名目向农民收取的税费也大幅增加,这都迫使不堪重负的农民选择了一项他们被法令禁止了的历史权利——出走(逃跑)。在北方战争时期,赋税特别沉重,农民逃亡的规模最大。

在俄国历史上，离开"坏主人"投奔其他主人或者去寻找无主荒地是所有农民的一项权利。可想而知，农民的出走将对农业生产秩序及国家的财政收入势必会带来不小的威胁。1497 年，伊凡三世颁布了通行全国的法典，其中规定，农民只有在尤里节（冬）前后各一周的时间内才可以离开自己的主人，在离开之前必须要完成劳役，付清税费和专门的土地使用费。这是俄国历史上第一次用法律形式限制农民的出走权。由于劳动力短缺，地主之间不得不抢夺农民。大地主和大贵族往往为了吸引小地主的农民，代替他们偿清税费。由此伊凡四世不得不在 1581 年颁布"禁年"法令，在"禁年"期间禁止农民出走，即使在尤里节也不允许。农民们只有愤怒地大喊："去你的，还尤里节呢!"这句话后来甚至变成了俗谚，流传至今，用来表达对希望破灭的失望和不甘，可见它对农民生活影响之深。

于是在 16 世纪，俄国农民就从法律上被固定在土地上，没有主人的同意和国家机关的允许，不得擅自改变居住地和等级。逃跑和欠税是犯罪行为，逃跑者被抓后要遭受严厉的体罚（打烙印、割耳、挖鼻等），并被送还给自己的主人。农民们一般除了对自己主人承担劳役、代役租或者是混合赋役外，还要对国家承担大量的劳役。

地主们主宰着农民们的命运，每个领地都类似于一个"微型的国家管理系统"。然而正是因为地主们充当了农民们的大"家长"，也不得不给予农民们各种形式的监护：提供贷款，分配牲畜和工具，在灾年分发粮食和种子，在法庭上予以保护，防止警察欺压，照顾老人和病人，实施教育等。当然，这种监护远非具有法律上的责任意义。因此，一个好的主人对农民的生活质量几乎具有决定性影响，农民们也非常在乎自己离开坏主人这项古老的权利。

伊凡四世实行特辖制的时期，本已不堪重负的俄罗斯中央地区的农业经济遭受了灭顶之灾，饥荒的蔓延，压迫的加重，这些都令农民企图逃跑。俄国对喀山汗国和阿斯特拉罕汗国的征服打开了通往东南方大片沃土的通道。政府最初鼓励农民向这里移民以巩固俄国对新征服地区的控制，但农民逃跑无疑会削弱其主人——服役贵族为国效力的能力。毫无悬念，在二者的矛盾下，沙皇政府只能选择牺牲农民的利益。因此，在16世纪末，莫斯科当局横下心来，决定确保服役贵族拥有足够的劳动力为要，于是由国家推动的农民大规模农奴化的进程开始了。

禁止农民逃跑的法令愈加严酷的过程，实质上就是农民从法律上开始农奴化的过程。1597年政府颁布法令，将地主追捕逃跑农民的有效期限延长到了5年，1607年又进一步延长至15年，农民的依附关系被日益强化。在17世纪的混乱时期，这些束缚农民的法令失去了效力，但1649年法典又将其全面恢复。沙皇阿列克谢·米哈伊洛维奇主持召开的缙绅会议通过了1649年法典，取消了农民的一切出走权，赋予农奴主对逃亡农奴有永久的追捕权，确立了农奴在土地、人身和司法上对地主的依附关系。于是各类农民都被固定在土地上，附属于土地的主人，即地主、教会和国家或沙皇，没有主人的同意和国家机关的允许，不得擅自改变居住地和等级。这标志着农奴制在全国范围内的最后形成。

但是这些法令的颁布还是不能杜绝农民逃跑。他们藏在森林里，跑到南方，跑到伏尔加河边，跑到乌拉尔山区，甚至在顿河边逐渐形成了一个据说是来源于逃跑农奴的特殊群体，人们称他们为哥萨克。"哥萨克"一词最早出现在1444年的编年史中，指的是当时刚开始出现的，聚集在遥远的边境地区、管辖权交叉地区和控制权不确定地区的"冒险家"群体。他们全民皆兵，自由好战，沙皇后来也不得不承认他们的特殊地位，并利用他们来保卫边疆，开疆扩土。

彼得一世时期，农民们的负担异常沉重。在地主给农民的各项负担没有减轻的情况下，国家给农民摊派的各项负担都大为增加。其中服兵役是最沉重的义务，因为俄国兵役是终身制。最初只招募单身汉，1708年扩大到已婚者，国家甚至向各个等级包括家仆和教会仆役中进行非常征兵，征兵的年龄范围也扩大了。此外，建立海军，建设新城市，开凿运河等国家建设项目也加重了农民的负担。同时，在战争期间，农民的赋税也增加了。于是，在彼得一世统治时期，农民破产及农民逃亡的现象十分普遍。

　　苛捐杂税和沉重的劳役是农民逃跑的直接原因，而俄国农民逃离"坏主人"，向往自由的传统则成为农民逃跑屡禁不止的深层原因。这也从另一个方面促进了俄国开疆扩土，同时又为农民逃跑创造了条件。而农民不断流失对农业国而言就意味着稳定的国家财政收入将化为泡影。"没钱收"是想要打出一片天下的彼得一世所不能容忍的，于是，尽管彼得大帝不止一次对农奴制度表现出厌恶态度，却仍不得不为了保障税源和农业生产采取果断态度。于是，彼得一世颁布了一道又一道的命令，严惩逃跑和欠税行为。

　　彼得一世在位期间颁布的有关农民的法令最多的大概就是追查逃亡农民的法令，在 18 世纪头 25 年，相关的命令就达 46 个。比如 1704 年，警告隐匿逃亡者的人有被没收领地的危险。1710 年，则提出各地选出村长、保长、甲长对农民予以监视，不让逃兵和各种外来人有地方落脚。1721 年规定，要在一年至一年半之内归还逃亡者，否则将收取 60 卢布的高额易主赎金，该金额已经是 1698 年规定的 3 倍；而隐匿者则将被流放做苦役，不按期交出逃亡者的管家将被剥夺全部财产，无财产的则被送去当帆桨大船的划手。后来又规定，收容男性逃亡者的收取 100 卢布，收容女性则收取 50 卢布，地主隐匿逃亡者，剥夺其领地，神职人员收容逃亡者则剥夺教职，凡告发地主非法收留逃亡者的人，若系农民，则给予自由。尽管如此，收留逃亡农民的现象还是屡禁不止，而沙皇对于一些大贵族地主或工厂主也不得不睁一只眼闭一只眼，甚至特准他们缓缴易主赎金。而圣彼得堡这一急需建设的城市也是不可能归还逃亡者，因此也被作为了例外。这种立法的矛盾性在有关逃亡者的条款中非常明显。

　　除了立法阻止农民逃亡，将农民束缚在地主的土地上之外，彼得一世的其他一些政策也加速了农民的奴化进程。例如，他将附带大量农户的大片土地赏赐给贵族以及外侨贵族，而被赐予的土地上的农民有一些原本是自由农民。土地被强占或非法交易的情况也大量存在。

更何况 1719 年政府颁布法令，规定农奴和地主农民的法律地位平等，这就大大降低了地主农民的地位，因为在此之前，农奴的地位接近于奴隶，地主农民的地位与自由农民相近。但后来，彼得一世为了"国家利益"，用新法①和"人头税"将可能获得自由的农民、流浪汉也永久地变成了农奴，农奴也开始缴纳国家的赋税，把独院农民②都变成了国有农民，要他们缴纳国有农民所需缴纳的人头税。各类农民地位逐渐被同化为农奴。同时，俄国农民逐渐分化为宫廷农民、国家农民、地主农民、教会农民等，其实就是让统治阶级瓜分劳动力，各自分到农民，不让他们逃跑。

虽然彼得一世并没有直接颁布法令明确规定地主对其占有的农民具有哪些权力，但实际上地主对农奴的权力都是约定俗成的，只有一部分得到了政府以单独的法令确认。怕激起农民的不满只是一方面，其实政府压根儿不想断掉自己随意打农奴们主意的后路。因此，直到农奴制快要被废除的 1832 年，《俄罗斯帝国法律汇编》才首次承认了地主和农奴的关系。总之，彼得一世扩大和加强了农民对地主的奴化关系，使得农民更加依附他们的主人而不是土地。彼得一世时期开始实行身份证制度，没有行政机关经村社同意后颁发的身份证，农民甚至不能到距离自己居住地 30 里以外的地方。农民想要到离村不到 10 里的小集市上也要申请。甚至农奴出行要有甲长陪同，以防止农民私自做买卖，在饭馆酒铺吃吃喝喝，把钱花在个人消费而不是增加地主的收入上，如有违反会受到惩罚。

地主对农民剥削的加重不仅在俄罗斯民族居住地区是如此，在乌克兰及波罗的海新并入的土地上也是如此。在农民奴化程度加深的同时，贵族的土地不断增加，并且获得了大量农户。因此，几乎是与俄国的进步势头逆向而行的现象在彼得一世改革期间也在发生，那就是

---

① 例如，1713 年政府规定，允许根据地主的申诉用鞭子惩罚农民，于是国家的警察机关就有责任执行地主的判决，实际上这种惩罚通常都由世袭领地当局自行实施。

② 独院农民类似于小地主，是曾经保卫过国家南方边境的下级军职人员的后代，他们很久以来就享有地块的封建领地权。他们之中极少数会拥有一两个农奴，绝大多数一个农奴也没有。

俄国的农奴经济在不断扩大。

三、管教农业发展

尽管对农民的束缚进一步加深，但是在地主的命令下，人口从稠密的中部和北部地区向南部空闲地合法移民的情况一直没有中断。地主们主动向边远地区开垦荒地，扩大耕地的现象不仅在南方有，在俄罗斯中部地区、边区也存在。然而这一开发的过程发展得并不平衡。在国家的中部地区和南方进展较快，而在西北和西方进展稍微慢些。在乌克兰、西伯利亚和伏尔加河流域各族居住的地方，均可见到扩大耕地的现象。这与 1700 年前，新土地的开垦集中在俄国欧洲部分的情况很不同，这主要是受到了北方战争的影响。与此同时，不仅贵族领地的耕地在扩大，教会领地也在扩大。1699 年农民播种面积为 3200俄亩①，到 1722 年则扩大到 4258 俄亩。

在俄国南部，由于该地区正处于开垦新土地的过程中，除实行三区轮作的耕地之外，休闲地是普遍现象。伐林耕作制主要盛行于国家的北方县份。在阿尔扎马斯、下哥罗德和奔萨等县的多林地带，以及在莫斯科县西部和林木丰富的卡申县，还存在着休闲地和林垦地。在俄国西北部，在一些老耕作区（在诺夫哥罗德、维亚济马、斯摩棱斯克诸县），也有休闲地和林垦地。这是因为在北方战争头 10 年内，由于军事行动，西北地区比别的地区遭受了更大的灾害。在乌克兰，自古以来就有三区轮作制。在乌拉尔地区和西西伯利亚，在 17 世纪到 18世纪初，农业耕作就其形式而言，接近俄国中部地区的农业。

有数据显示，对空闲地的开垦兴起于 18 世纪 20 年代，这一时期很多空闲地都被转列为耕地、刈草地和新的村庄。

俄罗斯的耕作习俗即三区轮作制，在 17、18 世纪正缓慢地向远东扩展。有资料显示，在东西伯利亚，从 17 世纪末到 18 世纪初，基本的大田作业制是二段轮种制，只是在个别作业区出现了三区轮作交替

---

① 1 俄亩约等于 1.09 公顷或 16.35 亩。

耕作的萌芽。在俄罗斯耕作法的直接影响下，西伯利亚的一些土著居民开始展开农业耕作。政府机关对于一些土著民族，如布里亚特人，同对待俄罗斯移民一样，凡从事农业耕种的皆给予种子和农具方面的帮助。到18世纪初，这些民族的一些人已经被列为从事农业耕作的农民。从事游牧的巴什基尔人则比伏尔加河流域其他民族转向农业耕作晚一些。

在整个彼得一世在位期间，俄国土地上基本的粮食作物种类变化不大，最常见的作物是黑麦和燕麦。除黑麦和燕麦之外，播种面积比较大的是大麦、小麦、荞麦、豌豆和黍子。从18世纪20年代起，俄国中部地区小麦播种面积扩大了，荞麦的播种面积缩小了，但小麦播种总面积尚未超过荞麦。在经济作物中，广泛种植的是亚麻，还有苎麻，特别是在国家的北部和西北部的一些地区，这些作物久负盛名。彼得一世统治时期还开始播种饲草，首先是在休闲地上播种箭筈豌豆，从18世纪之初起，在大乌斯秋格地区，还播种梯牧草。然而作物种类的多样性主要属于地主耕地，农民耕地的作物种类要贫乏得多，农民广泛种植的只有豌豆。

彼得一世对农业生产的关心也体现了一种"家长式"的作风：事无巨细，频频使用强制手段。彼得一世认为管教农民就应该像管教"无知的小孩子"一样，从生产作业到精神需求，从生到死都要管。彼得一世颁布了不少这类命令，从穿什么衣服到用什么布料、皮革用什么工艺、收庄稼用什么刀、房子怎么盖都有规定。这些规定有些只从"国家需要"出发却没有充分考虑现实情况及农民利益，导致一些政策最终难以为继。例如，1715年全国各地教堂曾多次公布沙皇的一项旨令，规定农民必须纺织国外顾客大量需要的宽幅麻布，不得再织窄幅麻布。显然许多地方的农民无法完成更新织机这个前提，而且普通农舍也放不下宽大的织机，加上窄幅麻布在国内市场仍有需求，这项硬性规定最终名存实亡。1721年，政府下令用大镰刀和耙取代小镰刀收割庄稼，实际上当时用大镰刀收割已经是普遍现象。

有些命令本身是有益的，但却没有得到很好地推行。例如，1700

年西伯利亚衙门为了提高粮食产量，曾多次指示地方行政当局给田地施厩肥，因为当地原始的耕作方式令本就缺乏肥力的土地更加贫瘠，已经长不出粮食，但是本地居民对施肥一事并不习惯。于是这些貌似有益的法令也只能湮没在那些数量繁多的、只不过是在浪费民力的农业政策之中。

彼得一世当然也清楚，"国家利益"使得农民承担了比过去更多的"义务"和税赋。因此，他曾考虑颁发《爱惜耕者令》。这道诏令里提到，农民是"国家的动脉，正像通过动脉滋养人体一样，国家也需要靠耕者来滋养，因此应当爱惜他们，勿使他们劳累过度，而应保护他们免受各种非难和破产，特别是公务人员应当善待他们"。但就是这种明显以保护农民纳税和承担兵役能力为最终目的的"虚情假意"也没能公布出来。再有就是，沙皇曾经试图阻止买卖农奴，但他清楚这种情况在现行制度下难以避免，于是要求贵族和地主们进行买卖的时候至少不要将农奴家庭拆散。这些"爱惜"农民的思想存在，多少反映出牺牲农民是彼得一世无奈的选择。

由于彼得一世的命令，农民也开始学习种植经济作物。1715年政府还下令"发展"亚麻业和大麻业并扩大亚麻和苎麻的播种面积，而过去不种植这类作物的省份，政府则要求教会农民们种植。这些经济作物也大量用来向国外出口。此外，烟草种植也开始发展，特别是在乌克兰和伏尔加河下游地区。18世纪20年代初，一些加工烟草的手工工场开始出现。养蚕业也取得了成就，政府在1700年颁布命令扩大桑园规模，甚至规定凡砍伐桑树者要处以死刑。政府为了鼓励养蚕，还把官地分配给私人。1720年，第一座丝织工厂开始兴建。1724年，政府还专门从意大利聘请来一些养蚕缫丝的专业技师来提高俄国的养蚕业水平。

在农副业上，国家大力发展养羊业，竭力用原产原料供应制呢工业以保障军装自给。因为当时俄国还没有细毛羊，不得不使用进口毛，价格非常昂贵。于是国家耗费大量资金开办养羊场。1724年专门曾颁布命令，要在"气候适宜于繁殖绵羊和出产优质羊毛"的省份兴办养羊场。为了改善绵羊品种，政府从西里西亚购进西里西亚细毛绵羊，从西班牙购进美利奴细毛绵羊，散发了关于绵羊的饲养、治疗、剪毛和繁殖的专门"规则"。不仅如此，政府还亲自组织养羊场，并将一部分转交给私人经营，这种转交有时甚至是强制性的，1722年为此专门颁布的一条诏令就是如此，其中还责令贵族地主精心照料绵羊，否则严惩不贷。1726年，仅在乌克兰一地，养羊场就有13万只绵羊。

为了保障军队供应，国家也发展养马业。1720年，政府就曾专门下令在阿斯特拉罕设立养马场。另外，在彼得一世时期，养蜂业也取得了进展，无论在地主经济，还是在农民经济中，饲养野蜂都很盛行。最大的养蜂场有100～150个蜂箱。养蜂业的产品，在国内和国外市场上销路都很好。1717—1720年，从阿尔汉格尔斯克港和圣彼得堡港出口的蜂蜡就超过29843普特。

在17世纪，还没有林业管理和林业组织，而彼得大帝为了造船、开凿运河等项目，不得不开始着手将一部分森林资源管控起来。1703年开始要求编造森林清册，同时禁止砍伐木质坚硬的树木，大量私伐造船木材将被处以死刑。受国家保护的自然禁区设立了起来，以管控造船用的和向外出售的木材。1719年，海军委员会开始接管森林，设立一些森林管理区，在一些地区还设立了林务官。虽然这些命令执行情况不佳，然而功绩在于提出了保护和合理利用这些森林财富的任务。

总体来说，在彼得一世统治时期，俄国的农业耕作制度没有产生重大的技术革新。俄国的主要产粮区中，占统治地位的仍是三区轮作制，在林区和森林草原区，盛行的是伐林耕作制，在草原地区盛行的是休闲地制。田地收获量是耕作技术水平的标志，虽然在彼得一世时代曾经推广过经过改良的收割庄稼的方法，但有数据显示，俄国此时的收成仍维持在比较低的水准。例如，1719年图拉县的黑麦收获量约为种子的2.2倍，燕麦收获量为种子的1.7倍，大麦为2.6倍，荞麦为1.2倍。

自然灾害和不利的气候条件，是造成歉收的重要原因之一。在北方，春播作物时常遭受到夏季冷雨和晨寒的危害。在最北部的农业地带，据统计，每 10 年中就有 3 年歉收，3 年中等收成，只有 4 年是好收成。在彼得一世统治时期，1704—1706 年，农业就因受灾而令收成受到影响，1722 年和 1723 年这两个荒年，灾情尤为严重。在歉收的 1723 年，粮价比 20 年代末高出一倍。为了解决农业歉收等问题，政府还专门在税务委员会下设立了监督耕田的专门的办事处。

随着殖民化进程的推进，黑土地带和非黑土地带之间经济上的差别越来越明显。黑土地带人们主要从事农业，其特点是劳役地租制经济有所扩大；非黑土地带以手工业和商业的发展为特点，逐渐成为农产品不能自给自足的地区，而在组织农奴制经济方面，则实行代役租制。

在这个时期，个别农业地区初步进行了专业化生产，畜牧业地区和技术作物地区得到发展。正规军和海军的建立、大规模的建筑工程、大型工业的兴起，提高了对农业原料和粮食的需求，从而加速了农业中商品货币关系的发展过程。部分地主生产农产品是为了运往市场出售，由于这个缘故，领主们不断扩大耕地，开垦新的土地。彼得一世实行人头税改革之后，进一步刺激了耕地的开垦。因为过去的税法（田亩税和户头税）往往跟田亩数量有关，这使得土地所有者不得不去尽量减少需要纳税的耕地，或者将注意力集中在合并户头上，没有人去扩大耕地面积。而实行人头税之后，减少纳税耕地的行为便没有必要，农民无论耕种 2 俄亩还是 4 俄亩，都缴纳一样的税，这就在一定程度上推动了土地的开垦。

另外需要提及的是，认为彼得一世执政时期国家遭到巨大破坏，许多地方变得荒无人烟的论点遭到不少学者的驳斥。这些学者指出，18 世纪头 10 年俄国居民的确有所减少，但是在彼得一世执政的最后 10 年得到了弥补，这也在一定程度上说明了农业经济的缓慢恢复。

总之，由于封建土地所有制和农奴制的广泛存在，耕作技术和农业工具的普遍落后，田地的稳产和高产自然无从保证。在彼得一世统治时期，乃至整个 18 世纪上半叶，农业收成不高、歉收是常见现象，基本上中常年景和歉收年交替出现。可以说，农业在彼得一世改革时期没有取得什么明显的进展。

第四节　工业建立：大国的根基

17世纪末到18世纪初，由于战争的需求和国家的直接推动，工场手工业的大型生产得到推广，这对于俄国工业发展具有重要意义。事实上俄国的工场手工业在17世纪前就已经产生，社会分工在17世纪也已初现端倪。尽管如此，在彼得一世改革之前，俄国的工场手工业总体来说规模小，产量低，设备落后，大量的物资都依赖进口。而在彼得一世统治时期，这种情况发生了改变。特别是一些具有战略性的行业企业和具有国防意义的工业的建立，为俄国的军事崛起和独立发展，起到了具有决定意义的作用。这些关键行业的建立和发展，正是俄国跻身大国的基础。

一、官办工业生产的兴起

彼得一世时期官办大型工业企业的兴起主要是为了满足开战情况下的紧迫需求。这些跟战争紧密相关的工业企业具有重大的战略意义和国防意义，而为了打赢战争，俄国不仅要自己兴办一批大型工场，还需要树立较高的行业水准。17世纪遗留下来的小工场已经远远不能满足这些需求。俄国充分发挥其对生产资料和劳动力的封建所有权，并广泛利用了过去积累下来的经验和技术人员，从17世纪90年代中期起，特别是从18世纪初开始，迅速地建设起官办大型工场，而与战场消耗最大的枪炮直接相关的冶金行业，自然首先得到了发展。

官办冶金工场在乌拉尔、卡累利阿发展地尤为迅猛。这是因为前一时期由俄国企业家和外国企业家在图拉-卡西拉、莫斯科等地建立，主要是为完成国家订货的大型水力工场（炼铁场和金属加工场）时，俄国已经获得了一定的技术积累，在这些工场里，使用了先进技术，并采取了劳动分工。后来在17世纪90年代图拉和莫斯科附近地区还建立了一些炼铁场和造枪场。一些有经验的工匠从这些炼铁、造枪、造炮的工场被调到了乌拉尔，同时，图拉和莫斯科水力工场的先进技术也被带到了乌拉尔。乌拉尔矿石丰富，森林茂密，一直以来使用手工炉的小冶金业就很发达。在北方战争的推动下，乌拉尔迅速发展成为彼得一世时代最大的冶金工业区。

1701年，涅维扬斯基工场和卡缅斯基工场开工，这是乌拉尔的第一批官办冶金工场。1702年建成了乌克图斯基官办工场，1704年又建成了阿拉帕耶夫斯基官办工场。这些工场的技术和产量较过去都有较大提高，在欧洲范围内也属于先进行列。从乌拉尔工场通往水路渡口的大道上，满载生铁及大炮、炮弹、炸弹的大车络绎不绝。

因为乌拉尔的工场距离前线很远，于是俄国政府不得不同时也在西北部建设工场。虽然这里的矿石比不上乌拉尔地区，但毕竟距离战场和波罗的海都比较近。1702—1707年，俄国政府在乌斯秋日纳附近建立了乌斯秋日纳工场，在别洛泽尔斯克边区建立了特尔别茨基工场，在卡累利阿建立了彼得罗夫斯基工场，彼得罗夫斯基工场是这里最大的工场。另外在洛索辛卡河流入奥涅加湖的入口处，建立了阿列克谢耶夫斯基工场、波维涅茨基工场和康切泽尔斯基工场。政府在南方也兴建了官办工场，比较大的是沃罗涅什省的利佩茨克官办工场和库兹明官办工场。在其他地区由于受到各种条件的限制，工场的规模都不是很大。例如，在奥洛涅茨冶金区的一些官办工场，则组织生产刃钢、普通钢材、铁板、铁丝及其他铁制品。

北方战争的需要加速了俄国冶金工业的发展进程，国家在很短的时期内便拥有了11座大型官办工场。其中乌拉尔的官办工场由于地理条件优越，产量最高。如卡缅斯基工场，在其建立后的最初几年就已经熔炼出几万普特铁，如1704年，其熔铁量为5.65万普特。而卡累利阿的彼得罗夫斯基工场，4座炼铁炉连续不断地生产，在1715年铁的最高生产能力也就达到3.35万普特。从此，工业企业的新形式和技术方法开始向东——向西伯利亚传播。老冶金工业区，如图拉冶金工业区和奥洛涅茨冶金工业区则逐渐退居次要地位。

战争结束后这些官办炼铁场逐渐开始向出口制造发展。于是，像叶卡捷琳堡冶金和金属加工场这样的巨型工场被建立起来并被投入使用。这座工场与乌拉尔的那些企业不同，那些企业通常只进行熔铁和锤击冲压，而在叶卡捷琳堡工厂，则有各式各样的车间，用来制造铁丝、白铁、刃钢、普通钢材、切分铁等。

在这个时期，铜的开采和加工作为新行业也逐步展开。17 世纪，俄国在这一领域所做的尝试遭到了失败，只搞清了铜矿产地。在 17—18 世纪之交，政府在喀山省维亚特卡河上组建了第一座"铜"场，为后来俄国的铜矿开采和加工奠定了基础。政府在卡累利阿地区建立的官办炼铜场还比较成功，稍后，在康切泽尔斯基制铁场附设了炼铜车间。18 世纪 20 年代，在萨兰河上又出现了一座新的官办炼铜工场。乌拉尔的建场活动则更大一些，俄国政府先是在昆古尔附近建立了炼铜厂，之后在乌克图斯基铁工场内建立了炼铜车间。很快，俄国政府加强了建设活动，在乌拉尔又建立了 5 座官办炼铜工场。此后，俄国铜的产量显著增加。到 1724 年，纯铜产量为 9336 普特，1725 年为 5533 普特。这些官办工场出产的铜主要运往莫斯科和圣彼得堡的造币场。

贵金属开采这一新行业也在官方推动下有所进展。1704 年，政府建成了设有专门熔炉的官办采银工场，次年开始采银。然而，采银活动开展得很慢，政府每年得到开采量仅为 1.5～11 普特，但总算为以后贵金属的开采奠定了基础。

由于战争的需求，国家对火药的生产也不得不重视起来。以前政府所需的火药主要靠私人小工场的场主兜售供应，而在彼得大帝时代，由于需求激增则建立了官方的大规模的火药场。这种工场在彼得堡就有 3 座，其中有 2 座在奥赫塔。1721 年，在这 2 座火药工场工作的有 125 人。另外，莫斯科郊区也建立了火药场。乌克兰第聂伯河左岸地区硝的蕴藏量极大，因此政府对这里的火药生产非常重视。在北方战争开始后，政府下令从乌克兰取得的所有的硝都必须运往莫斯科，并且千方百计鼓励乌克兰当地的制硝手工业。于是，在一些富裕的哥萨克上层人物的领导下建立的制硝企业，成为国防用硝的主要供应商。

更为重要的是，由于北方战争的需要，圣彼得堡及其附近地区逐渐成长为大型的军事工业中心。而海军部造船场和生产各种武器的兵工场的建立，奠定了圣彼得堡大型工业联合企业形成的基础。海军部造船场于1704年由彼得大帝下令建立，这带动了周边一系列为造船场服务的新行业和小企业的创立，如水力锯木作坊、砖场、"树脂场"、特种形制木板场等。在国家的支持下，造船场的成长非常迅速。1712年前，这里只能建造不大的船只——帆桨大船、帆桨快艇和快艇；从1712年起，这里便开始每年都建造大型船舰，直至建造三桅巡洋舰。1706—1725年，海军部造船场总共建造了不下59艘船舰和200只以上的小船，这些船只都被编入了波罗的海舰队。而造船场的工人在1711年有4700人，1715年则达到了1万人，足以说明这一企业在当时所达到的规模。战后，该造船场开始转型，从1724年起，该造船场还为新出现的捕鲸业制造船只。

俄国在其他地方也建有造船场，一些建于海军部造船场之前，比如沃罗涅什、塔夫罗夫，以及莫斯科的普列奥布拉任斯克、阿尔汉格尔斯克的造船场。北方战争开始后，在奥洛涅茨和卡累利阿的夏西河上也出现了造船厂，各省的农民和工匠也被政府派来这里工作。

圣彼得堡兵工场的规模也很大。它兴建于1711—1713年，起初是为了生产大炮而建立，因此也叫作"炮场"，由于从莫斯科、图拉等地调来了大批工匠，这里由37人逐步增长到有近200名工匠和各类技术工人的规模。在场里有承担基本生产任务的各式各样的作坊：打铁作坊、钳工作坊、车工作坊、炮架作坊、木工作坊。这个复杂的联合企业所在的区域现今被命名为铸造大街，这名称本身就说明了该区在当时的意义。恢复建设炮场是彼得一世强兵政策的重要举措之一。但是俄国的炼铜业在原料供应方面显然不如炼铁业，为了铸造铜炮，就连教堂和修道院的铜钟也会被征用。

1721年，在圣彼得堡郊区又建成了当时最大的谢斯特列茨克兵工场，该工场人达到600多人。此外，1712年在图拉也建立了兵工场。

于是，在战争需求的推动下，据不完全统计，18世纪的头25年中，俄国兵工厂制造了25万支火枪、5万支手枪和3500门大炮。

　　轻工业大型企业也是以生产军需品的官办企业为主，比如风帆手工工场、制绳场，还有提供军装的呢子、麻布手工工场，为军事部门生产军鞋、背带、武装带、背囊和皮带提供材料的皮革场等。因为彼得一世时代之前的纺织手工工场一座都没能保存下来。纺织业所包括的麻布帆布工业、毛呢工业和丝绸工业得以重新振兴，莫斯科凭借其有利条件，建立了一大批官办手工工场，如 1696 年建立的哈莫夫工场、1707 年的亚麻桌布工场（后转让给私人）、1705 年开办的制呢场（后转让给私人）等。这些工场的规模已经相当可观，其中生产大型风帆的哈莫夫场，到 1719 年已经有 300 多台织布机，工匠和工人则有 1362 人。在官办企业的带动下，到 18 世纪 20 年代，俄国纺织手工工场总数达到 40 座，其中近 24 座在莫斯科。于是莫斯科逐渐成为俄国的纺织工业中心，并且一直延续到了 19 世纪。

　　除与军事相关的企业外，其他一些新兴行业也是先由国家出资开办，比如由建筑公署和海军部所属的官办水泥场。另外一些则是混合企业或"外资"企业，比如 1718 年雇有外国工匠的壁纸场，1719 年外国公司建立的韦斯托夫制糖场。在制糖场，不仅是工匠，就连制糖原料和设备都是由外国订购的。

　　另外值得一提的就是造币场。单从在技术方面讲，俄国的制币工作获得了许多成就。这一时期莫斯科有 3 家造币场，其中 2 座是旧有的，新建的卡达舍夫斯基造币场建立于 1701 年。在彼得一世统治末期，圣彼得堡也开办了一家铸币场。货币首次被铸成正圆形。从前是把银条切成块，压薄、打戳，均用手工操作，现在则全部使用由铁或铜制成的造币冲床，而且压印也用螺旋器进行。俄国货币制度在当时来讲是相当先进、完善的，因为它是十进位制，即货币基本单位的相互比例是 1∶10∶100。直到 18 世纪末期，法国和美国才出现十进位币制，而传播到其他国家就更晚了。

　　这些大型官办工场的建立，虽然远未具有近代工业的意义，但它们为俄国在军事上的崛起发挥了重要作用，不仅为俄国赢得战争的胜利提供了可能，而且为俄国独立自主的发展打下了坚实的基础。这些工场大都拥有西方最先进的技术，使得俄国的国防工业和一些具有战略意义的行业有了世界先进水平，并迫使俄国为提高工匠素质而进行了普及各类教育的尝试。

二、开展地质勘探

为了建设冶炼工场，满足战争需求，矿藏的勘探工作大力开展起来。在彼得一世统治时期，俄国进行了比较系统的地质勘探，这项工作大大丰富了国家矿藏的资料，推进了国家的工业建设。这项工作由国家专门机关直接推动，各地方也积极给予配合。可以说，正是地质勘探工作的进展直接推动了俄国工场的建设。

1696年，上图里耶军政长官德·普罗塔西耶夫曾奉命在辖区寻找铁矿，一年后他给莫斯科递交了报告和磁铁矿、涅伊瓦河矿石的标本，这些标本还被送往国外请专家分析，最终确定乌拉尔的铁"成色最好"，于是决定在涅伊瓦河畔立即建设了工场。

随后的几年，全国各个地区都对铁矿和铜矿进行了大力勘察。矿物的勘察工作主要由采矿衙门领导，在这个衙门存在期间（1700—1711），它勘察了俄国欧洲部分的121个矿床，其他人员也广泛参与到这一行动中。事实上有关矿藏的讯息其实主要还是依靠当地农民和铁匠来获得，如喀山县的铜矿、著名的古梅舍夫铜矿、乌拉尔山东坡的铜矿、丘索瓦亚河下游沃尔奇亚山脚下的磁铁矿、托木斯克地区丰富的铜矿和银矿等都是由当地农民率先发现的。这些发现成为彼得一世兴建新工场的基础。另外，对石油的勘探也已经开始，在远征波斯期间，彼得一世还命令丘什金将军在占领巴库之后对所有油井进行登记。

为了满足北方战争对火药的需求，国家对硫黄的勘探和开采也给予了特别的重视，1700年就在谢尔基耶夫斯克的老矿床附近建立了国家工场，1709年在萨马拉附近又发现了质量很好的新矿，于是这里的工场也迅速建立了起来。同时，彼得一世也大力推动了煤矿的勘探工作。俄国的主要煤田——顿涅茨煤田、莫斯科附近煤田和库兹涅茨煤田就是在彼得一世统治时期发现的，但是碍于当时的技术所限，很多煤矿都没能及时开采。

三、扶植私人企业

官办工业对私人企业和工场手工业的发展产生了积极影响，同时国家也对私人企业的开办采取了大力扶植的政策，不少官办大型企业在后来直接转给了私人经营。当然，为了满足扩军备战的紧迫需求，政府曾为了利用私人资金，采取过一些强制性的措施促使私人办场。例如，在1696—1698年政府曾下令，规定拥有100户以上的地主组建造船"公司"。但这些所谓的"公司"大都是临时性的，具有应付差事的性质。

与官办企业不同，受资金、能力等各方面条件的限制，私人兴办企业、工场的兴趣主要集中在轻工业方面。私人纺织手工工场的建设在18世纪20年代中期才开始兴起，这些工场主不仅有商人，还有宫廷官员。而其他工场的建立要早一些，工场主主要是国家的显要官员，例如：亚·丹·缅希科夫于1714年在克里亚兹玛河上建立了帆布"工厂"；御前机要秘书阿·瓦·马卡罗夫于1717年同缅希科夫、阿普拉克辛、沙菲罗夫和托尔斯泰合伙建立了丝绸手工工场；马卡罗夫还于1718年建设了第一家制造呢子和粗呢的私人手工工场。

政府的扶植，对私人企业的兴办起到重要的推动作用。在18世纪20年代已经成为俄国纺织工业中心的莫斯科，最大的私人手工工场——塔梅斯麻布手工工场，原先就为官办企业，是由政府转交私人经营的。该工场有336台织布机和761名工人。同样由官方转交给私人经营的莫斯科制呢场在1724年则拥有155台织呢机，工人数量达到了1016人。18世纪20年代中期起，乌克兰北部诸县也逐渐成为纺织工场手工业的重要地区。

总体说来，纺织业中靠私人资金建立起来的大型手工工场为数不多，大多数纺织手工工场的织机数量为8～12台，工人为20～30人。就技术而言，虽然出现了机械化的设备，但基本上还是手工式的，同欧洲处于同等水平。彼得一世下令密切关注新发明的机器和工具，一旦发明便予以订购，然而这种新机器当时不论俄国还是西方都很少有。

私人冶金工场在彼得一世时期也开始兴办起来。彼得一世在位期间，国内大约新建立了16座私人水力工场，它们集中在图拉和乌拉尔地区，加上17世纪就出现的纳雷什金的4座工场和梅列尔的2座工场，彼得一世时代共有22座私人工场开业。这些工场大多数既是铸铁厂，也是制铁场。在这些私人工场主中，杰米多夫家族首屈一指，拥有8座工场，规模可以和政府的工场相抗衡。特别是乌拉尔地区的涅维扬斯基工场和上塔吉尔工场，其产量已经相当惊人。18世纪20年代，在杰米多夫家的涅维扬斯基工场，有4座炼铁炉和7台锻锤，每年的炼铁量在10.58万～20.13万普特；上塔吉尔工场有2座炼铁炉，年产量在2.6万～9.6万普特之间。另外，佩列亚斯拉夫尔县的留明家族的针厂制造的针也比较有名，不仅在国内市场出售，而且还远销到波斯及其他遥远的地方。

18世纪20年代俄国私人金属工业的产量规模

	1724年炼铁量（普特）	1725年炼铁量（普特）
乌拉尔和西伯利亚的官办工场	212440	206882
杰米多夫诸场	247717	369220
中部各私营工场	120093	120061
共计	580250	696163

但是在炼铜方面，私人资本的作用是不大的，因为铜的开采和加工在彼得一世时期刚刚开展起来，因此这一时期铜的供应几乎全靠官办企业。私人炼铜工场，全俄只有杰米多夫开设的维伊斯基工场和斯特罗甘诺夫设立的塔曼斯基工场2座。

在官办工场企业的带动下，规模较小的私人手工业也获得了发展。在圣彼得堡这个造船业中心，相继成立了"造船业行会""帆桨大船业行会""舰艇行会""罗盘业行会""船台结构、小船和舢板业行会"。虽然每个行会成员数量并不多，但这些行会的存在，说明出现了新的行业。由于城市工业制品的需求量增长，较大的手工业作坊也开始增多。例如，莫斯科有的金银绦带制造工匠能有5~7个雇佣工人，莫斯科郊区有2家玻璃"工场"，其中一家有6名工匠、1名工人和1名学徒，产品既在当地销售也销往国外。

据记载，在1695年，全俄罗斯仅有21家工场。而在这位大帝去世之际，已经开工的俄国企业已经有250家。大多数企业产生在冶金工业，占31%，纺织产业则占到18.4%。纺织行业中，就产量而言，制呢手工工场占第一位，这主要得益于国家的需求，而丝织手工工场则从一开始就为自由市场而生产。

总体看来，彼得一世时代的工场半数是靠国家资金，半数是靠私人资本兴建起来的。起初，国家在冶金和纺织工业中都占主导作用，后来国家逐渐将精力主要集中在冶金工业和军事工业上，私人产业开始在纺织工业中起主要作用。加之为吸引私人资本，大多数官办轻工业手工工场也被转移到私人手中，到彼得一世统治末期，私人工场手工业在轻工业占据了主要地位。

然而不得不说，这一时期俄国大生产的意义仍然还是有限的。广大居民的生活需求依旧像从前一样，主要靠遍及各地的小手工业和家庭作坊的产品来满足。这些手工业的发展不仅表现在它们的数量上，而且还表现在旧有行业的进一步专业化和新行业的出现上。商品货币关系对全国居民的影响越来越大，促使小手工业进一步脱离农业。然而，尽管小手工业者的人数有扩大的趋势，但这时俄国小手工业的规模还是很小的，在城市里也是如此，往往不使用雇佣劳动。根据官方计算，手工业者的年平均收入为3~5卢布，即使是莫斯科的手工业，也是本小利薄。而国家的扶植和教化也将小手工业和各式作坊囊括在内。例如，1716年俄国政府在莫斯科组织了推广新技术的"讲习所"，目的就是让工匠学会生产"新式"皮革。外地城市的工匠也被轮流派往莫斯科，学完后负责向各地推广。从1719—1720年，库尔斯克、卡尔戈波尔、索利卡姆斯克、秋明等地都逐渐采用了这种制革新方法。另外，政府还通过一些行政命令，如禁止用焦油制革的旧方法、禁止窄面麻布的生产等来指导小手工业发展。

四、工业重商主义政策

俄国推行的重商主义政策对当时俄国工业发展的影响几乎是决定性的。为了尽快将战争急需的工场建立起来，彼得不惜采取"国家温室"式的培育方法，这就必然少不了国家的干预，进而使一些官办工场甚至具有了国家机关的性质。而当彼得在附加各种条件的情况下把官办工场转让给私人时，这种影响便不可避免地扩散到私人工场、企业中。当然，这种转让亦是重商主义经济政策的典型做法，后来俄国政府还允许私人自愿接收官办手工工场。

1719 年，俄国政府颁布了"矿业优惠规定"和"工场手工业委员会规程"这两项法令，规定了工业政策的基本原则，这两个文件为私人企业家的活动创造了有利条件。矿业优惠规定中声明，将不会从工业家及其继承人那里剥夺他们所开设的手工工场，这一声明具有重大意义。但同时，规定中也附有条件，即手工工场应当进行生产活动，而且它的生产必须符合国家规定，否则仍可能将被没收。而在 17 世纪，通常只是在特殊情况下，由于某种极其重要的原因或者本人无力经营的情况下才实行没收。

为了解决战争消耗的燃眉之急，矿业优惠规定破天荒地宣布了"开矿自由"原则，为非贵族出身的企业家铺平了开矿的道路。法令指出，世袭大地主的权力仅限于地面，而地下宝藏为君主所有，君主允许在"一切地方，无论是自己或是他人的土地上，寻找、熔化、冶炼和提纯任何金属……"不过世袭大地主仍有在自己领地上建筑工场的优先权，但如果他"不能或不愿"这样做，那么任何人，"不分职位和身份的高低"，都可以建设企业，这样的企业家会被划拨一定范围建设矿场。该规定还宣布，黑色冶金企业有销售产品的自由，政府只保留对有色金属和贵金属开采的优先权。

工场手工业委员会规程也令轻工业工场主处于特别优待的地位，工业家们不再受地方行政部门管辖，而由专门组织机构——矿务委员会和工场手工业委员会管理，即只接受这些部门的审判，而且还摆脱了服役和接受军队驻扎的义务。虽然这些规定具有积极意义，但在一个实行封建农奴制的君主国家里，这些企业家们受到的限制依旧不少。例如，开办企业要得到工场手工业委员会的批准，委员会将首先审查申请者的"家底和身份"，从而可能驳回出身于农民和手工业者的家底不厚的人的申请。

为了呵护国内工业的起步和发展，1724 年俄国颁布了关税保护政策，为俄国工业产品同进口商品竞争创造了有利条件。另外，政府还要求各部门"尽可能使用"俄国手工工场制品，并首先对供应陆海军军装的国家机构提出了这样的要求。

政府对俄国新生的行业很重视，给予了新行业企业家最大的优惠。首先就是给予他们销售产品的专利权，例如，政府曾经答应工场主萨韦洛夫和托米林家族，"除他们工场所加工的布匹外，任何人、任何地方不得买卖其他布匹"。政府还给少数一些私人企业提供物质和技术上的帮助，尤其是阿普拉克辛公司。这家公司不仅得到了政府的巨额资助，还得到了政府提供的场地及昂贵的原材料。同时，政府还免除了工商业者的一些民政勤务。

在推行重商主义政策方面，彼得一世最大的贡献应当是移风易俗，破除俄国传统中上层社会对工商从业者的歧视。彼得一世在各类谕旨中不断宣传从事工业和手工业对国家的益处，一再强调任何人从事这类事业丝毫无损于名誉，是光荣的，就跟担任国家公职和求学一样是为国效力。在某种程度上，彼得一世把这些工场主的工作与为国家服役等量齐观，甚至对前者更为重视。他把官办工场以优惠条件出让给私人时，不惜带有强迫性质，就是期望贵族们在获利的同时能对开办工场产生兴趣。就是在这样的努力下，俄国贵族的态度终于发生了改变，很多高官显贵都成了工场主、工业企业家，还和普通商人开始了合作。于是，在彼得一世时代，与高官显贵并驾齐驱的不再是旧时的波雅尔世袭大贵族，而是拥有织布机和炼铁炉的新贵族了。

然而由于俄国仍是农奴制的天下，俄国的重商主义在这种体制下难免大打"折扣"，家长式作风无处不在，超经济强迫手段也屡见不鲜。强迫私人建立公司、入股等举措在起初被认为是合理的，出现了"如不愿意，强迫参加"的指令，甚至有卫戍部队押解"股东"来莫斯科入股的奇景。

五、农奴制下的工业

在国家的推动下，俄国的工业生产取得了一定的发展，18 世纪 20 年代中期起，官铁逐渐成为出口商品，主要是运往英国。1726 年，经圣彼得堡出口的铁有 55100 普特。虽然俄国麻布也成为出口商品，丝绸和制呢业也取得了很大成就，但就其几十年的历史而言，在质量上还不能与英法那些拥有上百年制造历史的制造业相比。

由于俄国实行农奴制度，在俄国的大型工场中，特别是官办工场，虽然雇佣工人、熟练工人起到了重要作用，但多数工场的主要劳动力或者说数量最多的劳动力却是农奴。这是俄国工业发展在经济体制基础上与西方的主要差异。虽然 17 世纪就存在将大批的国有农民（实际上也是农奴，不过具有双重属性）被划拨给官办工场的做法，但在彼得一世时期更为广泛，乌拉尔一些官办工场甚至配备有 25000 名国有农民，由此出现了一个新的农民等级——领有农。1702—1703 年，2500 名农奴被划拨给了杰米多夫的涅维扬斯基工场。到 1724 年年底，仅拨给私营和官办冶金企业的男性农奴就有 54000 人。

在俄国的农奴制下，工场很难实现主要依靠自由劳动力来发展，于是一些在农奴制国家发展近代工业的特有现象逐一涌现出来。工场主们并不拥有自由雇佣工匠和工人的权力，法律禁止农民，特别是地主农民被雇佣，而当时的农民和农奴男丁占到俄国男性纳税总人数的96.9%[①]。可以想象企业工场主能够合法雇佣的城市人口规模是多么的小，加之工场的工作条件也不好，这都限制了工场规模特别是私营工场规模的扩大。更何况 1715 年起，彼得一世颁布了一系列诏令追索逃亡农民，其中包括在手工工场工作的公民，也要归还给地主。这些诏令不仅使私营企业损失了人手，官办工场也是如此。农奴制的压迫

---

① 根据 1720 年第一次男性人口普查的资料计算，乌克兰、爱斯特兰、利夫兰和不缴纳人头税的伏尔加河中下游左岸及西伯利亚的一些民族未计算在内。

加剧，实行人头税进行人口登记增加农奴人口，以及对农民流动的限制都是 18 世纪 20 年代出现工人短缺现象的原因。

为此，彼得一世于 1721 年 1 月颁布了一道诏令，规定允许贵族阶级和商人为其工场购置村庄，条件是村庄永不脱离该工场。于是，在俄国又出现了一种特殊现象，即工场主只能连同工场一起出卖其所购买的农奴。因为对附带有居民的土地的占有权在 18 世纪已经成为贵族独享的一项特权，将工场主所购买的农奴附属于工场算是打了一个"擦边球"。更何况，1722 年参政院明确规定，商人不得拥有村庄。同时，1722 年政府迫于商人们的请求，还规定工场主们在沙皇远征波斯归来之前可暂不交出逃亡农奴。这种立法的左右摇摆，再次表现出贵族地主与新萌生的资产阶级之间的矛盾与斗争。

另外，工场中国有农民和被购买的农奴是有区别的，因为农奴是企业主的私人财产，劳动可以完全用之于生产，而国有农民仍具有国有性质，是国家的农奴，在工场只干一定份额或一定期限的活，但他们之间的区别往往会被打破。工匠和工人的人头税也被免除，成为工场的附属物，这也是彼得一世时期农民农奴化的重要表现之一。即使是被雇佣的工人或工匠，其雇佣的意义也与资本主义时期不同，受雇者通常要立下特殊保证书，如此一来便几乎没有可能提前离开，一旦提前离开则会被捉回，受到惩罚。

同时，俄国此段时期制造业的发展，以及大型工业企业的初创并非建立在农业繁荣的基础上，无论是小手工业主还是工商业企业主的原始积累，依靠的都不是农业，而是商业。国家所采取的一系列发展经济的措施，首先在于克服国家的落后性，大工业的建设就以巩固国防为主要目的，其次才是社会的需求。

无论如何，从客观的角度讲，得益于彼得一世对工商业仅次于军队的关注度，俄国在发展工商业方面所取得的成果亦不亚于军事改革。俄国军队终于用上了本国制造的枪炮火器，穿上了自制的军装，海军也拥有了本国制造的大型船舰，彼得去世时留下的 16000 多门大炮（这个数目还不包括舰上大炮）见证着俄国于彼得一世时期在工业建设方面所取得的辉煌成就。需要强调的是，工商业的发展，特别是具有军工性质的工业企业的建立让俄国几乎全部的军需物资都实现了自给，这对于俄国打赢战争的意义是不言而喻的。在整个欧洲，恐怕只有俄国能够做到。正是彼得一世在这些方面的建设和努力，让俄国的战争得以支撑 20 余年，终于迎来胜利的那一刻，因此可以说，这些工业企业存在的军事意义，远远大于商业意义。

第五章　政治和宗教改革：专制政体的确立

　　彼得一世在 18 世纪进行的行政改革，其实质是建立一个极权君主领导的官僚贵族统治的新机器。因为旧有的国家机器已经不能满足现实的需要，特别是当俄国应对长期战争时，它已不能有效地贯彻君主意志，不能集中人力物力，解决俄国所面临的内政、外交问题。国内起义、暴动的频频爆发，国家经济的发展，社会结构内新兴社会力量的出现，都要求改造贵族的统治工具，即国家机关。因此，改造中央和地方行政机关，明确权限职责，是在俄国确立和加强君主专制制度的关键步骤。

　　彼得一世改革的随意性在行政体系改革中似乎表现地更为明显一些，特别是地方改革的彻底失败似乎让整个行政机构的改革显得有名无实。不过，与其说行政改革中出现这些反复与挫折是彼得一世毫无计划、任性而为的结果，倒不如说是这位伟大的君主为了与国内反改革势力和腐败现象做斗争已经不惜一切代价。

　　在国家实行政治领域改革的进程中，东正教在俄罗斯国家的地位和作用也发生了具有划时代意义的重要变化。在彼得一世统治期间，沙皇抓住有利时机，逐步采取措施，令东正教教会不得不完全放弃了凌驾于世俗皇权之上的企图，就连想成为独立于国家政权之外的、与世俗政权分庭抗礼的势力的可能性也被破除了。最终，东正教教会成了专制君主驯服的统治工具。这一重大变化从根本上确立了国家世俗化的发展方向，扫清了俄国在君主专制道路上最重要的障碍。

第一节　中央改制：新行政体系的建立

应当说，行政改革的趋势在彼得一世着手革新行政体系之前就已经显现出来。在彼得一世掌权之前，俄国的君主专制政权已处在不断加强的进程之中，这就为彼得一世确立专制制度，彻底摆脱缙绅会议之类的等级代表机构和大贵族杜马的束缚创造了有利条件。由于战争的需要，借着军事改革、财政改革全速推行的势头，行政机构的改革也以适应战争需求为目的进行了革新，沙皇的专制权力也最终在这个过程中得以确立和巩固。

由于缺乏计划性，彼得一世的行政机构改革过程总体来说比较复杂，大体可以分为中央和地方两大块，但二者实际上是相互联系、相互影响的。对于中央行政机关的改革，以主要机构的确立为脉络则可以大致分为三个阶段：第一个阶段是 1699—1710 年，主要是局部地改组中央机关，设立一些新机构，而改革财务部门是首要任务；第二个阶段是 1711—1717 年，以参政院的建立为标志，俄国国家体制有了新的发展；第三个阶段是 1718—1725 年，委员会制度作为中央管理机构的新制度被建立起来，自此，中央行政机关集中化、官僚化的历史任务得以完成，俄国的专制制度得到了有效巩固和加强。

一、局部改组

中央行政机关改革的第一阶段主要是在旧有衙门基础上的"修修补补"：合并或者新建一些衙门。事实上，衙门制的进化趋势早在 17 世纪就已开始出现。中央机关开始走向官僚化，机构趋于集中化，几个非同类衙门被交由一人管理，或者几个性质相近的衙门被更紧密地结合起来。但衙门的数量并不稳定，截至 1699 年，俄国共有 44 个衙门。18 世纪初，沙皇开始将几个职权范围相近的衙门合并，划归一人领导。例如，将大俄罗斯衙门、小俄罗斯衙门、斯摩棱斯克公爵领地衙门、诺夫哥罗德衙门、加利奇衙门、弗拉基米尔衙门和乌斯秋格衙门同外交衙门合并，将 3 个宫廷衙门——宫廷司法衙门、砖石事务衙门、马厩管理衙门合并等。

与此同时，一些新衙门涌现出来。第一个新建的衙门便是普列奥布拉任斯基衙门。1689 年最初创建时它只是一个管理"游戏兵团"的司法行政机关，后来职权大为扩展，曾领导莫斯科警务工作，征收烟草税，管理几个宫廷乡，到 1697 年后，一切政治案件均被交给它来管理，它还拥有到全国办案的全权。这显现出了普列奥布拉任斯基衙门不同于以往那些旧衙门的特殊性。这一在政治侦查方面不受地区范围限制的做法，就把其他中央机关和地方机关放到从属于普列奥布拉任斯基衙门的地位上，以往还没有任何一个衙门拥有如此大的权力。把从前分散于各个衙门的政治案件集中到一个主管部门的做法，也是中央机关集中化，代替 17 世纪臃肿的衙门体制的一个步骤。参政院成立后，这个衙门便从属于参政院管辖，并与很久之后才成立的各委员会一起继续行使其职权。普列奥布拉任斯基衙门与沙皇的近卫军一样，成为沙皇在行政方面巩固自身专制权力的一个有力工具。

1701 年，外籍移民区衙门和雇佣骑兵衙门合并为新的军务衙门。军务衙门产生后，便撤销了已经改名为地方自治事务衙门的射击兵衙门。此外还成立了专供军粮和其他军需品的粮秣衙门、替代炮械衙门的炮兵衙门、矿务衙门等。海军的成立也促使 2 个新衙门诞生：海军衙门和舰船修造衙门。但是，上述这些改变并未引起整个衙门体制发生根本性变化。

引起国家机构发生重大变革的，是一个借鉴西方经验并直接引用外国名称的衙门——市政管理局（不久奉命改名为市政厅）的建立。它兼有中央财政机关和工商业区自治机关的职能，直接体现了财政管理集中化的趋势。1699 年 1 月 30 日关于成立市政管理局的诏令指出，该机关的目的：一是通过市政管理局改进工商管理的一般办法，使工商业区居民拥有摆脱军政长官的权利；二是保证人头税的准时收缴和间接税的征收，成立中央银行。在实际运行中，市政厅不仅具有财务管理的职责，还要审理工商业者的案子，兼有司法职能。这一衙门的设立，削弱了军政长官的权力，在某种程度上说明商人在国家生活中的作用有所增强。市政厅作为中央财政机关，成立不久便成为国家中央金库，到1708年，市政厅的收入已经占全部预算收入的1/2。

在建立莫斯科市政管理局的同时，1699年1月30日的另一道诏令指示在地方工商业区配套设立地方自治局，各城市中的地方自治局都是市政厅的下属机关。同时，莫斯科的市政管理局和地方自治局都是选举产生的机关。由于彼得一世认为军政长官收受的贿赂跟上缴的税款一样多，因此在改革初期，政府赋予工商业者不受地方军政长官管理，选举本阶层代表管理司法事务和税收的权利，交换条件是缴纳双倍的直接税。大部分城市都拒绝了这样有条件的自治制度，于是1699年10月20日的诏令又在一些城市取消了双倍直接税的条件。

市政厅和地方自治局的设立令中央行政管理产生了一系列变化。13个衙门的征税工作都交给了市政厅。例如，外交衙门、诺夫哥罗德衙门、小俄罗斯衙门、斯摩棱斯克衙门都把全部的财务行政管理工作交给了它。同时，一些地方衙门也因此而不复存在。被选出的商人代表代替了地方军政长官和其他军职人员来管理工商业区的司法和征税事务。

备受财政问题困扰的彼得一世时刻都想知道各个衙门中的现款数额，于是1699年还成立了一个对国家机关活动进行财务监督的机构——近臣办公厅，它是一个大贵族杜马办公厅，以沙皇的亲信尼基塔·佐托夫为首。人员越来越少的大贵族杜马会议就在近臣办公厅召开。后来这种会议在大贵族杜马的人员构成和职权都发生变化的情况下逐渐演变成"大臣会议"，成为沙皇不在时处理莫斯科和全国一切事务的最高机构。俄国著名史学家曾考察过，大贵族杜马的演变，就是一个人员不断变少，从一系列中间形式变成"大臣会议"的过程，而"大臣会议"又最终被参政院所取代。那么在这个过程里，大贵族杜马人员减少的程度有多大，不妨仔细考察一下：1699年大贵族杜马尚有112人，此后人员不断减少，沙皇又故意不再任命新成员，因此到1708年杜马会议被称为大臣会议时，只剩下8个人出席会议。

保留下来的几个衙门的大贵族和法官每周必须有 3 天到近臣办公厅来处理问题。与大贵族杜马不同的是，大臣会议沙皇不参加，它主要执行沙皇的书面命令。大臣会议的建立，标志着俄国最高机关进一步走向官僚化，后来的事实证明，近臣办公厅内的大臣会议不过是大贵族杜马向参政院过渡的一个准备形式。

1704 年，国家设立了由缅希科夫领导的伊若尔办公厅，对征收代役租的特别机关实行管理，如磨坊管理处、澡堂管理处、渔业管理处、蜂蜜管理处等。该机关的存在吞并了各衙门财务活动的剩余部分，进一步打击了衙门制度。

总体来说，1699—1710 年这一阶段的改革并未触及衙门制的本质，而是在衙门制的范围内进行的。这一时期大部分中央机关与 17 世纪众多衙门产生的基础相同，即在要求执行某项任务或需要花费长时间解决的、比较复杂的问题时，就直接建立新的机关；这些机关有的仍沿用旧称，有的则冠以新名，如办公厅，包括近臣办公厅、英格尔曼兰办公厅等。

二、设立参政院

彼得一世于 1708 年进行省制改革，把权力下放给地方，引起了中央机构的一系列变化。首先就是由于财务大权又被转交给了省长，于是市政厅成了一个只存在于莫斯科的机关，从此它便失去了作为中央财政机关的作用，不久便被取消。同时，中央在地方的衙门制度也被取代了。这时彼得才发现，在中央没有任何机构来统领、联结新建立的各省管区。大臣会议和近臣办公厅都无法充当此任，因为它们一没有确定的职责，二没有固定的人员。于是设立一个固定履行中央行政职责的最高政府机构便显得尤为必要了。

1711 年 2 月，彼得一世签发了建立参政院的诏令，这标志着彼得一世的行政改革进入到了新的阶段，反映出俄国国家体制有了新的发展。此后近臣办公厅只保留对各机关财务状况进行监督的权力，到 1719 年近臣办公厅便已消失。参政院刚开始工作的头几年，组织结构还很简单，出任参政院工作的只有 9 名参政院大臣，他们全部由沙皇任命：伊·阿·穆辛-普希金男爵、特·纳·斯特列什涅夫、鲍·阿·戈利岑公爵、姆·弗·多尔戈鲁基公爵、格·阿·普列米扬尼科夫、米·米·萨玛林、弗·阿普赫金、格·伊·沃尔康斯基公爵、纳·帕·梅列尼茨基。他们在全体会议上处理和解决各种问题，所有成员都有"平等"发言权，一切决议须全体一致通过。参政院最重要的任务，彼得一世在设置它的时候进行了明确阐述，就是对一切机关拥有管理和监督的最高权力。然而参政院最初的职责实际上就是全权主持内政，因为沙皇为了打仗和各项事务经常长时间地无法亲自在首都主持政务，因此这一机构看起来很像是一个临时委员会，它不管理军务和外交，也不具有立法权威和咨议作用，它只是集中力量执行沙皇诏示的工作并严格执行汇报制度。参政院与各省的联系工作由各省专员承担，各省专员很快还成为省政机关执行最高政权机关命令的监督者和责任者。如此一来，参政院便由沙皇不在朝时的代行执政机关逐渐成长为俄国永久性的最高司法和行政管理机关。参政院在地位巩固后逐渐变成了常设机构，其组织构成和职能也随之经历了一系列演变，日益显示出它存在的重要意义。

参政院附设以总监察官为首的监察机关。总监察官领导各省、市、中央机关各级的监察官。1711 年 3 月 2 日颁布的诏令中确定了他们的职责，他们的任务包括秘密调查、汇报和揭发一切损害国家的罪行：违反法律、盗窃国家财产、贪污受贿等等。1712 年还以变相的形式恢复了从前隶属于大贵族杜马的大理院，该院负责审理监察官揭发的所有案件，同时每月向参政院报告审理情况。1713 年，参政院专门发布命令，凡控告各省省长和初级法院法官判决不公的呈文，一律由大理院处理。

此外，参政院还设置了呈文受理官的职位。《对呈文受理官的训令》明确说明了这一岗位的职责，呈文受理官负责受理针对委员会及办公厅的错误决定所提出的申诉，并要在亲自调查后向参政院报告其处理决定，同时追究诬告者的责任。

参政院本身的活动也必须受到严密的监督，因此 1715 年设立了总检察官以监督命令的执行情况，虽然这一职位曾一度被撤销，但在 1722 年得到了恢复，而且还增加了副总检察官的职位。各委员会和各地方法院的检察官都由总检察官任命并经由参政院批准，同时接受总检察官的调遣和领导。根据 1722 年诏令，总检察官和副总检察官应由参政院选举产生，而当时实际上都是由沙皇任命的。总检察官领导参政院的办公厅，一切案件都要经过总检察官之手，他不仅监督参政院各成员和整个机关的工作，使其不出差错并具有工作效率，而且有权对参政院的不合法决定和行动提出异议并下令暂缓执行。总检察官行事完全独立自主，不从属于参政院，只接受沙皇本人的审讯，除此之外，他和副总检察官不受任何法院审讯。彼得一世对总检察官一职的定位曾有过准确描述："此官吏犹如朕的耳目和一切国务的代理人……"同时，总检察官职位的设立并不要求撤销监察官，后者也要听命于前者，而且，监察官的作用在法律上得到了增强。总之，总检察官成为官僚当中职位最高的人。总检察官和副总检察官的设立为俄国检察机关的建立奠定了基础。

三、革新中央机构

参政院作为俄国司法和经济的最高行政管理机构，刚一运行就发现难以与其落后的下属机关合作。这些新旧官署不仅职权范围混乱不清，相互之间的关系也不明确，大多还只负责某一地区的事务。而参政院几乎是唯一的中央政府机构，于是很多烦琐事务都不得不亲力亲为。为了彻底取代旧有的衙门制度，彼得一世做了一番认真调查，1715 年他决心采用瑞典的模式建立中央机构。为此彼得一世还专门派人前往瑞典考察，聘请了熟悉瑞典机关情况的西里西亚男爵为他服务。在这些助手的帮助下，俄国在机构建立前总算是做了一回比较周详的准备：不仅搜集了大量有关瑞典机构的资料，还准备了建立相应机构的草案，另外还从德国、捷克及西里西亚聘请了 150 名志愿来俄国服务的人员。

1718 年，沙皇下达了建立委员会的诏令。委员会的设立实际上是源自对新兴产业和商业进行管理的迫切需求，以及地方改革后中央集权的需要。委员会作为国家中央管理机构，大体相当于后来的政府各部，共设 11 个，即陆军委员会、海军委员会、外交委员会、矿务委员会、工场手工业委员会、商务委员会、税务委员会、度支委员会、监察委员会、世袭领地委员会和司法委员会。

其中，陆军、海军和外交 3 个委员会被视为"首要国家委员会"，并于 1718 年大约同时开始行使职权。外交委员会替代了外交衙门，由一等文官领导。值得一提的是，彼得一世时期的外交机构算是实力增长最快的部门之一，它的地位上升是与俄国不断增长的国际地位相称的。到彼得一世去世时，俄国所拥有的驻外外事机构都足以跟欧洲的任何一个国家媲美。陆军委员会负责管理军队、警备队和全国各地的一切军务。海军委员会管理海军和所有海军军人以及与之有关的海军事务和管理部门。1722 年海军委员会有了它的一个完整章程即《海军条令》（包括《关于良好管理海上舰队的海军条令》以及《舰船修造厂规程》）。在相当长的时间内，在建设俄国海军舰队问题以及管理国家海军方面，海军委员会一直遵循这些章程。此外，作为新部门，它还处理一些与它有间接关系的问题。比如管理为船舰生产装备的海军枪炮工场和企业，并总管所有森林。有一段时间，其产品用于建造舰船帆樯的亚麻布手工工场也受其管辖。

税务委员会、度支委员会和监察委员会是中央管理财务的委员会，这些委员会在地方都设有分支机关。特别是税务委员会，在地方设立了分支机构网：各州设有税务局，各区设有税务专员。然而税务委员会的职责并不仅限于敛税，它还负责"监督"耕种，以便"在歉收时供应人民粮食"。凡有关收成情况的报告都要呈报税务委员会，搜集有关市场信息和价格的资料。它的职权范围还包括管理全国道路的养护工作。按照 1719 年的章程规定，度支委员会负责监督国家的全部开支，负责编造国家机关和陆军、海军供给品的开支预算表，以及外交、教会、教育、省行政机关费用的开支预算表。地方上属度支委员会领导的是管理州金库的司库。而监察委员会本来负责对中央和地方机关经费的使用情况进行监督，但由于财务制度不健全，该委员会的活动非常有限，于是该委员会于1722年被撤销，它的全部工作人员和职权都被移交给参政院。

矿务、工场手工业和商务委员会是领导国内工商业发展的部门。工场手工业委员会执行工业政策并管理国家大工业（矿业和冶金除外），该委员会负责批准手工工场的开办，完成国家订货，监督产品质量，并通过给企业家提供各种优惠政策来扶助他们。例如，免除数量极大的国家"劳务"，给他们提供国家贷款、资金补贴，给予他们国内免税贸易权，有时甚至是外贸免税权。工场手工业的中心在莫斯科，圣彼得堡设有办事处。工场手工业委员会与商务委员会和市政总局经常有事务上的往来，值得注意的是，它与警察机关——警察总署及其各个分署也有密切的联系。警察机关根据工场手工业委员会的要求，把从外地抓回来的逃跑农民、"妇人"等送到工场干活，因刑事案件被判刑的一些犯人也通过该工场手工业委员会发配到各工业企业劳动。由于企业发展对劳动力的需求，工场劳动代替了服苦役，不过同时场主也要对犯人逃跑承担责任。与其他委员会不同的是，工场手工业委员会在地方上没有设立自己的机构。有关工业方面的问题，省政当局必须直接请示工场手工业委员会。顾名思义，矿务委员会不仅负责矿藏的地质勘探，保障各矿山的劳动力供应，还负责冶金工业方面的问题，监督官办和私人工场的建设。此外，矿务委员会还负责1720年由税务委员会移交给它全权管理的几个铸币场和纸币场。由于采矿业自身的特点，需要建立起脱离地方管辖的、直接隶属于矿务委员会的分支机构，因此在地方上设立了莫斯科矿务总局、喀山矿务总局、涅尔琴斯克矿务总局、西伯利亚矿务总局和彼尔姆矿物总局，最后两个矿务总局都是管理乌拉尔地区工业的机构。商务委员会负责领导贸易活动，主要是对外贸易活动。

司法委员会则合并了旧有的几个衙门：领地、侦查、地方自治衙门和所有司法衙门。由于俄国还未能实现行政权与司法权的完全分离，司法委员会的地位和作用尚不如其他几个委员会明确。除了司法委员会之外，其他一些部门机构，如工场手工业委员会、商务委员会、市政总局和正教院也对特定的等级履行司法权。同时，司法委员会虽然是各省地方法院的领导者，是它们的最高行政机关和受理司法上诉的上级机关，但是司法委员会并非终极判决者，对司法委员会判决不服者，还可以上诉参政院。

世袭领地委员会于 1721 年才设立，是为保护贵族的权利与经济利益而专设的机构。它原属于司法委员会，后由于任务过重不得不升级成为独立的委员会。世袭领地委员会与领地衙门的职权范围稍有不同。它是解决地产方面所有法律问题的中央机关，负责维护地主的利益，并解决地主之间发生的土地纠纷和诉讼案。

其他部门的管理则交由补充设立的新中央机关——秘密办公厅和医务办公厅，或保留下来的旧衙门来负责。秘密办公厅即秘密侦查事务办公厅，成立于 1718 年，在彼得一世统治时期这个部门主管侦查重大政治犯罪并负责提出诉讼。在成立那年它就调查了阿列克谢皇太子及其同谋者的案件。秘密办公厅与设在莫斯科的普列奥布拉任斯基衙门处于平等地位。在 18 世纪，这个借用各种名目进行政治侦查并同全国犯罪行为做斗争的机关，在专制制度的国家体系中占据着牢固的位置。

中央机构的改革必然影响到地方的机构建设。几乎在建立委员会的同时，彼得一世就进行了新一轮大规模的地方改革，即州政改革和市政管理改革，市政厅被改为市政局。为了对所有市政局实行统一领导，1720 年在圣彼得堡还设置了市政总局。选举市政局委员和官员的工作由省长负责，被推举的优秀商人名单要报送圣彼得堡，交市政总局批准。

1720 年，俄国出台了各委员会的总章程，规定了委员会管理制度的总则、编制定额和新机关公文处理的方法。委员会设 1 名主席、1 名副主席、4 或 5 名委员、4 或 5 名助理委员，其编制还包括 1 名秘书、1 名公证人、1 名翻译、1 名文牍，以及数名录事、记录员和办事员。委员会还设有 1 名监察官，后称检察官，从属于总检察长。各委员会有着相对明确的职权范围，在组织分工上比旧有的衙门制更加清晰、集中、合理。从此，旧有衙门的地区性因素彻底消失了，每个委员会的职权都扩大到全国范围。而且，委员会作为中央管理机构，在数量上也大为缩减：11个委员会替代了大约50个旧有的衙门。

委员会制度的建立直接巩固并提高了参政院的地位。各委员会必须执行参政院的指令。参政院不再直接执行和管理各项事务，但是保留和加强了它对一切国家机关的活动进行领导和监督的职能，参政院成为居于所有中央行政管理机关之上的最高国家机关，所有委员会和办公厅都隶属于它。国家地方机关（其中包括各省省长）均应服从各委员会的决议，并执行它们的命令。而在解决国家的重大问题方面，无论是各个委员会还是省行政机关，都要服从参政院的领导。但需要注意的是，参政院的设立并没有与沙皇分享权力，而是作为沙皇驯服的工具，维护其专制统治而存在的。

经过1718—1721年的筹备期，各委员会先后开始按照"新的方式"展开工作。在委员会制度下，各项决议都以多数通过为准，委员会制度建立后，参政院也进行了重新改组。起初将各委员会主席纳入参政院，但由于这一做法有悖于参政院对委员会的监督职能，违背下级服从上级的官僚制度，于是这一政策于1722年被沙皇取消，参政院的成员中仅保留3个首要委员会的主席，即陆军、海军和外交委员会主席的位置，其他委员会主席不得不退出参政院。1722年，参政院又设立了贵族铨叙官的职位，这一职位的设立与彼得一世改革期间所制定的那些确定贵族权利和义务的重要法令，包括1714年一子继承法以及1722年的官秩表都有密切联系。彼得一世不惜专设机构来监督这些命令的执行情况，以保障革新得到贯彻，国家机器能够顺利运转。

在中央行政体系改革的过程中，尽管有过波折，但总体而言机构的集中化是与机构的官僚化同时进行的。特别是在行政改革的最后阶段，彼得一世建立了一套按等级隶属运行的机构，这些机构有着更为明确的管理范围。整个管理体制都设立了具体规章，各机关的每一行动都受法律制约，从而加强了地方机关对中央机关的依赖性。民政机关依靠专制政体建立的正规军、警察，以及诸如普列奥布拉任斯基衙门和秘密办公厅之类的惩罚机关，来支持自己的活动。

四、建立新都

拥有广阔内陆领土的俄国却建都海港，为防御国土奔忙数个世纪的年轻国家建都海疆，彼得一世用这个事实向世人证明，俄国将毫不畏惧地直面欧洲海洋强国，誓死守卫这里。事实上从彼得一世开始，俄国沙皇（只有两位例外）都将自己的尸骨埋在了守卫圣彼得堡的一座要塞——彼得保罗要塞的教堂里。迁都的决定，展露着一代帝王的非凡魄力，宣示着这个国家走向海洋、称霸一方的决心。而对于改革而言，迁都的决定无疑也会给彼得一世推进改革扫除一些障碍。而对于改革而言，迁都的决定无疑也会为彼得一世建立新的行政体系扫除一些障碍。

新城圣彼得堡的建设工作主要由士兵和当地农民来承担，彼得一世又专门颁布命令，从各省征集石匠、铁匠、木匠、裁缝等，令其举家搬迁至圣彼得堡永久定居，甚至还以强制手段迁徙贵族和商人到新都。1712 年，参政院专门出台了一个包括 1112 名各级贵族、将军和军官的名单，命令他们迁居圣彼得堡；1714 年，指令各省抽调 300 家商人和 300 家工匠迁入圣彼得堡，这些商人均属于商界的中上层，而非贫困者。1712 年，宫廷搬迁过来以后，圣彼得堡正式成为首都。次年，参政院也迁到这里，圣彼得堡开始迅速发展成为全俄政治和文化中心。在几年的时间里，这里依靠莫斯科等城市的资源迅速建立起了海军高等学府——海军学院，还成立了卫戍学校、炮兵学校等实科学校，在亚历山大-涅夫斯基大修道院还设立了中等宗教学校和诺夫哥罗德高等神职人员学校，印刷厂、博物馆（珍品陈列馆）也迅速建立了起来，宫廷里建设了剧场，科学院也开始筹建。1711 年，圣彼得堡已经开始发行俄国第一份报纸《新闻报》。

在城市面貌上，圣彼得堡与莫斯科有很大区别，前者城市统一规划，房屋沿街构筑，而不是在院落深处。为了鼓励在新都建造砖石房子，政府甚至禁止在其他城市建造石头房子。圣彼得堡成为俄国城市中第一座有路灯照明的城市，为了给街道铺设石路面，还实行了一种特殊税捐——每辆马车进城时，必须运来三块石头。

莫斯科在成为第二首都之后并没有被改革大潮所遗漏。首先它作为全俄市场中心的地位并没有丧失，在改革中亦建立了大型工业，并继续保持了轻工业中心的地位。在彼得一世统治末期，莫斯科拥有大约30多座手工工场，其中包括几座火药厂、2座官办亚麻布手工工场、5座丝绸手工工场、7座细呢和粗呢手工工场、2座缆绳手工工场、1座制帽手工工场。

在莫斯科，继斯拉夫-希腊-拉丁语学院之后彼得一世时期又创建了数所教授现代科学知识的世俗实科学校，包括莫斯科数学与航海学校等。莫斯科还兴建了剧院，建立了印刷所，开办了医院。

从数字上来看，俄国1709年从城市人口征收的所有赋税中（直接税、非直接税和办公税共计372000卢布），仅莫斯科就占到了46％。因此，莫斯科在彼得一世时期不仅没有失去其经济地位，而且在一定程度上还保留着其政治和文化地位，很多高级机关仍留在了莫斯科，或者在这里设立了办事处。

《彼得一世像》（彼得一世同时代著名画家伊·尼·尼基京作品）

总体说来，彼得一世在中央层面的行政改革中，出色地继承了前人的成果，进一步加强了君主的专制权力，扫除了妨碍皇权专制统治的障碍，借鉴西方经验尝试建立起了一套更为集中化、官僚化的中央行政机构。

在这方面产生的重要影响是，从此官僚成为专职于行政事务并在人民面前处于特权地位的一个特殊阶层。而为了实现这些机构的有效运转，彼得一世大力"改造"贵族，意图将贵族阶层打造成为帝国合格官僚的来源。为此，彼得一世曾不止一次亲自对贵族进行检阅。1722年，沙皇还对全体贵族进行了空前规模的大检阅，由此选拔出来了100名"优秀贵族"，并由他们组成了一个独特的，由政府指定的贵族委员会，而它对国家最高职务的更迭有着很大影响。例如，1722年规定司法委员会主席一职由选举产生，其中贵族委员会可提出 3 名候选人，参政院提出 2～3 名，莫斯科当地军官再提出 3 名，最后由百名贵族委员会、参政院和莫斯科当地军官共同从被提名的候选人当中选举产生。

在彼得一世统治时期，虽然管理机构的成员主要是靠贵族来补充，但这并不排除用其他阶层出身的人来充实这一队伍。实际上，行政改革的施行过程中使得新设立的机关中出现了很大的人才缺口，而彼得一世新制定的官秩表为其他阶层的人才打开了上升的途径，令贵族及时补充到了新鲜的血液，肯定了通过任职获得晋升的原则。但是非贵族出身的人，想要沿着军衔阶梯尤其是沿文官阶梯提升，绝非易事。1724 年，沙皇还曾下达诏令，非贵族文官不得越过低级官衔直接擢升为 12 级以上的文官。

另外我们需要注意的，就是全新的惩治机关——普列奥布拉任斯基衙门和秘密办公厅的设立，这类机构前所未有，进一步说明了君主专制体制在俄国的确立和加强。

由于俄国领土的扩大，地方层面的改革难度更高，行政改革的反复也加大了地方改革的难度。

第二节 地方自治：尝试与挫折

在 17 世纪，俄国地方上的管理尚比较零碎而分散。地方管理机关由两级构成，第一级是地方的军政长官署，第二级是中央的衙门管理机关。衙门本是中央管理机关，但是其中的许多衙门实际上却行使地方管理机关的职能，如西伯利亚衙门、喀山宫廷衙门等。有时一些县、市，甚至有些优惠村和乡都能直属中央。地方上主要城市的军政长官和附属于他的各县城的军政长官之间的相互关系，以及他同地方上其他行政主管之间的关系均未确定，这在一定程度上反映出国家各个部分之间的经济联系尚不密切。大城市军政长官的任命也与国家其他重要职位一样，偏重于世袭名门，不注重实际才能。至 17 世纪末，由于俄国专业化的官僚阶层还没形成，地方政府都是由商人在"兼职"管理，这种做法还是莫斯科公国时期的模式。到 18 世纪初，这种地方管理制度，已经成为国家管理中最薄弱的一个环节。

在应付战争开销这个刻不容缓的推动力之下，地方行政机构早在 1699 年便已开始了一些改革，以保证国家通过征税获得更多收入。然而由于俄国国土辽阔，地区差异明显，发展不平衡，因此地方上的改革与中央层面的改革相比，难度绝不仅仅是提升几倍而已。贪腐问题、地方农民和市民的起义等诸多难题令行政区域的划分和地方管理机构的设立都进行了不止一次的调整和变动。行政区域的改革就经历了三个阶段。最初划分的是省和州（1708—1715），然后是省和郡（1715—1719），最后一次是州和区（1719—1727）。对地方管理机构的变革总体上也有两次，但在这两次较大规模的改组之前，也就是在 1708 年之前，政府对地方管理也进行了小规模的变动，诸如尝试建立了市政厅，主要是为了中央集中财权。而第一次大规模改组地方机构是 1709—1718 年，主要是为了解决中央财政体系的腐败问题和地方起义的难题，设立了省级及其下级管理机构，将一些实权下放到地方；第二次是在 1719—1725 年，主要是为配合实施人头税以及在中央建立委员会制度，地方上又进行了一次较大规模的地方机构改革，设立了州政管理机构和新的市政管理机构，所以，以地方机构变动为主。我们可以将彼得一世的地方改革大致分为三个阶段，第一阶段即 1708 年改革行政区划之前建立市政厅的改革，第二阶段为 1709 年到 1718 年以省政改革为核心的地方改革，第三阶段即 1719 年到 1727 年以州政改革为主的地方改革。

俄国的地方改革同样借鉴了瑞典的地方机构模式，但是，瑞典的地方情况与俄国的地方情况差距较大，这也许是彼得一世的地方改革令人诟病的原因之一。

一、市政改革尝试

在地方改革的这一阶段，主要是顺应中央的需要在地方管理方面推行一些新的政策。在这段时期，彼得一世政府尝试借鉴欧洲经验，于 1699 年在各个城市设立了市政管理局和地方自治局，以及局长的职位，其目的是令城市工商业居民不再受军政长官管辖，将财权收归中央。

1702 年开始，政府颁布诏令，试图吸收地方贵族参加军政长官的管理机构，改行委员会制，设置军政长官副手的职位并由地方选举产生，以结束军政长官一长制，把军政长官和州县衙门的活动置于地方贵族团体的监督之下，减少贪腐行为。政府采用了选举贵族代表的方法，地方根据需要可以从地方贵族选出 2～4 名副手，但军政长官仍是主席角色。于是，在地方的官僚机构中，政府委派的官吏与地方选举产生的贵族代表，共同来实现对地方的治理。

由于地方对这项改革政策的消极态度，这项改革政策未能得到很好的执行，1705 年沙皇政府再次发布了要求全国各地设置军政长官副手的命令，扩大了这一副手的职权范围，还责成军政长官亲自任命副手。同时由于地方贵族人手不足，缺乏合适的人才，负责批准副军政长官任命的职官衙门被允许自己从退役军人中挑选任命合适的副手。于是这一任命的选举因素就全部消失了，而且允许军政长官自行任命的方式几乎完全违背了设置这一职位的初衷。结果，要么军政长官与副手同流合污，要么纷争不断，最终这项改革在八九年后销声匿迹，自行废止了。

在这段时期另一项比较重要的变革是，在建立市政厅的同时，建立了专门的警察机构，这是俄国最早的专门化的警察机关。18 世纪初期，地方警察局受军政长官的管辖。在大城市，他们有专门的代理人——巡官、优惠村和工商业区选出的甲长。甲长担负治安勤务，巡官对他们进行监督。在首都，警察则归属专门的地方事务衙门管理。市政厅建立后，它也成为该衙门执行警察方面事务的一个部门，市政委员们和军政长官共同担任警戒职责，这就大大加强了对地方民众的监控。

二、全国省政改革

由于之前的市政改革并未收到预期效果，政府给地方机关增加了官吏，以便推进新的地方改革方案。而尝试进行市政改革和全国省政改革的几年，正是彼得一世在位期间最紧张的时期。在国内，由于繁重的苛捐杂税、征兵、被迫到规模空前的大工程中劳动，农民、哥萨克、工商业者和被压迫的少数民族的不满情绪已经日益高涨。阿斯特拉罕、顿河流域和巴什基尔等地的起义表明，地方行政机构和警察机关已无力与农民的逃跑和其他形式的反抗做斗争，地方上的武装力量也不足以镇压起义，由此，亟须在地方建立强有力的国家政权机关。更何况，首都达官显贵的各种贪腐行为已经逼得彼得一世别无他法，不得不极力阻止他们榨取地方的财源，将更大的权力包括财权下放给地方。

1708 年 12 月 18 日的诏令规定，在全国设立 8 个行省，并划分给各省相应的城市，随后在 1713 年和 1714 年又增设了 3 个省。省的执行机关是省公署，它负责招募新兵，供应军队的粮秣和服装，处理领地、地界、驿站等方面的事务，并为捍卫贵族利益，同逃跑的农奴做斗争，调查犯罪行为，进行侦缉行动等。各省的领导为总督（圣彼得堡省、亚速省)或省长，他们把一切行政、司法、军事大权都集中在自己手中，既是驻守在本省区域内部队的总司令，又是地方民政管理机关的最高首长，位置相当重要。彼得一世将自己那些权力极大的亲信任命为总督或省长，派往各地。例如，派往圣彼得堡省的是亚·丹·缅希科夫，派往亚速省的是海军大将费·马·阿普拉克辛，派往基辅省的是德·米·戈利岑公爵，派往莫斯科省的是大贵族特·纳·斯特列什涅夫等。

在这次省政改革中，各省部设立了为数甚多的官职。根据法律规定，省的体制中，在领导大省的省长下设 4 位分管不同部门的主管，作为省长的助手管理地方事务：领导军事管理机关的警备总司令、管理全省钱粮税收的总军需官和总粮秣官，以及负责全省司法部门的省法官。省以下划分为数个县，领导县管理机关的是警备司令，他集中领导县所有管理部门。然而这些机关改革并未得到彻底的执行。此外，各省还配置有一大批专员称谓的财务官吏。一些省设总专员和专员(如圣彼得堡省、基辅省)，其他一些省则只设专员。至于协助省长工作的省法官，由于行政权未能与司法权分开，实际上也同法院一起履行财政管理的职责，还主管测量地界和侦查事务。

由于省的范围太大，县的数量太多，中间区域出现了较大的管理空当，于是设立了以警备总司令为首脑的"州"，"州"在 1712—1715 年被公认为是介于省与县之间的行政区域单位。县当局即各县的警备司令，隶属州的警备总司令。此外，州还设有总督察官一职，负责管理各县、市的税收，并履行一些诸如检查一些农户是否为空户的行政职责。但是，省划分为州并没有得到普遍施行。

在这次地方改革的过程中，警察的领导工作被交给了省长和警备司令，并确立了一整套严格的等级从属制度。在这套制度中，各县的警备司令必须绝对服从州的警备总司令，警备总司令又必须服从省长。与 17 世纪相比，新的管理模式更加集中化，新机关和各官员之间分工更为明确，在地方管理机关中明显地出现了官僚化。在人事方面也出现了革新：过去地方军政长官是根据呈请委派的，大致算作一种封赐或奖赏，但现在无论是委派省长、警备司令还是专员，都是通过任命来实现，不取决于军职人员的意愿。定期任命地方执政官的做法被废除，各种官职按照编制表来补充，军职人员被变成专制国家的官吏。至于省长，政府则努力令他在地方的施政方式与地方机构改革后的军政长官的管理方式相同，都要接受当地贵族团体的监督。1713 年 4 月 24 的诏令，要求各省可根据其大小设置 8～12 名省政委员。最初这些省政委员是由参政院从省长推荐的候选人当中任命，后来 1714 年的诏令又规定省政委员应当由每个市或州的全体贵族投票选举产生。这样一来，地方军政长官的副手实际上被赋予了新头衔——省政委员。然而事实上省政委员的产生从未经过选举。

根据规定，省政委员作为省长的顾问，解决一切问题省长都要与他们一起研究解决。省长不是长官或统治者，而是省政委员会的主席，省政委员作为省政委员会的成员，兼任行政管理、财政管理和司法管理方面的职务。然而省政委员会是个短命的机关，它未能展开自己的活动就被 1715 年的一道诏令彻底改变了从属关系和职责。该诏令确定设立新的行政单位——郡，省政委员则成为郡的首领。省政委员虽然被"降了级"，成为低一级行政单位的行政长官，但仍需在省公署轮流值班。这一变更实际上是因为人手的严重短缺，将省政委员同郡长的职位合并起来，可以加强地方上征税及征募新兵机关的行政效率，并有利于实行人口普查。此后郡替代了县(有时是数县合并为一郡)，省政委员取代了警备司令。省政委员掌握了本郡的行政、财政和司法大权，并在该郡进行定期的农户调查和居民调查。一般情况下，省政委员亲自管理本郡的农业区，而将城市交由地方自治局管理。在驻有部队的城市，则由警备司令同时履行省政委员的职责，军政长官的公署被撤销。而州的设置仍然存在，于是州中各郡的省政委员中有一人作为主任省政委员或领导全州的省政委员，有着相对于其他省政委员更高的级别。

这次将全国分为 8 个大省的省政改革的确对彼得一世政府聚敛地方财富有一定帮助，但成效并未令沙皇政府满意。这个未取得预期效果的改革被认为是失败的。虽然这时北方战事已经接近尾声，但在和平环境下正规军的给养、数量上大为增加了的官僚们的薪俸、工商业资金的筹集等仍是很大的开支。况且，由于委员会制度的建立，地方也需要做相应调整，这就推动彼得一世政府在改征人头税、加强遣返逃民的政策，以及中央建立委员会制度的背景下进行新一轮的地方改革。

三、全国州政改革

　　这一次的地方改革是伴随着一项影响极其深远的法令的颁布、实施而开启的。1719年，50个州成为国家的主要行政单位，每个州设1个军政长官，以及附属于军政长官的由2~4人组成的州委员会，每个州又划分为若干个由专员管辖的县，各县专员和州委员会都由本地贵族在他们自己中间选出，所有官员均有薪水。此外，还革除了光拿钱不干事的食邑制。1719年的训令对州长的职责进行了详细规定，涉及司法、财政、警务、商业等各个方面，而其首要任务便是维护沙皇陛下的利益和国家利益。在此，彼得一世再次显示出自己在改革上的创造性，州的责任范围已经大大超出他所借鉴的瑞典模式。州政府必须承担地方卫生、教育和经济发展的责任，比如关心人民健康，关注医院、孤儿院以及多数地方尚未建立的专科大学等。这令州长的责任过于宽泛，很多要求都脱离了实际。

　　此后，州逐渐成为地方管理的基本单位。但省的建制并未废除，仍保留在公文中，中央各委员会按照省来编制资料、名册和报表。在这一时期，全国已有11个省、50个州，这50个州成为叶卡捷琳娜二世时代省的雏形。这一次地方改革的基本思想就是加强地方行政机关的行政实力。

　　州的行政机关直属各委员会和参政院领导，州的行政管理机关基本也实现了相对于省的独立自主性，州长只是在军务方面（招募新兵、委派贵族子女参加检阅）及上诉之类的司法事务方面服从省长的领导，其他方面州长的活动均不受省长制约。

　　州的机关很多，其中最重要的是税务局和金库。税务局的领导者是税务官，由税务委员会任命并直接受其领导，但实际上税务官在军政长官的领导下进行工作。领导司库的是度支委员会任命的司库，在实际操作中则从属于税务官。另外，州还设有林业管理局、兵役局、侦查办公厅、"人头"审核和军队驻扎事务办公厅、粮秣局、市政局、关税局，以及边远地区的司法专员、监察官、正教院事务专员、宫廷领地总管等。

各市设有归属军政长官管辖的地方自治局。到了1721年，由于成立了市政总局，地方自治局转归市政总局管理。1723—1724年，地方自治局又改组成为地方性的市政局（大城市）和市政办（小城市）。凡涉及城市居民的案件都转交市政局处理，市民不再归属州行政机关管辖。市政局的职权范围很广，包括财政、行政、司法、警察事务和商务数个领域，他们要负责住户统计，摊派税款和贡赋，领导选举首领和村长，组织集市，关心工场，安排军队住宿，处理工商业者之间的争执，解决民事和刑事诉讼，执行防火措施，注意城市卫生状况，监督度量衡的准确度，还要负责根除寄生和乞讨现象，监视逃兵。每一个想要离开城市的居民，即使是短期离开也要到市政局领取身份证或通行证，返回后必须交回。这些市政机关和市政总局的建立，在领导、监督新兴商人阶级的活动的同时，也在一定程度上扶助了他们的成长。总之，市政局的建立标志着沙皇不再总是想着怎么横征暴敛，而是开始关心国民经济了。由商人代表自治管理的市政局虽然算不上是独立的机关，不得不依赖行政机关，但其作为国家机关的性质已经毋庸置疑：市政局的成员实行无限期制，终身任职，他们被归入统治阶级，可被封赐为贵族。随着官秩表的颁布，被选出的市政局成员均可获得相应官衔。彼得一世本来期望这个新机构能像它所效仿的外国机构一样，"享有盛誉，备受尊重"，但是他的希望化成了泡影。后来的事实证明，主管市政局的商人们并不比地方自治局的总管强多少。

领导区县管理机关的是地方专员。地方专员领导村警察所，其主要职责是按时向该区居民征税，此外还负责捉拿、拘押罪犯，执行法院判决等地方事宜。他领导的这个行政机关只有执法权而无司法权，依靠闾长、甲长、村长和米尔代表来推行工作。

地方行政机关的行政实力的加强，使得政府发现人口存在大量被瞒报的情况，于是政府很快采取了再次进行人口普查的措施。人口普查和人头税的施行引发了地方行政管理结构的重要变化。由于彼得一世所创建的常规军急需设立给养保障体系，而各省驻军和给养均取决于地方男性人口的数字，于是人口普查的任务被交给了陆军司令部。而由于地方行政机关不参与人口普查和军队驻扎的工作，于是在地方出现了与民政机关平行的军事机关：州设立了人口调查办公厅，县设立了由校官和尉官负责的人口调查办公室。人口调查办公厅拥有高于一般机关的特权，它有权逮捕省长和军政长官，不仅可以撤销税务官等官员的职务，还可以自行任命新官员。这一机构的特权，说明国家对税收改革的准备工作是何等的重视。而正是由于实行人头税及在地方驻军的政策，所以在地方形成了一批新的行政、财政专区。全国被分成若干个团管区，团办公室设在中心城市。团管区有大有小，视所驻扎军队实际所需的给养而定①。总的来说，团管区比 1719 年设立的"区"要大一些，这个政策实际就是让地方"包养"军队。

各团部办公室的主要职责是监督人头税的缴纳，征收人头税的工作则由地方贵族代表选出的地方专员负责。各地方专员直接听命于团指挥部和税务委员会，不受地方军政长官和税务官的管理。1724 年政府对地方专员征收人头税的职责做了专门规定，同时规定自 1725 年起，地方专员代表地方掌管兵役事务，同时具有警察的执法权，可以对瞒报人口、砍伐森林者处以罚款，甚至要监督剪胡子和退伍军人的衣着等。由于各团部办公室拥有自己的武装力量，他们还可以执行警察局的职能，如追捕逃跑农民等，团长甚至有处置居民的司法权。于是，新的税制和地方驻军令地方行政管理的整个结构发生重要变化。省里出现了两类权力机构——民政当局和军事当局，而且他们在很多地方的职权是重合的。由于政府更为信任军事当局，于是民政当局在

---

①　例如：一个步兵卫戍团的给养每年需要 16200 卢布，按人头税每人 74 戈比计算，该团管区应有 21892 个纳税人；一个步兵掷弹兵团每年需要 37795 卢布，于是该区应有 51075 个纳税人；一个野战骑兵团的供给费每年需要 44945 卢布，因此该区需要 60737 个纳税人；等等。

一些最重要的地方管理领域中被排挤出去。不管是征收人头税还是征募新兵，都由军事当局负责，政府甚至责成人口调查办公厅和团办公室监督民政机关的工作。

这一次地方改革的另一个重要方面是，彼得一世借鉴西方模式，试图在俄国将法院与行政机关分开，建立专门的司法机关。一切司法机关均将参政院作为最高监督机关和终审机关，而司法委员会是仅次于参政院的第二级法庭。地方建立起了两级司法单位——高等法院和初级法院，后来初级法院又被州法院所取代。但是由于这一政策在俄国当时的条件下尚缺乏实行的基础，因而法院无法做到司法独立，实际上处于从属地方长官的地位，并且其职权也受到很大的限制，最后地方的司法权、行政权还是趋于合流。具体内容我们在后面有关司法改革的章节中再专门论述。

地方管理机关改革的结果是建立了地方省级和州级机关。地方管理机关最初直属参政院，但从委员会制度建立后的1719年开始便隶属于各委员会，参政院则通过各委员会实现对地方的领导。地方机关各方面的工作也颁布了相应的法律规章，每个机关和主管人(省长、军政长官、税务员、专员、监察官等)的权利和义务均有固定的条例可循。这种对国家机关的活动做严格规定并使其更加服从于中央机构的做法，凸显了彼得一世所设立的专制政体不同于以往的特点。同时，改革的思路是令地方机关之间的分工更为明确，专门的行政、财务、军事、司法和监督机关得以建立。地方行政主管机关还包括一些分支机构，比如市主管机关(市政局)、管理教会所属土地的机关、宫廷主管机关(宫廷世袭领地的管事)、森林管理机关(林务官)。大部分机关的人员都由沙皇根据官秩表和编制任命的官吏组成。但改革也带来了不少"副作用"，造成了官僚机关的臃肿，比如地方军、民两套行政体系的建立。

另一方面，我们可以看到，彼得一世在地方行政事务管理的改革思路上，仍是依靠贵族阶层。彼得一世在地方行政机构中选举贵族担任职务的一系列措施，促进了地方贵族团体的形成。相应地，专制国家地方政权机关的巩固，也是通过吸收地方贵族代表参加管理而达到的。1713年4月24日和1714年1月20日的两道诏令，都多处提到由地方贵族选举的人参与省行政管理的问题。省长下面设省政委员会，委员8～12人，从每个城市或州的全体贵族中产生；省长作为主席而不是统治者，拥有2票，其余委员各拥有1票，做任何事都要通过委员会。但不久，为了加强中央对地方的控制，选举的委员会就由参政院任命的出身于贵族的委员所代替。然而，委托地方专员征收人头税的措施对地方来讲更具现实意义，这些专员由各区贵族代表大会选举产生，任期一年。

彼得一世的改革政策不少以失败告终，省政改革就是其中的典型。改革的确是迫于战争的压力和敛财的需要进行的，但在后期也逐渐加入了推动国家走向进步的期望。专制国家机关的显著特征是集中管理、机构体制统一、行政区划单一、管理机关的体制和活动用法律做详细规定，由此可以看出，彼得一世的改革正是朝着这个方向努力的。只是地方改革中出现了不少脱离俄国社会的情况，这其中最突出的例子就是将行政权和司法权分离的尝试。事实证明，这些改革都是早熟的和不现实的，彼得大帝的美好期望在俄国现实的土壤中难以开花结果，没有能够胜任的官员，地方的积极性也难以唤起。1727年左右，行政和司法分离的制度便寿终正寝，其他一些雄心勃勃的改革也停留在了纸面上，地方改革被终止，驻扎在农村的团队已经撤出，军政长官依旧大权在握。但是彼得一世在地方改革中所提出的问题对后世的影响很大，整个18世纪，划分大省和大州的工作基本上从未停止，把官僚贵族机关同彼得一世统治时期吸收地方贵族代表参政的做法结合起来的工作，也一直在继续。

四、地方民族政策

在彼得一世的统治时期，对边境的控制有所加强。在镇压了布拉文的叛乱之后，沙皇加强了对顿河地区的控制，使这一地区与俄国其他地区的联系更加紧密。然而，在整个俄罗斯帝国时期，哥萨克人仍保留着独特的行政制度和军事组织，以及生活方式，即使在苏联时期也是如此。在乌克兰的马泽帕投靠查理十二世之后，政府也开始着手强化那个地区与其他地区间的联系。例如，1714 年，俄国为此专门颁布了一道有趣的法令，援引英国对苏格兰、威尔士和爱尔兰的成功政策作为此项政策的依据，强调乌克兰人与俄罗斯人混居的必要性，并鼓励俄罗斯官员到乌克兰任职。

随着彼得一世时代对疆域的开拓，俄国的民族成分，以及各地发展的情况变得更为复杂，俄国政府采取了相对过去更为果断的措施来促进民族融合。在 17 世纪后半期的做法是，只要承认沙皇对他们的权力，就允许他们保有原来的领地，沙皇甚至还会加赐他们一些领地。而如果他们能够受洗接受东正教，则可以获得和俄罗斯贵族同等的土地权和拥有农奴（俄罗斯人、鞑靼人、摩尔多瓦人、楚瓦什人）的权利。而在彼得一世时期，政府对非俄罗斯地主的基督化政策日益加强。1713 年，彼得一世曾颁布诏令，规定穆尔扎（鞑靼汗国王子的头衔）和军职人员所拥有的农民只要是受过洗礼的，那么主人在半年内必须接受洗礼，否则没收领地。一些少数民族（鞑靼族、摩尔多瓦族和楚瓦什族）的低级军职人员还失去了贵族权利。结果，边区的非俄罗斯地主的人数减少了，受过洗礼的地主的地位有所加强。政府通过这种措施，提高了东正教在地方的地位，从而有利于民族融合。而在巴什基尔，虽然政府支持巴什基尔贵族巩固自己对于其居民的权利，但另一方面又未将其权利提升到与俄罗斯贵族相等同的水平上，因为这里社会经济发展水平与俄罗斯的中央地区仍有较大差异，宗族关系残余起着更大的作用。

而在乌克兰及并入俄国的爱斯特兰和拉脱维亚的一些地区，则又是另一种情况。当地的贵族早就拥有业已确立的广泛的政治权利和特权，自治程度很大，而且容易受到瑞典国王的影响。这就加大了俄国政府在这里实施类似的民族融合政策的难度。活跃在乌克兰边境地区的哥萨克加剧了这一问题的复杂程度。由于哥萨克内部的贫富差距已经日益拉大，上层哥萨克逐渐将形式上属于全体哥萨克的公共财产——土地，变成自己永久的私产，并将其职位世袭。在哥萨克中形成了以首领"盖特曼"为中心的权力最高层——权杖集团，以及以地方军团长为首的校尉级哥萨克地方集团——证章集团。起先沙皇政府向他们发放领地赏赐证书来巩固富裕的哥萨克上层的土地占有，这些封建主在农民爆发起义时也需要沙皇政府的帮助。于是到了17世纪末，乌克兰封建主的政治权利被严重削弱，只有得到莫斯科的批准，才能更换盖特曼和总头领，对外交往受到监督，在许多城市里出现了俄国的卫戍部队和军政长官。即使如此，在北方战争期间，仍发生了盖特曼及其亲信叛逃瑞典的事件。于是沙皇政府对他们的自治权进行了进一步的限制。1709年起，沙皇身边经常有一位驻扎官，未得到驻扎官的许可盖特曼甚至连一些次要问题也无权决定。在实行地方管理机关改革时，政府把乌克兰地区也列入了新的行政区划，1709年成立了基辅省，1719年乌克兰的主要领土则都被纳入基辅州的版图。1722年，在这里还成立了小俄罗斯委员会，该委员会以韦米亚诺夫准将和驻扎在乌克兰的6个俄国军团的校官为首。同年，盖特曼斯克罗伯茨基死后，盖特曼的选举也被取消，乌克兰的军队指挥权转给了戈利岑公爵，直接管理乌克兰的工作则由小俄罗斯委员会负责。沙皇还坚决镇压了哥萨克上层意图组建反对派的举动。

迫于外部政治局势，在民族政策上沙皇政府对爱斯特兰和利夫兰的贵族则作出了更大的让步。俄国统帅部所签署的"协议条款"和1721的尼什塔特和约的条款都对地方的特权予以了肯定。在加入俄国国籍的条件下，被收回的领地予以归还。在波罗的海沿岸地区拥有领地又不愿加入俄国国籍的瑞典贵族，要在3年内将领地卖给俄国臣民。同时，当地贵族保有了自身的政治权利，各级贵族自治机关得以保留：完全由贵族组成的地方自治代表会得以恢复运作，省政委员会也得以重建，省议会和骑士阶层也被保留了下来。波罗的海沿岸地区贵族的最大特权之一就是任职的非义务性。1723年9月23日的诏令许诺，利夫兰和爱斯特兰贵族在转为沙皇服务时保留其官衔，而未曾任职的年轻贵族，假如愿意，可以与俄罗斯的贵族子弟一样，被分配到近卫团服役。当然，在设立里加省和雷瓦尔省时，政府委派了沙皇的亲信作为总督。波罗的海沿岸各省还驻扎着卫戍团和陆军团，许多城市里都有俄国的城防司令坐镇，只是司法和行政职务仍保留在地方贵族手中。在俄属的波罗的海沿岸，德语甚至被认可为国语；同时，城市的各种优惠和商人的特权也保留了下来，市政局和行会也仍旧建立在从前的基础上。

对辽阔的西伯利亚地区则实施集中化管理。根据 1709 年省政地方改革的规定，成立了以托博尔斯克为中心的西伯利亚省，地域包括整个西伯利亚和俄罗斯欧洲部分的乌拉尔附近地区；同时撤销了西伯利亚衙门，而由托博尔斯克派驻军政长官（警备司令）。在州政改革中，西伯利亚省被分为五个州（维亚特卡州、索利卡姆斯克州、托博尔斯克州、叶尼塞斯克州和伊尔库茨克州），在各州各县都出现了新式官员，如税务官、主计官、监察官等。司法改革也扩及西伯利亚，叶尼塞斯克设立了高等法院，在各州各区都出现了司法专员。另外，俄国当局并未像西欧的征服者那样，把西伯利亚和北方被征服的少数民族消灭掉，而是不止一次禁止将缴纳毛皮实物税的人变为农奴，并促使成为农奴的土著人获得解放，得到耕地。但西伯利亚这些地方管理机关并未能减弱西伯利亚各州对下层民众的盘剥和压迫。沙皇把对西伯利亚和北方边区为数众多的少数民族的地方直接管理权都交给了氏族贵族和封建贵族。他们在地方管理和司法方面都获得了很多的特权。王公、诺颜、宰桑、苏伦等作为统治阶级与沙皇行政当局利益一致，他们互相勾结，共同剥削西伯利亚的土著居民，维护沙皇的专制政权。

概括地讲，俄国政府在对待非俄罗斯裔贵族的政策总路线是，完全维护他们的阶级利益，并同化他们之中最有文化修养的分子。政府竭力吸引地方贵族的代表人物在军队和其他机构中任职，这样不仅有利于民族融合，还可以将他们的一切活动置于国家的监督之下；同时俄罗斯贵族在军队和国家机构中仍占据着统治地位，俄罗斯贵族在人数、土地占有量及农户占有量上都占据着绝对优势。

总之，彼得一世在对待边境地区和少数民族的问题上，基本上做到了审时度势、因地制宜，完全符合俄国成长为帝国的自我定位。特别是在相对落后的边疆地区，他所采取的政策促进了边区少数民族内部旧的制度解体和民族关系的发展。通过地方改革，他在全国各个地方建立起了或多或少具有统一因素的行政制度，消除了各民族间的孤立状态，并把少数民族及其群体的经济纳入到全国总的经济生活中来，有利于国家统一和民族融合，因而能够巩固并维护沙皇的专制政权。

虽然很多学者认为，彼得一世的地方改革有很多败笔，很多政策脱离现实难以施行，特别是司法权和行政权分离的尝试过早，但是我们应当看到，这些革新在达成彼得一世设定的主要目标方面，产生了一些效果。第一，配合了国家财政等方面政策的革新，协助解决了国家的财政困难。第二，也是更重要的一点，就是在一定程度上维护了地方稳定，加强了对地方民众的控制，使得改革的势头得以维持下去。

第三节　司法改革：强化君权

在彼得一世统治时期，法律这一以适当形式宣布的帝王意志的概念得以形成。而在此之前的 17 世纪，沙皇要与大贵族杜马一起作出的决定才被认可为最高法令，这样的法令一般开头会这样写："沙皇颁圣谕，大贵族做决定……"但是 17 世纪下半叶已经出现了未经大贵族杜马同意而由沙皇"签署"的诏令。在彼得一世统治时期，随着专制制度的形成，唯有皇帝的诏令才被看作是最高当局的法令。而且整个司法制度也都是由沙皇领导的，沙皇本身也是最高裁判者。

独立颁布法律强化了彼得一世的专制皇权，同时法律的作用和地位在彼得一世实施改革的过程中也得到了一定程度的强化，这反过来又增强了沙皇的权威。在彼得一世执政时期，一切法律均以皇帝签署诏令的形式颁布，如果法律具有其他的形式，如条令、章程，则要有皇帝的特别诏令才能生效。虽然法律草案常常是由各个中央机关——参政院、正教院、各委员会制定和讨论的，但要成为法律，必须经皇帝亲自批准。参政院可以进行草拟，但在沙皇核准、颁布和纳入章程之前不能公布、生效。按各机关的总章程的规定，皇帝"给参政院和各委员会的诏令，以及参政院给各委员会的指令，必须是书面的，因为参政院和各委员会任何时候均不得发布口头指令"。凡是详细规定"国家大事"的诏令，不仅应寄发有关机关和省份，而且要通过各种途径向全民昭示，以便所有人均能知悉，所以还专门规定，任何人不得以不懂法律作为借口。按照1722年4月17日的诏令，法律的解释权只属于皇帝本人，只有当皇帝不在时，参政院才可以作出解释，但随后必须由皇帝核准。

与之前沙皇只限于在官吏拟就的诏令上签字形成鲜明对照的是，彼得一世亲自参与撰写法律条文。彼得一世统治时期的立法条文以详细清晰而著称。彼得一世非常重视对法令的解释，阐明道理，认为"说理高于一切美德，因为任何缺乏智慧的美德都是空洞无物的"。

总之，这一时期俄国的司法制度和法律体系竭力使生活的各个方面服从于巩固君主专政，维护贵族统治阶级的利益。对此，费奥凡·普罗科波维奇的论证说明了彼得一世对俄国司法体系改革的出发点：专制君主有权干预任何事务，只要这是"祖国的特殊利益所需要的"。

一、强化立法

在彼得一世统治期间，法律成为贯彻君主和统治阶级意志的重要工具。俄国公布的法律条文出现了第一次爆发式增长，彼得一世在位期间颁布了近3500条法律。专制制度的国家以"共同利益"为借口，实际上却竭力使臣民的生活服从对统治阶级有利的严格规范，法律的规定事无巨细，乃至在个人生活和社会生活的琐事中也要树立服从"精神"。

这一时期的法律主要有3种形式——诏令、条令和章程，绝大部分法律都是以单个诏令的形式颁布的。在彼得一世时期，对现行法律做了重大修改的最重要的诏令是1714年的一子继承法、1722年的官秩表、1723年关于法院形式的诏令。条令是为专门的主管部门颁布的法律汇编，其中包括各种指示和程序规范。第一部条令就是1716年的《军事条令》，它不仅是一部军事法汇编，而且也是一部刑事和诉讼法典，不仅对军人，而且对所有地方行政长官均具有效力。1720 年颁布了《海军条令》，《海军条令》的刑事条款基本上沿用《军事条令》的内容，但也对在军舰上的犯罪行为做了专门说明。另一种形式的法律——章程则用来规定调配各新机关的编制和组织。这类文件中最重要的是《总章程》(1720 年)，它对国家所有机关的供职守则进行了纲领性规定，具有普遍性。海军委员会和造船厂管理章程(1722 年)的下达同样具有重大的意义。该章程中的一系列规定，如监督人员的管辖范围，委员会检察官的权限等，均是所有机关必须遵循的。其他一些章程，如军需总监部章程，度支委员会章程等，则主要对本主管部门有效。其中宗教章程(1721 年)具有某种特殊地位，它除规定宗教事务委员会的人员编制和职权外，还包括教堂的物质权利规范。

在彼得一世时期，虽然一直在试图整理旧有的和新颁布的法令以编成统一的法令汇编，但由于新旧法律之间的矛盾及新法的不断增加和修改，这项工作一直没能取得成果。

另外一些新占领地区的情况与本土相比还有所差别。乌克兰的司法情况就比较复杂一些，基本上无论是法官还是民众还在遵循习惯法，而乌克兰的贵族阶级和富裕的哥萨克上层则竭力想用立陶宛规约代替习惯法规范。除习惯法之外，在彼得一世统治时代，在乌克兰具有效力的不仅有俄国政府的命令、条令和章程，盖特曼发布的法令也具有法律效力。

波罗的海沿岸地区的情况则特殊一些，这里的贵族和商人被特许保留他们在瑞典统治时期享有的各种权利和特权。以利夫兰公国和爱斯特兰公国"贵族阶级和地方自治局"的名义，或是以里加市、雷瓦尔市的名义提出的各类协议条款，保障了波罗的海东部沿海地区的日耳曼人享有的那些特权。这类条款是波罗的海日耳曼人中的上层同俄国军事统帅就他们转入俄国国籍的问题所签订的条约。这些条款后来则载入了 1721 年俄国同瑞典签订的尼什塔特和约，得到了进一步确认。因而，在波罗的海沿岸地区仍实行旧有的法律，即由瑞典国王和波兰国王的诏令及法令、地方自治会长的命令、里加大主教的命令，乃至利沃尼亚骑士团的命令及地方风俗习惯汇总编纂而成的地方法。

在巴什基尔人、鞑靼人、喀山人和西伯利亚人居住的地区，俄国人的法庭采用俄罗斯帝国的通用法，本地法官则使用穆斯林法，即伊斯兰教法典。穆斯林法依据其典籍古兰经。对信仰伊斯兰教的鞑靼人和巴什基尔人来讲，除了伊斯兰教法典外，伊斯兰习惯法即当地习惯法也具有效力。伊斯兰习惯法主要是调整土地关系和刑法的规范。值得注意的是，俄国人的法庭也承认伊斯兰教法典和伊斯兰习惯法。

彼得一世时代的刑法值得关注。这时的法律精神明确指出，违背国家利益的一切行为都是犯罪行为，即触犯刑法。1714 年 12 月 24 日的诏令对此作出明确规定："一切会使国家遭受危害和损失的行为均应判罪。"不仅如此，因为犯罪是危害"国家利益"，所以对犯罪行为起诉的是国家而不是被害人。同时，在彼得一世统治时期，对由国家起诉的犯罪行为和民事犯法行为已经做了划分。

在彼得一世时期，渎职罪特别是以权谋私和受贿行为是一种严重罪行。因为这种罪行破坏了国家威信，使得国家变得不可信赖，因此成为彼得一世整治的重点。1711 年，俄国设立了"监察官"制度，专门同渎职罪做斗争。在这一时期首次出现了一个新的犯罪概念——泄露国家机密罪。为此，彼得一世专门颁布诏令规定了机密案卷的保管和使用的制度。彼得一世通过法令向那些"正竭力装出十分善良的样子，却干着贪得无厌的勾当"的"骗子们"发出明确警告，若不知悔改，他们面临的将会是严酷的肉刑，没收全部领地，剥夺公民权并折断佩剑，逐出社交圈，甚至是死刑。

对于军人来讲，渎职罪包括不服从指挥官的命令，对指挥官的命令发表议论，不出席检阅，临阵脱逃，从战场上逃跑等。对于逃兵，《军事条令》则明文规定，可以"不经诉讼程序而在遇到的第一棵树上把他们绞死"。

彼得一世时期刑法的惩罚制度仍具有公开的恐怖性，而且没有完全废除株连制度，受到惩办的往往不仅是罪犯一个人，还有他的妻子儿女。同时，这时期的法律定罪并不明确，具体惩罚往往视其出身而定，出身越高惩罚越轻，这都显现了这一时期法律的封建性。最重的罪是政治罪，也就是蓄意危害君主专制国家的罪行。就连是口头冒犯君主也被列入法律惩治的范畴，而且一些政治案件的未遂罪，以及士兵或农民杀害军官的未遂罪，都要用已遂罪处以刑罚。凡口头冒犯皇上和指责皇上的行动计划的案件由专审政治案件的普列奥布拉任斯基衙门审理。

值得注意的是，在《军事条令》罗列的犯罪行为中，反宗教罪被认为是很重的罪行。宗教是专制制度最重要的思想武器和支柱，反宗教罪不仅被认为是对封建思想体系的蓄意侵害，而且被看成是反国家罪，构成了政治罪。

在彼得一世时期的刑罚中最重的是死刑，其次是各种残害身体的刑罚及流放、监禁（有期和无期两种），最后是财产处罚。另外还采用过辱刑，即开除官职，把名字钉在绞刑架上或者死后将其双脚倒挂，新式的辱刑则是剥夺公民权并折断其佩剑。在彼得一世时期，死刑使用得非常频繁。

二、革新司法体系

在彼得一世执政的后半期，司法制度进一步集中化和官僚化，司法体系趋于成熟并能适应新的任务。与17世纪相比，沙皇在实行审判中的作用大为增强。从前在大贵族杜马中，沙皇法庭是最高法庭，而随着专制制度的巩固，几乎所有重大案件或复杂案件都由参政院呈送沙皇亲自审批。

作为最高法官的沙皇，甚至自己裁度，独自审理了许多案件。例如，彼得一世曾亲自以口谕判处一些射击兵死刑，他们于1698—1699年被处死。从1714年开始，他经常指示近卫军的长官们对重大案件进行侦查。因而出现了近卫军中校戈利岑公爵，近卫军少校德米特里耶夫-马莫诺夫、萨尔蒂科夫、沃尔科夫、马久什金的"侦查办公厅"等专门机构。这些长官直接受命于沙皇，按照沙皇的亲自委托行事。他们负责侦查，由沙皇最终定夺。所以，这些军官们的"侦查办公厅"只是协助沙皇执行司法职能的附属机构。

沙皇之下的最高司法机关是参政院。它是最高上诉机关，审理各委员会难以判决的案件，但是对于重要的案件参政院只能提出自己的意见，之后必须呈递沙皇，由沙皇作出最后判决。参政院大臣犯渎职罪应受参政院审判，但参政院的总检察长和总检察官犯罪，只能由沙皇亲自审理。司法委员会是中央级别的、专门的司法行政机关。

1719 年，国家施行了司法改革，改革强化了俄国的司法制度。但这次改革的主要目的未能实现。这次改革的基本思想是把法院与行政机关分开，但在俄国仍缺乏实现的基础：不论是制度基础还是人才基础，俄国都不具备。

改革后全国建立了两级司法单位：高等法院和初等法院。圣彼得堡、莫斯科、喀山、雅罗斯拉夫尔、沃罗涅什、尼日尼、库尔斯克、斯摩棱斯克、托博尔斯克、叶尼塞斯克均设有高等法院，里加原本就有高等法院，于是仍被保留。高等法院是仿照司法委员会的模式建立起来的，法院设院长和副院长各 1 名，陪审官则达到 6 人，他们基本上由军人、廷臣（贵族的上层人物，即从前莫斯科的官吏）构成。但政法分离在当时的俄国实在是一个脱离现实的举措，法院在当时实际上处于从属地方长官的地位，他们不得不接受省长、副省长和军政长官的领导。到了后来，高等法院的院长通常都是省长和副省长。1721年，司法委员会甚至指出，这样能够更好地审理某些案件。

因此，俄国的司法权仍无法摆脱其传统上对行政权力的依附性。即使是高等法院，其职权也受到很大的限制，他们虽然既能够受理“刑事”案件也能审理民事案件，但政治案件不归他们管理。另外，涉及某些社会集团的案件高等法院也无权受理，比如涉及近卫军、工商业区居民、农民的案件等。除了接受初等法院按正常程序转交的上诉案件外，必须判死刑或终身褫夺政治权利的案件因不能由初等法院作出终审判决，高等法院要负责对初等法院转呈的此类案件作出最终审批。

初等法院分为两种，一种为实行会议制的州法院，一种是实行一长制的市法院。州法院只设在特定的一些大城市：圣彼得堡、莫斯科、斯摩棱斯克、喀山、尼日尼、辛比尔斯克、诺夫哥罗德、雅罗斯拉夫尔和沃罗涅什。州法院中总法官任主席，同时有2～4名陪审官与总法官共同审案。州法院能够审理民事案件和刑事案件，但重大案件必须交由高等法院进行审查。所有农村居民（教会世袭领地的居民除外）及城市中未列入工商业区住户的居民都属州法院管辖，其他所有城市的法院都由一长制的市法官领导。市法院不从属于州法院，直属高等法院。由于军政长官被赋予了监督地方司法机关的权力，因此初等法院实际上跟高等法院一样，无法做到司法独立，甚至产生了司法权与执法权日益合流的趋势。于是，在1722年，这种合流被合法化，初等法院被撤销，总法官转为高等法院的成员，而未设高等法院的州里，新建了完全由行政机关控制的"州法院"。这种州法院完全受军政长官的领导，由军政长官在两名陪审官的协助下进行审判。另外，在距离州中心200俄里以上的边远城市，军政长官可以设置一名司法专员；这一受军政长官直接领导的司法专员职权，仅限于解决50卢布以内的诉讼案。高等法院作为州法院的上级机关被暂时保留下来，但凡是州内设有高等法院的，均不再设立州法院。然而在地方，往往还会出现其他一些人物在个别类型的案件中能履行司法职能的事例。例如，在触及国库利益的案件中，税务官也参与了审判。总之，地方法院最终沦为行政机关的附属品。

司法委员会对高等法院来说是上诉法院，但它也作为初级法院审理一些案件，同时它又是整个帝国各级法院的中央行政管理机关。

在改革实施的过程中，由于诉讼者对国家新的司法体制不熟悉，往往按照习惯行事，案件按级审理的制度常常被搞乱。诉讼人有时把军政长官看作是法官的上级，于是在不服法官的判决时就向他上诉。省长和军政长官经常干预司法事务，反过来，法官却往往参与管理工作。把法院同行政机关分开的做法，在实际运作过程中却导致了各级法院与各级行政机关之间相互关系的混乱。因此，1722年只得重新改组法院，"初等"法院的位置被由军政长官和陪审官组成的州法院所占据。于是，州法院又重新同行政机关混了在一起。继1722年初等法院被撤销后，根据 1727 年 2 月 24 日和 3 月 15 日的两项诏令，高等法院也被撤销，其职权转给各省长。法院与行政机关分开的尝试最终失败了。

法院同行政机关分离这种做法，通常是在资本主义蓬勃发展，没落腐朽的封建制度受资本主义冲击下日益解体的情况下发生的。显然这一时期的俄国还未形成这种条件。当然，机关过分复杂，开支太大，也是导致改革失败的原因。

三、分离司法范围

在彼得一世统治时期，某些类型的案件被单独划分出来，归特殊部门审理，政治案件源于其特殊重要性就在此列。各级法院奉命将这些案件转到为此目的而专设的普列奥布拉任斯基衙门和秘密办公厅审理。

普列奥布拉任斯基衙门专门审理"犯上作乱"的"国事犯"。1717 年为审理阿列克谢皇太子案而成立了秘密办公厅，该办公厅主管谋反及暴动之类的重要案件。于是，普列奥布拉任斯基衙门在侦查政治罪方面和秘密办公厅的权限大体相同，其界限的划分纯粹是地域性的：普列奥布拉任斯基衙门的地盘是莫斯科，而秘密办公厅的地盘是圣彼得堡。

涉及某些特定社会集团案件的审理，也从一般司法部门中被分离出来。近卫军官兵的案件就只能由普列奥布拉任斯基衙门进行审理，这是对贵族的优待，因为在近卫军中，不管军官还是士兵都是贵族。城市工商业者之间的案件则由市政局审理，其上诉机关是圣彼得堡的市政总局，农民在司法方面则需要服从他们的地主，只有严重的刑事案和政治案除外，官吏所犯的渎职罪由相应的委员会审理。另外，世袭领地委员会负责的案件也不属于高等法院的职权范围。

涉及教会领地农民的民事案件和小的刑事案件由正教院事务专员和教会衙门进行审判，如同属于地主的农民一样，严重的刑事案和政治案除外。神职人员的案件由主教解决，他们的上诉机关是正教院。

在乌克兰实行的则是当地特有的司法制度，最高司法权力属于盖特曼，审判长负责给以协助。盖特曼主要是对案件进行第二审或第三审，只有大案及涉及官员的案件才由他进行第一审。一般案件由上校或中校负责审理，小案件则由百人长负责审理。不服审判长作出的判决可以向小俄罗斯委员会上诉，该委员会成立于1722年，专门为监督乌克兰政权机关而建立，委员会由六名校级军官组成，以韦利亚米诺夫准将为首。小俄罗斯委员会直接受参政院领导。

波罗的海沿岸地区的情况也比较特殊。根据1710年7月4日的《协议条款》，在利夫兰各县保留原有的司法机关，所有空缺职务由从利夫兰贵族中或从其他德国居民中派出的法官担任。该地区最高地方司法机关是里加的高等法院。在司法委员会中则成立了专门审理利夫兰人、爱斯特兰人和芬兰人案件的特别司法委员会。

在穆斯林地区，沙皇的法官只负责审理最重大的刑事案及俄罗斯居民同当地居民间的纠纷案。涉及当地居民的不太重要的刑事案和民事案，均由鞑靼和巴什基尔首领和法官，即卡迪和比伊审理，他们根据伊斯兰教法典和习惯法判案。对他们的判决不服，也可以上诉到沙皇的法院。

尽管进行了改革，彼得一世时期的法院却仍以受贿和办事拖拉而臭名昭著。案件审理极其缓慢，甚至有人一辈子也没等到审判结果。而且法院本身在基本程序上都做不到恪守规范，初级审法院不仅不听从上级审法院，而且往往不认为自己必须要对上级审法院负责。

法院的权威性也很差，甚至碰都不敢碰那些"权贵人物"。司法委员会主席安·阿·马特维耶夫伯爵本人则不得不以自己"孤苦伶仃"为借口，请求彼得一世的庇护以躲避名门显贵们的怒气。波索什科夫在《贫富论》一书中就曾写道："我们这里一切害人勾当和反常现象都是由于执法不公而产生的。"

需要注意的是，在沙皇不断巩固加强其专制统治的背景下，侦查在整个司法活动中的作用日益凸显出来。1716年《诉讼程序简述》的问世，更助长了这一趋势。起诉程序和侦查程序基本上被融合在了一起，国家在对案件的侦查中的作用加强了。在这种情况下诉讼双方都是无权的，案件根据法院的动议开始审理，甚至不需要受害人申请。对质、刑讯越来越广泛地被采用，法庭辩论甚至变为审问。于是，审理政治案件和民事违法案件都采用同一种侦查形式，并且普遍使用刑讯，这就导致法官们大肆营私舞弊。

在刑讯的问题上则鲜明地反映出了这一时期法律的封建性，因为对贵族和高级官吏常常不用刑讯；而对于普通民众来说则完全相反，刑讯使用得极为普遍，即使是一些鸡毛蒜皮的小事，也要对"贱民"进行拷问。刑讯是整个"正式证据制度"、整个宗教裁判诉讼程序的主要杠杆。正式证据制度要求审判必须以依据法律得出的客观理由为基础，而它的存在本身是为了限制法官的任意裁夺，但刑讯的滥用则让正式证据制度的可信度大打折扣。

在正式证据制度方面，等级性特征非常明显的。证人的证词被看作重要证据，而证人只能由"善良的和无过失的"人来担当，"名门显贵"和"贵族的妻室"则有在自己家中提供证词的权利。但并不是所有证人的证词都具有同等价值，一般认为男人比女人好，名门显贵比穷人好，有教养的比没有教养的好，神职人员比世俗人好。谁拥有更多"最好的"证人，谁就能打赢官司。所以，一个证人，如果不是"最好的"证人，他的证词只能算作半个证据；两个证人，尤其是两个"最好的"证人一致的证词，才算是完美的即"完整的"证据。书面文件也是一种非常重要的证据，其中特别重要的是收据，还有警察和法院职员及其他人的记录，神职人员的证明文件等。这些书面文件都算作完整的证据，商人的账簿算半个证据。书面文件之所以具有这么重要的意义，是商品流通和商品货币关系的发展的结果。与此形成对照的是，誓词作为证据的一种形式已失去过去所具有的作用，人们都不相信誓词了。只是在审理一些无关紧要的案件时，并且只能是在没有其他证据的情况下，才允许把誓词作为证据。

值得一提的是，这个时期的诉讼案中还提到《诉讼程序简述》所没有收载的一类证据，那就是法医技术鉴定，体现了新制度的进步性。

彼得一世时期，《军事条令》首次要求对犯罪行为进行法医技术鉴定。当发生谋杀案时，按第154条的说明，要求"医生鉴定，医生应解剖尸体并真正查清是什么原因导致死亡的"。在实际工作中，法医技术鉴定和法学精神病技术鉴定也经常被采用。

四、严惩贪污腐败

在彼得一世改革过程中，彼得一世一生坚持与官场中那些贪污腐败、营私舞弊的现象做斗争，许多达官显要都因此受到了严厉惩治。

在实行省政改革时，省长们营私舞弊、瞒报税款、侵吞国家财产，与改革前相比有过之而无不及，令沙皇忍无可忍，于是沙皇把其中一个——西伯利亚省长加加林公爵处以绞刑，以儆效尤。之后揭发加加林公爵的省督察官涅斯捷罗夫也因为贪赃徇私、窝藏逃兵等罪行被判处死刑。沙皇的另一位战友，担任阿尔汉格尔斯克副省长的阿·亚·库尔巴托夫因贪污受贿而落马，在临终前还在接受审查。沙皇的宠臣，官至首席顾问的亚·瓦·基金因监守自盗也被惩治。

不仅是从严执法，彼得大帝还以身作则，勤俭克己，希望成为众臣的榜样。不但他的个人用度，就是他家庭的花销也不许超过他当海军中将和陆军将领所应得的年俸。沙皇生活简朴，在家里有时就穿着用中国土布缝制的普通旧长袍，经常穿妻女补过的袜子，还时常坐着莫斯科商人都不好意思乘坐的简陋马车出门，即便在国外也不住华丽的王宫宫殿。他的勤俭节约让外国派驻的代表都十分感叹。

当沙皇屡次接到举报，听说他一向器重并且为其改革立下过汗马功劳的缅希科夫贪污公款时，非常痛心，甚至专门写信请求他不要为了蝇头小利而毁坏名誉，之后还解除了缅希科夫陆军委员会主席的职务。

在彼得一世去世前几个星期，彼得一世还强忍病痛颁布敕令，禁止向宫廷人员提出任何请求，严禁宫廷人员私自接受禀呈，否则以死刑论处，以杜绝宫廷人员徇私受贿。在北方战争时期，彼得一世就因操劳过度患上非常严重的疾病，以至于别国的外交官员认为彼得一世会先于查理十二世离世，从而令战争发生决定性的有利于瑞典的变化。但或许正是彼得的坚强意志，让他战胜病魔，迎来了最后的胜利。

总体来说，俄国的司法制度在彼得一世时期得以进一步集中化和官僚化，从而有力地巩固并强化了彼得一世的专制皇权，帮助彼得一世的改革事业顺利进行。同时，彼得一世司法改革的进步因素还在于它体现了时代的要求。在发展经济的现实需要之下，彼得一世政府的司法体系不得不重视日益强大的商人阶层，为他们行商提供必需的、起码的法律保障。同时，商品货币关系的发展本身也促使相应法律法规的出台和发展，于是在俄国的封建法制内部，资产阶级法制的成分出现了，并得到了发展。另外，就如同我们提到的，在新加入俄罗斯帝国的各少数民族中，不仅地方风俗习惯、法律规范和法院在起作用，在某种程度上全俄的规范和法院也起着作用，这也反映出整个帝国的国家机器在日益官僚化和集中化。

尽管如此，我们也应当看到，在爆发人民运动的时期，当贵族统治本身受到威胁时，当局断然采取的是直接武装镇压和不经审判的惩办。在镇压阿斯特拉罕起义和其他起义时，未经任何法庭审判便处决了起义者。司法制度的建立和改革无法改变它的阶级本质——服务于专制制度的本质，它的进步性是有限的。

第四节　教会改革：二元体制的结束

在确立专制体制的过程中，彼得大帝对俄国教会的改革是非常重要的一环，因为俄国教会在当时国家生活和社会生活的各个方面都拥有着巨大影响力。虽然牧首尼康意图将教权凌驾于君权之上的宗教改革运动最终失败，但是牧首制（或译作"宗主教制"）毕竟仍旧存在。这种情形说明俄国实际上是一种二元体制，即在国家之中有两位国家元首，世俗的和精神信仰上的。因而彼得一世确立其专制统治的改革不可能不触及教会的利益，不仅是因为在上层教士中建立一个不依赖于国家的强大教会的思想，即尼康思想仍旧活跃，还因为教会掌握着巨大的财富和土地，而这些财富正是应对战争和国家建设所急需的。更何况改革的顺利推行，必须要得到教会的配合才能深入下去。总而言之，这一切都要求彼得一世必须掌控教会。

一、控制教会的资产

彼得一世控制教会所采取的首要措施就是剥夺教会对收入的支配权，通过削弱它的经济基础，迫使教会逐步融入彼得一世的专制帝国体系。要知道在俄国，教会不单单是精神世界的主宰者，而且还是俄国最大的土地所有者。在 17 世纪时，尽管俄国就对教会占有地产采取了一系列限制措施，但它所拥有的地产数量仍在不断增加，虽然增加的速度放缓，却一直延续到彼得一世改革之初。与 1653—1654 年的数字比较，1718 年都主教和高级神职人员世袭领地的农户数增加了近 40%（共有 28823 户，增加了 11500 户）。教会世袭领地增加了 26%（131 家教堂共拥有农户 112855 户，增加了 29806 户）。尽管这种增加是因为采用了更为准确的统计方式，以及自然增长的结果，但总的来说，它证明 18 世纪初期宗教界的经济实力不但没有丝毫消减，反而明显增长了。教会衙门承认，即使是从 1701 年起教会的部分土地转让给了贵族，但到了 1722 年受其管辖的农民仍占全国农民的 1/5，教会财力可见一斑。

彼得一世不会放任教会占有如此多的利益，不过与其他领域的改革作风相比，他对教会还算客气，手段较为温和。最初他只打算强制所有富有的修道院出钱出物资助国家，但教会并不配合，于是彼得一世决定确立国家对教会支出的监督权。1696 年，政府责令都主教、大主教、主教、修士大司祭和修道院院长们"如无陛下署名的诏令"，不得作出任何不符预算税额的官款开支。由于两次远征亚速而亏空的国家金库急需补充，从 1697 年开始，政府颁发了一系列禁止神职人员支钱建造新楼的命令，同时要求教会对钱粮收支作出精确的统计，并将相应文本呈交莫斯科以便进行监督。后来又禁止教会建造新教堂，禁止给拥有世袭领地的修士大司祭、修道院长和神甫发放薪俸。根据

1699 年和 1700 年的诏令，沙皇废除了教会从前所享有的财政特权，同时使之转而有利于国家，修道院购买和交换土地的权利也被禁止。内务府还被责成监督上述诏令的执行情况。但是，这些措施仅是部分地解决了把教会收入用于国家需要的问题，于是彼得一世直接看上了教会的不动产。彼得的理由也非常正当，因为这些教士们全都违背了自己的诺言，不仅没有依靠自己的劳动去资助需要帮助的人，反而需要用他人的劳动来供养自己。1700 年，坚决反对革新的牧首阿德里安去世，这给政府创造了改革教会行政机关，特别是将教会财产管理权移交到国家手里的大好机会。彼得一世有意让牧首职位长期空缺，以削弱这一职位的存在感和影响力，同时恢复了教会衙门。彼得一世将教会所拥有的世袭领地交由教会衙门打理，这实际上剥夺了教会对其世袭领地收入的支配权，大大削弱了教会的经济基础。这样一来，此消彼长，政府的财政困难也得到了一定程度的缓解，一举两得。这就为彼得一世进一步削弱教会的政治影响力创造了有利条件。

二、复设教会衙门

削弱教会经济基础的改革与教会组织管理体制方面的改革是相互依托的。在牧首阿德里安去世后，阿·亚·库尔巴托夫建议彼得一世暂缓挑选新的牧首，改为任命一名高级神职人员和数名修道士共同来管理教会。库尔巴托夫还建议设立一个"征收和保护官款的特别司法衙门"，来管理修道院和高级神职人员的领地，沙皇采纳了库尔巴托夫的建议。在此后的 20 多年里教会一直处在一个"代理牧首"的管理之下，颇富才干的梁赞都主教斯捷凡·亚沃尔斯基被沙皇任命担任这个新职位。同时，沙皇还撤销了一个教会的中央机关——牧首职官部。

一些学者认为，彼得一世选择斯捷凡担任代理牧首是因为斯捷凡是教会改革的温和支持者。有的学者则认为，斯捷凡在暗地里是拥护牧首制的，是教会改革的反对者，他赞同绝不能让世俗政权干预教会事务的观点，只是他不敢公开地去领导教会的反对派。也正是因为这样彼得一世才不再信任他，在这位代理牧首没有参与的情况下进行了教会的改革。无论如何，斯捷凡并没有公开地对抗彼得一世的改革，即使他曾发表过一些不当言论，但还是马上公开对沙皇表示了歉意。事实上，他对沙皇削弱教会的权利多少有些不满，也是可以理解的。而彼得一世没有让这位代理牧首参与改革的原因，可能只是彼得一世决定要架空牧首的这个位置，哪怕只是他的临时代理。沙皇亲自同其他主教一起共同解决教会管理的重大问题，把他们轮流召到莫斯科来参加"圣洁会议"。同时，代理牧首作为临时代理，其权力则"名正言顺"地受到了限制。

为了方便管理，尽快取代牧首的位置，沙皇甚至临时恢复了教会衙门（作为次一级的中央主管部门）。1701 年 1 月 24 日，恢复教会衙门的诏令被颁布，领导它的不是宗教界人士，而是世俗人士、阿斯特拉罕前军政长官大贵族伊·阿·穆辛-普希金。牧首和高级神职人员们的房子以及教会的不动产，则交由教会衙门管理。

教会衙门作为国家的中央机关，它不仅负责管辖宗教机关的世袭领地，还要贯彻执行政府的各项教会改革计划。该衙门的工作，首先是给高级神甫院和修道院指派大量御前大臣、大贵族和官员，以登记教会的土地和其他财产。世袭领地上的每一农户都要登记入册，同时要说明属于该农户的土地数量、应缴的代役租总额等信息。待国家搞清楚教会的财产状况后，教会的地产被分为两类：一种是"固定"世袭领地，即其收入用于教会需求的领地；另一种是收入要上缴教会衙门的"固定范围之外"的世袭领地。"固定范围之外"的世袭领地，由教会衙门的代理人或教会旧有部门作为管理者而非占有者来进行管理；另一点改变就是，这类世袭领地被交给军职人员经营，收取代役租。如此一来，1701—1711 年，国家从教会世袭领地获得的收入为 100 多万卢布。

彼得一世采取这些措施，剥夺了修道院对其领地收入的支配权，迫使教会在失去经济基础的情况下不得不依附于世俗政权。这样一来，国家的财政难题得以缓解，同时留给代理牧首的就只剩下领导宗教事务的权力，而事实上，他在这方面也并不是有充分权力的主管人。

　　教会衙门对教会的管理方面还体现在其他方面。教会衙门对每个教堂的修道士和仆从的数量都给予了固定性的规定，接受神职也被限制起来，没有教会衙门的准许不得私自执行。1724 年 1 月 31 日的诏令毫不忌讳地宣布，"大部分修道士实际上都是寄生虫，因为游手好闲是一切罪恶的根源，所以才出现如此多的流言蜚语和分裂行为，以及捣乱者""修道士的一切都是现成的，站在自己该劳动的地方，而劳动的实际上却只是自由民……是否在努力攻读圣书，理解教义呢？一点也没有。据说是在祈祷，有时大家都祈祷……这对社会究竟有何益处？有一句古老谚语道出了真理：无论对上帝还是对人们均无益处。大部分人是因为逃避人头税和由于懒惰才来这里白吃饭的"。

　　彼得一世看不惯教士们吃白食、做"寄生虫"，可不是光说说而已。一部分神甫、教职人员甚至真被这位沙皇派到军团和国家各种工作岗位上去供职。"非贵族出身的和父母并非清白的"教士则必须学习手艺，特别是学习纺织。

　　由于战争时期财政困难，彼得一世不惜动用教会珍藏的一些珍贵物品，甚至一些教会建筑物也被用于军事和民政需要，许多教堂的大钟都被熔毁制成大炮。教会的一些粮食和资金储备被没收，部分银餐具和圣像上的贵重装饰品也没能幸免。为了防止神甫们的反对活动，沙皇政府规定，禁止在神甫单人房间里存放纸和墨水，只准在公共食堂内写信，而且修道院长必须在场。或许正是因为彼得一世如此对待教会，才会出现诋毁他"不是基督徒，是僭位者"等诸如此类的流言。

　　另外，教会所担负的一些社会责任也丝毫没有被减轻，反而在教会衙门的统一管理下被加强了，并被政府做了硬性指派和规定。首先教会衙门要对国家普及教育的政策给予支持，于是从前垄断教育的教会不仅被剥夺了办教育的"特权"，而且被赋予了开办、资助学校的职责。而且它要负责的不仅是旧式的教会学校（如扎伊孔诺斯帕斯学校、基辅学校等），甚至还有新式世俗学校（4 所"外国人"主持的学校）。教会衙门命令教区当局，用来自世袭领地的收入筹办学校。同时，不令人意外地，与文化教育事业相关的印刷厂也被划归教会衙门领导（出钱）。此外，养老院也全部交给了教会衙门照管。1721 年莫斯科有养老院 93 所，其中住有 1411 人。然而彼得一世认为这样远远不够，于是教会衙门责成各教堂不分级别都要修建养老院。而要送到养老院养老的，首先是退役士兵，然后是残疾人，年迈老人和病人。由于战事不断，需要被照料、进养老院的人明显增多，政府捉襟见肘之下不得不借助教会的力量来解决这一难题。就这样，教会在彼得一世的革新大潮之下，被迫被构建入彼得一世的帝国体系，成了彼得一世开动战争机器的"财务保障"和"后勤集团"。

事实上，教会对国家的支持远不止于此。莫斯科军医院及附属于它的一所培养医生的学校，也都靠教会世袭领地的资金维持。同时，教会衙门还是一个司法机关。神甫、衙门官员、教会的农民、学校的教师和学生、印刷所工作人员，以及乞丐和在养老院养老的人的案件，都归教会衙门管辖，它还负责审理其他人对神职人员及其管理部门人员的一切起诉。

彼得一世的行政改革也对教会衙门的处境产生了影响，随着参政院成立，俄国教会的权力进一步受到限制。这种世俗政权经常干预宗教事务管理的结果就是，这种干预越来越"理所当然"，甚至不告知牧首代理人，就连修改圣经也不通过牧首代理人，而通过教会衙门来进行。包括 1708—1710 年的省制改革在内，对教会衙门的活动也发生过重大影响。行政机关在执行参政院关于征收全省所有地区的人头税的指令时，也征收教会和教会土地上的人头税。教会衙门试图维护它的自主权，但也只争取到一条关于禁止军政长官和省政委员会委员进入其世袭领地的诏令。中央各个委员会的成立，对教会衙门的工作影响更大。1720 年，教会衙门最终被撤销，它的主要职权被移交给了度支委员会和税务委员会，教会衙门的司法事务则被移交司法委员会负责。不久，其修道院事务就被移交给 1721 年成立的管理教会的最高国家机关——正教院处理。

1720 年，彼得一世也撤销了关于将教会世袭领地交由教会衙门管理的决定。1720 年还重新规定，"由教会衙门管理的教会世袭领地和一切税收，仍交给各教堂、修道院，并令修士大司祭和修道院院长按照以前办法对它们进行管理。而关于教会取代教会衙门从世袭领地征税等事宜的办法，则由税务委员会研究并草拟诏令"。

很快，在牧首制被废止、正教院成立的 1721 年 2 月 14 日，正教院又向彼得一世申请，收回了管理修道院世袭领地和所有税收的权利。1721 年 2 月 14 日，即正教院创立之日，正教院向彼得一世呈递了一份报告，其中除了别的一些问题外还问道："牧首、高级神职人员和教会的那些以往由教会衙门征税和行使权利的世袭领地，现在是否都由正教院一家管理？（因为它们由于世俗管理者的掠夺而变得一贫如洗）……是否应在《宗教规程》中规定，这个管理工作应由正教院负责？"彼得一世在这一节中加了批示："照此办理。"在这一问题上放弃从前政策的做法可以这样解释，在宗教权利变为专制政体的附庸和正教院成为国家官僚机构的一部分之后，修道院的土地所有权问题没有从前那样尖锐了。需要说明的是，虽然管理权移交给了正教院，但是从世袭领地所获收入仍然要上缴国库。

彼得一世着手改组教会管理机关，不仅是出于充分利用教会物质资源的需求，而且在很大程度上是从政治角度考虑的。由于彼得一世对教会采取的政策较为严厉，教会的怨气不小，敌视他的人自然很多。政府的反对派正是在这一圈子中形成的，这在皇太子阿列克谢的案件中表现得最为突出。在审讯时，皇太子承认，即使成为教士，他也能令自己在彼得一世死后称帝："一旦父皇驾崩，我将示意高级神甫，高级神甫将示意教区神甫，而神甫又将示意教民，那时他们即便不愿意，也会立我为皇。"政府考虑到神职人员阵营中政敌们的影响力和势力，清楚地知道他们手中最有力的斗争工具就是牧首制。取消这一制度，将会在镇压神职人员反对派的行动中事半功倍，进而消除教会的政治影响。

三、设立正教院

即使是在 18 世纪，彼得一世要想搞废除牧首制、教会管理体制改革这样的大事，也需要理论准备并营造舆论的支持。在这一时期，俄国宗教界最著名的活动家是费奥方·普罗科波维奇，他知识渊博，文学才能非凡，热烈赞同改革，这使他成为 18 世纪初俄国专制政体思想最全面的表达者。从 1718 年起，普罗科波维奇成了彼得一世在实现教会管理机关改革方面最亲密的助手。他在彼得一世的交代和帮助下，撰写了许多文章和政治论文。普罗科波维奇在这些文章当中制定出了一套完备而又严整的理论体系，并得到了官方的肯定，被作为代表官方观点的政治理论。他所撰写的《君主意志的真理》和《宗教规程》，均被作为解释专制君主权力本质的国家法令而给予通过。

　　其中，于 1721 年 1 月 25 日被批准的《宗教规程》中的宣言和绪论值得特别注意，它们具有特殊意义，实质上是论战性的文献，其矛头直指牧首制的捍卫者，阐述了俄国君主对教会的权力。在这些内容中，沙皇不仅被称为是"正教信仰和教区的神圣教会"的保护者，而且还被认为是俄国东正教的"最高牧师"。在《宗教规程》中，专门阐明了成立新的最高机关——宗教事务委员会的原因。如果说在实行牧首制时保留了教会的自主权，那么现在宗教行政机关在国家机构总体系中则处于从属地位。在这种情况下，牧首的称谓已被取消，委员会中宗教界的成员成了官吏，类似于其他各委员会的委员。教会和神职人员在一切事务中都处于依附专制国家的从属地位，只有那些与教会的教义和教规有关的事务除外。宗教事务委员会的委员，除按教会职称级别进行一般的宣誓外，还要按本人在委员会内官职地位的高低进行效忠皇上的特殊宣誓。首先，规程论证了在国家一切机关体制中，实行委员会制原则的优越性。它强调，就连君主也会经常就国家事务同亲信们商量讨论，这样委员会内就会更少一些偏见、奸诈和贿赂行为；委员会制"能最自由地进行公正的裁决：因为不像一长制的领导者那样怕惹强者生气……"其次，规程直言不讳地说出了教会的一长制管理之所以会危及国家的最本质的原因：对牧首享有的荣誉和光荣感到吃惊的普通人民会想，"这第二个皇上同专制君主势均力敌，或许还胜过他，神职人员组成的是又一个更好的国家……"规程对保留牧首的显赫职位的危险性做了一番解释后，最后指出，失去荣耀与"尊号"的委员会主席的职位是一个无害的职位。"委员会主席这名字本身并不值得骄傲，它什么也不能表明，仅表示是主席而已；因此他自己甚至不会把自己想得很高，下面任何人也不会把他看得很高"，老百姓会"完全放弃想让神职人员帮助自己进行暴动的希望"。

1721 年 2 月 14 日，彼得一世颁布诏令，将计划成立的宗教委员会改名为"正教院"，这让它至少在名称上不再那么像国家下属机关。正教院的成员（也像其他委员会一样）由 11 名高级神职人员组成，包括主席 1 人、副主席 2 人、委员 4 人、助理委员 4 人，后来则扩展到 12名。前牧首临时代理者，梁赞都主教斯捷凡·亚沃尔斯基被任命为主席，诺夫哥罗德大主教费奥多西·亚诺夫斯基为第一副主席，普斯科夫大主教费奥方·普罗科波维奇为第二副主席。1722 年又设立正教院总检察官的职位，领导教会监察机构，即所谓的宗教裁判所。这个总检察官的职位由世俗官员担任，作为世俗政权的代表，在正教院中发挥领导作用，其职责是担保这个组织以完全合法和正确的方式开展工作。这样一来，俄国东正教教会的管理便处在了政府的监督、领导之下。

正教院作为管理东正教教会事务的最高国家管理机关，可任命所有神职人员，解释教义，管理传教活动，领导反对旧教派和各种"异端邪说"的斗争，经管布道事务。在司法方面，正教院负责审理神职人员背弃信仰、犯婚姻罪及其他某些罪行的案件。于是，彼得一世用正教院取代了原来的牧首，牧首制被正式废除。同时，这项安排与东正教教会内部广泛实行的地方自治原则并不冲突，也得到了大主教们的认可。

正教院作为最高宗教机关，认为自己直接管理世袭领地不方便，便请求政府恢复教会衙门。这一请求获得批准，教会衙门重新建立。于是管理世袭领地的权力被重新交给 1721 年被恢复的教会衙门。该衙门由过去的莫斯科副省长瓦·谢·叶尔绍夫法官领导。但需要注意的是，1721—1724 年期间的教会衙门已经不是最高级别的政府机关，它从属于正教院，是次一级的中央主管部门，只是代表正教院进行工作。同时，它还从属于参政院和税务委员会。1725 年，教会衙门正式易名为正教院财务办事处。

正教院一成立就竭力试图把宗教机构的世袭领地重新纳入它的管辖之下，虽然得到了沙皇的允准，但他们得到的仅仅是管理权，收入仍要上缴国库。根据彼得一世的批复，从前由教会衙门管辖的教会机构的所有世袭领地，交由正教院管理，正教院负责向税务委员会和度支委员会缴纳全部要求增加的税款。这说明，政府在对待教会土地产权方面，本质上并未发生改变。正教院几次努力，想争取政府批准将世袭领地及其收入像从前一样都交还给神甫们，但几次尝试均未奏效。因而，改组后的教会衙门和后来的税务办事处实质上是税务委员会的分局，只是表面上同正教院发生联系。不久后，在税务办事处改组成为从属于参政院的独立中央机关——经济委员会后，这一表面联系也中止了。

从此，彼得一世通过对教会的改革有效控制了教会的组织、财产和政策，令俄国教会最高管理机关被政府正式"收编"，作为世俗中央政府机关的一个职能部门，被纳入了专制国家体系之下。这也就是说，俄国的教会从此必须为国家利益服务。与此同时，彼得一世也保持了教会在信仰上的独立性和权威性，即沙皇并不打算在信仰问题上做最高权威。但无可争辩的事实是，莫斯科公国时期尚有两个至高无上的领袖——沙皇和牧首，而从彼得一世时期开始，只剩下一个毫无争议的领袖，那就是沙皇。

四、拉拢分裂教派

在俄国历史上，东正教陆续分裂出不少教派，它们世代相传，有的至今仍存在。在彼得一世时代，与官方教派持不同宗教观点的分裂教派主要是旧礼仪派。旧礼仪派，即 17 世纪尼康改革时期形成的，以阿瓦库姆为首的分裂教派。他们后来有不少人参加过拉辛起义、索洛维茨修道院起义、1682 年莫斯科射击军起义，此后虽然进入低潮期，但始终是一股顽强的势力。而旧礼仪派中又分出一系列派别，比如教堂派、反教堂派①等，而反教堂派中又分裂出救世主派、菲立普派、逃亡派等。其他分裂教派还有鞭身派、阉割派等。

分裂教派特别是旧礼仪派及其各个组织的历史表明，它们的活动与发展受到国内移民、城市增加、资产阶级关系发展等诸多因素的影响。他们的迁移定居点变成城市型的大村镇，信徒的聚点也被强制分开。社会经济生活中的这类进步现象使得旧礼仪派中各种流派之间和个别宗教团体内部发生了分歧。旧礼仪派中资产阶级化的上层逐渐放弃了激进立场，倾向于向同处统治地位的教会和政府妥协，而普通群众仍持不妥协立场。在旧礼仪派运动开展的各大地区，维格湖畔、斯塔罗杜布、下哥罗德边疆区、顿河流域及其他地方，各种思潮的斗争风起云涌。

最大和最有影响的旧礼仪派组织集中在国内各边疆区，因为逃跑者都奔赴那里，而且社会经济的新形式在那里比在中部地区能够得到更为自由的发展。18世纪上半叶，旧礼仪派发展的主要地区是扎奥涅日耶、伏尔加河流域中部、白俄罗斯和北乌克兰森林区及顿河草原。在北部地带大多是反教堂派，而在中部地区和南方，则是教堂派占优势。在17世纪和18世纪之交，旧礼仪派中的这两个派别划分得更为清楚。

反教堂派认为，可以不按照教会通常的规矩确立教会教阶，所以这个教派能够在逃亡居民大量聚集的北方一些地区得以优先传播绝非偶然。坐落在经维格湖入白海的维加河上的普里奥涅日耶东北部的维格荒郊修道院，在旧礼仪派反教堂派团体中声势最大。这个团体的活动非常引人注目，它所从事的一些经济活动实际上响应了彼得一世的改革政策。特别是它经营大宗粮食交易，并且向圣彼得堡供应粮食，这对国家来说是一件极重要的事。它还在邻近的卡尔戈波尔县，买进或租赁了大面积耕地，靠转售粮食获得收入，这种商业流通活动在维格人的经济活

---

① 反教堂派，又可译作"无修士派"，俄国正教分裂派之一，他们不承认教会组织。

动中占首位。荒郊修道院还出售鱼类和毛皮获取大量资金，维格企业主的足迹甚至到达新地岛和斯匹次卑尔根群岛。此外，荒郊修道院还建设了图书馆，兴办了数所学校，设立了各种类型的手工业作坊。于是，彼得一世政府几乎没有对它进行迫害，相反，还在一定程度上支持它的经济和商业活动，使它合法化，甚至给它提供优惠。正是由于这个原因，在 18 世纪头 25 年，由安德烈·杰尼索夫和谢苗·杰尼索夫兄弟俩领导的维格社一直处于极盛时期。俄国各个角落，凡居住有旧礼仪派教徒之处，维格荒郊修道院都与它们建立了业务关系。社团头目们不知疲倦地著述工作，使维格社成为公认的反教堂派的领导者，它不仅在旧礼仪派中有极高威望，而且名声远扬奥洛涅茨边疆区之外。

　　由于在奥洛涅茨修建有几座制铁厂，维格社团领导安德烈·杰尼索夫接到指示，要让所有分裂派教徒去工厂做工，要他们服从领导，并尽他们所能协助工厂。为此，政府给予他们居住在维格荒郊修道院的权力和按旧版圣经做礼拜的自由。社团领导安德烈·杰尼索夫向彼得一世进贡并上书说，他们与管辖奥洛涅茨的缅希科夫和管理制铁厂的弗·亨宁保持着良好的关系。1711 年，缅希科夫下令，禁止在信仰方面侮辱和压制安德烈·杰尼索夫和维格人。只要旧礼仪派对专制制度不搞反抗活动，专制政权对他们就采取宽容态度。但是，旧礼仪派布道仍是被禁止的。

　　另外，由于彼得一世所采取的民族和边区政策，非俄罗斯地主的基督化政策日益加强。未受洗礼的封建主拥有接受过洗礼的农民甚至会被没收领地，这就进一步加强了基督教在边区的地位，加上彼得一世拉拢分裂教派的措施，使得俄国在边区的统治进一步稳固下来。

　　彼得大帝的宗教政策深受其政治理念的影响。在这位大帝看来，出家的修道士无论什么派别都是逃避责任的、无用的废物，于是他采取种种政策，强制他们为国家利益出力。因此，我们可以想见，在这样的观念下，彼得一世比莫斯科公国的前任大公们更能容忍其他教派，并且总体来说对新教比对天主教更宽容，而且彼得一世并不敌视旧信仰派等分裂教派，对配合改革的旧礼仪派教徒予以很大的宽容。然而事实却是，旧礼仪派是彼得一世改革的反对者，理由是彼得一世的改革榨取了民众的血汗。因此，彼得一世对他们的态度从早期的宽容转变为限制和惩罚，1716 年 2 月 8 日沙皇政府颁布诏令，国家征收所有旧礼仪派教徒双倍的赋税。

尽管如此，彼得一世时代国家对旧礼仪派的政策仍比 17 世纪要宽容。这种做法也符合彼得一世所一贯信奉的实用主义原则。这说明在这个俄国急需建设的时代，只要这些分裂教派教徒的行为不太过分，并肯为国家劳动并多缴税，沙皇可以对他们采取容忍态度。比如在冶金工作中，在供应西部各地粮食的工作中，政府便使用了缴纳双倍税费的旧礼仪派教徒。沙皇的诏令还规定，旧礼仪派教徒必须要进行登记。然而，"自愿"登记为"分裂教派"的人数量并不多，即使有，也往往带有某种目的：这些人认为，缴纳了更多的税后他们便可以安宁地待在"分裂教派"中，并能为其教派从事宣传活动。

与此同时，政府也注意到，旧礼仪派对政府的改革工作持尖锐谴责和激烈反对的态度。就其组成而言，旧礼仪派团体大多为农民团体，他们宣讲的信教道理，不同于官方教会，往往能把农民和市民鼓动起来。因此，当时反封建的人民斗争，经常以各种宗教派别斗争的形式表现出来。分裂派教徒参加这一时期所有反封建运动的事实，这证明了恩格斯就 16 世纪各种宗教战争所说的一段话："如果说这许多次政治斗争在当时是在宗教的标志下进行的，如果说各阶级的利益、需要和要求都还隐蔽在宗教外衣之下，那么这并没有改变事情的实质，而且也容易用时代条件来加以解释。"

我们也必须注意到，部分旧礼仪派支持者身上突出存在的反动性。这些人主要是由改组后的宗教系统中无法安身的神职人员和从前的射击兵、工商业者阶层中的个别代表构成。他们的利益因彼得一世的改革而受损，所以他们选择了投入分裂派并鼓动民众造反来反对他。

也许正是因为这些原因，在彼得一世时期，旧礼仪派教徒仍旧没有真正的公民权，包括没有被推选担任公职人员的权利，按他们的教规所举行的婚礼，也被认为是无效的。他们往往会因为脱离官方教会而受到公开的侮辱。在大量罚款的威胁下，分裂教派的教徒被迫穿着荒诞可笑的服装：围嘴，敞怀外衣，饰有项链的单排扣无领男衣，红呢子做的、上胶的、遮住后脑勺的、立领的本色粗呢上衣。

总体说来，彼得一世的宗教改革在较大程度上触动了教会高层及其管理机关，对其地方管理机关触动较小。改革仅使教区管理机关做了不大的变更。教区的领袖不仅继续是该教区的全权主宰者，也是他所管辖范围内的立法者。尽管彼得一世迫使神甫们为国家服务，并剥夺了教会的部分收入，但对贫困教区的教士的补助还是有所增加。这就说明彼得一世的宗教改革并未走向极端，彼得一世最终维护了教会在信仰上的权威性和相对独立性，这一点也得到了证明。同时国家对教会组织的政策，无论是在迫使教会服从最高世俗政权方面，还是在对分裂派采取较缓和的政策方面，都表现出了彼得一世统治时期俄国走向世俗化的性质。

彼得一世通过对教会实施的一系列改革，彻底终结了教会首脑与国家元首平起平坐的时代，令权势极大的东正教教会不得不顺从国家意志，履行将国家秩序"神圣化"的使命，从而成为封建农奴制国家专制秩序的忠实维护者。

第六章　社会文化与教育的革新：改革成果的巩固

> 鉴于知识的益处和基础作用，我们不妨把它比作一切对教会和国家有益和有用的事物的根基、种子和首要原则。
>
> ——彼得一世

相较于其他改革，在一定程度上可以肯定地说，文化与教育方面的革新是彼得一世所有改革中成效最为持久的。教育对于贯彻彼得一世的革新思想，承继改革成果至关重要。彼得一世的教育目标是，至少在贵族中间普及教育，建立大批实科世俗学校，因为技术知识是工业建设所必需的，其他知识领域则是为新的国家机关和陆军、海军及外交等部门服务的，同时建立科学院，以便发展、引导和奖励俄国的学术研究。

可以说，彼得一世在其他领域内所取得的改革成果，即经济上的成就、对外政策的成功、国家机构的改革，是文化领域出现新高潮的基础。彼得一世时期，在引入西方文化的同时，俄国社会思想文化开始显现繁荣景象，并逐渐摆脱宗教世界观的束缚。俄国的社会科学、政治和文学也得到了发展，造型艺术和建筑艺术出现了许多新气象。相比之下，俄国教会经院式的知识破天荒地第一次受到有力挑战，开始在世俗文化知识面前显现出逊色之态。

而西方科学思想的进入，文化教育的发展，又反过来有力推动了彼得一世的革新运动。甚至可以说，如果不是彼得一世引入了西方先进的科学文化，推动了教育，彼得一世的其他改革成果乃至他给俄国带来的改变很快就都会烟消云散。新兴贵族和新兴资产阶级的进步观点已经在法律和政论方面有所展现，为改革献计献策；各类实科学校和高等学府的建立，令俄国开始大批地培养出自己的专业人才；广泛而又有计划的地质勘查使得大量矿藏被发现、开发；凝聚了新时代精神的文学艺术作品也对革新起到了有效的宣传作用，增强了民族自豪感和凝聚力。这一切都有力地推动了改革的实行。

第一节　社会舆论导向：新思想的活跃

革新大潮带动了思想的活跃。彼得一世统治期间的各种事件、各种新事物，特别是在各领域推行的改革在当时的社会思想上引起了广泛的反响。当时不断涌现的政论性文章、大量的由个人向政府提交的建议性方案、卓越的宗教活动家的教堂布道，以及起义农民和哥萨克的宣言、"暗投的"书信，甚至常常被带进普列奥布拉任斯基衙门的一些不谨慎的人的秘密议论，都在不同程度上展现出了当时社会思想的活跃程度。

在这当中，支持革新的统治阶级代表人物所写的政治论文、方案和倡议是最富有理论深度的思想作品，他们对各种新事物进行了论证，捍卫了当时俄国的对外政策，并对彼得一世采取的各种措施作出了评价。我们可以在政府法令中的理由阐释部分、大主教费奥方·普罗科波维奇和彼·帕·沙菲罗夫的论文、费·斯·萨尔蒂科夫和阿·亚·库尔巴托夫的札记和方案，这些表达统治阶级进步阶层及部分商人利益的政论作品中看到一些代表官方思想的论述。商人、经济学家伊·吉·波索什科夫的著述则明确反映了新兴资产阶级的利益，作为改革的支持者，他并没有放弃对彼得一世某些措施作出批评。在顿河起义农民领袖——布拉文及其手下统领的宣言中，则表达了反封建的革命思想。而都主教斯捷凡·亚沃尔斯基的布道演说和关于反基督的沙皇的传说，则是反改革的反动潮流的代表。

一、宗教界的新思想

我们在宗教改革章节提到过的大主教、著名政论家费奥方·普罗科波维奇，是宗教界支持改革的代表性人物。他本是乌克兰人，毕业于基辅神学院，之后他曾赴波兰深造，并因此成为教会合并派（即主张东正教与天主教合并）的信徒，后来他又到罗马学习，从耶稣会派吸收了憎恨天主教的思想。回国以后，他重新转向东正教，担任了基辅神学院教师。转变他一生命运的是庆祝波尔塔瓦大捷的活动，在索菲娅大教堂，普罗科波维奇在成千上万人面前以庄严的布道仪式迎接了彼得一世。这次仪式上的布道词实际上是一篇颂辞，热烈歌颂了战胜瑞典人的胜利者，就其生动性和鼓舞人心的程度来说远胜当时公式化的一般布道词。彼得一世对此非常满意，命令将普罗科波维奇的布道词发表。建立正教院之后，普罗科波维奇担任了副院长。此后，普罗科波维奇写了许多政论文，并编写了彼得一世在位时期的历史，另外他还常以诗人和剧作家的身份发表作品。他的作品闻名西欧，并有译本。他的见解富有见地并且令人信服，他在各种纪念会和庆祝仪式上的布道反响尤其大，逐渐成为俄国社会中非常有影响力的人物。而这种影响力是当今的"媒体宣传"难以望其项背的。当时的俄国，掌握知识的人本来就少，而宗教信仰则是普通大众获取知识的重要渠道，而普罗科波维奇的大主教身份则是令他作为人类精神世界的导师而发言的，他的话语本身就具有崇高的权威性，更何况他见识广博，善于言辞。于是普罗科波维奇成为彼得一世改革的有力支持者，费奥方·普罗科波维奇的许多论述都成为沙皇专制制度的根据，这些重要的理论著述不仅成为专制制度存在的理论基石，为改革的顺利推行提供了理论基础，而且为改革营造了有益的舆论氛围。

在《论政权和沙皇的荣誉》一文中，普罗科波维奇提出了非常重要的世俗政权高于教权的思想，他还指出，宗教独立于国家的学说是"教皇的精神"即天主教的思想，这就为沙皇实行皇权至上的专制制度提供了坚强的理论依据。此后，普罗科波维奇在《宗教规程》中对这一思想做了更充分的发挥。在该规程里他提出了宗教改革的论据，即由正教院或由同其他委员会一起隶属于参政院和最高政权的宗教委员会来代替牧首制的理由。在《宗教规程》中，他认为，以"宗教会议进行管理"

即委员会制原则，要优于牧首一人掌权，因为牧首制在政治制度中存在着危险性。对此他提到了罗马教皇攫取世俗政权的事实，在暗示尼康与沙皇阿列克谢之间曾经发生过类似的冲突后，提醒人们应该避免让这样的冲突再次发生。普罗科波维奇甚至要求正教院破除迷信，他指出，在许多圣徒传和关于圣像显灵与不朽干尸的故事中，有许多"骗人的东西"，不应"给人提供有毒的东西来代替有益于健康的精神食粮"。他在这里令人惊讶地表现出了纯理性主义的思想，有专门研究他的学者评论说，这说明普罗科波维奇渴望"思想世俗化"。总之，通过政府的努力与教会的配合，教会隶属世俗政权的学说被奉为正统，专制制度的理论基础得到了巩固，有效排除了专制政权的潜在对手。

《君主意志的真理》和《宗教规程》是费奥方·普罗科波维奇撰写的最著名的两篇政论性文章，它们其实是应政府的委托，为解释政府最重要的法令和措施而写的。这两篇文章专门论证了在俄国改变皇位继承制、废除牧首制两大举措的合理性问题。

《君主意志的真理》的写作源于1722年彼得一世下达的诏令。该诏令规定，在位国君有权按自己的意志指定继承人，而不是非把皇位传给长子不可，这个诏令直接将皇太子阿列克谢的罪行作为了必须实行新继承法的论据。在《君主意志的真理》一文中，普罗科波维奇清楚地表达了专制制度的基本原则，普罗科波维奇认为，国家政权的主要特征就是它的最高地位，它的"最高的权利……任何人的权利都应当从属于它"。他将国家分为三类，民主制、贵族制和君主制，普罗科波维奇拥护世袭君主制。尽管如此，在国家起源问题上他也承认"人民的意志"，认为人民同国王的协议也是国家形成的根源。但他认为，"人民的呼声"仍是受"上帝意志"支配的。这样一来，就形成了权力的两个根源：普罗科波维奇将资产阶级的契约论同中世纪教会的国家观念结合到了一起。人民不能"废除"君主，因为他们不能违背上帝的意志，人民是根据上帝的意志放弃权利，把权利交给君主的。因此，他认为英国革命爆发后，根据英国国会的决定便将查理一世处决是"极端的违法行为"。在这里，普罗科波维奇以含糊的方式同17世纪资产阶级法学家的理论进行辩论，这种理论承认公民有权反对背叛人民利益的国君。同时，他引用"自然法"来论证自己的观点，把国家的权力同父母的权力，把国家同家庭进行了比较；因此，按他的意见，国君可以剥夺儿子的王位，就像父亲剥夺不听话的儿子的遗产一样，而这是符合"自然法"的。

普罗科波维奇还指出，所谓"全民利益"就是关心司法，关心保卫国家免遭敌人侵犯，关心教育，等等，这都是最高权力机关的义务。他承认国家有权对个人和社会生活的所有方面进行无所不包的监督；认为应当把"非宗教仪式和宗教仪式的确定，风俗习惯的改变，服装、房屋、建筑物的使用，宴庆和婚丧仪式的安排等等……"都纳入权力机关的管辖范围之内。值得注意的是，普罗科波维奇特别指出了权力机关应当令自己有权进行革新运动或采取激进的改革措施。他为改变皇位继承制进行辩护时写道："只有时间能证明：恶与旧有害，而善和新美好。"

由此可见，普罗科波维奇的政治思想就是巧妙地将宗教价值观与自然法、国家起源的契约论、"共同幸福"的理念这些西方进步思想融合在一起，为沙皇专制国家的确立提供论据。

普罗科波维奇的一些著述，对彼得一世所展开的军事行动及相应改革也作出了有益的宣传和论证。在《亚历山大·涅夫斯基纪念日有感》这篇文章中，普罗科波维奇把彼得一世同 13 世纪的著名英雄进行了比较，并将 18 世纪初彼得一世的对外政策看作亚历山大·涅夫斯基所领导的，在波罗的海沿岸反对德国和瑞典侵略者的斗争的延续。在《赞俄国海军》中，他非常生动而有力地证明了俄国拥有强大海军的必要性。在文中，他把国家过去的地位比作位于湖边或河边但却没有船只的村庄："我们站在岸上，看着客人不断地在我们这里来来往往，可是我们自己却做不到。"普罗科波维奇在庆祝签订尼什塔特和约时的发言中阐述了当时对外政策的意义。他把俄国突飞猛进的发展比作树木不可遏制的生长或孩子的发育，他列举了俄国的胜利，并且也谈到了政府不得不与一系列反改革的力量——从叛乱的射击军到"谋反"的皇太子阿列克谢，进行坚决的斗争。总之，普罗科波维奇在自己的布道过程中，在著名"文章和讲话"中都为彼得一世的对外政策和海军建设等进行了辩护。另外，普罗科波维奇还在为新机构所颁布的规程中，以及一系列命令的论证阐释中，阐明了这些改革的意义。普罗科波维奇政治布道中最后一次精彩的演说，是他在彼得一世葬礼上的悼词，其中他讲到了彼得大帝将"无法估量的力量和荣誉"留给了我们。

由此，普罗科波维奇正式给俄国教会开创了这样一种依附世俗政权并与其"互利合作"的范例，即教会将宣传并阐释沙皇政府的意志视为自身的使命和义务，为世俗政权的确立和稳固发展服务，同时沙皇也尊重教会在精神信仰世界中的权威性。此后东正教教会完全成为沙皇政府稳固自身权力的工具。另外，东乌克兰刚为俄国占领不久，普罗科波维奇作为乌克兰人，他受聘到圣彼得堡为沙皇服务，帮助彼得一世在许多宣言里号召乌克兰兄弟和俄罗斯民族共同抵御外国侵略者瑞典人，并与乌克兰的叛徒做斗争，这一切都对乌克兰民族产生了巨大影响，有力地巩固了两个民族间的关系。

跟随普罗科波维奇并肩作战，同保守势力进行斗争，发表进步政论作品的代表人物还有约瑟夫·图尔博伊斯基、拉法伊尔·兹博罗夫斯基、加弗里尔·布任斯基。他们把新事物描绘为应有的，奔向"共同幸福"所必需的东西。约瑟夫·图尔博伊斯基，是莫斯科斯拉夫-希腊-拉丁语学院的哲学教授。他专门写了一部著作《具有政治意义的雕塑纪念碑》，以解释1709年为纪念波尔塔瓦大捷而建的莫斯科凯旋门上的图画作品。其中他塑造了一个开明、仁爱的君主形象，阐明了这个君主在自己一生的活动中不追求个人利益，只追求社会共同利益的高尚情操。他还指出沙皇应当确立自己公民的权利。图尔博伊斯基是和平的积极捍卫者，但他同时承认，在国家生活中也常有战争不可避免的情况，图尔博伊斯基曾提到：和平可以创造"幸福和人民的欢乐，使土地结出硕果"，但是要求立即实现和平是不理智的，人们需要的是"真正的和稳固的"和平。图尔博伊斯基号召自己的同胞与其他民族交往，号召他们去了解其他民族的"艺术"，但是，他并没有盲目崇拜外国人的心理。他说，只是待在外国什么也不能得到，"一个人作为一头驴到巴黎去，他在那里就不会变成一匹马……"可是，另一方面，"如果他作为一头良种马驹到那里去，就不会变成一头懒驴，更准确地说，会变成一匹骏马，如果这匹马不懒的话，在国内和国外都能轻松地运载许多东西"。图尔博伊斯基补充说，无论在国内和国外，每一个人都应当把一切归功于自己的智慧和意志，要知道，"每个人都是自己的命运和自己的行为习惯的创造者"。

二、政界精英的新思想

外交衙门的副长官彼·帕·沙菲罗夫所撰写的说明北方战争起因的《思考》，是反映当时俄国上层贵族圈子里新出现的官僚贵族的政治思想，是其中最杰出的作品，同时也是俄国史上国际关系学领域重要的著作之一。彼得一世亲自为该书写了结束语。

沙菲罗夫是外交衙门的一位译员的儿子，栽培他的是 17 世纪末俄国最有名的外交家叶美良·乌克拉英采夫。1697 年沙菲罗夫同"大使团"一起奉派出国。回到俄国后，他参与了许多重要外交文件的签订工作，1709 年任外交衙门副长官。1711 年，远征普鲁特失败之后，沙菲罗夫同土耳其签订了和约，在签订和约之后他仍然作为人质留在君士坦丁堡，直到 1714 年才回国。1716—1717 年，他再次出国，赴巴黎参加谈判。此后沙菲罗夫卷入了政治斗争，最终因公务上的舞弊行为被判处死刑，直到上了断头台，准备行刑的前一刻才被彼得一世的诏令赦免。

《思考》一书是沙菲罗夫在俄国已经控制了波罗的海整个东岸地区、利夫兰、爱斯特兰和芬兰后，为了获得其他国家的认可而展开外交活动时写成的。这本书是在同瑞典开始奥兰谈判之前出版的，为了在西欧发行还译成了德文。该书首次对彼得一世统治的整个时期所取得的成就进行了评价，特别是详细论证了俄国的对外政策。在以"献词"为题的引言里，沙菲罗夫强调了建立正规陆军和建设海军的意义，并认为可以把它看作"奇迹"。沙菲罗夫将波罗的海问题视作保卫国家安全的问题，即保卫俄国免遭瑞典和德国侵犯的问题，并将此视为俄国人民迫切希望收回被侵略者夺去的领土的正义要求。沙菲罗夫指出，瑞典人夺去了历来属于俄国的大片领土是爆发北方战争的原因，并且在该书的附录里附上了被瑞典人撕毁的瑞典同俄国签订的古代和平条约。瑞典被比作一个强迫被掠夺者交出所有财产的强盗，因而俄国有权手持武器进行自卫，"选择有利的时机，以暴制暴"。《思考》一书还特别强调了俄国的和平愿望，并以俄国多次提出的"条件温和"的和平建议来证明，指出拖延战争的唯一罪魁是瑞典国王，瑞典国王的目的是要把俄国沙皇"从皇位上推下来。"彼得一世亲自为《思考》所写的结束语则为这场战争爆发的"正义性"再次做了注脚："不应当渴求仓促的和平，不能什么样的和平都要，应当公正而有效地结束战争；在俄国取得巨大的胜利之后，要使敌人明白，我们不能同意不利条件下的和平。"

这部作品探讨了一系列国际法问题，以及关于战争起因、进行战争的方法、对待和平居民和俘虏的态度等问题。同时，沙菲罗夫做到了以遵守国际关系中合法性和公正性原则为写作的出发点。沙菲罗夫的《思考》算是当时国际法的一个蓝本。正如现代研究家所指出的，这部作品"在俄国国际法史上占显著地位当之无愧。只有完全掌握了他那个时代国际法理论的人才能写出这样的作品"。

在"计划书"，即提交给政府的附有改革方案的各种呈文中也表现出了当时统治阶级上层的政治思想。费·斯·萨尔蒂科夫的呈文就是这些"计划书"中的代表作。萨尔蒂科夫出身于与沙皇家族有血统关系的大贵族世家。1711年萨尔蒂科夫肩负为俄国舰队购买军舰的秘密使命奉派出国。他到过丹麦、荷兰、德国和法国，最后定居在英国。侨居国外的第一年，萨尔蒂科夫就写了一份名为《建议》的内容广泛的报告，其中提出了改革的计划。1713年，他把这个报告寄回俄国，一年以后，又寄来了第二份报告《有益于国家的意见》。

萨尔蒂科夫在报告里，清楚地表现出了他作为贵族代表人物的阶级立场，强调了贵族的等级特权应当被明确。他认为，占有土地应是贵族的特权。萨尔蒂科夫主张把统治阶级同其他居民严格分隔开来，为了这一目的应当禁止贵族从事商业和贸易活动。贵族阶级应当获得公、侯、伯、子、男的爵位封号，这些封号应与领地的大小相称。他主张应由专门的机关管理徽号和官级的授予事宜，我们从中可以看到参政院贵族铨叙局的雏形。正是萨尔蒂科夫建议彼得一世把长子继承权搬到俄国，也就是制定只有长子才能继承不动产的法律。

萨尔蒂科夫建议在参政院设置顾问和摄政大臣的职务。顾问的职责是进行"视察并同参政院进行讨论和协商，向参政院提出国家应该进行的有关国家利益的各种工作"。摄政大臣应当对国家财政实行监督，并监督法律执行情况。萨尔蒂科夫所设计的这些职务就其职责来说就像后来的总检察官，那时他自己在参政院任职，是该院的领导者和执行法律的监督者。

今天看来，萨尔蒂科夫思想的亮点在于，他在维护贵族特权的同时，也注意照顾新兴商人阶级的利益。在萨尔蒂科夫的报告里，经济问题占有很大篇幅，我们从中可以看出他受到了西方重商主义思想的强烈影响。他建议在乌克兰和阿斯特拉罕筹办制呢工场，以利用当地的羊毛，并建议建立炼铁场、造纸场、玻璃制造场及其他工场。但萨尔蒂科夫反对官办工业，他认为工场应当由商人开办，他们可以通过"合资"的办法筹集所需要的资金。同时，为了发展贸易，应当在各省建立集市，设立商业公司，派遣商人子弟出国，去了解经营的奥秘。为了扩大商品出口和压缩商品进口，他建议扩大亚麻、大麻和烟草的播种面积，发展养蚕业。这些措施的最终目的，是令"大量资金保留在俄国"。萨尔蒂科夫指的是通过这样的办法实现国际贸易的顺差并把贵金属吸引到国内，这正是重商主义的基本原则。为了同东方发展贸易，萨尔蒂科夫建议派遣考察队从阿尔汉格尔斯克出发，沿北冰洋海岸进行考察，探寻"到中国和日本的通道"。这个探寻东方的外交计划是同经济任务联系在一起的。萨尔蒂科夫指出，中国和东印度有大量金银，应当同它们建立贸易关系，并且组织人员到中亚细亚和远东考察。

萨尔蒂科夫认为文化领域的改革非常重要。他建议应"命令各省"建立2所学校（每所学校约招收2000名学生），学校要负责讲授古代和

现代语言、数学和"自由"（人文）科学。他还建议在每个省建立一间图
书馆，主张应派遣农奴主和贵族的子弟到国外学习。

　　此外，萨尔蒂科夫建议应当创办私生子收容院和疯人院，在全国
城乡改用砖石建筑物代替木料建筑物，大街铺上石头路面。他赞成引
进外国服装并刮掉胡子，建议在涅瓦河上开办小船客运业务，等等。
萨尔蒂科夫的改革思想，在许多方面与当时的立法非常相近，但是它
并没有涉及社会和政治制度。萨尔蒂科夫主张西化，但明显有着严格
的尺度：他只从英国各种制度中竭力挑选出那些"仅运用于专制制度，
而不是适用于共和国或国会"的东西。在提出有关发展俄国经济和教育
的建议的同时，萨尔蒂科夫还建议学习英国的生活方式。在俄国贵族
中，萨尔蒂科夫是最早崇拜英国的人之一。萨尔蒂科夫了解俄国改革
的意义及其必要性，但是他是坚决主张依靠牺牲其他人的利益来保住
自身特权的大贵族阶层的代表。因而他的《建议》和《意见书》，就如同
彼得一世改革的性质一样具有复杂性。

　　在彼得一世改革时期，阿·亚·库尔巴托夫是一个值得注意的人
物。因为他并不属于"根红苗正"的贵族阶层，他是舍列梅捷夫的农奴
出身，由于提出了印花纸计划并很快得以实现，被任命为市政厅的总
监察官。因此，作为彼得一世改革的受益者，他的建议颇受关注。库
尔巴托夫担任过军械局书记，后来在阿尔汉格尔斯克任副省长。另外，
他曾奉命监督过俄国历史上的著名学校——莫斯科数学和航海学校的
办学工作。正是由于他的"努力"，列昂季·马格尼茨基才编写了那本
后来在俄国家喻户晓的数学教科书《算术》。库尔巴托夫还在阿尔汉格
尔斯克创办了一所神职人员和士兵的子弟学校。在牧首阿德里安逝
世（1701 年）后，正是库尔巴托夫建议彼得一世"暂缓"推选新的牧首，
以达到最终废除牧首制的目的。

　　1721 年前后，库尔巴托夫把一份内容丰富的报告提交给了政府，
其中包括建立新机关——"内阁委员会"的计划。根据库尔巴托夫的想
法，这个机关应当把各个委员会的工作统一起来，它是监督行政当局
的最高立法机关、管理和司法机关。内阁委员会由沙皇领导，在沙皇

缺席的情况下则独立解决要求发布诏令的各种问题，一般来说，它领导"国内除外交以外的一切事务"。库尔巴托夫的这个计划在当时虽然没有得到实现，但1722年进行的参政院改革实际上与库尔巴托夫的内阁委员会计划非常相近。在对这个最高机关职能的说明中，库尔巴托夫按当时的立法精神对国家政权的各项任务做了详细说明。他在报告的开头指出，国家的任务就是全民最大的利益，库尔巴托夫将内阁委员会这个新机关称作"最高办公厅"，认为它应当同法院和行政机关里的"舞弊现象"做斗争，应当揭露破坏行为并领导整个监督体系。随后他指出，这个机关的职责还包括编纂全部法典，选举成立相应的全俄专制政体的管理机关这些任务。另外，它还要负责监督各类工厂的建设，研究北方海路通行的可能性，即通过鄂毕河或北冰洋到达日本的可能性，"像找到堪察加半岛那样"寻找新的陆地。

另外值得关注的，就是库尔巴托夫有关不建教堂而开办医院的建议，这一出现在世俗政权上升时代的建议并不让人意外，能够令我们感受到彼得一世时代的那种破旧立新、开放务实的改革精神。他还建议在圣彼得堡和莫斯科开办"各种自由科学的学院"，而库尔巴托夫认为，把带有农奴的世袭领地赏赐给学院作为经费来源是必要的。这样看来，这位高官过去的农奴身份并没有令他作出那种可能触及农奴制的改变。

三、商界精英的新思想

彼得一世时期的著名商人、企业家、经济学家伊·吉·波索什科夫也采取了呈文的形式来表述自己出自不同的阶级立场的政治思想观点。他的《贫富论》是俄国历史上最重要的政论作品和经济学著作之一，最初就是作为秘密报告呈递给沙皇的。这部作品表达了新兴资产阶级代表人物的政治思想和经济思想。由于波索什科夫具有卓越的文学才能，思想表达清晰有力，对俄国的生活又有充足的体验和了解，这令他的这部作品成为众多"计划书"中的佼佼者。由于这部作品的问世，波索什科夫不仅在俄国，而且在世界经济史上也是重商主义最重要的代表人物之一。

　　波索什科夫生于 1652 年前后，他的爷爷和父亲都是在军械局工作的手工业者——银匠。波索什科夫自己也曾是非常出色的手艺人，他曾是造币匠，这是与他的祖传手艺密切相关的职业。他研制了预定献给沙皇的制币机床的模型，还因为发明了能改进火器射击的"射击弹弓"而觐见了彼得一世。波索什科夫开办了酿酒场、硫黄矿，还勘探了石油，并打算开办一家纸牌工场，这些工业创举成效不大，于是波索什科夫转而担任生产和销售伏特加酒的官方职务。到了晚年，他在诺夫哥罗德县有两个拥有 72 个农奴的村子和一座酿酒场，他最后还计划开办一座纺织工场。这样，波索什科夫在不同的时期先后当过手艺人、"商人"、工业家、小地主兼小农奴主。

　　据说在 1701 年之前，波索什科夫就呈交了一份包含铸币改革计划的报告《关于铸币问题的信》，这是他第一次提交建议书发表他的政论观点。之后他还写过一些其他方面的作品。而波索什科夫最著名的作品《贫富论》则写于 1724 年，这时作者大约已经 72 岁了。这部作品几乎涉及俄国社会生活的各个方面。

　　作为新兴资产阶级利益的表达者，他的建议首先是为商人阶级的利益服务的，而且深受当时重商主义思想的影响。波索什科夫认为，商人对于国家和社会而言作用巨大，他指出："商业是伟大的！国家都是因商业而致富的。"同时，波索什科夫对权贵则存有戒心，多次谈到"名门望族"的舞弊行为，建议从下级官员中任命行政管理人员。而且他认为，经商的权利应该只属于商人，贵族和农民没有登记加入商界，应当禁止他们从事商业活动。波索什科夫非常关注国内商人与外国人做贸易时如何获得最有利条件的问题。为此，他建议创立统一的商业公司，希望这个公司在政府监督下把俄国整个商界联合起来进行对外贸易。波索什科夫坚决主张压缩外国货的进口，特别是奢侈品的进口，而且他指出了扩大俄国商品出口的必要性。他常常谈到在国内要储备货币，为此建议开办铁场、亚麻场、呢绒场和织布场。在国家贸易政策方面，波索什科夫认为，应当在本国手工工场加工原料，以代替原料输出："因为……在产地就地加工要比进口麻布便宜一半到三分之二，这样俄国人就会富有。"

波索什科夫对农民问题的看法很有价值。他指出，"地主把难以承受的重担压在了自己农奴的身上"，波索什科夫建议在法律中明确规定农奴应对地主承担的贡赋、代役租和劳役的数额，并坚决主张把地主的土地与农奴的土地分开，农奴的贡赋应当与农奴份地的面积相适应。而这些意在减轻农奴负担的建议并不意味着波索什科夫主张废除农奴制，他只是主张调整和限制农奴制而已。

有意思的是，波索什科夫还提议从僧侣、贵族、商人、甚至从士兵和"担任过村长和间长"的农民中选出代表来编纂新法典。应当指出，这时已经建立了一个由官吏组成的新法典编纂委员会。事实上波索什科夫所设想的这个机构与缙绅会议颇为相似，又或者，与后来叶卡捷琳娜大帝组建的立法委员会更为类似。按波索什科夫的想法，代表们起草的法典草案应当"由全民自由发表意见加以审核"，也就是说每个人都可提出自己的修正和补充意见，然后由沙皇审查和批准。波索什科夫这种由平民，包括农民代表参加立法的思想甚至在 19 世纪中叶也是危险的，批评家阿波隆·格里戈里耶夫的论文正是因为阐述了这种思想而遭到了查禁。波索什科夫曾写道："在外国人那里，国王没有人民所拥有的那种权力，因此，他们的国王不能随意行事，但是，在那里，国王的臣民，尤其是商人，则是专断的。"照他的说法，在俄国则是另一种情况："在我们这里，最有权力的……是君主，而不是贵族，更不是平民。"

波索什科夫认为，专制政权应担负广泛的责任，指出国家应当关心国民经济，以令全体人民能够共同富裕。但在波索什科夫的著述里，国家的任务是保护"全民利益"的世俗思想是同中世纪的神权观念结合在一起的，他指出："沙皇是仲裁人，就像上帝一样。"

此外，波索什科夫关心教育，特别是他提到了应当对农民进行义务教育："要是强制农民把自己 10 岁和不满 10 岁的孩子送到教会执事那里去读书倒不错，学会识字后，最好也学会写字。我希望即使是小村子里都没有不识字的人，要能这样做就好了。应当给他们硬性规定：赶紧把自己的孩子送去学习。"

波索什科夫的这部作品同样充满了强烈的爱国主义精神。在他看来，他的祖国在任何方面都不次于其他国家。他举出了许多俄国发明家成功地代替外国专家的例子，并以极为赞赏的语气谈到了俄国的军事改革以及海军的建立。同时，波索什科夫对在俄国任职的外国人和那些只追逐个人利益、给俄国带来损失的外国商人持怀疑态度。

遗憾的是，波索什科夫的作品是否被呈递到了彼得一世的手里尚无从得知。一些学者猜测，《贫富论》这部严厉抨击贵族的作品是导致波索什科夫遭到逮捕的原因之一。沙皇去世半年以后，在叶卡捷琳娜一世在位初期，新政府由于对自己缺乏信心而进行了大规模的逮捕行动，波索什科夫于1725年8月被秘密办公厅逮捕，并于1726年2月1日死在彼得保罗要塞的单人囚室里。

在递交给政府的大量报告当中，许多方案都清楚地反映出商人阶层的利益，其中还有一些工商业者出身的官员所写的报告，这些报告与波索什科夫的方案多少有些相近。监督司法和财政的总监察官阿·雅·涅斯捷罗夫的报告就是如此。涅斯捷罗夫从前是农奴，后来在伏尔加河流域征收毛皮实物税，并在莫斯科省任税务官。涅斯捷罗夫在1714年递交的一份报告中，第一次阐述了用新的人头税代替按户征税制的思想。因为在录事登记人口时为逃避征税，几家常常并成一户。涅斯捷罗夫建议规定一个"平均纳税"的办法，就是他所说的人头税办法，他还建议进行"各省现有人口"的调查。而波索什科夫是反对人头税的，不过他像涅斯捷罗夫一样，也注意到了按户征税制的弊端。

涅斯捷罗夫也同样关注俄国商人的处境问题。和波索什科夫一样，他指出了拥有特权的贵族和不承担商业徭役与捐税的农民参与商业竞争给商人带来的害处："无论在莫斯科，还是在其他城市和县，欺侮集市、商场和店铺的商人并给他们设置障碍的，是那些私自开业的不缴税的地下商店。这些商店都是世袭领地上的农民、宫廷农民和教会农民，神职人员和其他各类官员开办的。"涅斯捷罗夫还建议把居住有经商农民的临近村落划入工商业区。

在莫斯科人安德烈·马尔克洛夫所编的《来自商人的报告》中，也指出了其他阶层的竞争给商人带来的损失，并指出了城市税收的不均衡问题。他谈到改革城市自治的必要性，指出商人在应付政府差事和缴纳各种费用方面负担过于沉重，建议在莫斯科设立"村镇商人联合会"，联合会的领导人应是知名商人，而且一定要有四位会长。

矿业工业家达尼拉·沃罗诺夫在荷兰出差时，曾寄回一份报告，他在报告里提出了一系列有关扩大对外贸易和发展大工业的建议。他像波索什科夫那样写道，西方国家没有俄国的商品是不行的，因此，他建议提高这些商品的价格，要"以双倍的价钱卖给外国人"，这样俄国就可以轻而易举地增加巨额财富。他还建议规定"统一的商品出口地"，关闭其余边界，以协助俄国商人，限制外商贸易。他指出，国家应当为开办呢绒、麻布、绸缎和棉织工厂拨发资金。为此，他甚至建议发行 500 万卢布的钞票，并且为了使钞票坚固耐用，应用木料制作这些钞票。

另外一个不知姓名的报告人也从荷兰寄来了支持商人活动的计划草案。同其他建议者一样，他也认为"商人极其贫困"的主要原因是那些"显要人物"和农民参与了竞争，商业的专营权应当属于商人。另一位佚名作者甚至建议不考虑出身来任命省长，乃至参政院大臣，"即便不是出身名门望族，但只要聪明、可靠并在为陛下效劳的过程中通过考验就行，因为荣誉不是由门第决定的……"

这些报告反映出了新兴资产阶级在形成过程中阶级意识的自我觉醒。商人已经开始将自己的利益与统治阶级——贵族的利益对立起来，他们请求采取庇护工商业的措施，坚决主张改变税收制度，实行商人自治，改善行政管理机关，并使机关成员在某种程度上平民化。值得称道的是，这些政论作者和建议者都是彼得一世改革的拥护者。

四、反改革的声音

当然，俄国的社会中也不可能只是一片和谐之声，特别是在这个变革的时代，既有推动社会前进的进步思想，也难免存在阻碍社会发展的反动思想。在宗教界，很早就可以听到反对改革的主张，这是因为宗教改革及沙皇独特的个人生活激起了宗教界某些代表人物的不满。大概在 1696 年年末，莫斯科附近的安德烈耶夫修道院院长阿弗拉阿米呈递给彼得一世一个奏折，他在奏折里写道，许多人"感到悲伤，感到非常痛苦，因有使人感到痛苦之事……"阿弗拉阿米指责沙皇任命的法官和当权者不当，说他们"在无耻地毁灭国家，进行不公正的审判……"衙门的书记和文书的数量激增，以至他们"没有地方就座，都站着办公"；官吏们发了财，一个个在购买世袭领地和店铺。阿弗拉阿米的奏折里的另一个主题就是对沙皇个人行为的批评，其中谈到沙皇"据说变得极端固执，连好的……建议也不听"。阿弗拉阿米还不赞成沙皇宫廷里的新风气和娱乐活动。他希望沙皇的行为与他的尊位相称，并建议让"有学问的、明白道理的人"担任高级教职和高级僧侣。他还建议采取措施来改善行政管理和法院，压缩宫廷多余的开支，为了同高昂的物价做斗争，建议降低国内税收。

阿弗拉阿米很快被捕，他的朋友和来访者——莫斯科各衙门的文书及未来的作家伊·吉·波索什科夫——也紧接着受到审讯。波索什科夫侥幸摆脱了这个案子，而阿弗拉阿米和文书们则受到了刑讯，并被流放。

随后的 1700 年，书籍抄写员格里戈里·塔利茨基编写了一本描述反基督的彼得一世降临的"小册子"，并进行散发。其中宣扬禁止服从沙皇和不缴纳赋税。而据说坦波夫主教阿尔谢尼和伊·伊·霍万斯基公爵，以及其他一些神甫都倾听了塔利茨基的观点并表示了赞同。于是塔利茨基被判处了死刑，但是关于末日来临和反基督者降临的传说却被广为流传。一个逃跑的士兵季霍夫在 1705 年被贵族别德林斯基说服转向分裂教派，就是因为这个贵族说，"现在当政的是一个反基督者"。坦波夫的一个教堂执事维莫尔科夫写了一份给宗教界的呼吁书，其中提到，他们所遵从的不是国王，而是反基督者。

为此，梁赞都主教和牧首职位临时代理人斯捷凡·亚沃尔斯基写了《反基督者的出现和末日降临的征兆》一文，反驳了上述观点。虽然有学者指出，这位梁赞都主教实际上是改革的反对者，但这篇文章对遏制流言还是发挥了不小的作用。虽然亚沃尔斯基的确曾经难以抑制地对皇太子表现出爱戴和同情，但无论如何，这位临时大牧首还是没有作出公开与沙皇对抗的事情。一些保守的大贵族也反对改革，他们抓住旧事物不放，对新事物采取敌视态度。这些别有用心的人在皇太子阿列克谢周围形成了小集团，最终酿成了太子叛逃的巨祸。

五、下层民众的呼声

战争的胜利、改革的推进、专制政权的巩固，彼得一世取得的这些功绩，可以说都是靠剥削人民大众得来的。改革时期各类税赋的加重，令下层民众不堪重负。因此，他们对压在自己身上的沉重税赋和徭役表达了强烈的不满："自从上帝让他统治，人们就没看到过好日子，大家度日艰难，向我们要钱，要大车，压得我们农民喘不过气来。"妇女们说："他是什么沙皇？他破坏了农民的家庭，把我们的丈夫拉去当兵，使我们和孩子孤苦伶仃，永远痛苦。"还有的人则议论说："吸血鬼！把整个世界都吃光了！"

来自人民群众的某些作品，明显表现出了要求废除农奴制关系基础——封建土地所有制和封建剥削的性质。1700 年左右，依附于地主的农奴们向政府投递了让他们摆脱地主统治的呈文，这个匿名的"暗投信件"在文件里被生动地叫作"恳切哀哭的声音"。呈文中农奴们一方面请求给予自由，另一方面对老爷们进行了控诉："大贵族和公爵这样一些显贵，无视国王陛下，使我们在他们那里像在所多玛和蛾摩拉①一样遭受折磨，他们像狮子一样咬我们，像毒蛇一样凶狠地无缘无故地加害我们，像狼一样狠毒地噬咬我们，他们都像残酷的彼拉多②。国王陛下，开开恩吧！"这一呈文的出现可能与 1699—1700 年从农奴中招

---

① 圣经故事中的两个城市，这里的居民生活荒淫无度，因此被天火毁灭。
② 圣经故事中罗马帝国犹太行省的执政官，曾多次审问耶稣，原本不认为耶稣犯了什么罪，却在仇视耶稣的犹太宗教领袖的压力下，做出了将耶稣钉死在十字架上的判决。

募志愿兵的诏令有关。也许正是这个诏令，让农民们对彼得一世有了不切实际的幻想。

在彼得一世时代，也出现了反映起义者要求和愿望的书信与宣言。布拉文及其首领们的"檄文"是一种独特的政论作品。在布拉文部下的许多宣言里清楚地反映出了对统治阶级的仇恨。布拉文起义是在消灭大贵族、军政长官和小官吏的口号下进行的，并发展成了农民战争。同时，起义者的口号具有皇权主义的性质，革命的要求都披上了宗教的外衣，是与旧礼仪分裂教派联系在一起的，而且也带有流寇的因素。布拉文于1708年3月发出了呼吁书，号召"黎民百姓"和"清官""同我们站在一起"。呼吁书的开头声明起义者拥护笃信宗教的"我们的国君沙皇"及顿河的军队。而下面这段话则表明了起义的真正任务："所有工商业者和所有黎民百姓不要因为我们而担心受到任何委屈，而且也绝对不要怀疑这一点。对于那些坏人——公爵、大贵族、聚敛官和外国人所干的坏事，希望你们绝对不要保持沉默，也不要放过他们……"这里清楚地指出了起义者的敌人是公爵、大贵族，以及为沙皇效劳的聚敛官和外国人。在占领切尔卡斯克后，布拉文被选为整个顿河军的统领，他给扎波罗热的哥萨克写了一封信，信里对起义的原因进行了解释，即沙皇政权用暴力把逃亡者从顿河召回而引起了起义。布拉文还提醒扎波罗热哥萨克的统领们，不要忘记他们曾经许下的共同去对付那些官僚和贵族的诺言。

在起义统领尼基塔·戈雷的呼吁书里，也响亮地发出了要求人民群众反对压迫者的号召："我们不伤害平民，而要同贵族算账。他们作恶多端。你们所有的穷人，骑马的、步行的、赤身的和赤脚的，都从城市出来，不要害怕，我们要发给你们马匹、武器、衣服和薪俸。"外号叫洛斯库特的起义军团长，曾参加过斯捷潘·拉辛的起义，他曾说："别人说我是真正的斯坚卡（即斯捷潘），但不是那个缺乏理智而丢掉脑袋的斯坚卡……"

布拉文还曾上书彼得一世。当然，出于策略上的考虑，在这里他没有提出同大贵族和将军们进行斗争及保卫下层群众的口号，而是强调了自己权力的合法性：他在占领切尔卡斯克之后，在哥萨克大会上被推选为哥萨克的军事统领，因而具有合法性。他说他之所以处死哥萨克统领卢基亚诺夫，是因为后者破坏了传统的惯例。在这封给沙皇的信里，他还特别强调了沙皇应当保留哥萨克以前所拥有的优惠条件，并提出了顿河哥萨克自治的要求。

应当说，在彼得一世时代发生的许多重大事件，在民间流传最广的民歌和传说中都得到了肯定和积极的评价。这些民歌和传说体现出了人民大众对国家战胜瑞典这一重大事件意义的正确理解，同时回忆了战争的严酷性和战场上的流血牺牲。民间口头作品把人民群众的英雄气概提到了首位，从而突出了大贵族的怯懦及其种种恶习。许多诗歌赞颂了在舍列梅捷夫领导下，俄军在波罗的海沿岸多次战胜瑞典将军的胜利。歌颂波尔塔瓦胜利的诗歌，一方面渗透着人民崇拜英雄，为国建功立业的思想；另一方面也表达出了战场上的巨大牺牲给民众带来的伤痛。诗歌中也铭记着劳苦大众为建筑工程所付出的沉重劳动，特别是有关拉多加运河的歌谣反映了开凿运河的艰辛。士兵对死去的沙皇的"哀歌"也很值得注意，反映了广大普通士兵对彼得一世的敬重和追思。

六、政府的政治宣传

在彼得一世改革的时代，俄国政府已深深懂得舆论的重要，自己担当了宣传改革、推动社会思想更新的主角。几乎每道改革的诏令都附有改革理由的详细说明，而这种说明是在以前的俄国法令中根本不曾有过的。

改革时期的法令，开头通常有一个内容广泛且富有教导意义的前言，以说明新法律的合理性和必要性。例如，在颁布有关新纪年的法令时就曾特别说明，其他斯拉夫国家也是从 1 月 1 日开始庆祝新年的。1714 年，"一子继承制"的法令颁布时，则详细说明了新制度的内容和意义。其中，立法者极力向贵族证明，分散地产是有害的。彼得一世派遣刚归属俄国的利夫兰的农民去教俄国农民改用长把镰刀收割庄稼时，也通过专门的法令去解释新方法的好处。在建立国家高级机关的同时，政府也下达了解释这些新机关职权的指令和规章。沙皇还多次修改关于设立总检察官职位的诏令，并要求必须在第一项就指出总检察官要"真正地、竭诚地、一丝不苟地'珍惜'自己的职位"。沙皇把总检察官称作"朕的眼睛和国家事务的司法稽查官"。同时，诏令指出，总检察官的职责是同最大的责任联系在一起的，破坏职责就要被当作罪犯和国家最大的破坏者予以惩治。

同时，彼得一世也将西欧国家"共同幸福"的价值理念引入俄国，作为沙皇专制统治合法性的理论基础。1702年，在招聘外国人的宣言中，俄国政府就曾经许诺，国家将关心全体臣民的"共同幸福"，并会因此令全体臣民的生活越来越美好。

至于政府如何理解国家政权的任务，这可以从1720年下达给各新建立委员会的总规程的前言里看出来，前言中说，君主设立各个委员会，是"为了有秩序地管理自己的国家事务，准确地确定和计算自己的收入并有效地改进司法和警察工作（即法庭判决和解决民事纠纷的工作）；为了尽可能地保护自己忠实的臣民，保证供给海陆军的军费使之处于良好的战备状态；保护贸易，各种艺术活动和工场手工业，很好地管理关税；增加矿场和满足国家的其他需要……"在这里，国家的任务除司法、行政和财政之外，前言中还指出了国家的新任务——促进工场手工业的发展，兴建工场，发展贸易，等等。

参政院1722年发布的一道关于严格遵守法律的法令，具有同样清晰的政论性："如果法律得不到遵守，就等于一纸空文……"彼得一世明确指示要一丝不苟地根据各种规程和法令行事。剥夺皇太子阿列克谢王位继承权的宣言，也超出了以往法令的一般范围。宣言中谈到沙皇从阿列克谢童年时代起就关心他，为使他更好地了解军事、民事和政治事务为他聘请了教师，但这些努力都徒劳无益，因为"学问的种子，落在了石头上"；宣言还谈到皇太子个人生活的细节和他的叛逃等。我们所看到的，不是庄重的命令式的宣言，而是法令与政论作品的结合物，它以直白的语言叙述了许多具体事件，这就令人们能够很快信服，沙皇剥夺阿列克谢继承权的决定有根有据，理由充分。

七、《新闻报》的出版

尽管各种报告、命令和条例都在说明政府的行动和解释改革的意义，而专门媒体《新闻报》的出版在这方面还是具有特殊意义。俄国的报纸在 17 世纪就出现了，这就是外交衙门出版的手抄的《自鸣钟》，不过它严格说来并不算真正的报纸，只是给沙皇及他的几个亲信看的。而在彼得一世时代，1703 年 1 月开始出版的铅印《新闻报》则不同，它是供广大读者看的，是俄国出版发行的第一份报纸。它在彼得一世时代成为实行改革和捍卫改革的特殊工具。

《新闻报》是一份 8 开的版面不大的报纸。起初，它在莫斯科印刷厂用教会铅字排印。从 1710 年开始，彼得一世亲自删减过的民用铅字代替了教会铅字，报纸的可读性大大提高了。1720 年报纸的出版工作转移到了首都圣彼得堡。彼得大帝亲自参加了报纸的出版工作，并提出了意见。报上经常刊登俄国军队取得胜利的报道和实现某些改革的消息。《新闻报》第一期（1703 年 1 月 2 日）头版报道了关于军工厂顺利进行生产和有关新学校的消息："在莫斯科现在又生产了 400 门榴弹炮和臼炮……而现在在炮厂准备新铸件的铜有 4 万多普特。"后边接着就是有关学校的消息："遵照陛下的旨意，现在莫斯科开办了更多的学校。45 个人正在学习哲学，他们已经学完辩证法。数学和航海学校的学生有 33 人，他们都在很好地学习科学。"1719 年，为庆祝彼得一世命名日，《新闻报》刊载了斯捷凡·亚沃尔斯基专为此所作的布道词，布道词赞扬沙皇是国家的改造者和战胜瑞典的胜利者。

俄国的崛起，对新纳入俄国版图的民族及周边各相邻民族也产生了巨大影响，他们中的不少人积极地加入到为彼得一世政府宣传改革的行动中来。除了著名的政论家普罗科波维奇从乌克兰受聘到圣彼得堡并成为著名政论家之外，摩尔达维亚的康捷米尔公爵及与其共事的涅库尔奇曾在自己作品中指出，俄国是他们模仿的榜样，彼得一世是他们思想上的君主。他们甚至还阐发了巴尔干各民族只有在俄国人民帮助之下才能摆脱土耳其统治的观点。18世纪初来到俄国的亚美尼亚解放运动活动家伊·奥里，曾请求俄国政府帮助，并准备同俄国结盟，被迫侨居俄国的格鲁吉亚国王也萌生过同样的想法。总之，俄国对周边民族的影响力空前增强了。

在彼得一世改革时期，整整一代杰出的政论家都热情宣传了改革，执行着重要的宣传鼓动职能，有时还向政府提出实现改革的方法，这是极为难得的，说明彼得一世的改革顺应了时势，是历史的必然要求。与此同时，政府当仁不让宣传改革的各种活动也令人印象深刻，而在下层民众中，布拉文和他的战友们毫无畏惧地同沙皇对话，提出他们的诉求，这也从一个方面说明了改革时期俄国社会思想的活跃。

第二节　世俗教育与科学研究：创立与发展

彼得一世早就认识到，必须要兴办教育，学习和研究现代科学，才能彻底改变俄国落后的状况。但是他却在垄断教育的俄国教会那里碰了一鼻子灰。俄国东正教教会对于彼得一世所提出的面对所有等级实行基础教育的构想，完全不予合作。或许在他们眼中，这完全是异想天开。但对彼得一世来说，这根本算不上什么打击或障碍。彼得一世干脆绕开教会创办了完全意义上的世俗学校，这样的举措哪怕在西欧都是新鲜事。由于彼得一世这种雷厉风行的作风，俄国官办教育的历史被大大提前了，甚至可以和欧洲比肩。这在当时绝对是一个大胆的创举，而且从此"一发不可收拾"，这些新式世俗院校在彼得一世时代建了一所又一所，努力承担起为俄国培养专业人才的任务。

与此同时，各种科学活动也积极开展起来，直接推动了俄国工业建设等领域的发展。最终，俄国科学院的成立，成为彼得一世时代在科学教育方面的标志性成果，对俄国未来的发展产生了深远影响。

一、创建军事院校

彼得一世第一次旅欧回国后，便立即着手整肃军队，积极备战。

当时被解散的射击军团的指挥官不可靠，而俄国军队又急缺军官，彼得一世不得不起用在外籍移民区登记在册的 300 名军官。但据师长戈洛文向彼得一世的报告，这些外籍军官的素质不行，并向沙皇请求挑选、训练自己国家的军官。不管戈洛文报告的情况是否属实，彼得一世都要面对必须迅速培养起本国军官队伍的迫切现实。

虽然彼得一世矢志在俄国普及教育，但他当时更急需的是专业军人，由此大量实科学校被建立起来，教育改革随之启动，但从实际上讲，这也是为了支持更早的政策而不得不做的事情，因为推行各种改革都离不开人才。彼得一世的计划是，先建立实科学校，为军队及相关行业培养出急需的人才，然后从毕业生中挑选优秀者，派遣他们出国深造，同时着手建设俄国自己的高等学府。

据记载，彼得一世最先着手创立的是一所炮兵学校，之后经人提醒才想到了他特地从英国重金聘请来的数学家、航海学家法夸尔森教授，于是彼得一世所创立的各种新式学校中最成功的一所——数学与航海学校在1701 年正式被建立起来。这所学校不仅为俄国海军，也为陆军培养军官。有学者指出，这是"俄国第一所摆脱追求空洞不实的书本知识，专门研究精密科学的实科学校"。1715 年，彼得一

俄罗斯银行"科学"系列硬币——
航海学校(1701 年)(3 卢布)

世在圣彼得堡建立的军队最高学府——海军学院，也正是以这所学校积累的全部资源为基础建立起来的。尽管彼得一世在成立这所数学与航海学校之前还建立了其他实科学校，甚至建有其他航海学校，但这所学校的成功，成就了它的独一无二。这所航海学校在俄国的科学史和教育史中具有特别意义，无论是俄国的军事院校还是近代意义上的世俗学校，都将它奉为鼻祖。

学校最开始规定只招收官员子弟，后来则放宽到除去农民的所有

等级，1706 年后学生名额限定为 500 名。于是，大部分俄国的精英家庭开始让子女接受近代科学的教育。

但是，高等人才的培养还要像彼得一世时代之前的那样，靠出国培训。航海学校培养出的毕业生在当时被冠以"航海家"的称号，其中最有天分的学生被送往国外深造，作为志愿兵被编入英国、荷兰、丹麦、法国或威尼斯的海军。1706 年送出了 30 名，1707 年为 22 名，1709 年为 28 名，截至 1712 年，一共送出了 144 名。然而出国需要大量费用，只有家境非常富裕的子弟才能支付得起，而且不久英国就开始宣布不接受留学生，以保护自己的教育资源，这使得彼得一世建立自己国家高等教育基地的愿望更加迫切。

1715 年 10 月 1 日，沙皇下令在圣彼得堡建立海军学院，于是航海学校高级班（航海学班）的 305 名学生、法夸尔森、格温和他们的俄国助手们都被调往圣彼得堡，法夸尔森又成为俄国第一所海军学院的教授和主要负责人，此后他一直坚守这一岗位，直至 1739 年去世。海军学院院长则为在俄国任职的法国人圣·伊列尔男爵，而学院的最高领导实际上是安·阿·马特维耶夫，他直接隶属于领导海军部门的阿普拉克辛海军上将。该院学生定额共计 305 人，他们大部分来自莫斯科数学与航海学校的航海班，还有几个人来自诺夫哥罗德和纳尔瓦的航海学校，少数是一些没有在任何地方上过学的上层贵族子弟。

1715 年 12 月 20 日，沙皇又专门颁布诏令，"俄国知名人物的所有 10 岁和 10 岁以上的子弟均应送到圣彼得堡海军学院，而不要送到其他地方"。后来，那些出自名门的未成年贵族子弟，就成为海军学院的主要生源。汉诺威驻俄公使维贝尔于 1716 年写道："海军学院于今年夏天已完全建成，在整个辽阔的俄罗斯没有一家名门望族不把自己年龄在 10～18 岁的子弟或亲戚之子送到这所学院的……"

沙皇对学院的教学工作十分关心，学院的教学计划草案也是由沙皇亲自审核通过的。1715 年海军学院创办时，该院制定的工作细则规定了学生和教师都必须遵守严格的军事纪律，彼得一世还对这个细则做了以下补充："为制止叫喊和破坏秩序，上课时应在每个教室安排一个从近卫军里挑出的优秀士兵，手持鞭子，如有学生破坏秩序，就予以鞭笞，不管其门第如何，严加惩罚，决不纵容。"工作细则还规定，"对旷课者施以笞杖惩罚，每旷课一天扣除津贴一半"。尽管如此，旷课的情况仍时有发生，学生从学院里逃跑也是常事。但是，学院的建立还是为俄国培养了不少人才，很多优秀海员从学院顺利毕业。

彼得大帝去世后，由于俄国战事渐息，军事院校开始走向衰落，1731 年海军学院学员名额从 330 名缩减至 150 名，甚至海军学院学员的主要输送者莫斯科算术学校的名额也从 500 名骤减至 100 名。

可以说，在当时俄国最重要的两所军事院校——莫斯科数学与航海学校和海军学院工作的、出身于英国最古老的名校之———马修学院的大学教授法夸尔森，是十分尽职尽责的。据统计，在他负责航海学校教学期间(1701—1715)，学校培养了大约 1200 名专业人才，而法夸尔森调职圣彼得堡后的 1717—1725 年，有 215 名军官从海军学院毕业并被授予俄国海军军衔。这些人当中不乏为俄国作出重要贡献的海陆军高级将领及水文地理专家、制图家，如俄军统帅米哈伊尔·戈里钦公爵，海军上将谢·伊·莫尔德维诺夫，海军上将格·安·斯皮里多夫，海军上将、水文地理专家、制图家、海军军官学院第一任校长阿·伊·纳加耶夫，第一位为里海水文地理做精确描述的费·伊·索伊莫诺夫，著名极地探险家、欧亚大陆最北角的发现者谢·伊·彻留斯金等。这位在俄国工作 40 余年并终老于此的英国数学家、航海学家法夸尔森对俄国教育和科学发展的所作出的贡献值得被历史铭记。一些苏联学者断章取义地引据材料，笼统指责所有英国教师教学不认真、不负责是有失公允的。

同时，航海学校的其他毕业生也为推广近代新式教育作出了一些贡献，他们成为地方模仿莫斯科算术学校而建立的计算学校的教师，为彼得一世尝试普及教育作出了贡献。

二、开设实科学校

正如我们提到过的，除了数学与航海学校和海军学院，彼得一世在其执政时期其实还在各个领域创办了许多学校，最多的可能就是炮兵学校，但这些学校维持了多久便不得而知了。

据说最早的一所炮兵学校大概是开办于 1698 年。有明确记载的是，1701 年 1 月 10 日，沙皇下令在莫斯科新建的大炮厂内附设炮兵学校，学校很快就有了 180 名学生，1704 年达到 300 名，而到 1707 年只剩下 136 名。但并非所有学生都毕了业，炮兵部门的各种迫切需要会中断一些学生的学业，他们分别被派为炮手、鼓手、炮队司书、制炮徒工及其他职务。一些有天分的学生可能被派往国外深造，而那些证明没有天分的学生就被调去当工人。在学校的统计表中，列有不少逃跑和失踪的学生，能升到学校最高年级的为数不多，只有十一二名。1712 年，彼得一世在圣彼得堡又建立了一所炮兵学校；1721 年，在圣彼得堡实验室大厦还开办了培训在职炮兵的炮兵学校。

总体来说，彼得一世的炮兵学校办得并不十分成功，虽然一再开办，但是每一所炮校存在的时间似乎都不长。这些早期建立的炮兵学校并不正规，规模可能也不大，也许只是一些类似于培训班之类的机构。

1712 年，莫斯科建立了工程学校，归军事办公厅管辖。学校的办学工作进行得并不顺利，到 1713 年，工程学校总共只有 23 名学生。最后，彼得一世不得不从宫廷侍卫子弟那里强制性招收了 77 名学生入学，但是这里的教学不得不从识字开始。该校后来迁往圣彼得堡，1719 年圣彼得堡成立了相应的工程连，在那里接收工程学校的毕业生。工程连学生的生活和学习条件，与航海学校和炮兵学校相似。他们领取与其知识水平相称的津贴并从事各种工作，有时奉派到吕贝拉斯上校工程师那里绘制爱斯特兰和因格曼兰海岸的地图，有时奉派到雷瓦尔、维堡、里加和其他港口去。

18 世纪初，俄国开办了翻译学校，学校由译员尼古拉·什维梅尔负责，学校最初只招收到 6 名文书的儿子作学生。半年以后，即 1703 年初，什维梅尔因故被撤职，不再担任教学工作，于是学校转到了住在侨民村、受过语文和神学教育的神甫厄内斯特·格柳克手里，他其实是1702年在马林堡被俘后被送到莫斯科的。彼得一世革新的时代在用人方面的灵活和人尽其才在此可见一斑。格柳克先是在这里讲授外语，到1705年，他被指定负责在波克罗夫卡的大贵族弗·费·纳雷什金家里开设的中学。在这所中学的教学计划里包括各种科目：地理学、哲学、政治、拉丁语修辞学、外语（法语、德语、拉丁语、希腊语和古东方语）、算术、舞蹈艺术、德国和法国礼仪训练、骑马术及驯马术。这些科目的设立令这所学校具有了起源于欧洲中世纪的人文教育的性质。这就令一些学者将它视作俄国当时的唯一一所真正意义上的普通全科中学。然而格柳克在受指派的当年便去世了，于是这所学校很快由正教院印刷所的校对员波利卡尔波夫管理。由于教师的缺乏和俄国基础教育的薄弱，加之这种全科中学教育在俄国缺少维持下去的必要条件，因此学校不得不逐渐压缩了教学的科目，最后只剩下了外语。于是这所中学成了一所外语学校。1710年，该校教授的科目有四个语种：恺撒语（德语）、法语、拉丁语和瑞典语，但到了1715年，只剩下德语和法语两个科目。学生们也逐渐分散到其他学校。1715年学校最后一批教员被调到圣彼得堡已经开办的海军学院，于是该中学在培养了大约250名具有外语知识的学生之后停办了。

1707年，在莫斯科雅乌扎河边德国村对面开办了医务学校，这个学校附属于彼得一世创办的俄国第一所医疗机构——军医院，由荷兰医学博士比德洛担任学校的领导。根据1706年5月25日的命令，学校准备从外国人、俄国的各级人员中招收50人学习药物学。医务学校开办初期没有招满所需的学生定额，后来就由斯拉夫-希腊-拉丁语学院懂拉丁语并经过一定训练的学生来补充缺额。该校有32个宿舍供寄宿生居住。学校的课程有理论课和实践课两种，课程有解剖学、外科学和药物学，还实行了临床教学制度。学习从上午巡视病人开始，然后才是上课。学生应陪校长在医院巡视病人，抄写校长所指定的药方并负责打绷带。为让学生学习骨科课程，学校准备了骨骼和某些骸骨；为研究药用植物，在医院里开辟了"药物园"。1713年，经过正式考试，医务学校第一届学生毕业。这所学校以纪律严明著称，违反学生守则者，要受到各种处分：限制饮食、戴上镣铐、鞭笞、甚至被送去当兵。

17世纪，莫斯科各办公厅职员，是在工作过程中通过实践进行学习的。到了彼得一世统治时期，由于中央和地方机关进行改革，提高了对这些工作人员的需求，于是政府决定开办一批专门培养办公厅职员的学校。1721年创立"文书学校"的命令正式颁布，学校招收所有愿意在办公室工作的人员。教学计划规定了许多课程，包括算术、公文处理、文书格式等。但看来这所学校并未能满足国家的需要，因为在1724年彼得一世下令，以强制方法从贵族子弟中招收100人，分配到各委员会，"让他们学习公务员业务"。

同时，培养工业专门技术干部的学校也被建立起来。因为大生产，特别是冶金工业的建设和发展，少不了有技术的专门人才。于是1716年，在奥洛涅茨工场创办了一所矿业学校，"20名贫穷的贵族子弟"被指派到这所学校学习，学生们在那里学习算术、几何、绘画、炮兵学和工程技术。

根据瓦·尼·塔季谢夫的倡议，乌拉尔国有工场为其技术人员和文职人员子弟也建立了几所学校，在学校里学习的都是小公务员子弟和工场工人子弟。1721年，在乌克图斯和昆古尔的两所学校共有学生50人，他们在学校学习读书、写字和算术。在这个时期，乌拉尔的各个学校看来还不具有专业性质，教学计划也没有对学生掌握工场的何种专业做什么规定，这些学校的学生毕业后不是当办公室的公务员，就是当工场车间的学徒。尽管如此，国家还是对这些学校给予了支持。从1724年开始，矿业委员会承担了这些工场学校学生的生活费。

三、发展神学院校

在彼得一世改革期间，政府采取了专门措施以提高牧师的素养。1708年政府下令，要求"神甫和助祭的子弟在希腊和拉丁语学校学习"，学生不毕业不但不能担任牧师和助祭的职务，还要被抓去当兵。神职人员子弟应进的"希腊和拉丁语学校"，即俄国在17世纪创办的斯拉夫-希腊-拉丁语学院。这所学院因由教会开办和负责，学院教授斯拉夫语、希腊语和拉丁语其实是以钻研神学为目的，因此实际上是当时俄国的一所神学院。随着利胡德兄弟的离职，希腊语从学院的教学中被排挤出去，在斯捷凡·亚沃尔斯基的管理下，学院讲授拉丁语的趋势有所加强。18世纪初，这所学院开始经常被叫作"斯拉夫-拉丁语学校"，或直接叫作"拉丁语学校"。

1721年，由于颁布了《宗教规程》，学院归正教院领导，于是费奥·普罗科波维奇对于这所学院给予了极大关注。从这时起，学院的活动搞得有声有色，它具有了领导各教区学校的高级神学院的性质。同时根据彼得一世的命令，在教区建立教会学校开始成为教会必须履行的一种责任，于是教会在各教区的学校数量也有所增长。这就使得莫斯科的这所神学院的地位和声誉获得了进一步提升。

四、尝试普及教育

1714年是俄国教育史上崭新的一页。1714年，彼得一世签署法令，命各教区教堂、修道院协助各省建立中小学校，分派莫斯科数学与航海学校高级班的学生到各省做教师，为城市平民建立计算学校网络，做了普及世俗初等教育的尝试。

17世纪末，俄国已经有了几所由高级神甫在他们的教区自行创办起来的学校，罗斯托夫、斯摩棱斯克、喀山和梁赞教区的学校就是这样。诺夫哥罗德的学校获得了特殊的声誉，在这所学校教书的是被斯拉夫-希腊-拉丁语学院解职的利胡德兄弟。这所学校的毕业生，在诺夫哥罗德教区开办了16所类似的学校。

《宗教规程》将建立教区学校转变为教会必须履行的责任，规定神职人员应把自己10~15岁的孩子送进这些学校。在学校毕不了业的学生不仅有可能失去充任神职人员职务的权利，而且还可能要缴纳人头税，这些规定的目的是"使学生明白，不能懒惰，而要勤奋学习"。到彼得一世统治末期，教区学校的总数已达46所。

这些教区学校显然难以完成培养新式人才的任务，于是彼得一世下决心扩大初级教育的规模，在各个城市开办国立小学。1714 年政府下令，各派两名莫斯科航海学校的毕业生到每个省去，去教那些"除独院农民之外的贵族和各衙门官员以及大小公务员"家中年龄在 10～15 岁的子弟，"学习算术和部分几何学"。还规定，高级神甫的房舍或大教堂应归学校使用。这种教育具有义务教育的性质。政府命令各地市政局应当监督这些学校的正常活动，并且每年两次向参政院报告学生的数量和成绩。截至 1725 年，政府在莫斯科、诺夫哥罗德、雅罗斯拉夫尔、波舍霍尼耶、特维尔、梁赞、科斯特罗马、苏兹达里等地已经创办了 42 所国立小学校，学生总数达 2000 人。然而，这些学校逐渐衰落了下来，1727 年在校学生只有 500 人。

另外，警备学校也是具有普及性的学校，这些学校一般开设在驻军营地，在警备学校学习的都是士兵子弟。圣彼得堡的警备学校规模较大，据统计，1717 年圣彼得堡警备学校有 195 名学生。这里学习的科目有书写、算术、语文、唱歌及吹奏双簧管或长笛。军队的士兵很多都征召自农村，一旦这些士兵子弟退役返乡，往往是村里唯一受过教育的人。因此，这种军队教育的模式对于普及教育的意义也是很大的。

总体来说，彼得一世时期建立的学校可以分作三种：第一种是只进行初级教育的普及性学校，这类学校分散在各省，即国立小学、警备学校和教区学校；第二种即我们前面讲过的讲授实用科学并具有职业性质的学校，主要建立在特定城市，如航海学校、炮兵学校、工程学校、海军学院、工程连、医务学校、公务员学校和矿业学校等；第三种为人文教育学校（如格柳克的中学），但这一类学校维持的时间不长，后来也具有了职业性质。

虽然从法规上讲，允许各级官吏的子弟进入军事、工程和海军学校，但是由于当时社会经济条件的限制，下级人员的子弟除了初等教育之外，无法获得继续深造的机会。甚至中等贵族的子弟，也不能进入像海军学院和工程连这样的高等学府，这些学校一开始就挤满了大贵族子弟。政府曾试图建立学生成分比较平民化的学校，向下层民众普及教育，但没有成功。于是，官办学校即便在口头上对各级人员开放，但实际上却无法实现，这种阶级性不仅表现在学生成分上，而且也表现在办学的宗旨上。担任国家官僚机关高级职务的人员，主要都来自贵族子弟就读的学校；而为商人、小官吏和工匠的子弟开办的学校也是为了让他们继承父业，担任办公室职员、教师和技术熟练的工匠等。除了政府办的学校以外，私人教师（主要来自教堂下级职员）教孩子学习识字的旧方法还被继续采用。

彼得一世统治时期，俄国的教育事业取得了实质性的发展，这主要指的是世俗教育方面。除了普及教育的尝试，职业教育也是彼得一世统治时期发展教育事业的一个亮点。为了兴办教育，俄国引入了西方近代科学知识，为俄国各个部门造就了许多专门人才，使国家的各个方面发生了翻天覆地的变化。虽然在彼得一世统治时期建立的这些院校有"拔苗助长"的嫌疑，很多学校在成立后很快就"销声匿迹"了，未能维持长久，但最终生存下来的优秀的院校还是对彼得一世的改革和社会的进步发挥了很重要的作用。

五、出版教学书籍

在着手建立学校时，教科书的极端缺乏便显露了出来。17世纪俄国出版的识字课本，基本以对教学和教育的狭隘宗教观点为基础，已不符合改革时期的教育要求。于是，一些具有新内容的教材开始被编写，继而出版。当时第一本扩大了内容的识字课本是1701年在莫斯科印刷，由费多尔·波利卡尔波夫编写的《供初学者用的斯拉夫文、希腊文、罗马文识字课本》。他原来是斯拉夫-希腊-拉丁语学院的教师，后来负责管理莫斯科印刷所。紧接着在1704年，莫斯科又出版了《斯拉夫语识字课本》，又名《儿童学习读写入门》。

而第一部具有世俗性质的识字课本诞生于1717年，它名为《青年明镜》（又译《青春宝鉴》）。这本书的开头印有字母表、音节、数目字和简短的训谕。1720年，圣彼得堡印刷所出版了《少年学习入门》，作者为大名鼎鼎的费奥方·普罗科波维奇，他在前言里指出，过去初等学校用的课本都是"用庄重的斯拉夫语而不是用口语"写的，因此孩子们不懂。与以往的作者不同，普罗科波维奇不是直接用祈祷文和圣训来编写，而是用对它们的解释来编写教材。虽然这种新办法激起了保守派的强烈不满，但该书还是得到了普遍应用和大量发行，单在亚历山大·涅夫斯基印刷所，这本书就印行了12版。

关于语法教科书，在18世纪这方面唯一的一本是1648年翻印的梅列季·斯莫特里茨基编写的课本，这本书是以希腊语法为范本编写的，初版是在1618年的维尔诺发行。在彼得一世时期，语法教学方面没有取得任何重要的新进展，当时所出版的教科书实质上都是斯莫特里茨基语法的翻版，不过稍加修订和补充罢了。斯莫特里茨基的语法书被当作教科书一直使用到1755年，直到大学者米·瓦·罗蒙诺索夫编的语法书出现为止。

在这段时期还出版了几种词典和外国语教科书，特别是当时航海所必需的荷兰语教科书。词典中比较重要的就是1704年在莫斯科出版的《三种语言辞典即斯拉夫语、希腊语、拉丁语词库》，该词典的编者队伍十分强大，由波利卡尔波夫编写，斯捷凡·亚沃尔斯基、拉法伊尔·卡拉斯诺波利斯基和利胡德兄弟校订，这部词典直到18世纪70年代还在作为参考书使用。

出于军事当中对数学知识的需要，所以国家特别重视对数学教科书的出版。1682年俄国就出版过乘法表，在1714年又以民用字母和阿拉伯数字重新编排出版。17世纪末曾有翻译过来的数学教学手抄本流传，其中除了算术以外还有天文学和占星术的知识。而17世纪出版的第一本数学教科书，是由伊·科皮耶夫斯基编写的，于1699年在阿姆斯特丹特辛格印刷所出版的《算术指南》，书中使用了阿拉伯数字、斯拉夫数字、罗马数字3种数字。马格尼茨基那本家喻户晓的《算术》则是在1703年出版，这本教材至少通用了半个世纪。后来俄国的著名学者米·瓦·罗蒙诺索夫将这本《算术》誉为"知识的大门"，最终奠定了这本教材在俄国科学史上的地位。另外，航海学校的英国教授法夸尔森也为教学编写了一些教材，如1703年出版、1716年再版的《对数表》，这本书是俄国在该领域出版的第一本书。除了印刷的教科书之外，航海学校还流行一些供学生用的由法夸尔森编写的手抄教科书。当时流传的其他一些数学书籍则都是译本，其中需要注意的是《几何，即斯拉夫语的大地测量学（圆规和直尺用法）》。这本书的译稿有"许多地方"是彼得一世亲自做的修改，并于1707年从前线战场寄到印刷所的。这本书的特别之处在于：该书的1708年版第一次尝试使用了彼得一世所提倡的民用字母。

不仅是数学，在彼得一世时期，一些在某个学科领域具有奠基意义的书籍都以教材或工具书的形式第一次在俄国出版。1722年，俄国出版了由格里高利·斯科尔尼亚科夫-皮萨列夫编写的力学简明教程《力学》，这部著作是俄国第一本专门研究这一学科的书籍。

1717年和1724年，俄国两次出版了当时著名的荷兰天文学家、物理学家惠更斯的著作《宇宙论》。这本书依据的是哥白尼的理论体系，因而当时翻译这本书是试图在俄国宣传哥白尼学说。

历书的编写与天文学的发展有着极为密切的关系。俄国第一本铅印的历书，是科皮耶夫斯基于1702年在阿姆斯特丹出版的，俄国自己在莫斯科印刷所出版的第一本历书则是在1709年。另外，在当时的历书当中特别值得注意的，是阿列克谢·伊兹沃洛夫（又姓伊兹沃利斯基）编成而没有出版的1720年的历书手稿，它与以往的许多历书不同，是按照圣彼得堡的经纬度制作的，而且书中没有任何在其他历书中常见的预言。

在整个17世纪，作为历史教科书使用的是1674年在基辅印行的《历史概要》。这本书在17、18世纪被再版过多次，它的最后一版是在1863年出版的。1715年，曼基耶夫以《历史概要》为基础编写了《俄国历史基础》，它比《历史概要》更有条理。曼基耶夫的作品对东北罗斯更为注意，而且事实错误比较少。他不仅利用了俄国编年史和年代记，还利用了斯特雷伊科夫斯基的作品。

当时许多世界史教科书都是翻译过来的，俄国也翻译出版了一些这样的教材。其中的代表作就是由塞缪尔·普芬道夫撰写、加弗里尔·布任斯基翻译的《欧洲史入门》（1718 年出版）和普芬道夫另一部享誉欧洲的著名作品《人和公民的自然法义务》（1724 年出版）。塞缪尔·普芬道夫是德国 17 世纪最杰出的自然法学思想家，其著作《人和公民的自然法义务》曾被欧洲各大学当作法律和哲学专业基础教材达 100 多年。彼得一世显然非常喜爱这两部著作，因此亲自监督了普芬道夫的这两部著作的翻译和出版。

1719 年，在莫斯科出版了早在 17 世纪便翻译完成的巴罗尼乌斯的《编年史》（斯卡尔德缩写版），译本名为《宗教事业和非宗教事业》。1724 年又出版了一本世界史教科书，即布任斯基从拉丁文翻译的斯特拉特曼的《历史舞台》。与从天主教的观点对历史事件进行评价的巴罗尼乌斯的《编年史》相反，在这本书里则叙述了新教的观点。当时还出版了由萨瓦·拉古津斯基翻译的马弗罗·奥尔比尼的《斯拉夫民族的名称和荣誉的起源及其发展的史料研究》。在古代史方面，俄国翻译出版了昆特·库尔齐、尤利乌斯·恺撒、约瑟夫·弗拉维等作家的作品，并且多次再版。

彼得一世政府对军事和海事专门教科书的翻译和出版是十分重视的。这一时期关于建筑、围城和攻占堡垒的著作出版了好几部，比如曾在俄国任职的奥地利工程师博尔格斯多尔弗编写的《胜利的堡垒》和《强夺敌人堡垒的可靠手段》，这两本书都出了两版。另外，还翻译出版了几本炮兵学方面的书。在航海学方面，则出版了《船舶新构造》，俄国水兵在 1789 年前一直都在使用这本书。在有关建筑学的书籍中，值得一提的是 16 世纪著名意大利建筑学家维尼奥拉的《建筑学五项程序规则》，这本书再版了三次。这些翻译过来的作品大都出自当时负有盛名的作者的手笔，因此很受欢迎。

总之，在彼得大帝时代，很多门类的书籍都是第一次在俄国出版印行。教材和出版业的发展，对俄语的简化和科学术语的形成起到了重要的推动作用。除一些专门教材外，这段时期还翻译和出版了许多有关通识教育的著作和文学艺术作品，如伊索的《寓言》，奥维德的《变形记》，圭多·德·科洛纳的《特洛伊城衰落史》，等等。这些书籍给俄国人的世界观注入了新的概念内容，促进了他们的观点的世俗化。

六、组织科学考察

彼得一世时期，俄国科学的发展方向也是由现实目的决定的。为了造就有知识的军事专家和海员，就需要数学和技术知识，工商业的建设和发展促进了地质勘探及殖民进程的推进，而人文科学是宣传专制国家政权思想的工具。这段时期受实际目标推动的科学，也在理论知识的各个领域取得了重大成果。在这些学术著作中，地理学方面的著作成就最高，这得益于领土扩张进程中的实际需求。

而这种对新领土的渴求，不仅来源于中央政府，而且同样来源于希望改善自身处境的边区管理者，对堪察加半岛的考察就是一个典型的例子。1696年，阿纳德尔城堡的军人莫罗兹科·斯塔里岑同10名军人到堪察加半岛内部侦察，目的是"了解能否将其征服，使之归俄国管辖"。

1697年从阿纳德尔出发的一个120人的堪察加半岛考察队则具有私人性质，领导这个考察队的是阿纳德尔城堡的总管弗拉基米尔·阿特拉索夫。阿特拉索夫原是乌斯丘格的农民，他不惜借钱，以自身作抵押，冒着极大风险组织了这个考察队。由此看来，新领土的开发活动还不仅仅是政府行为，这种冒险精神也来自俄国人民本身。阿特拉索夫到达了堪察加半岛南端，看到了千岛群岛最北边的一个岛屿。在途中，阿特拉索夫对自己所看到的一切做了详细笔记。这些笔记记载了关于地理和族群的大量珍贵资料，而且从时间上看这是俄国第一次对堪察加半岛有所记述。考察队于1699年夏天返回阿纳德尔，临行前他们在这块被发现的土地上建立了下堪察加城堡。

值得注意的是，阿特拉索夫在远征堪察加半岛时，了解到在堪察加人那里有一个日本俘虏，名字叫出部，来自本州岛的大阪。据说他本意图乘船到东京去，不料却被暴风雨抛上了堪察加半岛。出部最终被带到了莫斯科，1702年1月被引荐给沙皇。出部在西伯利亚衙门讲述了自己航行的情况及他所了解的日本、堪察加半岛和千岛群岛的情况。后来这个日本人被继续留在俄国，从事了翻译和教授日语等工作。

在收到阿特拉索夫的报告之后，沙皇政府在 1713 年下令派人"通过拉姆（即鄂霍茨克）海探查到堪察加半岛的道路"，1716 年便组织了官方在堪察加半岛附近的首次航行（通过鄂霍茨克海）。他们对从堪察加半岛上目所能及的岛屿进行了考察，令政府进一步获得了这里的资料。还有记录显示，1711 年，达尼拉·安齐费罗夫和伊万·科兹列夫斯基乘小船从堪察加半岛南端出发曾抵达千岛群岛的占守岛和幌筵岛，并带回了由他们绘制的这两个岛屿的平面图。另外，科兹列夫斯基还根据千岛群岛当地人和日本人的介绍，绘制了千岛群岛全图，并做了说明。同年，雅库茨克的军职人员彼得·波波夫到阿纳德尔河口收毛皮实物税时，从楚克奇人那里了解到，在杰日尼奥夫角对面有一个"岛屿"。楚克奇人描述那个岛上有各种野兽和大片森林，他们将那个岛屿称作大地岛，这是俄国最早得知的有关美洲的消息。

为了组织毛皮狩猎业和捕鱼业，增加国库收入，政府开始考察东西伯利亚的新土地和北冰洋沿岸的岛屿。以德·格·梅塞施米特为首的考察队则主要是为了考察西伯利亚的矿产资源，他们在为期 7 年（1720—1727）的考察过程中获得了大量资料。

在贸易的需求下，寻找通向邻国的水路路线的任务也被提了出来。彼得一世政府将探索前往中国和印度北方的海路视为最重要的勘测任务之一。其实关于勘察这条道路的想法在伊凡雷帝时代就被提出，17 世纪政府就已经得知费多尔·波波夫和谢苗·杰日尼奥夫在 1648 年曾打通过这条道路。于是在彼得一世统治时期，政府对这条海路再次进行了执着的探索。1719 年，政府派大地测量家尼·叶夫列伊诺夫和费·卢任到西伯利亚和远东考察就肩负这样的使命。1719—1721 年由列夫·伊兹马伊洛夫大尉和两个秘书伊·格拉祖诺夫、罗·朗格组成的派驻中国的使团，对扩大俄国对中国的了解具有重大意义。特别是朗格，他作为商务专员多次往返于中俄两地，并曾长期驻留北京，他在那里搜集了许多关于中国及其邻国的资料。

在卢任考察西伯利亚和远东时，俄国政府还急切地想要知道美洲和亚洲是否相连，政府为此组织的考察活动已开始具有了与企图考察美洲海岸的荷兰人和英国人竞争的性质。最终叶夫列伊诺夫和卢任的考察队绘制出了世界上第一份千岛群岛北界的科学地图，还反驳了西欧地理学家的错误观念，后者认为美洲西海岸在千岛群岛地区。他们的考察成果，后来为戈曼 1725 年在纽伦堡出版的地图册所采用，这说明俄罗斯的勘察情况一直为国外所关注。1720 年，俄国政府为了同样目的在阿尔汉格尔斯克又装备了一个新的考察队，后来则着手组织白令考察队。彼得一世在去世前 3 个星期，即 1725 年 1 月 6 日，下了一道诏令，指示白令在堪察加半岛建造船只，然后乘船北上，寻找"亚洲和美洲相连"[①]的地方，考察北方的海路。"机械专家"纳尔托夫说，彼得一世非常希望在这个问题上，俄国的科学家能够掌握优先发言权。

另外俄国政府还积极获取有关中亚细亚和印度的资料。令俄国政府最感兴趣的，是这一带的资源。为了开采中亚细亚的自然资源，俄国政府甚至曾经打算使这一地区归附俄国，如传说有金砂矿床的叶尔羌河附近。俄国商人谢苗·马连基的 1695 年之行就与这些目标有一定关系。1714 年 5 月 29 日，政府专门派出了以阿·别科维奇-切尔卡斯基公爵为首的考察队。考察队后来查明了阿姆河不再流入里海，还纠正了西方资料的错误，准确查明了阿姆河和锡尔河不是流入里海而是流入咸海。在这些初步考察之后，1716 年，别科维奇-切尔卡斯基奉命再次前往咸海一带，其目标不仅是派人沿锡尔河寻找到印度去的道路，而且还要令希瓦汗和布哈拉汗臣服于俄国。另外他所肩负的一项重大任务，就是前往印度探索通过土耳其到印度的道路，以及经中国和布哈拉回国的路线。1723 年，俄国政府甚至还试图考察绕道非洲（马达加斯加）前往印度的路线，但最终没能成行。

七、推进制图发展

彼得一世统治时期，关于新土地的资料是通过指示军职人员和狩

---

① 当时的欧洲学界对于亚洲和美洲是否在领土上相连的问题是存在争议的。

猎人员，在完成自己主要的军事任务或狩猎贸易任务的同时顺便搜集的，而建立专门的考察队去搜集资料还是刚刚开始使用的方法。但是由于战事频繁，耗资不小的勘察活动不可能得到大的发展。但这些勘察活动，还是大大推动了具有学术性质的地图制作工作的深入，将已有的发现成果巩固了下来。

得益于彼得一世时代教育的发展和科学的进步，俄国的地图制图、刻板印刷都走向了专业化，准确度大为提高。在政府的监督下，到1725年初已经绘制了30个县的地图。而为了绘制里海的地图，还多次派遣了考察队，最终于1719年派出的费·伊·索伊莫诺夫和克·维尔顿的考察队所绘制的里海地图获得了出版机会。由于1717年彼得一世在巴黎宣传了俄国在里海方面的制图成果，1721年这份地图"作为新的和准确的地图"被寄到了巴黎科学院。这份地图在巴黎产生了巨大影响，后来用法文出版，这份地图从根本上改变了在此之前人们对里海地理概貌的认识。

此外由于北方战争的需要，俄国还出版了波罗的海沿岸地区的地图。而在制图方面最重要的、总结性的成果就是伊·克·基里洛夫所绘制的《全俄罗斯帝国地图册》。地图册本应有3卷组成，包括300幅地图，历史地图和经济地图则收入第三卷。但基里洛夫只来得及完成并出版了第一卷就去世了，以后的两卷没能问世。1732年出版的第一卷收入了12幅地图。

这些在很大程度上由于对内和对外政策的迫切需要而出现的地理学方面的作品，为以后的科学探索提供了重要资料。同时，派到全国各地去的勘察队，除了完成自然科学的任务之外，还附带完成了许多其他的任务，比如搜集语言方面的材料。在这当中，俄国搜集的远东、中亚和外高加索东方各民族语言资料是重点。这不仅是俄国学者研究的需要，还包括了西方学者莱布尼茨的请求。

八、发展科学技术与研究

由于有彼得一世政府的支持，许多领域的科学活动得以开展起来，并在较短时间内取得了显著成果。例如，在 18 世纪初，俄国建立了一座天文台，这座天文台配备了非常好的望远镜和天文观测所必需的许多其他仪器，另外还为它附设了一个专门的图书室。这个天文台建立在莫斯科数学与航海学校里。有的资料显示，亚·丹·缅希科夫在自己的奥拉宁包姆宫也建了一个天文台。在莫斯科航海学校的天文台进行天文观测的是雅·维·布留斯和法夸尔森。法夸尔森受彼得一世的委托观测天象，留意任何异常现象，尤其是为沙皇计算日食和月食的出现时间，并测算是否在国内可见。而法夸尔森在这方面的工作也令沙皇非常满意，他成功预测了 1706 年 4 月和 1709 年 2 月的日食、月食现象。

这些天文观测工作的开展对俄国产生了有益的影响。据佩里证明，彼得一世本人也观察了日、月食，并做了笔记，而且后来当着贵族和宫廷官员的面谈过类似现象的原因。从 1706 年起，《新闻报》开始刊登日食、月食出现的预告，以便人们在当地组织观测。彼得一世的好帮手雅·维·布留斯在 1709 年出版了《布留斯历书》，大受欢迎，据说这本历书流行了有 200 年。该历书的内容中也包含一些天文和地理知识，比如日食、月食等。这是官方向下层民众普及科学常识的良好尝试，因为这本历书在农民当中最为流行。

而我们之前提到的 1722 年由斯科尔尼亚科夫-皮萨列夫所出版的简易力学教程《力学》，不仅成为该领域理论研究的奠基之作，而且直接指导了俄国的运河修建，是俄国科学教育活动为俄国改革事业做出重大贡献的又一典型事例。正是由于这部著作的出版和俄国理论研究的发展，上沃洛乔克运河和拉多加运河这样复杂的工程才能顺利完成。其实彼得一世的计划要庞大得多，他企图开凿伏尔加-顿河运河、莫斯科-伏尔加河运河等，但这些计划都未能完成。上沃洛乔克水系的建立，开辟了从伏尔加河经特维尔察河、茨纳河、姆斯塔河、伊尔门湖和沃尔霍夫河到圣彼得堡的道路，这是 18 世纪彼得一世统治时期运河建设中最大的成就。之所以这样说，是因为这一工程本是在荷兰水闸专家的指导下于 1703 年开始兴建的，但是建成后并不理想，分水界的水位很低。1719 年，原阿斯特拉罕商人叶夫列伊诺夫的管家米·米·谢尔久科夫提出了一个上沃洛乔克运河改建计划，得到了彼得一世的重视和赞赏，彼得大帝就把整个工程委托给了谢尔久科夫。在 1721 年底以前，全部改建工作顺利完成。谢尔久科夫在俄国以往技术积累的基础上建造了这个水利工程。为了保证在这个水系任何时候航行都有足够的水，他在什林河和茨纳河上修建了拦河坝。在俄国工作的外国专家维利姆·亨宁承认，这种拦河坝就连西方也造不出来。

俄国实用力学的发展成就还表现在工匠生产过程所发明出来的新机器上，比如加工枪筒的机器、锻造枪筒板的机器等。当时还根据工匠师傅的新设计，在图拉修建了新的兵工场。在这些工匠中，安德烈·康斯坦丁诺维奇·纳尔托夫算是当时最卓越的俄国机械专家。纳尔托夫发明了车削复制机、旋床、螺丝车床和齿轮车床，改进了造币技术，还发明了许多工具、仪器，他最重要的发明是自动支座。纳尔托夫还曾出国考察，根据巴黎科学院院长的评价，纳尔托夫"在机械学中，特别是在旋床方面取得了重大成就"。彼得一世本人就经常使用纳尔托夫制造的车床干活。纳尔托夫所造的车床至今尚存，陈列在国立埃尔米塔日博物馆中。

在机械学方面的俄国发明家，还有制作光学仪器的工匠伊万-别利亚耶夫和农民叶菲姆·尼科诺夫。据说尼科诺夫发明了"潜水艇"，这种船能够"在敌舰的下方，在其底部将它击毁"，尼科诺夫设计的"潜水艇"本来决定于 1724 年在圣彼得堡造船厂下水。但是船在下水时底部被损坏，所以没能进行试航。企业家伊·吉·波索什科夫也是一位出色的机械师，他曾发明造币机和"射击弹弓"。就连彼得一世也拥有自己的发明，他曾设计了一种特殊形式的军舰底座，这种底座的优越性在军舰作战中被损坏时就会显示出来。另外，彼得一世还设计了新结构的臼炮，它的图纸至今还保留着。

由于农民地位很低而且素质普遍低下，尽管彼得一世亲自关心国外农业科普书籍的翻译，下令把有关农业和家政的德文书籍翻译过来，但总的来说，在农业上推广科学知识的尝试收效甚微。即使彼得一世专门下令删掉多余的故事情节，这些书籍的翻译工作也是到彼得一世死后才完成的，遗憾的是，由于彼得一世去世这些书籍并没有得到推广。

彼得一世统治时期，人文科学方面的历史的研究领域硕果累累，丰硕的成果将俄国在该领域的研究水平向前推进了一大步。在古代史方面，俄国从彼得一世时期开始就非常注意收集、整理文物和文献资料。为此彼得一世还专门于 1720 年 12 月 20 日和 1722 年 2 月 16 日下达诏令，特别是第二道诏令，它要求"从教区和寺院里按照目录把各种珍品，也就是古代在羊皮纸和普通纸上手抄的、教会的和非教会的有价值的编年史、年代记，以及其他地方所有的类似的东西，都送到莫斯科正教院，把它们抄写下来，送到图书馆，而把原件照旧送回原来的地方……"于是在 1716 年，古代编年史中所谓柯尼斯堡抄本的副本被制作出来。在这段时期还搜集了许多手稿，这些手稿不仅有俄罗斯的，也有国内其他民族的，甚至国外民族的。例如，在堪察加半岛发现了一些日本手稿，蒙古、通古斯和中国的手稿也有专人在搜集。在远征波斯期间，东方手稿全集也被编写出来。甚至是一些曾被流放到托博尔斯克的瑞典军官俘虏，也在流放地发现了阿布尔加济汗的土耳其部族史的译文，后来，这些材料还被出版了。

同时，对于那些不能转送到图书馆或陈列馆的古代文献则采取了保护措施。例如，政府曾下令保护保加尔的许多重要遗址，以免其继续遭到破坏。不过这类命令的作用看来不大，保加尔遗址的命运就说明了一切。

彼得一世统治时期，俄国也开始深入研究当代史，特别是北方战争的历史。1718 年，彼得一世亲自参与编写了《北方战争史》（又名《彼得大帝从 1698 年至签订尼什塔特和约期间的记事和日记》）。这部著作体裁非常庞杂，它不仅是一部历史著作，还是一部政论作品，御前机要秘书阿·瓦·马卡罗夫是该书的主要作者。彼得一世亲手修改的几本《日记》的稿本也保留了下来，直到 18 世纪 70 年代才公开发表。1722 年，彼得一世在他的笔记本里记下了写作《北方战争史》的计划纲要："历史中应写入这次战争做了些什么，何时做了关于地方和军队的何种规定，这两方面和教会方面制定了哪些章程；还应写入堡垒和港湾的修建，舰队的建设，各种手工工场的建立，以及圣彼得堡、科特林岛和其他地方的建筑工程的建设。"另外值得称道的作品，就是我们曾提到过的彼·帕·沙菲罗夫所写的探讨北方战争原因的《思考》。1713 年，彼得一世要求把所有分散的作战报告收集起来，并配上相应的图画，集册出版，可惜的是这本名为《兵书》的作品在当时没能出版。

德米特里·康捷米尔公爵有关伊斯兰宗教史和土耳其史方面的著作算是这段时期出版的通史类研究成果。关于伊斯兰宗教史的著作原本为拉丁文，后由伊·伊·伊林斯基译成了俄文。在这本书里，康捷米尔向读者详细地介绍了伊斯兰教教义的各个方面，叙述了古兰经的内容，同时对它进行了批判。康捷米尔的土耳其史则是用法文写作的。

当时还有一些其他方面的研究著作出现，如《俄国贸易管理》。该书作者为阿·伊·谢尔巴托夫公爵，他为研究西欧贸易而经常居住在巴黎、伦敦和卡的克斯。在谢尔巴托夫这本书的手稿里，按照字母顺序分章叙述了俄国贸易的情况，书前则是俄国贸易史概述，难得的是书中引用了许多法令文件，还准确指出了这本书所引资料的出处。非常可惜的是，这部十分具有专业素养的著作没能出版。当时的经济著作则以伊·吉·波索什科夫的著述为代表，有关他的作品前面我们已经专门介绍过。

另外，彼得一世统治时期俄国的药房行业也得到了发展。在莫斯科，圣彼得堡和军队当中都设立了药房。为了供应药房药品，在莫斯科、圣彼得堡和其他一些城市修建了"药圃"，后来这些"药圃"改成了植物园。在植物园里附有化学制药实验室，药房学徒和未来的药剂师要在这些实验室里进行植物学和药理学的学习。

总体来讲，彼得一世统治时期，俄国在科学领域改变了落后的面貌，取得了重大成就。俄国各方面的科学研究直接在世俗政权的支持下成长，逐渐摆脱了教会的影响，在人民大众中涌现出了不少学者和技术人员，他们的发现和发明为世界科学作出了巨大贡献。在这些人当中，有技术发明家纳尔托夫和巴季谢夫，水利工程学家格里高利·斯科尔尼亚科夫-皮萨列夫和谢尔久科夫，地理学家索伊莫诺夫、伊·叶夫列伊诺夫，等等。然而在封建农奴制的条件下，科学的影响范围是极小的，除上层统治阶级外，普通民众中只有少数人（主要是工商业者）能够克服农奴制关系下的重重障碍，为自己开辟通向科学或发明的道路。

九、建立科学院

彼得一世统治时期，在各个知识领域所取得的科学成就，使得建立一个专门科研机构以领导国家的科学活动变得日益必要。其实早在1718 年，彼得一世就意图在圣彼得堡建立国家科学研究与教学的最高机构——科学院。经过长时间的筹备，1724 年 1 月 28 日（2 月 8 日），参政院会议通过了建立科学院的计划，于是很多学者都将这一天视作俄国科学院成立的日子。但实际上直到 1725 年 12 月彼得一世去世后，受聘的西方学者们才陆续到齐，圣彼得堡皇家科学院才正式运作起来。俄国这时所建立的科学院与西方的相比还不太一样，它应俄国的现实，以及彼得一世的急躁心情和创造精神被建成了一个"怪物"似的合并型机构：它既为科研机构，也是教学结构，既是大学也是中学，同时集成了图书馆和博物馆的功能。

科研工作集中在科学院的 3 个"部"：数学部（包括地理）、物理部（包括自然史）和社会科学部（人文科学）。"部"内有 11 名院士和 1 个秘书，秘书的任务是做记录，写报告并与学者们保持通信联系。科学院院士应当关注自己专业领域内的一切新成就，从事发明创造，还要在周会上发表意见和建议，并完成沙皇给予他们的各种任务。此外，他们要为青年学生准备本学科的教程，并要用拉丁文出版，各部译员要把这些教程译成俄文。有意思的是，俄国政府规定科学院还要举办"公开大型舞会"，而科学院院士应当在大型舞会上发表有关自己学科的谈话。

科学院高薪聘请了一批欧洲优秀学者以带动俄国学术发展，培育自身的学术人才。其中有大数学家伊·赫尔曼、生理学家兼数学家德·贝努利、物理学家赫·马蒂尼、数学家纳·贝努利、天文和地理学家伊·德利尔等。这些专家学者在俄国科学院所从事的研究基本上代表了西欧各研究领域最高端的研究水准。而与博尔蒙齐名的，同被誉为欧洲汉学先驱的德国学者拜耶尔就是在俄国科学院成就的名声。

科学院的教育活动集中在附设的中学和大学，大学里设有三个系，即法律系、医学系和哲学系；而当时一般大学通常会设立的第四个系——神学系，在科学院的大学里被取消了。对此，科学院章程草案解释说，这个任务应当交给正教院来负责，这说明了科学院严肃的科学性质。除了科学研究和教育工作之外，科学院还要促进实践工作的开展，关注各种发明并负责解释其意义，帮助俄国建立、发展"自由艺术和手工工场"。总之，俄国将当时许多多少带有研究性质和学术性质的任务都交给了科学院。

俄国政府还将1714年所建立的图书-博物馆(也叫珍品陈列馆)并入了新建立的科学院。陈列馆里有许多珍贵书籍和手稿，皇太子阿列克谢、沙菲罗夫等人的许多私人藏书也被收藏在了这里。陈列馆于1719年开放，最初这里有许多"珍品"和"稀罕之物"，这些东西大部分都是从国外购买的。陈列馆最初的陈列品当中，有许多"畸形的东西"和各类解剖标本，以及一些数学和物理仪器。此外，沙皇为了能够不断地给陈列馆补充藏品，还专门发布过几道诏令，其中规定，"如果有人在陆地和水下找到古物，如奇异的岩石、人畜鱼鸟各类动物的骨头……刻在石器、铁器或铜器上的古老铭文，或古兵器、稀有武器、器皿及其他远古稀罕之物一律均须上缴……"这些诏令为俄国的博物馆事业奠定了基础。珍品陈列馆人人都可以免费参观，它应该算作是俄国的第一座自然历史博物馆。由于陈列馆在很短的时间内收集了许多珍贵的展品，当时西欧国家一些了解古代收藏品的人，在参观后对藏品的规模和价值都惊讶不已。

应当说，俄国的教育和科学活动在国家的支持下获得了具有开创意义的重大发展，这些教育和科学活动相互促进，直接推动了彼得一世改革。而正是教育和科学活动的开展才令彼得大帝改革的成果真正巩固下来，从此，走向近代文明在俄国成为不可逆反的潮流。

第三节　文化和艺术：破旧立新

为了进一步深化改革，全方位地改造引领社会风潮的贵族阶级，彼得一世也积极革新上流社会的生活方式，以及主要为上层社会所享有的精神文化产品。为此，他不惜以强制手段引入欧洲生活方式和文化，令俄国的上流社会风气为之一新。同时，彼得一世统治时期也是俄国文学、艺术发展的一个重要时期，彼得一世统治时期通过改革实现的国家发展和军事崛起为俄国文学提供了丰富的素材和养料。西化改革又令俄国文学艺术开始关注西方的优秀作品和艺术形式，这一时期是俄国文学、艺术形成自身风格的学习、发展和酝酿期，为日后俄国文学艺术的蓬勃发展奠定了重要的基础。

一、文化面貌的革新

彼得一世在游历欧洲之时，亲身感受到了欧洲文化的优越性和吸引力。彼得一世在学习西方先进技术和科学知识的同时，也为俄国贵族引入了欧洲风尚，迫使他们摆脱闭目塞听的状态，摈弃陈规旧俗，形成新的价值观，从而减少在俄国进行社会革新的障碍和阻力。于是，西方的礼仪、西方的服装、发型和生活习惯被推广到俄国贵族中间，而这种"推广"往往是借助法令以强制手段推行，这也是彼得一世在改革过程中的一贯作风。

剪掉俄国人的大胡子便是彼得一世第一项标志性"业绩"，政府宣称这样做是为了"国家和军队的荣誉和形象"。沙皇在第一次欧洲之行返回莫斯科的第二天，就立刻展现出在俄国实行改革的决心：彼得一世亲自操起大剪刀，给宫中的大领主们剪除长胡须，"恺撒大公"罗莫丹诺夫斯基首当其冲。

不仅如此，彼得一世还把剪胡子提升为国家政策，宣布剪胡子是全国居民应尽的义务。这条规定遭到了农民和市民的反抗，于是胡子成了守旧的象征。以教会为代表的守旧势力坚决维护这一"上帝赐给"俄国人的形象，于是彼得一世规定，除了神职人员外，所有人都要剪掉胡子，不剪也可以，但是必须要缴纳留须税。富商每年缴纳 100 卢布，领主和官吏每年缴纳 60 卢布，城市居民每年缴纳 30 卢布，农民不进出城则已，否则每次进出城都要缴纳 1 戈比。政府为此还特制了一种小铜牌，作为缴纳留须税的收据。

不仅如此，彼得一世还开始推崇西式服装，把自己的长袍剪掉一半，力图令俄国人改掉穿俄式长袍的旧习。他还规定，任何裁缝都无权继续制作俄式服装，也不许商人销售俄式服装。

彼得一世亲自教宫廷的官员们学习西方上流社会的礼仪规范，为此还制定出一套相关内容的守则，其中包括"不许穿着皮靴躺在床上"等内容。在青少年识字教材《青年明镜》中也添加了有关礼仪方面的内容：教育小孩饭前洗手；进餐时不得狼吞虎咽，不准发出任何声音，不准摇晃双腿；不要用手而要用餐巾擦嘴；不能不经允许便先行在餐桌上取食物等内容。其中还特别强调："青年人应当学会用外语（法语）交谈，以便养成说外语的习惯。"这里指出的理由颇为有趣："为了使男女下人听不懂他们在说什么，为了使别的无知的笨蛋们猜不透他们说的是什么，更应当说外语。"彼得一世甚至教育参政院的大臣们，"不准像市场上的妇女一样大喊大叫"。

妇女们原来是不允许抛头露面的，因此，彼得一世允许妇女们参加大型社交活动也激起了一场风暴。据说当年伊凡雷帝失手打死皇太子的原因，就是老沙皇看到自己怀孕的儿媳因天热没有恪守宫中礼仪，套数层衣裙，于是便勃然大怒，还动手打了儿媳，儿媳因此流产，悲愤的皇太子由此找父亲理论而引发了悲剧。俄国的保守及对妇女的束缚由此可见一斑。1718 年末，彼得一世还规定，要在贵族与城市上层居民中定期召开大型聚会。这一大会每年冬季召开，由显贵们轮流主持，妇女也必须出席。这在俄国是莫大的新鲜事，因为妇女永远不能参加男人们的聚会活动。彼得一世与这些陈规旧习进行坚决斗争，甚至连"闺房"之类的词都不愿听到，积极动员妇女参加欧式社交活动。当然，参加聚会的人必须穿欧式服装，跳欧式舞蹈。另外由于彼得一世在贵族中间普及教育的影响，贵族家庭中的女孩也开始接受家庭教育。

为了提升俄国贵族的品位，沙皇还特别颁布命令，首都的贵族必须出席演奏意大利和德国著名大师（科莱利、塔尔蒂尼、泰勒曼）作品的音乐会。军队中也出现了军人管乐队，而且彼得一世在1711年专门发布命令，要求每个部队都要组建管乐队。管乐队演奏的行军和队列音乐旋律广泛流传到俄国社会之中，影响了俄国民间音乐的创作风格。

在改革的过程中，俄国主流社会开始接受教育，开始接受新观点，改变了过去对独立个体的漠视，氏族联盟的观念开始为"国家"观所代替。其中最典型的变化就是，婚姻不再由父母一手操办，而以子女的意愿为主，就连地主也发誓不强加给自己的农民他不愿接受的婚姻。

最终，这场"胡子的较量"彼得一世取得了胜利。在他统治结束时，达官显贵，政府和军队的各种任职人员，还有中间阶层的人都剪掉了胡子，穿起了西欧（匈牙利、法国、德国）式样的服装。这种新风尚在莫斯科和圣彼得堡尤其显著。

1699年岁末，彼得一世决心改用欧洲国家通行的历法，令俄国与国际惯例接轨。而当彼得一世推行新的历法的时候，同样受到固守传统者的攻击，他们认为这是在窃取上帝的时间。但是彼得一世决心已定，1699年12月19日和20日的法令规定，俄国改变创世纪年①为基督诞生日纪年的方法，即使用儒略历，此后1月1日为一年的开端。

为了方便新知识的传播，宣传改革，彼得一世还推行简化的民用书写体字母来替代繁复的教会斯拉夫书写体字母，引进了新的印刷技术。1710年，彼得一世颁布了采用新字体印刷书籍的诏令，他甚至会亲自监督报纸和一些书籍的出版。这些举措，对俄国世俗文化特别是

---

① 俄国在彼得一世改革历法以前使用的教会立法，是以公元前5508年为创世纪的元年，每年的新年始于9月1日。

科学知识的传播起到了积极作用，进一步推进了俄国文化的世俗化，同时也有利于教育的普及。

为了更新城市面貌，彼得一世政府颁布了关于整顿市区建筑物，保持街道、广场、大桥附近秩序和卫生的命令。彼得一世同时代的人证明，彼得一世曾多次参加城市房屋的灭火工作，由于他的参与和影响，消防队的工作效率有所提高。

可以说，为了让俄国的社会面貌焕然一新，彼得一世想要对人们从精神文化到物质生产，从生活习惯到衣食住行都作出规定。他的努力取得了一定效果，经过他的改造，至少俄国上流社会的文化与西方上层社会的文化越来越贴近了。

二、新式文学的创作

彼得一世时期的文学反映了改革之后的新气象、新体裁、新内容都出现了，如演说家政论性的演说、爱情歌曲、讽刺诗、滑稽诗、历史赞美歌等；旧的文学形式和内容依旧存在，但也发生了一些变化，如小说和颂辞（颂辞、颂歌、赞美歌）、学校剧本、题诗、书简等。可以说，俄国的文学体裁在这段时期同时出现了多样化和个性化的发展趋向，"新与旧的斗争"是这段时期俄国文学的一个特色。但是，俄国文学在这一时期还没有形成统一的文学流派，正处在一个蓄势待发的酝酿期：俄国的现实主义正处在初期阶段，俄国古典主义也正在萌芽，教会的神秘主义和中世纪的经院哲学还存在着影响。

彼得一世时期古代文献仍在大量流传。不少流传至今的讽刺文学作品，如《不幸的故事》《卡尔普·苏图洛夫的故事》等，都是 18 世纪的抄本。一些古俄罗斯的作品《阿基尔·普列穆德雷的故事》《彼得和费夫罗尼娅的故事》还根据新的要求和审美趣味进行了改写。这些作品的内容，包括从禁欲主义的训诫到对法庭、行政当局和教士的尖刻批判，丰富多样。

基辅-莫吉拉学院和莫斯科斯拉夫-希腊-拉丁语学院成为这段时期文学发展的中心，而神学院的教师则是诗歌创作的主要团体。这个团体中的进步流派（以费奥方·普罗科波维奇、约瑟夫·图尔博伊斯基为代表）起着主要作用。

其中费奥方·普罗科波维奇的作品就反映出了在这种革新年代之下，学识渊博者在知识结构上的复杂性。普罗科波维奇精通哲学、古希腊罗马和文艺复兴时期的文学艺术，是唯理论者，是笛卡儿和培根的崇拜者，是俄国当时杰出的启蒙者。但普罗科波维奇同时是经院哲学学派的学生，是教会的代表人物，在他的思想意识中还保留着经院哲学的痕迹。然而这些并没有妨碍他选择热情拥护彼得一世的改革。他拥有各种不同性质的作品：有立法方面的《宗教规程》《君主意志的真理》，有政论方面的《文章和讲话》，有教育方面的《对少年的最初教导》，有学术和理论方面的《演说术》，有文学方面的《论诗歌艺术》，有悲喜剧《弗拉基米尔》《叶皮尼基昂》等。费奥方·普罗科波维奇在俄国文学史上占有重要地位，他是俄国早期古典主义创始人之一，是康捷米尔的老师，米·瓦·罗蒙诺索夫的前辈。

普罗科波维奇在自己的布道演说《文章和讲话》中，充分展现了作者的爱国主义热情及对改革的支持，描绘了祖国茁壮成长的鲜明形象："俄罗斯出乎意料地，而且非常清楚地……获得了荣誉……全世界都清楚地看到，当许多人预言俄罗斯民族将不复存在的时候，她却大大地发展了，好像起飞了，人们的厌恶变成了称赞，鄙视变成了恐惧，俄罗斯由软弱变成了强大。"颂扬俄国军队的胜利和宣传改革，是普罗科波维奇所喜欢的题材，他热情地赋予了彼得大帝一切可能的优点。

普罗科波维奇的政论作品经常采用讽刺手法，入木三分地刻画了那些达官显贵们的丑态："一旦听说国王对某人格外宠爱……大家就接踵来到某人的官邸，祝贺，送礼，顶礼膜拜，表示要为他效劳，甚至赴汤蹈火在所不辞。而此公就历数自己本来就不曾有过的功德，自我吹嘘，涂脂抹粉，甚至把自己的老祖宗也搬出来炫耀一番，即便他们是小酒馆老板或卖馅饼的。""好像连老爷有病咳嗽也值得效仿。听到老爷病了，赶紧对老爷说自己腰酸、头疼，像历史上狡猾的克里昂一样，看到大流士国王伤了脚，自己马上就吃力地跛行"。

　　普罗科波维奇同样鲜明地描绘了企图捍卫旧秩序的保守主义者：他们"思想上有某种畸形的东西，他们把看到的一切非常好的、令人高兴的、伟大的、光荣的或者公正的、正确的、敬神的东西，都认为是不应有的、糟糕的。例如：他们喜欢阴雨天，而不喜欢晴天；喜欢噩耗，而不喜欢好消息；他们不希望幸福……他们希望所有的人都是丑陋的、驼背的、郁郁不乐和不幸的，也许他们只喜欢这样的人"。

　　费奥方·普罗科波维奇作为杰出的演说艺术大师，反对内容空洞、语言华而不实、刻意堆砌辞藻的文风。他的演说力求具体、简洁，引经据典而又通俗易懂，因此非常富有感染力。

　　彼得一世时代文学的另一个典型特征是出现了新时代的主人公，这是俄罗斯文学受到西欧唯理论思想和人文主义思想影响的必然结果。活动家、爱国主义者、公民、国家公仆成了文学作品所注重表现的主人公。这些新形象深信自己能够通过自己的知识和力量，克服种种困难和痛苦，最终获得好的结果。于是这种模式下"历史题材"的文学作品特别受欢迎，比如《俄国水兵瓦西里·科里奥茨基与佛罗伦萨美丽女王伊拉克丽娅的故事》。虽然其中也有 17 世纪所常见的浪子历经挫折的情节，但这部作品一改过去千篇一律地以不幸和挫折为主调，以失败者羞愧地返回故里的悲剧为结局的写法，而是把主人公塑造为一个成功者形象，并把主人公的成功归因于其本身高尚的品质和积极的进取精神。

　　颂歌形式在彼得一世时代的文学中占有重要地位，因为这个时代经常举行各种公开的隆重典礼。波尔塔瓦胜利之后，费奥方·普罗科波维奇写了一部作品，取名为《叶皮尼基昂》(胜利之歌)。普罗科波维奇以常有的高昂声调，广泛采用比喻和夸张手法歌颂了彼得一世的勇猛无畏，谴责了查理十二世的凶狠、骄傲和自负，抨击了马泽帕的卑鄙、狡猾与胆怯。在这部作品中，普罗科波维奇使用了许多大胆而独特的写作手法，例如："可怕的、巨大的、钢铁般的冰雹纷纷落下（没有用通常会用的枪林弹雨一词)"，"两军对战的炮火轰鸣声，胜过了海上狂风巨浪的冲击声"，等等。

　　另外还有一部写于 1709 年的颂歌《光荣胜利之歌》，也是歌颂波尔塔瓦胜利的作品。作者为胜利欢呼，但更加拥护和平：

> 愿今后俄罗斯得到
>
> 和平、幸福、愉快和欢乐。
>
> 没有战争，
>
> 联合起来，
>
> 莫斯科永远不再不安。

同时作者认为，彼得一世更加伟大之处是热爱科学：

> 他向科学伸出双手，
>
> 因为这种美好的东西，
>
> 将使内心产生奔腾的激流。

然而这部作品之所以具有代表性，不仅是因为它的那些歌颂保卫国土、号召为科学和教育而斗争的情节内容，更是因为作者没有一直使用颂歌所必须使用的"高雅文体"，突破公式化的颂歌的条条框框，不止一次"降低"风格，用了普通平民的语言。《光荣胜利之歌》可谓反映彼得一世时代社会革新变化的代表作，它的改变符合了时代发展的要求。

该体裁的另一部重要作品是为签订尼什塔特和约而作的《欢迎之歌》，它出自斯拉夫-希腊-拉丁语学院的一位教授之手，这部作品于1721年在莫斯科用俄文和拉丁文出版。作者对和约的签订充满了喜悦，作品描述了胜利之后普遍的欢乐气氛笼罩了俄罗斯大地，人民走向了新的生活。

一些学者指出，彼得一世时期的演讲、颂歌和历史赞美歌是18世纪30—60年代俄国古典主义庄重抒情诗的前奏。

值得关注的是，彼得一世时代描写日常生活和爱情的抒情诗得到相当广泛的发展，有学者将爱情诗的出现作为彼得一世时代诗歌创作方面最了不起的贡献。这种抒情诗继承了两方面的传统，一方面是民间口头诗歌，另一方面是以手抄本形式流传至今的 17 世纪宗教教会诗歌。正是在这些抒情诗中，丰富多彩的词汇和彼得一世时代典型的语言特点都得到了最充分的体现。安·德·康捷米尔、彼得·克瓦什宁和女诗人普拉斯科维娅·特鲁别茨卡娅公爵小姐的作品在当时都很流行，至今脍炙人口。

总之，彼得一世时代的文学带有一定的过渡阶段的特点，展现出了文学世俗化的趋势。这是彼得一世努力和坚持的成果，不论是他推行区别于教会书写体字母的民用书写体字母来出版书籍，还是他打破教会出版图书的专权，扩大出版范围，这些都令这种世俗化趋势变得不可逆转。

三、戏剧艺术的引入

虽然一些学者认为，在西方十分流行的巴洛克风格并未在俄国取得同样的成功，但在当时俄国的戏剧作品中这一风格还是得到了明显的展现。当时戏剧可分为两大类，一类是大众戏剧，另一类是学校戏剧。

事实上，正是彼得一世的命令，才让俄国拥有了第一座真正的戏剧舞台。1702 年，根据彼得一世的命令，莫斯科红场建立了一座公共剧院。起初，俄国戏剧舞台上的演员都是外国人，以约翰·孔斯特为首的德国剧团就是俄国时常邀请的对象。孔斯特剧团是德国著名剧院经理费尔坦的一个分团，彼得一世还专门责成孔斯特向俄国演员传授戏剧知识。孔斯特死后，剧团就由奥托·菲尔斯特主持。这个最早的剧院存在的时间并不长，1707 年后就关闭了。据说，彼得一世对戏剧的兴趣还源于希望借助公众性的演出大力宣传自己的改革方针。

皇宫中的显贵还会有自己的私人剧团。比如在皇太后位于莫斯科普列奥布拉任斯科耶村的官院中就设有一个剧团。这个剧团上演的剧目既有宗教性质的也有世俗的，既有翻译的也有原本改编的，演员都是俄国人。另外，在莫斯科伊兹马伊洛夫村普拉斯科维娅·费多罗夫娜皇后的宫里也有一个剧团。除此以外，一些业余剧团有时也在莫斯科演出。

在这个时期，学校剧团具有重大意义。它不仅促进了俄国独特的戏剧艺术的发展，在发挥宣传和教育方面的作用上也是最为成功的。在俄国，学校剧团是从17世纪起在基辅-莫吉拉学院开展起来的，18世纪开始在莫斯科的斯拉夫-希腊-拉丁语学院、莫斯科医务学校和许多神学班中得到了发展。由于学校剧团源自神学院校，因此学校剧团的剧本内容主要是关于圣经及圣徒传记的情节，目的也在于宣传基督教道德和教义。这种学校剧本广泛采用象征和讽喻手法，出场人物常常以神话形式展现，剧本语言通常都是诗体语言。

从18世纪初开始，莫斯科的学校剧本开始发生变化，公式化的剧本模式得到改变，剧本对当时发生的许多"世俗"事件作出了反应，舞台上也出现了"世俗"物，反映和再现了大众所关心的政治事件，特别是军事方面的事件。例如：《上帝第二次降世的可怕想象》就是赞美俄国军队战胜瑞典人这一事件的；1705年创作的《解放利沃尼亚和英格曼兰》一剧中，作者假借摩西战胜亚玛力人，描写了彼得一世对查理十二世的胜利。

普罗科波维奇的剧本更是与公式化的剧本大相径庭，自此，俄国开始形成本国历史剧的创作传统，不再以古希腊神话传说为主题，不再追随西方。例如，普罗科波维奇于1705年创作的悲喜剧《弗拉基米尔》，戏中通过主张改革的统治者再现了彼得一世的形象，同时通过唯利是图和无知的祭司们的形象刻画了反改革势力。因此可以说，普罗科波维奇在俄罗斯戏剧艺术中开辟了真正的民族历史题材的道路，打破了旧有的模式和套路。

另外，莫斯科医院的剧团承继了斯拉夫-希腊-拉丁语学院的传统（因为许多学生都来源于这所学校），也成为莫斯科发展戏剧艺术的一个中心。它在这段时期形成了两个优秀的剧本《俄罗斯的光荣》和《可悲的光荣》，作者是医务学校的学生费多尔·茹罗夫斯基，他曾是斯拉夫-希腊-拉丁语学院的学生。这些剧本遵循了费奥方·普罗科波维奇的传统，歌颂了俄国面对强敌所取得的伟大胜利。

可以说彼得一世时代的改革和战争基本上决定了俄国18世纪头几

十年文学作品的题材。这个时期的文学具有一种战斗的性质，这与当时动荡不安的生活是密切相关的。同时，由于彼得一世推广民用书写字母的努力，俄国的书面语言环境也在发生重大变化。普罗科波维奇就提出了反对拉丁语霸占科学和文学领域的惯有现象，提倡使用"祖国的""常用的"和人民的语言，甚至把它们应用在具有立法性质的作品中。康捷米尔在这方面也作出了贡献。所以说，彼得一世时代的文学也为俄国标准语的最终形成奠定了重要的基础。

四、民间创作的活跃

18世纪之前，民歌、民间音乐、民间舞蹈一直遭到教会和世俗当局的排斥。彼得一世改革之前，歌曲是作为"妖魔"和"鬼怪"来揭露的，而"弹琴"和"跳舞"则被叫作"耻辱的娱乐"。到了彼得一世统治时期，民间艺术的地位发生了很大变化，民间音乐和舞蹈已经不再受到排斥。18世纪初的民间创作开始对俄国文学，对俄罗斯标准语的形成和发展产生巨大的影响。

虽然广大人民群众很少从文化领域的改革成果中受益，但是在彼得一世统治时期，他们毕竟比以往更多地接触到了教育和文化，特别是在军队中服役的普通大众。彼得一世时代出现了许多民间歌曲，内容涵盖了当时重要历史事件和人物——远征亚速、纳尔瓦战役、波尔塔瓦战役，以及彼得一世、查理十二世、马泽帕等。歌曲中，人们高度评价彼得一世为国家利益所进行的斗争，并把他同自私自利的大贵族相比较。其中一首歌曲就曾写到这样的情节，彼得一世不指望那些公爵和贵族，这些人在查理十二世侵犯俄国的危险时刻，对国家的命运漠不关心：

噢，美哉，你们公爵和贵族！
要吃、要喝，你们一切现成，
穿红挂绿，也尽是箱底储存，
此外，你们却一无所知，一无所闻……

因此彼得一世将希望寄托在他久经训练的光荣的军队身上：

> 瑞典国王又给我来函，
> 他，瑞典国王，要到我们这里赴宴。
> 我们已经摆好了桌子——普列奥布拉任斯基团，
> 我们也铺上了桌布——这就是谢苗诺夫斯基团……

在彼得大帝时代，民众已经开始认识到自己在国家建设中所具有的重要作用，这种新意识在民间歌曲中表现得特别强烈。在一首描写占领亚速的歌曲中，当沙皇请贵族给他出个主意，"我们应当如何占领亚速"时，贵族们避而不答。当沙皇向士兵提出同样的问题时，士兵们却回答说：

> 尽管凶猛的蜂群嗡嗡乱叫，
> 士兵和龙骑兵纷纷答道：
> 我们将挺起胸膛，
> 奋勇向前，把它攻占。

在描写波尔塔瓦战役的歌曲中，也能深深体会到民众的这种自我肯定和自豪：

> 瑞典的田地开垦了，用的是士兵的赤裸裸的胸膛；
> 瑞典的田地翻耕了，用的是士兵的两只脚；
> 瑞典的田地耙过了，用的是士兵的两只手；
> 新的田地播种了，用的是士兵的头颅；
> 新的田地灌溉了，用的是士兵的热血。

普通民众对自身力量的肯定，还表现在一首富有特色的歌曲《国君同龙骑兵的较量》当中。当彼得一世邀请围在他周围的公爵和大贵族出来一个人同他较量时，这些人们都跑开了。相反，一个普通的士兵，

年轻的龙骑兵，却勇敢地作为沙皇的"对手"站了出来，而且轻而易举
地战胜了沙皇：

> 年轻的龙骑兵用左手把沙皇摔倒，
>
> 他又用右手把沙皇托起，
>
> 没让他碰到潮湿的土地。

　　出于对彼得大帝所取得的军事胜利和改革成果的肯定，彼得一世
时代的许多民间歌曲和故事都把彼得大帝的形象理想化了。就连旧有
的体裁壮士歌，也具有了这样的情节，比如《彼得一世的家庭生活》《彼
得之死》《军队的哀歌》等。这直接反映出，彼得一世的改革事业获得了
民心。

　　民间口头创作也以不同的形式得到了发展，人民群众对 18 世纪初
所发生的各种事件作出了反应，他们中间涌现出了许多诗人、各种故
事和历史歌曲及各种体裁的讽刺作品的作者。他们谈到了人民在已经
发生的各种历史事件中所起的决定性作用，表达了他们对这些胜利的
热情肯定，同时也对压迫、暴力和奴役进行了愤怒的抗议。

五、艺术的转型与发展

　　彼得一世非常重视俄国艺术事业的发展，因此政府的行为对俄国
艺术的发展也起到了直接的影响。由于艺术人才的缺乏，彼得一世在
18 世纪初曾颁布了许多有关培养艺术家的命令。这时俄国主要采取了
从国外聘请艺术家，以及向国外派遣本国艺术家外出学习的办法。
1716 年公派出国的就有画家尼基京兄弟、安·马·马特维耶夫，以及
雕刻师斯·科罗文、建筑师伊·乌斯京诺夫和伊·科罗博夫。这些专
家后来都成为彼得一世时代的艺术大师，为俄国的艺术发展作出了重
要贡献。1707 年，彼得一世下令"在圣像和其他绘画的艺术中"必须对
艺术家"监督和管理"。1711 年，为了建设新都，彼得一世则下令把
"各种艺术的匠人"全都迁到了新都。彼得一世在建立科学院的诏令中

还曾写道："没有画家和雕刻家是不行的，因为将来要出版的各个学科的出版物……离不开绘画和雕刻。"而国家着力发展艺术的目的，1724年阿·纳尔托夫建议建立艺术学院时讲得非常清楚："没有这样的学院，艺术家就没有真正的艺术基地，而艺术不仅是为了国家利益，帮助新事物成长，也是为了促进旧事物死亡。"

或许正是这样的现实目的，决定了彼得一世时期艺术发展的基调。而能够担负起展现这个时代主题的任务，能够清晰地反映当时俄国社会生活中发生的各种变化——生产力的发展、战争的胜利、国家机构的改革等重大历史事件的，恐怕非现实主义风格莫属了。由于处在辞旧迎新的改革时代，彼得一世时期的艺术文化也具有一定的过渡性，在新的艺术形式产生的同时，许多起源于更古老传统的艺术形式也在继续发展。然而，正是彼得一世时代整个历史进程的复杂性，决定了俄国这一时期在艺术风格上的主要发展方向，现实主义成为这一时期俄国艺术表现的最基本的一个特征。这段时期的俄国艺术虽然受到巴洛克式艺术的影响，但其独特性在于其拥有自己的现实主义风骨。绘画、雕刻和实用艺术领域展现的现实主义作品更富于教化意义，能够形象地揭示丰富的内容，帮助人们更深刻地认识现实，因而在完成普及世俗艺术、推动人们摆脱宗教观念束缚的历史任务上表现更为出色。

在绘画方面，首先要提到的是成本最低的版画。这种较为简单的艺术形式在彼得一世时代的艺术文化中起到了非常重要的作用，它促进了改革的普及，证明了俄国力量的增长和文化的发展，还直接体现了俄国出版业所取得的进步。俄国最早的一批版画家诞生于17世纪俄国的艺术中心——军械局。17世纪末，乌克兰艺术家勒·塔拉谢维奇和阿·特鲁赫缅斯基已经开始在军械局供职。他们作品中的人物形象没有了以往的公式化和拘谨性，所绘人物的动作和姿势表现出了艺术家敏锐的观察力。当时比较著名的版画家还有勒·布宁、阿·祖博夫等。他们的版画描绘了许多圣彼得堡的风光，是研究北方首都建筑式样的重要资料。

一些版画中还热情地描绘了许多"战争场面"，以描绘波尔塔瓦战役的版画居多。有些版画还反映了俄国当时发生的大规模的建设，比如新首都的建设、舰队和炮兵的建立等。当时比较著名的版画，是画有瓦西里耶夫岛上建筑物的涅瓦河全景图。由于每一本书甚至是报纸都需要有版画和平面图，因此版画的应用性越来越强，特别是在识字读本和教科书这类出版物中起着特别重要的作用。

应当说，这个时期的绘画中，肖像画所取得的成就是最高的。俄国画像艺术正是在18世纪初发生了重大变化，现实主义手法在同旧的画法和技巧的斗争中诞生了。这个时期的俄国画家渴望真实地再现周围世界，而人物像则非常清楚地展现了俄国绘画这种向新手法过渡的特点。此时的杰出肖像画家有安·马·马特维耶夫、伊·尼·尼基京等。一些学者指出，安·马·马特维耶夫的肖像作品取得的成就最大，他的作品不仅具有现实主义因素，还具有真正的抒情特征，色彩运用更富有力量，如他的作品《和妻子的自画像》。另外公爵戈利岑夫妇的肖像也是

《和妻子的自画像》（安·马·马特维耶夫作品）

安·马·马特维耶夫的手笔。尼基京的代表作则为《临终的彼得一世》、国务活动家加·伊·戈洛夫金的肖像、《失宠的盖特曼》等。

另外，俄国彼得一世时代各种造型艺术中所使用的装饰画，也表明了这一时期俄国绘画所取得的成就。1721年建造的凯旋门及在宫廷、彼得保罗要塞大教堂，还有其他一些建筑物的内部都开始使用装饰画，这些绘画为这些优秀建筑增添了光彩。

《失宠的盖特曼》（安·马·马特维耶夫作品）

同绘画一样，彼得一世时代的造型艺术也特别出色地展现出了18世纪俄国艺术中的许多进步现象。而这些新式造型艺术的产生首先是同圣彼得堡和莫斯科的城市建设联系在一起的。这一时期的造型艺术以雕像为主，它们鲜明地表现了人物的面貌和历史环境，出色地展现出了俄国在新时代的变化及改革成就。为此作出贡献的不但有俄国的艺术家，而且也有许多被邀请来的外国专家。

在17世纪末，俄国开始出现全身雕像，只是那时的雕像尚不是独立的作品，主要用于装饰建筑物。俄国最早出现的是木雕全身像，用于装饰1696年建造的表彰占领亚速功绩的凯旋门。此后，修建凯旋门的做法在整个18世纪都很流行，这也反映了俄国的军事和外交在18世纪的活跃。彼得一世时期，雕塑群也逐渐兴盛了起来，这种趋势在园林建筑方面体现得尤为明显，最出色的饰有雕塑品的创作就是彼得宫（彼得戈夫）的大瀑布喷泉。1716年，从巴黎受邀来到圣彼得堡的雕塑师卡·巴·拉斯特列利为修建彼得宫大瀑布作出了卓越贡献。瀑布中心许多镀金面具（"人面雕塑装饰"）就是他的杰作，这些面具让人印象深刻，它们比例相当大且又富有表情。很多人将俄国视为拉斯特列利的第二祖国，俄国最早的一批半身雕像和纪念石像都是由他来负责创作的。在这些作品中最突出的是彼得一世、缅希科夫、布留斯的半身雕像，以及彼得一世骑马的塑像。拉斯特列利的创作在体现现实主义风格时，能让人有一种独特而震撼的美感。

而能够装饰建筑的绘画和造型艺术的品位的提高，是体现彼得一世时代建筑艺术水平的最好注脚。所以，建筑观赏性的提升也就成为这一时期俄国建筑艺术的重要特点。而新都圣彼得堡则成为俄国寻求新建筑艺术的最好的舞台，成为俄国新建筑艺术的发源地。可以说，彼得一世时代俄国建筑艺术的所有重要的特点在新都圣彼得堡都被鲜明地表现了出来。

圣彼得堡这座新城市的"新"体现在各个方面，在城市规划和建筑艺术上则尤为明显。它的街道、街区和广场布局匀称，从而形成了城市建筑格局的新概念。为了宣扬这种新的建筑理念，政府还颁布了许多关于城市房屋建筑的法令。1714年，政府颁布法令要求房屋全部临街建造，禁止像过去那样建在院子深处；1715年，政府明确规定没有图纸不得建筑房屋；1718年，则专门命令圣彼得堡总警察局长监督建筑物建设，以使大街和小巷整齐美观。从此，俄国城市建设的风格开始体现国家性、社会性，实用性倾向愈加突出，这就决定了彼得一世时代的城市建筑式样具有求实性、精确性，以及结构的朴素性，大部分建筑物外貌都呈现出一种上行下效的严整性。

圣彼得堡彼得宫的"大瀑布"喷泉

　　圣彼得堡的第一个建设规划，是由彼得一世从国外聘请来的德·特列济尼制定的，但特列济尼的计划不适应圣彼得堡作为帝国中心日益增长的需求，很快就过时了。于是 1717 年，彼得一世委托从法国回来的日·布·列布隆重新制订计划。但列布隆的计划有些不切实际，很像文艺复兴时代以来西欧的专家们所幻想出来的那种"理想"城市计划，所以这个计划没能全部实现。

　　瓦西里耶夫斯基岛保留了特列济尼的规划，现今已成为圣彼得堡最古老的城区之一。圣彼得堡进一步的规划措施则是由俄国建筑师科罗博夫、泽姆佐夫、叶罗普金来实现的，这就保证了圣彼得堡城市风格的发展趋势不会完全走向一种陌生的路线。

　　在特列济尼的规划下，在涅瓦河南岸很快就形成了两条街道，这就是沃兹涅先斯基大街和著名的"涅瓦大街"，在这两条新街道汇合处建立的海军大厦象征着俄国夺取出海口的功绩，它见证着俄国经济和军事的发展，见证着新城市历史。

　　在 1717 年前，圣彼得堡的城市建设中以建造国家设施和具有实用价值的建筑物——要塞、商场、附有造船厂的海军大厦、12 个委员会的办公楼、图书馆、科学院、珍品陈列馆及仓库等为重点，这也是容易理解的。在这当中，特列济尼设计建造的 12 个委员会的办公楼，是圣彼得堡最大的国家建筑物，它是由 12 座彼此独立却又有一条走廊相互连接的建筑物组成的，是当时新都城市建设的典型代表。

　　彼得一世时期建造的宫殿，建筑式样比较豪华和宏伟。当时城外出现了许多宫殿式的府邸，城内则建造了一个夏园，里边建有亭子、花坛和雕像。1718—1723 年，建筑师米克季在离塔林不远的卡德里奥尔格建了一座三层的豪华宫殿，在这里，各个房间和大厅都是隔开的，富丽非凡。彼得一世曾向列布隆预订豪华宫殿的设计图，并在斯特列利纳（公园）和彼得戈夫（彼得宫）两地按图施工。其建筑形式的漂亮程度，至今令人感到震撼。严整性是列布隆的建筑物所固有的，他只是在设计建筑物的内部装饰墙壁和天花板时才做较大的自由发挥。应当说，宫殿和官员府邸建筑的日益华丽，是与俄国走向富强密切相关的。

　　在教堂建筑中，根据特列济尼的方案，于 1712 年始建的彼得保罗大教堂也同样具有严整、紧凑的特点，是圣彼得堡建筑的代表作之一。带有尖顶的彼得保罗多层大教堂，受到了莫斯科缅希科夫塔楼建筑形式的影响，总高度 110 米，它决定了圣彼得堡后来许多建筑物的建筑式样。而彼得保罗钟楼，永远是与新都的形象联系在一起的一座建筑物。另外，特列济尼在瓦西里耶夫斯基岛上兴建的外商商场也显示出莫斯科建筑式样的影响，商场的总布局呈一个梯形。莫斯科建筑物的内部拱廊好像露在外面的式样，决定性地影响了以后类似建筑物的整体构造。

圣彼得堡彼得保罗要塞：彼得保罗大教堂（始建于 1712 年）

除以上提到的建筑之外,彼得保罗要塞的大门、中央同样有塔楼的珍品陈列馆和亚历山大·涅夫斯基修道院,也都是当时公共建筑物端庄、严整风格的卓越表现者。总之,彼得一世统治时期圣彼得堡的建筑艺术具有简朴和严整的特点,为俄罗斯建筑艺术的发展作出了杰出的贡献。

亚历山大·涅夫斯基修道院局部(始建于 1713 年)

彼得一世统治时期,莫斯科建筑艺术的发展是复杂而矛盾的。一方面,工匠们利用了柱式建筑的新形式(圆柱、山墙、柱廊、敞廊等);另一方面,又根据旧的传统对它们进行了改建。他们没有把这些局部设置看作建筑物的结构因素,而是作为建筑物增加观赏价值的一部分。如此一来,这一时期无论是世俗的建筑物还是教堂建筑,装饰性都加强了,许多在俄罗斯历史上绝无仅有的,在装饰上非常漂亮、豪华的建筑物随之诞生,这些新样式被称为"莫斯科的巴洛克式"。

在莫斯科的建筑艺术中,国家的世俗建筑物所取得的成就也令人瞩目,几乎决定了俄罗斯建筑术以后的发展方向。这些建筑物充分证明了俄国社会生活中世俗因素对教会因素的胜利，证明了国家作用和国家力量的增长，比如坐落在城门口土城上的苏哈廖夫塔楼、地方自治衙门、位于红场入口处的 1696 年造币厂、有两座塔楼的莫斯科河大石桥(1692 年)，以及坐落在特维尔大街上以豪华著称的加加林公爵住宅，等等。这些建筑物的大多数都有耸立于其他建筑之上的多层塔楼。表彰占领亚速及波尔塔瓦胜利的凯旋门也表现了当时传统艺术风格与西方巴洛克因素相结合的艺术特征。

加夫里尔天使长教堂和伊·帕·扎鲁德内建筑师设计的"缅希科夫塔楼"是这一时期莫斯科建筑的代表作。缅希科夫塔楼高高耸立在莫斯科，其高度超过了伊凡大帝钟楼和苏哈廖夫塔楼，同时代的人把这座塔楼塔尖直插云霄的宏伟气势视作俄国胜利的象征。

缅希科夫塔楼

政府有关城市建设的措施对莫斯科建筑艺术的发展也产生了重要影响。从 1701 年开始，彼得一世政府接连发布了一系列关于调整城市房屋建筑的诏令。例如，规定在克里姆林宫、中国城和白城禁止兴建木质结构的建筑物，以预防火灾。1704 年的诏令则对城市建筑进行了新的规划，它要求砖石建筑要"建在街道和胡同的两边，不要建在庭院当中"，1712 年又要求"沿线"建筑房屋。然而为了建设新都，从 1714 年开始，除了圣彼得堡之外，禁止全国其他地方用石料建筑房屋。这条禁令对莫斯科的建设影响最大，因为绝大多数的人手都被调到新都去了。后来情况又发生了变化，1718 年政府颁布命令，允许那些"已经开始或本年内开始建造的石头房屋或土坯房屋"继续建造，还为此专门从圣彼得堡派去了建筑师。于是 1719 年，莫斯科有了自己的第一个总建筑师，这位建筑师调整了莫斯科的建筑布局。根据总警察局局长办公厅 1722 年的命令，莫斯科所有街道和胡同都应调整得一样宽，沿街的石头房屋要彼此相接，禁止建造没有烟囱的木房等。

然而，18 世纪初莫斯科的建筑式样仍旧与 17 世纪的许多建筑物存在着内在的联系，这就成就了它的独特性，并使它在俄罗斯艺术中开始形成一个新流派。此时俄罗斯外省的建筑，基本上还保留着旧的传统样式，但一些教堂建筑也展现了一些 18 世纪新出现的因素，如替代传统盾形装饰的华丽飞檐、红色玻璃窗等。

总体说来，这一时期俄国建筑艺术的一个鲜明特征就是转向了柱式建筑形式（圆柱、壁柱等），这种构建形式被大量使用，在当时已经被认为是建筑艺术不可缺少的基本元素，而且这并不妨碍莫斯科的新建筑继承优秀传统。于是，一种全新的建筑结构体系在俄国开始发展起来。

彼得一世统治时期，实用艺术领域同样取得了不小的成就。在这个时期，几乎民间手工艺的所有形式都表现出了新的工艺特点。譬如，在金属艺术加工方面及首饰制作方面都可以看到在传统工艺基础上的一些创新元素。

彼得一世时代的珐琅制品非常流行，这应该主要得益于其在承载新事物的优越性上。色彩鲜明的"乌索利耶技法"彰显了珐琅制品的个性。珐琅不仅能够制作体现彼得一世时代最新艺术成就的小型肖像彩画，而且能装饰为奖励新事业而设立的各种勋章，这就让珐琅装饰的地位更加显赫。更何况当时彼得一世的军队还广泛应用珐琅制作的各种标志。不止如此，在17、18世纪之交发展起来的铜铸品当中，珐琅也得到了广泛的运用。这方面的许多作品无论在结构的协调上还是在工艺的水平上都很出色，表现出了相当高的制作技巧。

应当说，在彼得一世时代，俄国的艺术风格同样实现了世俗原则替代宗教主导的重要转变。西方艺术风格的传入令俄国艺术的民族性获得了新的表现形式，同时令其呈现出了更强烈的表现效果。

当时，正在形成中的俄罗斯艺术还与仍处在波兰影响之下的乌克兰艺术和部分白俄罗斯艺术进行了深入交流。一些白俄罗斯的装饰艺术家和雕刻家、乌克兰的建筑艺术家，把他们具有独特风格的艺术带到莫斯科，而莫斯科的艺术家也把莫斯科风格的建筑、装饰艺术带到了乌克兰。他们之间的交流，促进了整个俄罗斯文化艺术的发展与进步。

总之，改革对于俄罗斯文化的发展起到了极其重要的推动作用。改革从根本上推动了俄国教育、科学和文化事业的发展，促进了俄国社会思想的革新，推动了整个社会文化艺术生活的世俗化，为俄国文化进一步高涨奠定了重要基础，同时对正在形成的、作为俄罗斯民族特征之一的民族共同心理的形成起到了重要推动作用。

第七章 结语：改革的落幕与历史的回响

　　彼得一世的改革在当时就引发了巨大的社会反响。总体来说，中等贵族和小贵族是彼得大帝的改革的赢家，他们从革新中获得了利益，军事改革和行政改革为他们"腾跃龙门"开辟了广阔的前景，他们逐渐走向前台，热情地支持改革，并成为专制政体的新支柱。同时，大多数贵族也对政府承认只有贵族才能拥有农奴和土地这些等级特权感到满足。一些思想进步人士更是和彼得一世成了亲密战友，和彼得一世一起为俄国的改革事业并肩战斗。

　　彼得一世颁布的一子继承法，以及官秩表的下达，符合在阶级矛盾尖锐化的条件下巩固贵族专政的要求。贵族得到了团结，并认识到了自身的阶级利益。尽管他们此时还没能建立统一的阶层组织，但是他们变成了一个统一的阶层，过去把贵族按官衔和所拥有的特权分为不同集团的现象不复存在：取消了大贵族、御前侍卫、御前大臣的称号，形成了权利平等的贵族或贵族阶级。同时彼得一世也提升了贵族受教育的水平，将贵族阶级与国家的军政领导职务紧密联结在了一起。

　　然而，改革不可避免地触动了大贵族和教会上层人物的利益，专制政权的确立，强大的中央官僚机构的设立，都令他们的昔日所享有的权益受损，激起了某些保守权贵和上层教士的反抗。他们打着维护古制的旗号，起来反对改革。彼得一世在改革过程中与他们进行了坚决的斗争，维护了改革的进行，保护了改革的成果。

　　因而，在最后的章节中，我们在总结彼得一世改革的功绩和伟大意义之前，有必要先谈谈彼得一世与反改革势力的斗争，主持改革者对社会负面反响的回应和作为，这在某种程度上能够决定改革的最终结局。

第一节　坚决斗争：改革中的反改革运动

俄国东正教教会是反改革力量最大的堡垒。早在 1697 年年初，莫斯科安德烈耶夫修道院的阿弗拉阿米修士就曾以文学形式批评了彼得一世新采取的一些措施，还要沙皇注意自己"不符合神意"的行为及国内的"不公正现象"。彼得一世没有纵容这种行为。阿弗拉阿米及其追随者都遭到了严厉的惩罚，阿弗拉阿米最终被流放。

在"胡子较量"中，也反映出了很多有趣的信息。崇拜胡须的风尚正是东正教教会造成的。教会认为，胡须是"上帝赐予的饰物"，剪掉胡子会破坏上帝赋予俄国男人的形象，使俄罗斯人看上去就像那些路德教徒、波兰人、卡尔梅克人、鞑靼人，甚至像猫、狗、猴子这样的动物。保守势力拿出了他们唯一能够抗衡沙皇权威的上帝形象，以及教会这个永久的保守主义堡垒来回敬这位大帝。可以想象，这场斗争绝不是剪掉胡子那样简单，实际上正是西化与传统，激进与保守，改革与反改革势力的较量。而彼得一世坚定不移地推进这场胡须改革，并将剪胡子的做法从宫廷风尚提升到政府政策，从中我们就可以看到，这背后是彼得一世立志将国家推向世俗化的决心，最终目标是令教会"归顺"国家。

在彼得一世的严厉政策下，特别是在反改革的牧首阿德里安去世后，教会群龙无首，也一直不敢和彼得一世做正面对抗，他们的选择是找一个足够分量的人代他们出头，而这个人就是彼得一世的儿子，皇太子阿列克谢。

一、镇压皇太子叛乱

亲人的背叛是最可怕的，彼得大帝改革事业最大的反对者恰恰都是自己身边最亲的人。彼得大帝母亲和他的第一个妻子叶夫多基娅都属于反改革派。叶夫多基娅虽然身为皇后，却一直不受沙皇宠爱，长期与寂寞相伴，而她对改革的态度更是令彼得一世决心与她老死不相往来。1698 年，叶夫多基娅被迫当了修女。可悲的是，叶夫多基娅在 1690 年还曾为彼得一世生下了这位大帝一生中唯一活到成年的儿子，皇太子阿列克谢。这个男孩起先还能跟母亲一起生活，而沙皇本人则没有什么时间陪伴这位小皇子，也从未对这个儿子展现过温情。于是阿列克谢 9 岁前一直由沉溺于古风偏见之中的母亲照管，母亲被幽禁后，可怜的小阿列克谢又生活在仇恨沙皇的人们中间。由于父子的疏远，皇太子并不了解父亲事业的意义和艰难，加上母亲被囚，他反而被那些反改革的力量有意接近，逐渐成为反改革派寄予厚望的核心。

阿列克谢本就资质平庸，皇太子周围的人又使他养成了彻底消磨人意志的两大恶习——假仁假义和酗酒成癖，于是皇太子愈加不了解父亲，而且逐渐成长为一个游手好闲、自私自利又意志薄弱的人。彼得一世在写给儿子的一封信中曾直截了当地责备他："你什么也不想干，只想待在家里并以此为乐……"

彼得一世第一次同阿列克谢发生矛盾是在 1704 年远征纳尔瓦的时候。14 岁的皇太子奉父皇之命参加了这次远征。洞察力敏锐又性情急躁的彼得一世，一眼就看透了儿子的那些逃避的小伎俩。于是他要求阿列克谢不要惧怕困难和危险，以父亲为榜样为祖国服务，还警告说："如果你把我的忠告当成耳边风，不想做我希望你做的事情，我就不承认你是我的儿子……"而阿列克谢则靠卖弄小聪明，竭力想骗过固执得近乎残酷的父亲，逃避一切事情。

1711 年，彼得一世不顾儿子意愿，让阿列克谢娶了一位德意志公主。她是进入罗曼诺夫皇室的众多德国女人中的第一个。彼得一世的目的很明显，就是为了通过这场联姻拉近俄国宫廷与汉诺威选帝侯、未来的英国国王，以及与奥地利宫廷之间的关系。1712 年，彼得一世再次娶妻，娶的则是自己心爱的却毫无背景的女子。这位新娘是名立陶宛女子，名叫叶卡捷琳娜。她最初只是个女佣，甚至还结过婚。在与彼得一世正式结婚前，她和彼得一世已经一起生活了好几年，还生了几个孩子。1715 年，阿列克谢喜得贵子，但是妻子在产后就去世了，这个遗腹子也叫彼得（彼得二世）。阿列克谢的妻子去世后，他和父亲之间的矛盾更尖锐了。

皇太子资质不高，周围却有一些精明强干的野心家，在俄国处于交战的紧张时期，他们却忙着私通外国，还认为一旦发动政变，大部分老权贵都会站在他们一边。皇太子在后来的审讯中还供认，他希望得到多尔戈鲁基家族公爵们的同情，还寄希望于米·米·戈利岑、德·姆·戈利岑、鲍·帕·舍列梅捷夫及鲍·伊·库拉金等人可能的支持。

在彼得堡，阿列克谢周围的人有亚·瓦·基金、阿·洛普欣和特罗耶库罗娃公爵夫人（后两人是出家为修女的叶夫多基娅皇后的亲兄弟姊妹），还有谢尔巴特公爵、纳·戈利岑娜公爵夫人。另外就是皇太子以前的忏悔神甫，住在莫斯科的大祭司亚科夫·伊格纳托夫。其中阿列克谢最得力的同谋者就是亚·瓦·基金。他一度曾是彼得一世所宠信的勤务兵，后来成为海军军需处处长，又升到首席顾问的高位，但却因营私舞弊豪宅被充公，本人也失去官职并被流放。然而由于彼得一世惜才，赦免了他，基金重新成为沙皇的心腹。但事实上，基金心胸狭窄，不仅没有真正悔改，还成为皇太子阿列克谢谋反圈子的核心成员。

另外，修道院中被废的皇后、皇太子的生母叶夫多基娅也与皇太子一党往来密切，罗斯托夫主教、修道院中一些修道士和修女经常在皇后的房间聚会，准备为阿列克谢登基提供力所能及的帮助。皇太子本人也认为，整个教士阶层，从高级教士到教区教士，都是他夺权斗争中的忠实帮手。在这种情况下，即使他对整个教士阶层估计错误，那么他还可以寄希望于母亲周围的那些人。

就在那时，彼得大帝向自己的儿子阿列克谢皇太子发出最后通牒：要么改变他的行为，认可自己的改革，要么放弃皇位继承权。阿列克谢长时间犹豫不决，阴谋家们的意图是以此拖延时间；顾及亲情的彼得一世，也答应给儿子时间好好考虑。

不久之后的1716年，彼得一世大病初愈便出国访问。随后阿列克谢的亲信基金也来到奥地利，他此行的唯一目的就是为皇太子潜逃做筹划。查理六世和阿列克谢是连襟，他们的妻子是姐妹俩，这桩婚姻正是彼得一世促成的。彼得大帝大概没能预料到，他辛苦拉来的政治联姻，却让儿子利用来叛逃。

没让基金费什么力气，查理六世国王就答应了给阿列克谢皇太子提供避难所，显然，查理六世的目的是要干涉俄国和波兰的内政。这类作法在当时是司空见惯的，法国国王路易十四就堪称当时所有帝王的典范，他收留了斯图亚特王室詹姆斯二世和他的儿子，致使英国数十年里处于内战的威胁之下。

奥地利政府打算把皇太子长期藏在他们国内，以等待有利时机，达到更长远的目的。从奥地利大使普列耶尔的报告中可以看出，阴谋者已经同在梅克伦堡的近卫军团建立了某种联系。

此时北方战争已接近尾声，各外国宫廷，首先是英国和奥地利等国的宫廷很关心俄瑞媾和的条件问题，要求得到王位的皇太子无疑是一个可以利用的筹码。奥地利政府对皇太子作出了慷慨的许诺，不仅答应给钱(实际上阿列克谢并未拿到)，而且还答应提供军队。萨克森驻俄国大使后来报告说："皇太子坦白承认，奥国皇帝许诺借给他军队用于反对他的父亲，并准许他同时依靠英国国王的帮助。"

1716 年秋天，正如我们提到过的，俄国所处的国际环境变得十分复杂。在这一时期，俄国与其北方盟国之间的矛盾，俄国与西欧大国(英国、奥地利)之间的矛盾都急剧尖锐起来，以致令俄国陷入了历史上极为严重的一次外交纠纷。俄国改革的反对派也认为这一时刻是发动叛变的好时机。彼得一世在繁忙之际，没有忘记鞭策皇太子表明态度，1716 年 8 月 26 日，他给儿子写了一封信，信中要他来哥本哈根参加军事行动，否则的话，他就应当准备成为僧侣。而皇太子却利用这封信弄到了一些钱和出境许可证，并逃往奥地利，寻求皇帝查理六世的庇护。

彼得一世在得知阿列克谢的去向后，立即给儿子去信，强烈指责他的这种背叛国家的行为："作为父亲……我要永世诅咒你；而作为你的国君，我要宣判你是叛徒……"但为了国家的利益，彼得一世清楚，无论如何必须先劝服儿子回国。阿列克谢在奥地利接受庇护的第二年，在彼得一世特使的劝说下，终于同意回国。彼得一世的外交公关和"武力威胁"都发挥了重要的作用。1718 年 1 月，阿列克谢回到莫斯科，并得到父皇有条件的宽恕，这个条件就是宣布放弃王位继承权，并揭发那些唆使他逃跑的人。彼得一世决心不再放过这些挑拨离间的阴谋家。因为在 1718 年 5 月召开的奥兰会议上，希望同瑞典签订和约的俄国再次被拒绝，瑞典参政院的大臣们阻止查理十二世接受俄国议和条件的理由就是，俄国正处于"革命"的前夜。更何况，不少名门贵族和高级教士对阿列克谢的叛逃行为持同情和宽容态度。这种形势决定了彼得一世不能再姑息养奸。

皇太子的揭发引起了一连串审讯，审讯中虽然没有发现反对沙皇的确凿证据，但也暴露了反对和仇恨新秩序的言行大量存在，一些丑闻也曝光了。阿列克谢的母亲叶夫多基娅皇后及其追随者，首当其冲被治罪。叶夫多基娅被监禁于新拉多加的修道院内，基金被车裂，格列博夫被插在木橛子上处死，其他人则被处以酷刑并被流放。

一连串审讯过后，阿列克谢的宽恕也被撤回。由 100 多名高官组成的特别法庭在 1718 年 6 月判处了皇太子阿列克谢死刑，但在行刑之前，阿列克谢就在彼得保罗要塞里气绝身亡。死亡原因可能是中风，也可能是因为审讯中的拷打所致。阿列克谢的忏悔神甫及其部下也被处死，其中还有很多相关人员受到了较轻的各种处罚。

然而，这一事件带来的影响远不止于此。在审讯时阿列克谢曾提到，自己有信心能够获得一些老权贵的支持，并寄希望于能够得到父亲的一些得力干将，比如多尔戈鲁基家族和戈利岑家族的一些人，以及库拉金等人的同情。这些人虽然未受到惩治，但却失去了彼得一世对他们的信任。库拉金本是 1716 年第一个开始同瑞典进行谈判的人，却没有再参加在奥兰群岛和尼什塔特继续进行的谈判。里加省长帕·阿·戈利岑的职务也被勒文沃尔德取代。

同时，皇太子叛逃的事件也使俄国同一些西欧国家的关系复杂化了。俄国政府要求奥地利对自己的行为作出解释。帮助皇太子叛逃的俄国驻维也纳公使维谢洛夫斯基被禁止同奥地利副总理大臣进行任何形式的交往。俄国还禁止奥地利大使普列耶尔接近俄国宫廷，并要求奥方把他从俄国召回。

粉碎国内反对派的阴谋，使彼得一世政府的地位得到了巩固，显示了俄国政府的力量，推动了尼什塔特和约的顺利签订。欧洲大国不得不相信，寄希望于俄国统治阶级上层那些心怀不满的人物，是枉费心机。

1698年射击兵叛乱和阿列克谢皇太子案件，都是统治阶级内部的反动分子反对改革的活动，只是他们采取的斗争形式不同。一种是依靠国内的射击军，另一种则是意图依靠国外援助，即那些敌视俄国的国家的援助。这两个事件的参加者，依靠的都是统治阶层老朽没落的部分，即波雅尔大贵族，这也注定了他们的失败。彼得一世对他们采取了坚决的斗争态度，保障了改革的进行，维护了改革的成果。

有了皇太子的教训，1722年，彼得一世颁布了一部继承法，废除了教条的长子继位的原则，宣布在位的君王有权钦定继承者。而且彼得一世还亲自做了一条重要的补充，那就是君主在指定继承人之后，如果发现继承人难当大任，即可改变自己原来的决定。就这样，彼得一世又开创了一项具有重大意义的新规则，即以能力和品德为决定因素来选择皇位继承人，同时将皇位继承人的决定权完全交给了专制君主。不过这位皇帝还没来得及亲自实践他的新法规就去世了。他强壮的身体终于被疾病、劳累和不规律的生活拖垮。1725年1月，彼得一世的病情（尿毒症）急剧恶化，1725年1月28日（现行公历1725年2月8日），彼得大帝溘然长逝，死前甚至都没来得及应用他新制定的这条继承法，亲自指定接班人。

二、平定反改革运动

在彼得一世统治时期，为了推进改革，夺取战争胜利，令广大人民群众背负上了异常繁重的税收和劳役负担，地主压迫的加强和旷日持久的战争令人民大众不堪忍受，在很多地方掀起了起义的浪潮。

　　1705 年，在俄国东南部爆发的阿斯特拉罕人民起义持续了 8 个月之久，席卷了阿斯特拉罕、红亚尔、黑亚尔、古里耶夫和捷尔基。政府果断采取了两手政策，一边进行武力镇压，一边采取一些政策和平制止起义的蔓延，比如释放起义者的代表，用诏书招安等。政府还停止在一些地区征收欠缴的税款，同时减少甚至免去一些税款，有关不准穿俄罗斯长袍和必须剃掉胡须的命令也停止执行。

　　1707—1708 年，在顿河流域爆发的起义，则反映了专制制度国家的巩固和中央集权的发展对顿河地区内部生活的影响。在彼得一世统治前期，大批农民、射击兵、工商业者和士兵被迫逃亡至此，以躲避农奴主的压迫和各类繁重的税捐与徭役。政府坚持要求逃亡的人从顿河地区回到原来居住的地方，并派兵搜捕顿河的新来户和逃亡者，这就对顿河居民的生活造成了威胁：对逃亡农民来讲这一要求意味着他们要返回原居住地，随之而来的是地主压迫的恢复；对顿河上游的哥萨克来讲，政府因此而在这里采取的军事行动将会令他们丧失土地、森林、草地的所有权，以及捕鱼和开设盐场的权利。另外，一系列的诏令将顿河哥萨克的各种工场变成了国家的税收来源，排挤了哥萨克的贸易活动，缩小了惯于在顿河地区称王称霸并靠外来户发财的顿河下游哥萨克的各种特权。加之这些追捕逃民的部队无恶不作，最终在逃民中间引发了起义。这是彼得一世统治时期自发性的地方起义中规模最大的一次，波及全国许多地区。带头起义的是"煮盐工统领"布拉文。起义军团结了不少人，不仅成功地令一些哥萨克倒向他们，甚至力图将受压迫的少数民族中的鞑靼人和摩尔多瓦人收归麾下，起义军人数据说达到了 9000 人。但是起义者没有一致的目标，也没有制订统一的计划，哥萨克内部也存在分歧，起义最终被残酷镇压下去。

　　另外，随着俄国工业的发展，大型手工工场的出现，首先在制铁工场，被迫征集来的工人、农奴和国有农奴，面对沉重的工作和恶劣的工作条件也掀起了反抗斗争。他们不满的根源是常常被士兵使用暴力抓去为工场干活。1703 年夏，被迫划归卡缅斯克工场的农民就掀起了起义运动。工场工人逃跑的事件也越来越多，尽管监管工场的士兵非常残酷地镇压逃跑者，甚至将他们绞死，但逃跑现象还是越来越普遍，并于 1726—1727 年达到了特别巨大的规模。

因而我们要注意到，虽然彼得一世开创了伟大的事业，改变了俄国落后的面貌，但他的事业所取得的所有成果都是建立在对广大劳动人民的残酷盘剥的基础之上，令广大下层民众付出了沉重代价。这也预示了这种改革必将带来严重的社会问题。

第二节　继承与延续：改革遗留的问题

彼得一世改革留下了丰富的帝国遗产，使得俄国能够维持西方列强的地位达一个多世纪。但是彼得一世所建立的帝国之中隐含的社会矛盾，也始终困扰着俄国。这其中最突出的问题就是在彼得一世时期被深化的农奴制，它为帝国稳定所带来的"福利"正逐渐被它所带来的深刻的阶级矛盾和发展矛盾所吞噬，日益成为破坏稳定的重大因素。

尽管彼得一世之后的多位沙皇都没有掩饰对这一制度的厌恶，但到最后还是选择加强它或者尽可能地回避它。在彼得一世之后亚历山大二世之前，尽管俄国也曾出现才能杰出的沙皇，但他们都没有将彼得一世的近代化改革真正推向前进，而是义无反顾地选择加强既有的发展模式，对这一发展模式存在的重大缺陷则宁可视而不见。这就令俄国的社会矛盾越来越尖锐，发展失衡的问题越来越突出。

在彼得大帝去世后的 37 年里，俄国频繁更换了 6 位专制君主，其中有三个女皇，还有一个 12 岁的男孩，一个婴儿及一个"低能的蠢货"。他们之中也有宣称是彼得一世事业的继承者的，但他们"解决"彼得一世遗留下来的社会失衡问题的方式极为简单，基本上就是不闻不问或者放弃。

明显的例子就是，彼得一世建立的海军学院及专业化实科教育走向半途而废。不过值得一提的是，他们倒是完成了彼得一世建立国立大学的意愿。至于俄国的军事工业能力，则是跨过了它短暂的赶超阶段开始逐渐走向衰落。虽然没有具体资料数据，但是我们可以看到的事实是，直到 19 世纪中期，俄国仍靠木制帆船组成的舰队去对抗对手的蒸汽动力战船；工业发展仍局限在乌拉尔、莫斯科和圣彼得堡等这些传统地区。这些沙皇对于农奴制所带来的社会问题，完全没有给予解决的能力：为了自己的利益和"自由"，他们决心与贵族"同流合污"，把他们身上的重担一股脑地转移到农民身上并使之合法化。这种妥协也只有在俄国这种专制制度下才能达成：贵族已经适应了这种皇权专制，因此他们没有要求限制皇权来强调自身等级的利益，而只是要求得到农奴化的农民和土地。于是农民们在贵族逐渐获得自由的过程中非但没有得到任何补偿，反而面临农奴制的扩大化。也就是说，他们非但没能解决彼得一世改革带来的失衡问题，反而将之推向深化。

这样做的结果，首先就是彼得一世创建的所有臣民必须为国家服务的这种相对"公平"的社会模式，在这段短短时间里遭到了颠覆。从 1731 年开始，贵族只要从安娜女皇专门开设的一所军官学校毕业，不用从普通士兵开始，就可以直接当军官。1736 年，贵族的强制性服役从无限期改为 25 年；到 1762 年，贵族服役的强制性被完全取消，彼得一世对贵族的束缚被解除。然而贵族的自由并未迎来相应的农民的自由，这个进程被滞后了。这就加重了俄国失衡发展、两极化发展的趋势。

其次，与此相对照的是，俄国的专制主义进一步向极端化发展，历任沙皇忠实维护专制皇权。彼得一世改革时期，皇权第一次取得了如此压倒性的成就，使得后世的沙皇无论如何都不能将其放弃，而是本能地去维护、巩固乃至加强它，哪怕只是象征性的。这在前面提到的几位在位短暂的女沙皇身上，可以看到一些明显的例证。1730 年的加冕典礼上，安娜女皇走上了按东正教教规禁止靠近的教堂祭坛；1742 年，伊丽莎白女皇则不再像以往那样接受由最高神职人员授予皇冠和紫袍，而由她自己亲自收授。此后继位的沙皇也是如此，很多彼得一世为后续改革所铺的路都被废弃，但他们即使什么都不做，也要紧紧抓住专制权力。这种专制皇权，在俄国战胜拿破仑，建立神圣同盟后的尼古拉一世时期到达了巅峰。

专制皇权的加强在彼得一世改革时期更多地发挥了积极作用。彼得一世利用它有效地维护了改革的迅速推行，果断地压制了反对势力，保证了改革期间的效率与稳定。但是，这种局面过于依赖掌权者的素质，一旦无能者掌权，专制皇权给俄国带来的将会是更多的灾难。也许彼得一世意识到了这一点，他在《皇位继承法》中没有延续长子继承的传统，宣布在位的君王有权钦定继承者，实际上是想确定"能者居之"的原则。但现实情况是，连彼得一世自己也没能来得及实施这条新法就故去了。之后的事实证明，这条法律原则形同虚设，1797年，保罗一世干脆恢复了长子继位的优先权。

彼得大帝的这些后继者们，维护自身权力的途径无一例外的都是选择牺牲农民，于是极其落后且与历史大势相悖的农奴制在俄国却一直保持着发展的趋势。从安娜女皇开始，把国有土地大规模地赐予支持沙皇的贵族就成了一种惯例，而土地上的国有农民则沦为农奴，这种土地赠予不以服役为条件，于是贵族阶级开始借机摆脱服役义务。安娜女皇还出台了一系列法律，禁止农民购置地产，买下磨坊，建立工场，也不允许他们和政府签订租让协议和合同，更规定农奴必须得到主人允许才能暂时外出打工。地主还进一步获得了把农奴从一处庄园迁移到另一处的权力。这就加强了农奴对于主人，而不是对于土地的依附关系。伊丽莎白在位期间又规定：不得主人允许，农奴不得承担金融义务；地主有权把农奴流放到西伯利亚，也有权把他们从那里召回。1754年她颁布的刑法典，仅把农奴列在贵族的财产项下。这一切预示着，俄国社会在这种日益扩大的等级差距中将迅速走向两极分化。

由于历代君主对皇权专制的重视，以及东正教对皇权专制的配合与支持，国家的作用和地位日益突出并深入人心，以至于社会中任何一个等级也未形成统一的整体，无法拥有自己真正意义上的代表机构，更不要说能够存在一个代表机构分享这些权力。

直到俄国历史上的另一位大帝叶卡捷琳娜二世继位，俄国才开始尝试解决一部分问题，但是旧有的问题同时也变得更加严重。俄国历史上只有三位沙皇被称为大帝，叶卡捷琳娜二世大帝是其中唯一的一位女性。在对外政策上，叶卡捷琳娜二世则无愧为彼得一世事业的继承者。女皇将彼得一世的强兵扩张政策推向极致，在国际舞台上几乎攻无不克，干脆利落地解决土耳其问题，三次瓜分波兰等都出自她"华丽"的手笔。俄国在大大扩充疆域的同时，在欧洲的地位和影响急剧增强。于是，在西欧和美国为自由、民主、平等和博爱欢呼时，叶卡捷琳娜二世则在成就农奴制黄金时代的背景下，开创了俄国"开明专制"的盛世。但可以预料的是，这种"盛世"并不能长久维持。

这位大帝虽然摩拳擦掌地准备进行变革，可实际得到实施的改革内容不多。从解决彼得一世帝国模式遗留的问题上讲，她并没有比之前那几位继任者做得更好。叶卡捷琳娜准许贵族结社，颁布《贵族特权诏书》，无非是自己非法篡位后的一种利益交换，再次干扰了自彼得一世时代开始的贵族群体的精英化过程，推动这个等级走向腐化。她的地方政府改革也是意在加强与之合作的贵族地主的地位。她一手没收了教会的土地，完成了剥夺教会庞大地产的最后一步，一手又将大量国有土地和农民赐给臣下，令百万农民沦为农奴，另外还将农奴制扩展到了乌克兰等新地区。以牺牲农民为代价来巩固自身权力的招数再次上演，俄国社会逐渐坠入两极分化的深渊。

叶卡捷琳娜女皇对欧洲启蒙思想的好感促使她推动了俄国上层社会在思想上进一步西化，这一点倒是令人印象深刻。当时，俄国第一所大学已经建立，叶卡捷琳娜又建立了第一所女子公立学校、师范学校，试图推进建设平民教育网络，这使俄国贵族的文化修养进一步得到提高。

但是正如我们之前所一再强调的，广大贫苦的农民们并没有因此受惠，受到任何影响。俄国上层与底层民众之间的差距，从经济地位到文化心理再次被迅速地拉大。贵族和农民、农奴之间不可调和的矛盾，在叶卡捷琳娜二世召开的、由社会各界代表与会的立法委员会会议中赤裸裸地呈现出来，于是这一充满自由主义激情却没有充分准备的会议只得匆匆以解散了事，这刺激了普加乔夫起义的大爆发。正如19世纪俄国著名思想家恰达耶夫所说的那样，俄国由于很晚才通过基督教加入文明世界的历史文明进程，没有发达的政治和文化体制，它所做的是把异国精神产品的现成模型移植到俄国的土壤上，而不是对它们进行批判地吸收并加以内部消化。政治、经济、宗教、文化制度的价值观没有成为俄国人民本质中不可分割的部分。俄国人不可能理解邻国人民的文化和精神，不可能掌握它们，并在统一的世界文化架构中进行创造。这是因为，在整个历史时期，俄国贵族借用外来文化和制度都是为了个人的需要，而不是为了人民。贵族在将体现异国精神的现成形式用于政治和文化领域的同时，也堵塞了人民了解这一孕育了制度的价值观精神本身的道路，使自己人民愚昧无知的状况原封未动。恰达耶夫的说法虽然有些过于悲观，却道出了俄国的实情。

社会分裂的祸源在于俄国以农奴制为基础的专制制度体系，而异常强大的专制体系是彼得一世帝国极端化发展的必然结果。专制体系的触角已经无孔不入，必将导致牵一发而动全身。所以，彼得一世的那些意志力远不能和他相比的后继者们，即使有心着手解决体系内的问题，也往往力不从心。

很多沙皇都不赞成农奴制，从叶卡捷琳娜二世开始就是如此，但他们都宁可把这个问题搁置。公平来讲，当贵族特权和国家利益发生冲突时，他们考虑得更多的还是国家利益，这是彼得一世改革的优秀遗产。但是，他们也因此陷入了新的"传统"窠臼——彼得一世所建立的专制体制之中。他们在日益分裂的社会面前手足无措，无能为力的同时惧怕改变，害怕改变会给国家带来自己无法控制的更大的灾难。这标志着俄国的专制皇权开始走向反动。战胜拿破仑是彼得大帝帝国最后的余威显现，然而这一胜利却加剧了俄国专制政权的反动性。亚历山大一世曾经有过改变这种专制体制建立宪政的想法，但在试探性的改革后，最终在现实和困难面前退缩了。

相对来说，大力发展俄国教育事业阻力要小很多，于是在俄国文化界，没有中断地在继续接受西方文明的影响。不久后，这种输入不再是单方面的输入，俄国的知识分子开始如饥似渴地主动吸收西方文明思想。

需要提到的是十二月党人，他们是继彼得大帝之后真正走出去看世界的一批贵族军官，从他们身上可以依稀看到当年彼得一世的心境和身影。然而，从十二月党人起义且很快失败就可以看出，俄国缺乏建立宪政的最基本的一些东西，特别是作为改革的推动力量的阶级基础。自由主义的旗帜由俄国的贵族军官来举着，暴露出俄国两极分化的恶果——中产阶级的异常虚弱和落后。

俄国受西方影响，从 19 世纪三四十年代开启了工业革命的步伐。18 世纪末时，俄国的生铁年产量还能与英国持平，到 19 世纪中期，俄国生铁产量仅增长了一倍，而英国则增长了近 30 倍。面对风雨欲来的国内外环境，尼古拉一世却站到了变革的对立面，在欧洲各国都在发生变革的时代他却成为维护旧秩序的"欧洲宪兵"。这使得俄国错过了启动根本性变革的最佳时期，留给俄国消化改革的时间已经越来越少。随后的克里米亚战争的失败，标志着彼得一世的帝国中继皇权专制走向反动之后，重要的帝国支柱（帝国军队）开始崩塌。于是直到 1861 年，俄国才进行了农奴制改革。而俄国的发展再次落后于西欧各国，已经成为难以改变的事实。

为何彼得一世的改革同样采取了重商主义等发展经济的政策，却没能令俄国的资产阶级尽快强大起来，并走上工业化的资本主义道路呢？不得不说，彼得一世的"重商"政策与西欧相比，还是存在着很大差别的。从历史渊源和现实背景上讲，西欧的"重商主义"是在西欧封建经济逐渐走向瓦解，地理大发现引发的市场空前扩大的形势下，为迎合商业贸易扩张需求，维护本国商业竞争优势而出现的一种经济学说。正是因为西欧的封建专制王权是在商品经济不断发展，资本主义因素由萌芽进而茁壮成长的背景下出现的，资本主义工商业的发展很大程度上成为它赖以存在的经济基础。

西欧的资产阶级，在王权不断巩固强大、国家走向独立统一的过程中，起到了不可忽视的作用。他们为了自身的发展，迫切要求结束封建割据的局面，削弱封建领主阶级的势力。于是在王权与封建割据势力的矛盾斗争中，他们实际上与封建王权是政治联盟的关系。借此，中世纪以来一向微弱的王权变得强大起来，在建立统一的专制王权的斗争中取得了胜利。而西欧各国的封建王权，最初也在不同程度上采取了一些保护和扶植资产阶级发展的政治、经济措施。新航路的开辟，以及早期资产阶级的海外殖民、贸易，乃至海盗式的劫掠活动，极大地增加了他们本国的财富，而资产阶级也仰仗王权的政策、物质甚至是武力支持获得并维护自身的竞争优势，日益发展壮大。在这种情况下，英法等国家更把资产阶级作为巩固和加强自己统治的重要阶级基础和支持者，于是资产阶级的政治地位日益凸显出来。据统计，1509年到1558年间的16届英国议会中，伦敦共派出议员36人，其中26人为商人，诺里季城共派议员19人，其中13人为商业工会会长。都铎王朝的许多高级官员都是来自资产阶级。在波旁王朝的时期，法国资产阶级的政治地位也大大提高。14世纪初，作为第三等级的代表，他们也取得了参加三级会议的权利。他们出钱买官从而进入政府机构，掌握了部分行政权，并通过向国家提供巨额贷款，与专制政府保持密切的关系。可以说，这些国家的资产阶级已逐渐成长为传统贵族势力的重大威胁。

而基本上是农业国家的俄国，其"资产阶级"或者说工商业者的力量非常弱小，"重商"政策的推行完全取决于政府或者说是君主的意志与扶植力度，在政治上他们更是完全处于从属地位。这就决定了俄国的重商政策具有很大的局限性，只能在王权意志下为"国家"利益而发展，因而出现的特殊现象是，许多大商人都具有双重身份，基本上原先都是贵族。更何况，俄国的重商政策缺乏延续性。因此，俄国的重商主义实际上增强了专制国家而非资产阶级的力量。

最终，号称是彼得一世事业继承者的斯托雷平也没能在关键时刻挽救沙皇王朝，两极分化的社会已经无法弥合，沙皇王朝在1917年寿终正寝，而在这场斗争中最后掌握政权的仍旧不是资产阶级，而是觉悟的人民大众。

第三节　百世流芳：彼得一世改革的历史意义

很久以前，彼得一世的众多崇拜者之一，历史学家、右翼知识分子波戈金，曾这样写道：

> 是的，彼得大帝为俄罗斯做了很多，取得了巨大的成就。有的人对此视而不见，有的人则想统计他到底为俄国做了多少事，但总也得不出一个总数。在家里，在街上，在教堂，在学校，在军营，在剧院的走廊里，无论我们在哪里，只要一眨眼，一迈步，一转身，就能碰到他。每一天，每一刻，每一步，他都在。他无时不在！
>
> 我们醒来了。今天是几号？1841 年 1 月 1 日。彼得大帝命令我们从基督诞生之日起开始计算年份，还命令我们从 1 月份开始计算月份。
>
> 该穿衣了。我们的衣服是根据彼得一世规定的款式而裁制成的。我们的制服样式也是他规定的。布匹是在他建立的工场中生产出来的。羊毛是从他开始饲养的绵羊身上剪下来的。
>
> 一本书吸引了我们的目光。铅字印刷术是彼得大帝当年引进的，字母表是他亲自删削过的。你开始读它了。你所读的书面文体是彼得一世时期才取代了早期的宗教文体的。
>
> 当天的报纸到了，这也是彼得大帝引进来的。
>
> 生活中，你总得买东西吧。从丝织围巾到鞋底，所有的生活用品都能让你想起彼得大帝。有些是他下令引进俄国的，另一些是他第一个使用的，还有一些是经他改良过的；这些商品装在他下令建造的船上，卸在他开始修建的码头上，航行在他下令开挖的运河里，行驶在他下令修建的公路上。
>
> 当你进餐之时，所有的菜，无论是腌鲱鱼，还是西红柿，还是红葡萄酒，都在提醒你，不要忘了彼得大帝。西红柿是他下令种植的，酿葡萄酒用的葡萄也是他开始栽种的。

餐后，你驾车外出去一个名叫彼得大帝广场的地方。在那里，你会遇见许多女士，正是由于彼得一世颁布的法令，她们才得以和男子一起外出并且进入原来只有男人才能去的外交场所。

让我们去大学看看吧。第一所世俗学校是彼得大帝建立的。

根据彼得大帝制定的官秩表，你得到了一个品级。

官秩表给了我贵族身份，这也是彼得大帝安排的。

如果我必须起草一份起诉书，彼得大帝也已经把它的形式规定好了。起诉书将会在彼得大帝命令设立的那面代表正义的镜子前被接受，然后会按照《总规程》的规定得到处理。

如果你决定出国旅游，就像彼得大帝当年所做的那样，你会得到良好的接待。因为，正是彼得大帝把俄罗斯变成欧洲的一员，并开始为它赢得尊重。他为俄罗斯做得还有很多，很多。

事实的确如此，不仅是俄罗斯，在西方，对俄国日益增长的尊重，也很大程度上源自锐意西化改革的彼得大帝。甚至直到路易十四去世前，西方许多观察家都认为，彼得一世是当时在世的君主中最伟大的一位。他精力充沛，虚怀若谷，他尊重知识（至少对一类知识是如此），以及他在振兴民族事业中的自我牺牲精神，所有这些品质都无可辩驳地证明了，在一个聪明睿智、热心为公的独裁统治者的统治下所能获得的好处。在很多西方人眼中，彼得一世几乎迎合了启蒙时代对统治者日益增长的所有要求，这种统治者愿意听命于理性和自然。圣彼得堡一家英国工场里的一位牧师写道："从他改造本国人民风俗的崇高尝试中，可以看出他的虔诚；从他迫使人民改邪归正，消除他们有生以来就已持有的谬误和迷信活动中，可以看出他的果断。"在彼得一世去世后，西方出现的大量评论和悼文都洋溢着赞美之词，其中包括由丰塔纳尔向法国科学院发表的颂词演说，这些评论奠定了日后西方对于彼得一世及其统治进行评价的基调。最显见的例子就是二三十年后伏尔泰在他的《彼得大帝统治下的帝国史》（1759—1763）一书中，以更具有影响力的方式表示了这种几乎是不加批判的赞美。无论同时代的西方人对于把俄国看作是一个欧洲国家有什么样的保留意见，但到了他晚年时，人们都会同意他是一位伟人。尽管他性情残暴，过于自信，有过失算和偶尔的惨败，但是他在"创造历史"的伟人祠中的席位在那时即已确定。①

《彼得一世》(俄国著名画家阿·彼·安特罗波夫作品，
1770 年完成)

---

① ［英］J. S. 布朗伯利：《新编剑桥世界近代史 第 6 卷，大不列颠和俄国的崛起：1688—1725》，北京：中国社会科学出版社，2008，第 1001 页。

　　美国著名学者塞缪尔·亨廷顿曾指出，"革命是罕见的，而改革则可能更加罕见。"因为"改革者的道路是艰难的，他们所面临的问题比革命者更为困难""他们必须两线作战""更善于操纵各种社会力量，而且在对社会变革的控制上也必须更加老练"，同时"如何处理各种形式改革的轻重缓急问题，对改革者来说比对革命者要尖锐得多。因此，这都需要改革者具备更高超的政治技巧，付出更大的心力，才有可能在改革之路上取得成果"。

　　彼得一世凭借其坚韧不拔的意志，以及常人所不及的才能和旺盛精力，屈尊降贵，以身作则，一边开疆扩土，一边在国内果断地推行改革。用俄国学者的话说，他是用几年的时间完成了本需要几百年才能完成的事情，令俄国的国际地位和社会面貌发生了巨大变化，取得了举世瞩目的成就。特别是俄国这一时期在对外政策方面所取得的成就，意义重大，影响深远，西方长期以来存在的蔑视俄国的思想开始发生彻底的改变。有迹象表明，彼得大帝的活动即使没有得到西方观察家的赞许，也已赢得了他们的尊敬。俄国首先引起西方注意的，是它对瑞典的军事上的胜利，这是毫无疑问的。有关俄国的书籍出版日益增多，西方报刊上关于俄国问题的介绍性文章不断增加。彼得一世本人深知得到国外报刊好评的重要意义，早在 1703 年，他就在巴黎安排了一个代理人，其责任就是散播他取得胜利和进行改革的消息。当时德意志的一家重要政治杂志《欧洲报道》就受到了这些消息的影响，对彼得一世给予了正面评价。虽然西方对俄国的很多问题仍不了解，但是，西方人已经普遍感觉到，曾经一度愚昧、半野蛮的俄罗斯现在正开始成为不只是政治意义上的欧洲的一员。1716 年法国出版的《皇家年鉴》中，第一次把俄国列在欧洲强国的名单之内，这就是明证。

　　彼得一世大刀阔斧的改革为俄国争取到了不容错过的宝贵时间，令俄国冲破封锁，进入大洋，进入了欧洲和世界。彼得一世接手的是一支完全没有正规军，没有什么战斗力的"杂牌"兵团，海军也只有一艘过时的军舰。他在海军建设上几乎是白手起家，而他留给继任者的却是一支让英国颇为忌惮的海军，48 艘主力战舰、787 艘小型的和辅助性的船只，以及 28000 名官兵，新生的军事工业，并且还有波罗的海的海岸线和一些港口。这种迅猛发展的势头甚至令海上的霸主英国感到忌惮，英国人认为，这支打败了强国瑞典的舰队中的军舰，可以和同级别中最好的英国军舰媲美。俄国的迅速崛起，摆脱了被其他强国殖民的命运，赢得了独立发展的机会，并一举成为当时国际关系中欧洲系统的一部分。彼得一世时期的副总理大臣、著名外交家彼·帕·沙菲罗夫曾不无骄傲地写道，从前谈论俄国就如同谈论印度或波斯那样遥远的国家，而现在欧洲的任何事情就非有我们参加不可。

《彼得一世》（法国著名画家保罗·德拉罗什作品，1838 年完成）

彼得一世改革对俄国的影响是广泛、深入并且是决定性的。从改革的整体规模来看，说彼得一世"全盘"引进西方文化也未尝不可，但我们同时也要注意，彼得一世在学习、吸收西方文化方面也是有选择性的，他远没有认为西方什么东西都是好的。比较明显的例证是，彼得一世在考察完欧洲后，认为西方诸如议会之类的民主制度"不适合"俄国，这种判断虽然带有强烈的主观性，但也不能不说这是彼得一世尊重俄国传统与现实的表现。

彼得一世身先士卒到欧洲学习，真正体验到与西欧先进国家的差距，他不循常规，首先建立了俄国发展军队最急需的一批专业技术中学，随后又建立起了高等学府。虽然彼得一世急于普及现代教育的心情颇有些类似"拔苗助长"，很多学校没能维持长久，但是这些学校的建立为此后俄国教育的发展奠定了基础，积累了经验，并将兴办教育的责任与政府牢牢地捆绑在了一起。此后无论是海军军官学校还是陆军军官学校，以及后来的炮兵工程干部贵族学院、外科医学院，都是在彼得一世建立的这些学校基础之上建立起来的。尤其是彼得一世建立的数学与航海学校，后来几乎每所著名的军事院校都会将自己的前身跟这所学校联系起来。

由于政府要求统治阶级掌握职业性和普教性的最必要的知识，于是年轻贵族定期被派往国外学习各种科学知识，或在国内各种军事学校和其他学校学习。贵族阶层的生活开始发生重大变化，这种变化不仅是穿欧式服装，看欧式戏剧那样简单，对女孩进行家庭教育是俄国社会中的一个新现象。在贵族中间，特别是在大贵族中间，收藏印刷的书籍成为日常现象，中等贵族也竞相效仿。一些贵族，如塔季谢夫、戈利岑、马特维约夫、布留斯等，藏书还相当丰富，不仅有俄文书籍，还有外文书籍。在1725年前移交给科学院的彼得一世的私人图书就有5000卷。汉诺威公使维贝尔对俄国科学院的图书馆和珍品陈列馆评价很高："如果这个已经很珍贵的图书馆的规模继续扩大，那么不要很多年，它就会赶上欧洲最重要的图书馆……"

在彼得一世的文化和教育改革政策下，俄国建立了自己的科研基地，加快了俄国近代科学史进程，培育出了俄国自己的科学精英。彼得一世曾经说过："鉴于知识的益处和基础作用，我们不妨把它比作一切对教会和国家有益和有用的事物的根基、种子和首要原则。"可以说，彼得一世留给俄国后世的最重要遗产之一就是教育。

俄国的政治生活也发生了重要的变化。与莫斯科公国陈腐的政治模式相比，彼得一世时代明确了各个政府机构的权限、使权力和职能分离、让办公程序标准化，以及清楚说明每个细节的做法，都是革命性的。新机构、新官职的名称和相应的技术术语的大量涌现，是来势凶猛的欧洲影响的证明，同时也展现了俄国与过去的决裂。

最重要的是，在彼得一世统治时期，一个空前强大的君主专制制度建立起来。列宁曾经写道，专制制度（极权君主制）是一种最高权力完全由沙皇一人独占的政体。沙皇颁布法律，任命官吏，搜刮和挥霍人民的钱财，人民对立法和监督管理一概不得过问。不止如此，在彼得一世统治时期，昔日与世俗政权并驾齐驱的教权真正地"归顺"了世俗政权，而且成为维护沙皇专制统治的得力助手。而彼得一世将"君权神授""第三罗马"这些来源于东正教的思想，以及西欧的重商主义、"共同幸福"等理念与俄国传统的家长制、宗法制的思想结合起来，不仅大大加强了沙皇专制政权的合法性，而且将国家的权威性以各种形式灌输到各个阶层的意识之中。他还以身作则，给"国家"树立了崇高的威信，并令国家在西化改革过程中包揽了许多责任，包括建立教育体系和医疗体系等。这一切都是奠定俄国独具特色的"国家"文化的重要基石。这种深厚的国家意识，伴随着国家作用的日益强大渗透进俄国文化的灵魂之中，成为俄国政治文化的重要特点。

而正是农奴制使得俄国在人力资源、物力资源不足的情况下，最大限度地保持了国家既要对外战争又要进行改革的这段时期的秩序与稳定，又帮助沙皇团结了贵族地主阶级。因此，彼得一世尽管曾对农民的处境表现出了一些同情和无奈，但顶多也只是做做表面文章。即便如此，传统的君权神授思想结合以彼得一世提出的"共同幸福"口号还是具有很大革新意义的，对农民乃至全体国民来讲也具有更大的号召力。自彼得大帝开始，关心全体国民的利益和幸福也被视为君主的责任，而且，包含其中的宗教意味日益淡漠，而世俗色彩则越来越浓——国民的利益和幸福不再是灵魂救治，而是物质的满足及国家政治和经济的繁荣。这或许可以理解，为什么广大俄国农民一直到 20 世纪初还会有"好沙皇坏地主"这样的想法,因为在他们心目中,沙皇就如同彼得一世所宣称的那样,是他们的庇护者,是为了实现所谓的"共同幸福"而发号施令的。

值得注意的是,受沉重赋役压迫的农民的处境尽管非常悲惨,但也并非完全是毫无希望的,相比过去,他们拥有了通过自愿服役改变自身命运的机会。这也是彼得一世能够大量利用民力,顺利建功立业,推进改革的重要因素。在俄国,一旦成为服役人员就会自动脱离依附身份,成为免税的"自由人"。同时,彼得一世的教育改革政策,以及官秩表的颁布,使得非贵族出身的人有了合法的上升渠道。这种情况在正规军刚开始组建的时候最为突出,这时最踊跃应征入伍的就是自由逃民和奴仆,后来他们都取得了小贵族身份。在战事紧张时期,彼得一世为了募足兵员,甚至不惜破坏农奴制,他规定:大贵族的家仆可以不经老爷同意就入伍。某位公爵的自传里曾如此记载:"谁愿意当兵,就给谁封官的许愿,既然愿意当兵,那就走吧,因此许多人都离家入伍。"同时,军队也为下层民众,尤其是农民提供了更多的接受教育、开阔眼界的机会,很多退伍士兵返乡后成为农村中除教士外为数稀少的识字的人,这也是彼得一世的西化改革唯一可能触动农村生活的一个渠道,在某种程度上为闭塞的农村打开了一扇窗户。但是,这种影响随着改革的停滞对传统农村来讲越发微乎其微,大多数士兵家庭处境艰难。而随着改革出现的"士兵妻子"阶层,则成为反映俄国传统与"西化"斗争下,被牺牲的人群与悲惨命运抗争的一个缩影。

于是在彼得一世西化改革的努力之下,一种欧洲独一无二的专制国家形式开始在俄国确立并形成,它不惜将国家之内的全部等级奴化,令他们为国家提供服务,并赐予了君主凌驾于各个等级之上权力,同时将自己的基础架构在一种非常原始且传统的农奴制度上,这一切造就了俄国独特的发展道路和发展模式。

另外,中央集权的专制体制的建立,有力地推动了俄国领土的进一步扩张。事实上这种扩张从未停止过,莫斯科公国只有0.13万平方千米,伊凡大帝即位时已经达到43万平方千米,到瓦西里三世统治末期,俄国领土扩大了6倍多,差不多达到280万平方千米,成为欧洲面积最大的国家。到 16 世纪末，俄国领土几乎又翻了一倍，在彼得一世即位前已达到 1547 万平方千米。而俄国扩张的步伐远未停止，在叶卡捷林娜二世时期，俄国领土面积达 1852 万平方千米。到 1914 年，在沙皇尼古拉二世时期，俄国领土面积为 2280 万平方千米，达到鼎盛水平。毫不夸张地说，如果没有专制集权体制的建立，俄国即使占有了如此广大的领土，也难以完整地保持对它的统治。

当然，彼得一世有些改革是失败的，地方改革就是如此。即使那些没有夭折的改革举措，它们所带来的变化也远不如这位皇帝预期的那么大。写在纸上的法令法规和规章制度都是完美的，但现实中和过去一样，无论在主要城市里，还是在幅员广阔的外省，任何进步都要依靠官员们的能力和行动。食邑制的陋习可以革除，但是无处不在的贿赂和腐败无法根除。同时，彼得一世在改革过程中往往采取强制手段达到目的，正如许多学者所提到的，彼得一世的改革是以他的“野蛮”整治俄国的“野蛮”。总之，人治和独裁统治仍是俄国管理的基础。尽管改革者不遗余力，但是由于新制度过于复杂，在实施以前无法充分地展开讨论，因而缺乏一体性、协调性和聚合力。这个事实加强了俄国政府管理的人治色彩。同时，彼得一世遗留下来的农奴制问题，也给俄国带来了后患无穷的社会问题。从此，西化的上层社会和传统而落后的下层民众之间的鸿沟日益难以弥合。

无论如何，彼得一世的改革掀开了俄国的现代化序幕，令俄国在 18 世纪迅速崛起，奠定了俄国的大国地位，历史性地影响了世界格局，并对俄国后世的发展产生了里程碑式的重大影响。

大事年表

2 世纪	史籍中出现最早关于斯拉夫人的记载。
6 世纪	史籍中首次有关于"罗斯"和"罗斯人"的记载。
862 年	瓦良格人首领留里克兄弟攻破诺夫哥罗德,在诺夫哥罗德自称王公,开始了留里克王朝的历史。
862—879 年	留里克在位。
882 年	奥列格南下夺取基辅及其周围地区,定都基辅。
882—913 年	奥列格为基辅大公,古罗斯国(基辅罗斯)建立。
913—945 年	伊戈尔为基辅大公。
941 年	伊戈尔第一次远征拜占庭,被希腊打败。
944 年	伊戈尔第二次远征拜占庭,迫使拜占庭接受新的商约。两国还签订了反对共同敌人的军事同盟。
945—962 年	伊戈尔的妻子奥丽加为基辅大公。
957 年左右	女大公奥丽加出访君士坦丁堡,接受了基督教。
962—972 年	斯维雅托斯拉夫为基辅大公。
980—1015 年	弗拉基米尔为基辅大公。
988 年	弗拉基米尔将基督教(正教)定为罗斯的国教。
1015—1019 年	被诅咒的斯维雅托波尔克为基辅大公。
1019—1054 年	"智者"雅罗斯拉夫为基辅大公。
1051 年	"智者"雅罗斯拉夫任命伊拉里翁为基辅的都主教,这是担任都主教一职的第一位俄罗斯人。

322

1113 年	佩切尔修道院神职人员涅斯托尔编纂《往年纪事》。
1113—1125 年	弗拉基米尔·莫诺马赫为基辅大公。
1147 年	编年史上第一次提及莫斯科。
1240 年	成吉思汗的孙子拔都攻占基辅。
1240—1480 年	蒙古统治罗斯时期。
1243 年	拔都建立金帐汗国，定都萨莱（现在的阿斯特拉罕）。
1324—1341 年	伊凡·卡里达为莫斯科王公。
1326 年	都主教区驻地由弗拉基米尔迁到莫斯科。
1328 年	伊凡·卡里达为莫斯科大公。
1359—1389 年	季米特里·顿斯科伊为莫斯科大公。
1366—1367 年	莫斯科兴建克里姆林宫。
1380 年 9 月 8 日	罗斯军队与马迈的蒙古军队在库利科沃旷野会战。
1389—1425 年	瓦西里一世在位。
1425—1462 年	失明大公瓦西里二世在位。
1448 年	莫斯科因不承认基督教东西教会合并，选出了自己的都主教。
1462—1505 年	伊凡三世在位。
1478 年	诺夫哥罗德并入莫斯科公国。
1485 年	特维尔并入莫斯科公国。
1489 年	维亚特卡合并于莫斯科公国。
1497 年	伊凡三世颁布全国统一的法典。
1500—1503 年	伊凡三世发动对立陶宛的战争，将杰斯纳河和奥卡河之间的地区并入莫斯科公国。
1505—1533 年	瓦西里三世在位。
1510 年	莫斯科兼并普斯科夫。
1514 年	从立陶宛手中夺取斯摩棱斯克。
1521 年	兼并梁赞公国。

1533—1584 年	伊凡四世在位。
1547 年 1 月 19 日	伊凡四世正式加冕为俄国第一个沙皇。
1549 年	俄国历史上的第一次缙绅会议召开。
1550 年	颁布伊凡四世法典。
1551 年 1—5 月	召开了宗教界代表和世俗封建主代表参加的"百章会议",通过了 1550 年的法典。
1551 年	楚瓦什并入莫斯科。
1552 年	莫斯科征服喀山汗国。
1556 年	莫斯科征服阿斯特拉罕汗国。
1558—1583 年	利沃尼亚战争。
1565—1572 年	实行沙皇特辖制。
1581 年	俄国哥萨克首领叶尔马克侵入西伯利亚,击败西伯利亚汗国。
1584—1598 年	沙皇费奥多尔一世在位。
1589 年	在俄国建立独立的牧首区,大主教约夫当选为俄国东正教的第一任牧首,俄国东正教教会彻底摆脱了对君士坦丁堡的依附。
1598—1613 年	动荡年代。
1598—1605 年	鲍里斯·戈都诺夫在位。
1605 年	费奥多尔二世在位。
1605—1606 年	伪季米特里一世为沙皇。
1606—1610 年	瓦西里·舒伊斯基在位。
1610—1612 年	以费奥多尔·姆斯季斯拉夫斯基为首的"七波雅尔执政"时期。
1610—1617 年	瑞典武装干涉时期。
1612 年 10 月(公历 11 月初)	民军将波兰武装干涉者驱逐出莫斯科。
1613 年	莫斯科召开缙绅会议,推举米哈伊尔·费多罗维奇·罗曼诺夫为沙皇,罗曼诺夫王朝从

此开始。

1613—1645 年	米哈伊尔·费多罗维奇·罗曼诺夫在位。
1617 年	俄国同瑞典签订斯托尔博沃永久和约。
1618 年	同波兰签订了为期 14 年的德乌林诺协定。
1632—1634 年	同波兰争夺斯摩棱斯克的战争。
1645—1676 年	阿列克谢·米哈伊洛维奇在位。
1648—1654 年	乌克兰和白俄罗斯爆发民族解放战争。
1649 年	缙绅会议通过 1649 年法典。
1652—1658 年	尼康进行教会改革。
1654—1667 年	俄波战争，1667 年俄波签订安德鲁索沃停战协定。
1656—1661 年	俄瑞战争再次爆发。1661 年签订了卡尔迪斯和约。
1667 年	俄波安德鲁索沃停战协定签订，第聂伯河东岸乌克兰和白俄罗斯的一部分，以及斯摩棱斯克等省归属俄国。
1670—1671 年	斯捷潘·拉辛领导农民起义。
1672 年 5 月 30 日	彼得一世出生。
1676—1681 年	俄土战争。
1676—1682 年	费奥多尔三世在位。
1682 年 5 月	纳雷什金家族和米洛斯拉夫斯基家族间的争权斗争：莫斯科的射击军叛乱。
1682—1696 年	伊凡五世和彼得一世同时被宣布为沙皇，联合执政。
1682—1689 年	索菲娅摄政时期。
1682—1725 年	彼得一世在位。
1686 年	彼得一世建立"少年兵团"。
1686 年（公历 1687 年）	俄波缔结"永久和约"。
1687 年	由著名诗人西梅昂·波洛茨基倡议，建立了

	斯拉夫-希腊-拉丁语学院，这所神学院是莫斯科的第一所普通高等教育机构。
1687 年和 1689 年	戈利岑公爵两次远征克里木，均以失败而告终。
1689 年	中俄缔结尼布楚条约。
1689 年 1 月	彼得一世娶叶夫多基娅为妻。
1689 年 9 月	索菲娅公主被幽禁于新圣女修道院。
1690 年 2 月	阿列克谢皇太子出生。
1694 年	彼得一世亲政。
1695 年和 1696 年	彼得一世两次远征亚速，最后夺取了亚速。
1696 年	彼得一世下令建立海军。
1697—1698 年	彼得一世匿名随大使团到西欧考察。
1698 年 4—6 月	莫斯科发生射击军叛乱。
1699 年 1 月 30 日	颁布在莫斯科设立市政厅的敕令。
1699 年 11 月	俄国与丹麦和萨克森签订秘密反瑞协议。
1699 年 12 月 20 日	颁布采用新历（儒略历）并规定 1700 年 1 月 1 日为元旦节日的敕令。
1700—1721 年	北方战争时期。
1700 年	俄土签订君士坦丁堡和约。
	萨克森和丹麦相继和勃兰登堡缔结秘密反瑞条约，但后来由于出师不利，勃兰登堡拒绝承认该条约存在。
	丹麦被迫退出北方同盟。
	牧首阿德里安逝世，斯捷凡·亚沃尔斯基为代理牧首。
1700 年和 1704 年	俄军两战纳尔瓦，第一次失败，但最终取得了胜利。
1701 年	莫斯科数学与航海学校正式建立。
	俄国与萨克森缔结新的反瑞条约。
1701—1714 年	西班牙王位继承战争。

1703 年	莫斯科出版了《新闻报》，这是俄国第一份正式印刷的报纸。
	开始兴建圣彼得堡。
	俄国和立陶宛签订同盟条约。
1704 年	俄波签订纳尔瓦同盟条约。
1705—1706 年	阿斯特拉罕起义。
1706 年	瑞典迫使萨克森与其单独媾和。
1707 年	俄波-立陶宛联盟的巩固。
1707—1708 年	布拉文领导下的顿河起义。
1708—1710 年	彼得一世的省制改革。
1709 年	俄军取得波尔塔瓦战役的胜利。
	俄国与萨克森、丹麦的联盟恢复，并与普鲁士缔结盟约。
1710 年	俄国与汉诺威缔结盟约。
	土耳其向俄国宣战。
	彼得一世亲自审定简化的民用书写体字母，颁布采用新字体印刷书籍的敕令。
1711 年	俄军普鲁特远征失败，俄土签订普鲁特和约。
	参政院设立。
1712 年	彼得一世下令迁都圣彼得堡。
	彼得一世同叶卡捷琳娜结婚。
1713 年	俄土签订阿德里安堡和约。
1714 年	俄军取得汉古特海战胜利。
	颁布一子继承法。
1715 年	圣彼得堡海军学院建立。
1716 年	俄国与梅克伦堡缔结了条约。
	彼得一世担任俄、荷、丹、英四国联合舰队司令。
	法国与普鲁士缔结密约。

	彼得一世颁布《军事条令》。
1716—1718 年	皇太子阿列克谢叛逃，1718 年返回莫斯科受审后去世。
1717 年	俄、法、普缔结阿姆斯特丹盟约。
	俄波贸易条约签订，俄国在波斯设立了俄国领事馆。
1718 年	沙皇下令废除衙门制，代之以委员会制度。
1718—1724 年	大俄罗斯民族居住区第一次男性人口普查，实施人头税。
1719 年	彼得将全国划分为 50 个州。
	英国和瑞典缔结盟约。
1720 年	俄军取得格伦加姆海战胜利。
1720—1722 年	彼得一世颁布《海军条令》。
1721 年	俄瑞签订尼什塔特和约，俄国由一个内陆国家扩张成一个濒海的强国，俄国从此开始称为俄罗斯帝国。
	彼得一世接受了皇帝的封号。
	设立东正教事务管理局（正教院），教会正式从属于世俗政权。
1722 年	彼得一世颁布官秩表。
	俄军远征波斯。
	彼得一世订立皇位继承法。
1722—1723 年	彼得一世远征里海。
1724 年	俄瑞缔结同盟条约。
	俄土签订瓜分波斯里海周边领土的君士坦丁堡条约。
1725 年 1 月 28 日	彼得一世逝世。
1725 年	俄国科学院成立。
1728 年	中俄签订恰克图条约。

俄国历代沙皇名录

伊凡三世(1462—1505)

伊凡四世(1533—1584)

费多尔·伊凡诺维奇(1584—1598)

鲍里斯·戈都诺夫(1598年—1605年4月)

费多尔·鲍里索维奇(1605年4—6月)

伪季米特里一世(1605年6月—1606年5月)

瓦西里·叔伊斯基(1606年5月—1610年)

米哈伊尔·费多罗维奇(1613—1645)

阿列克谢·米哈伊洛维奇(1645—1676)

费多尔·阿列克谢耶维奇(1676—1682)

伊凡五世(1682—1696)

彼得一世(1682—1725)

叶卡捷林娜一世(1725—1727)

彼得二世(1727—1730)

安娜(1730—1740)

伊凡六世(1740—1741)

伊丽莎白(1741—1761)

彼得三世(1761—1762)

叶卡捷林娜二世(1762—1796)

保罗一世(1796—1801)

亚历山大一世(1801—1825)

尼古拉一世(1825—1855)

亚历山大二世(1855—1881)

亚历山大三世(1881—1894)

尼古拉二世(1894—1917)

主要参考书目

［俄］鲍里斯·尼古拉耶维奇·米罗诺夫：《俄国社会史——个性、民主家庭、公民及法制国家的形成(帝俄时期：十八世纪至二十世纪初)》(上、下卷)，张广翔、许金秋、郭宇春等译，济南：山东大学出版社，2006。

［俄］Т·С·格奥尔吉耶娃：《俄罗斯文化史——历史与现代》(修订版)，焦东建、董茉莉译，北京：商务印书馆，2006。

［俄］В·О·克柳切夫斯基：《俄国各阶层史》，徐昌翰译，北京：商务印书馆，1990。

［苏］尼·伊·帕甫连科：《彼得大帝传》，斯庸译，北京：生活·读书·新知三联书店，1982。

［苏］В·В·卡芬加乌兹、Н·И·巴甫连科：《彼得一世的改革》(上、下册)，郭奇格、陈明、冯敬等译，北京：商务印书馆，1997。

［美］尼古拉·梁赞诺夫斯基、马克·斯坦伯格：《俄罗斯史》(第7版)，杨烨、卿文辉等译，上海：上海人民出版社，2007。

［美］西里尔·E·布莱克等：《日本和俄国的现代化——一份进行比较的研究报告》，周师铭、胡国成、沈伯根等译，北京：商务印书馆，1984。

［英］J·S·布朗伯利：《大不列颠和俄国的崛起：1688—1725》，《新编剑桥世界近代史》(第6卷)，中国社会科学院世界历史研究组译，北京：中国社会科学出版社，2008。

［英］佩里·安德森：《绝对主义国家的系谱》，刘北成、龚晓庄译，上海：上海人民出版社，2001。

曹维安：《俄国史新论——影响俄国历史发展的基本问题》，北京：中国社会科学出版社，2002。

陈之骅：《俄国沙皇列传》，北京：东方出版社，1999。

乐峰：《东正教史》，北京：中国社会科学出版社，1999。

刘祖熙：《改革和革命——俄国现代化研究（1861—1917）》，北京：北京大学出版社，2001。

罗爱林：《俄国封建晚期农村公社研究（1649—1861）》，桂林：广西师范大学出版社，2007。

孙成木、刘祖熙、李建：《俄国通史简编》（上册），北京：人民出版社，1986。

孙祥秀：《彼得一世改革》，北京：求实出版社，1987。

陶惠芬：《俄国彼得大帝的欧化改革》，桂林：广西师范大学出版社，1996。

陶惠芬：《俄国近代改革史》，北京：中国社会科学出版社，2007。

田时塘、裴海燕、罗振兴：《康熙皇帝与彼得大帝——康乾盛世背后的遗憾》，北京：中央文献出版社，2000。

王钺：《往年纪事译注》，兰州：甘肃民族出版社，1994。

姚海：《俄罗斯文化》，上海：上海社会科学院出版社，2005。

Полное собрание законов Российской империи (1649—1825), в 46-х т, СПб., 1830.

Викторов, А. Описание записных книг и бумаг старинных дворцовых-приказов (1613—1725), Вып. II. Москва, 1883.

Описание дел архива морскаго министерства за время с половины XVII до начала XIX столетия, СПб.: Типография В. Демак-ова. vol. 1, 1877; vol. 2, 1879.

Письма и бумаги Императора Петра Великого, т. 1 (за 1688 — 1701 гг.) Государственная типография, 1887; т. 9 (январь-декабрь 1709 года), М. Ленинград: Издатель. Академии Наук СССР, 1950.

Valentin B. Newton and Russia: The early influence, 1698 — 1796, Cambridge: Harvard University Press, 1972.

Анисимов Е В. Податная реформа Петра I, М.: Наука, 1982.

Александров В А. Сельская община в России (XVII-начало XIX в.), М., 1976.

Бобылев В С. Внешняя политика России эпохи Петра I. , М. : Изд-во Уни. Дружбы народов, 1990.

Богословский М М. Областная реформа Петра Великого, М. , 1902.

Бородин А П. Реформы во имя России, М. : Вече 2000, 2004.

Веселаго, Феодосий Федорович. Очерк истории морскаго кадетскаго корпуса, СПб. : Типография морскаго кадетскаго корпуса, 1852.

Казимир Валишевский, Петр Великий, М. : АСТ, 2002.

Карпущенко С В. Быт русской армии XVIII-начала XX века, М. , 1999.

Ключевский В О. Сочинения в девяти томах, т. 3/Курс русской- истории, ч. 3, М. , 1988.

Молчанов Н Н. Дипломатия Петра Первого, М. : Междунар. отношения, 1984.

Павленко Н. Петр Первый, Жизнь замечательных людей, М. : Молодая гвардия, 1976.

Павленко Н И, Андреев И Л, Федоров В А. История России сдревнейших времен до 1861 года: 3-е изд, перераб, М. : Высш. шк. , 2004.

Пекарский П П. Наука и литература в России при Петре Великом, Т. 1, СПб. : издание Товарищества"Общественная польза", 1862.

Полевой Н А. История Петра Великого, Часть1, СПб. : тип-я К. Жернакова, 1843.

Соловьев С М. Сочинения, кн. VI-IX, XVI, М. : Мысль, 1993.

Устрялов Н Г. История Царствования Петр Великого. Ⅲ, Санкт-Петербург, 1858.

Щербинин П П. Солдатские жены в XVIII-начале XX в. : опыт реконструкции социального статуса, правового положения, социокультурного облика, поведения и настроений, The Journal of Power Institutions in Post-Soviet Societies, Issue 4/5, 2006.

图书在版编目(CIP)数据

彼得一世改革/吴贺著. —北京：北京师范大学出版社，
2018.4

（世界史丛书）

ISBN 978-7-303-21503-4

Ⅰ. ①彼…　Ⅱ. ①吴…　Ⅲ. ①彼得一世（1672—1725）—
生平事迹—通俗读物　Ⅳ. ①K835.127

中国版本图书馆 CIP 数据核字（2016）第 262423 号

营　销　中　心　电　话　010-58805072　58807651
北师大出版社高等教育与学术著作分社　http：//xueda. bnup. com

BIDE YISHI GAIGE

出版发行：北京师范大学出版社 www. bnup. com
　　　　　北京市海淀区新街口外大街 19 号
　　　　　邮政编码：100875

印　　刷：大厂回族自治县正兴印务有限公司
经　　销：全国新华书店
开　　本：787 mm×1092 mm　1/16
印　　张：21.5
字　　数：300 千字
版　　次：2018 年 4 月第 1 版
印　　次：2018 年 4 月第 1 次印刷
定　　价：46.00 元

策划编辑：刘东明　　　　　责任编辑：刘东明　姚安峰　焦鹏航
美术编辑：王齐云　　　　　装帧设计：王齐云
责任校对：段立超　陈民　责任印制：马　洁